新编21世纪高等开放教育系列教材

现代物流技术与装备

（第二版）

主编　李文斐　苏荣球

中国人民大学出版社

·北京·

图书在版编目（CIP）数据

现代物流技术与装备 / 李文斐，苏荣球主编．-- 2 版．--北京：中国人民大学出版社，2023.1
新编 21 世纪高等开放教育系列教材
ISBN 978-7-300-30943-9

Ⅰ.①现… Ⅱ.①李… ②苏… Ⅲ.①物流技术－开放教育－教材②物流企业－设备－开放教育－教材 Ⅳ.①F253.9

中国版本图书馆 CIP 数据核字（2022）第 153353 号

新编 21 世纪高等开放教育系列教材
现代物流技术与装备（第二版）
主　编　李文斐　苏荣球
Xiandai Wuliu Jishu yu Zhuangbei

出版发行	中国人民大学出版社		
社　　址	北京中关村大街 31 号	**邮政编码**	100080
电　　话	010－62511242（总编室）		010－62511770（质管部）
	010－82501766（邮购部）		010－62514148（门市部）
	010－62515195（发行公司）		010－62515275（盗版举报）
网　　址	http://www.crup.com.cn		
经　　销	新华书店		
印　　刷	天津鑫丰华印务有限公司		
规　　格	185 mm×260 mm　16 开本	**版　　次**	2013 年 8 月第 1 版　2023 年 1 月第 2 版
印　　张	17.25	**印　　次**	2023 年 1 月第 1 次印刷
字　　数	420 000	**定　　价**	45.00 元

出版说明

随着我国教育改革的不断深入，教育技术的不断更新，社会各界对开放教育的认识也在不断加深。开放教育涉及办学的开放、专业的开放、课程的开放、教育教学手段与方式的变革。开放教育对振兴我国教育、普及我国高等教育产生了极其深远的影响。

开展开放教育，涉及的教育教学改革与建设是多方面的，教材建设是其重要环节之一。开放教育的教材建设要能充分体现现代教育的特点，充分考虑在线学习者的特点，满足现代开放教育的需求。为了促进开放教育的发展，满足开放教育学习者的需要和教学需要，我们编辑出版了 21 世纪高等开放教育系列教材。该系列教材主要是针对经济类专业课程的教材进行了一体化的设计，在突出课程教材应用性、实践性、普及性和可操作性上下功夫，在体现开放教育环境下对学习者应用能力的培养上下功夫。

该系列教材具有以下特点：

1. 充分体现当前经济类学科的最新研究成果；
2. 充分体现开放教育的特点，有利于学习者的自学；
3. 充分体现与经济类各专业基础课、专业课的衔接性、配套性；
4. 在教材编写过程中尽量以案例分析阐述理论，便于学习者理论联系实际；
5. 教材建设中配备了 PPT 讲稿或 CAI 课件、操作练习光盘等，便于教师讲课和学员自学。

该系列教材的建设是开放教育教学改革中的初步尝试，是一棵破土而出的幼苗，需要呵护和培养，也需要不断修正和完善，希望其在开放教育的教学改革中发挥出应有的作用。

出版说明

前　言

物流装备是指企业在进行物流作业活动、实现物流功能过程中所使用的各种成套机械设备、器具等物质资料，不包括建筑物、装卸站台等物流基础设施。物流装备是现代物流企业实现经营目标和生产计划的技术保障和物质基础。物流活动可分为七大环节：运输、储存、装卸搬运、包装、流通加工、配送和物流信息采集与处理。因此，可将物流装备对应地分为运输装备、储存装备、装卸搬运装备、包装装备、流通加工装备、集装单元化装备、信息采集与处理装备七大类。

不同的物流系统必须有不同的物流装备来支持，物流装备是实现物流功能的技术保证，是实现物流现代化、科学化、自动化的重要手段。物流系统的正常运转离不开物流装备；正确、合理地配置和运用物流装备是提高物流效率的根本途径，也是降低物流成本、提高经济效益的关键。物流装备种类繁多，涵盖面广，应用非常广泛，在国民经济各个工业部门、各行业都有应用。

一个现代化的物流管理人员不一定要懂得如何设计制造物流装备，但必须了解物流装备的基本构成与特点，掌握如何应用物流设备与设施，这就是我们编写本教材的用意。本教材以现代物流的基本功能为主线，系统地阐述了物流技术与装备的种类、结构、特点、性能及选用方法。本书共有八章，包括现代物流技术与装备概述、运输技术与装备、仓储技术与设备、装卸搬运技术与装备、集装技术与装备、散料输送技术与设备、流通加工技术与物流包装、现代物流信息技术等内容。

教材的编写思路及特点：

1. 内容系统全面，涵盖了现代物流领域中的所有装备大类。选材新颖，突出介绍国际国内最新成果和技术在现代物流各个环节中的应用，引领学习者概览主流物流技术及其应用的全貌。

2. 现代物流服务的核心目标是在物流全过程中以最小的综合成本来满足顾客的需求。因此，本书在介绍理论知识的同时，强调知识的应用性和针对性，例如装备数量的确认、设备选型等。在帮助学习者了解各类技术和装备的功能特性的同时，逐步建立这样的管理理念：如何在确定目标、选择手段（装备）和保证高效之间取得均衡，获得利益的最大化。

3. 图文并茂，直观性强。现代物流装备品种繁多，结构复杂，编者结合教材内容，选入大量的图片，帮助学习者理解内容，也方便教师授课。

4. 每章安排案例分析和拓展阅读穿插其中，帮助学生加深理解，拓宽视野。求知欲强的学习者也可以借此深入思考和探究，培养自主学习能力。

5. 每章精心设计了思考与练习题，有助于学习者及时消化和巩固所学知识，也方便教师组织有针对性的学习效果检查和测试。

在本书编写过程中，参考了大量的同类教材、专著及网上资料，具体见参考文献。在此对原作者表示诚挚的谢意。由于编者水平有限，书中疏漏和不当之处在所难免，欢迎广大读者批评指正，敬请专家学者不吝赐教。

编者

目　录

第一章

现代物流技术与装备概述

内容提示：

首先，从现代物流业的发展趋势入手，重点介绍现代物流对技术及装备的需求，其次引入现代物流技术与装备的概念，指出现代物流技术与装备的分类体系。最后简要介绍现代物流技术及装备在国内外的应用现状及发展趋势。

学习目标：

1. 掌握物流系统的构成及对物流技术与装备的要求；掌握现代物流技术与装备的概念及类别体系。

2. 了解现代物流的特征及与传统物流的区别；了解物流技术与装备的发展现状和趋势。

素养目标：

物流技术装备涉及物流活动的每一环节，在整个物流过程中伴随着的包装、运输、装卸、储存、信息化、流通加工等功能作业环节，均需要相应的物流技术装备，因而物流技术装备作为生产力要素，对于发展现代物流，改善物流状况，促进物流业转型升级，推动社会生产生活现代化，具有十分重要的地位和作用。通过本单元的学习，培养学生树立爱岗敬业、团结友善的职业精神。

现代物流通常由运输、仓储、装卸搬运、包装、流通加工、配送、信息等环节组成。为实现高效、快捷、准确、安全的物流服务，现代物流要求各个环节必须实现高度的机械化、自动化和信息化。因此，没有现代物流技术与装备的支撑，现代物流就无法实施和运作。随着技术的进步，尤其是自动控制技术、信息技术和系统集成技术在物流装备中的应用，现代物流装备已经迈入自动化、智能化、柔性化的崭新阶段。

第一节 现代物流概述

■ 一、现代物流的概念

我国国家标准《物流术语》（GB/T 18345—2006）对物流的定义是："物品从供应地向接收地的实体流动过程，根据实际需要，将运输、储存、装卸、搬运、包装、流通加工、配送、信息处理等基本功能实施有机结合。"现代物流是相对于传统物流而言的，它是在传统物流的基础上，引入高科技手段，即运用计算机进行信息联网（见图 1－1），并对物流信息进行科学管理，从而使物流速度加快，准确率提高，库存减少，成本降低，以此延伸和放大传统物流的功能。

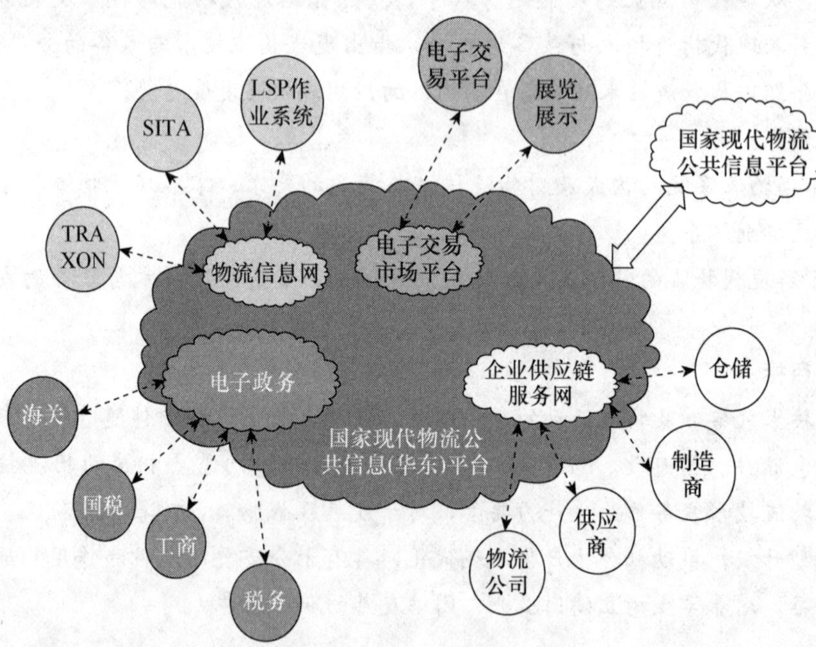

图 1－1 现代物流信息平台

现代物流作为一门新兴的综合性行业，可以认为是将运输、仓储、装卸搬运、加工、包装、配送、信息等方面有机结合的供应链，是物流、信息流、资金流、技术流和业务流的有机统一。信息技术将传统上分离的运输、仓储、装卸搬运、加工、包装、配送等物流作业环节整合成一个整体，使得物流管理能有效地监控一切相关的物品在位移过程中的位置、数量和路径，提高了运输效率，缩短了中间储存的时间。

最初的物流概念主要侧重于商品物质上的移动，是单向的物资流通过程，即商品从制造商手中转移到客户和最终用户手中，而没有考虑商品消费后包装物或包装材料等废弃物的回收及退货所产生的物流。物流只是作为连接生产和消费的手段，是生产销售活动的附属行为，从而忽视了物流对生产和销售在战略上的能动作用。

现代物流的概念强调物流是为了实现顾客满意，连接供给主体和需求主体，克服空间和时间阻碍的有效、快速的商品流动与经济活动过程。它包括供应物流、生产物流、销售物流、回收物流和废弃物流等。物流的使命是以高质量的产品和服务在准确的时间、以良好的状态送达客户要求的地点，实现客户和企业双赢的价值贡献。

现代物流就是现代管理制度、管理组织、管理技术、管理方法在物流中的运用，具体包括物流专业化、管理系统化、运输合理化、仓储自动化、包装服务标准化、装卸机械化、加工配送一体化、信息网络化。

二、现代物流的主要特征

在当今的电子商务时代，全球物流产业有了新的发展趋势。现代物流服务的核心目标是在物流服务全过程中，以最小的综合成本来满足顾客的需求。电子商务的不断发展使物流行业重新崛起，目前的物流业所提供的服务内容已远远超过仓储、分拨和运送等服务。物流公司提供的仓储、分拨设施、维修服务、电子跟踪和其他具有附加值的服务日益增加。物流服务商正在变为客户服务中心、加工和维修中心、信息处理中心及金融中心，根据顾客需要而增加新的服务是一个不断发展的观念。

根据国内外物流发展情况，将现代物流的主要特征归纳为以下几个方面：

1. 物流反应快速化

物流服务提供者对上游和下游的物流、配送需求的反应速度越来越快，前置时间越来越短，配送间隔越来越短，物流配送速度越来越快，商品周转次数越来越多。

2. 物流功能集成化

现代物流着重于将物流与供应链的其他环节进行集成，包括：物流渠道与商流渠道的集成、物流渠道之间的集成、物流功能的集成、物流环节与制造环节的集成等。

3. 物流服务系列化

现代物流强调物流服务功能的恰当定位与完善化、巨大的现代物流站场系列化。除传统的储存、运输、包装、流通加工等服务外，现代物流服务在外延方面向上扩展至市场调查与预测、采购及订单处理，向下延伸至配送、物流咨询、物流方案的选择与规划、库存控制策略建议、货款回收与结算、教育培训等增值服务；在内涵方面则提高了以上服务对决策的支持作用。

4. 物流作业规范化

现代物流强调功能、作业流程、作业动作的标准化与程式化，使复杂的作业变成简单的、易于推广与考核的动作。

5. 物流目标系统化

现代物流从系统的角度统筹规划一个公司整体的各种物流活动，处理好公司目标之间、物流活动与商流活动之间及物流活动与物流活动之间的关系，不求单个活动的最优化，但求整体活动的最优化。

6. 物流手段现代化

现代物流使用先进的技术、设备与管理方式为销售提供服务。生产、流通、销售规模越大、范围越广，物流技术、设备及管理越现代化。计算机技术、通信技术、机电一体化技术、语音识别技术等得到普遍应用。世界上最先进的物流系统运用了全球定位系统（GPS）、卫星通信、射频识别装置（RF）、机器人等，实现了自动化、机械化、无纸化和智能化。

7. 物流组织网络化

为了保证对产品促销提供快速、全方位的物流支持，现代物流需要完善、健全的物流网络体系，网络上点与点之间的物流活动保持系统性、一致性，这样可以保证整个物流网络有最优的库存总水平及库存分布，运输与配送快速、机动，既能铺开又能收拢。分散的物流单体只有形成网络才能满足现代生产与流通的需要。

8. 物流经营市场化

现代物流的具体经营采用市场机制，无论是企业自己组织物流，还是委托社会化物流企业承担物流任务，都以“服务—成本”的最佳配合为总目标，谁能提供最佳的“服务—成本”组合，就找谁服务。国际上既有大量自办物流相当出色的“大而全”“小而全”的例子，也有大量利用第三方物流企业提供物流服务的例子。比较而言，物流的社会化、专业化已经占到主流，即使是非社会化、非专业化的物流组织也都实行严格的经济核算。

9. 物流信息电子化

由于计算机信息技术的应用，现代物流过程的可见性明显增加，物流过程中库存积压、延期交货、送货不及时、库存与运输不可控等风险大大降低，从而可以加强供应商、物流商、批发商、零售商在组织物流过程中的协调和配合以及对物流过程的控制。

三、现代物流业的发展趋势

现代物流已被我国政府、企业所重视，显现出迅猛的发展势头。政府从产业发展高度将发展现代物流作为支持经济持续发展、改善投资环境、提高社会经济效益、降低社会成本、充分利用社会资源的重要策略；生产企业把物流作为企业的第三利润源泉和获取竞争优势的战略机会；传统物流（运输、仓储等）企业把发展现代物流作为重新打造企业、寻求新的利润增长点、实现再发展的重要策略。在我国，现代物流的发展趋势主要表现在以下几个方面。

1. 物流作业一体化

现代物流的精髓在于其系统整合的理念，即整合传统的作业领域，将生产、销售、包装、装卸、运输、存储、配送、物流信息处理等分散的、跨越各企业部门的活动有机地结合在一起，作为一个系统来管理，使物流活动各作业环节有效地组合，形成以服务客户为主的综合能力，节约流通费用，提高流通的效率与效益。

2. 物流管理信息化

物流系统是一个大跨度系统，物流活动不但活动范围广阔、涉及部门众多，而且一直处于动态变化过程。随着全球经济一体化进程的加快，商品与生产要素在全球范围内以空前的速度自由流动，物流活动范围、流动速度也进入一个前所未有的发展阶段，物流业正向全球化、网络化和信息化方向发展。电子数据交换（EDI）技术与国际互联网的应用，使物流效率的提高更多地取决于信息管理技术；计算机和条形码技术的普及应用，则提供了更多的需求和库存信息，提高了信息管理的科学水平，使商品在各种需求层面上的流动更加容易和迅捷。总之，信息化已成为物流活动的核心和物流创新的动力。

3. 物流管理自动化

在信息化的基础上，自动化的核心是机电一体化，自动化的外在表现是无人化，其效果是省力化。目前，已普遍使用的物流自动化设施有很多，如：条码、语音、射频自动识别系统、自动分拣系统、自动存取系统、自动导向车以及货物自动跟踪系统等。自动化设施的应用，可扩大物流作业能力，提高劳动生产率，减少物流作业的差错。

4. 物流管理智能化

智能化是自动化、信息化的一种高层次应用，物流作业过程涉及大量的运筹和决策，如库存水平的确定、运输、配送、搬运路径的选择、自动导向车的运行轨迹、作业控制、自动分拣机的运行及物流配送中心经营管理的决策支持等问题都需要借助大量的知识才能解决。随着专家系统、机器人等相关技术的推广普及，在物流自动化的进程中，智能化必将是现代物流的一种发展趋势。

5. 物流系统网络化

在信息化的基础上，现代物流的网络化有两种趋势：（1）物流配送体系的计算机通信网络化，其中包括配送中心与供应商、制造商之间联网及配送中心与下游顾客之间联网，订货过程使用网络通信方式，借助增值网（VAN）上的 EOS 和 EDI 来自动实现；（2）物流组织网络化，即在全球范围内把各种制造资源、需求资源、供应资源和人力资源组织起来，使之得到充分的利用。

6. 物流资源社会化

随着市场经济和社会化的发展，专业化分工越来越细，各专业之间的合作越来越密切。生产企业与零售行业所需的原材料、中间产品、最终产品大部分由不同的物流中心、批发中心与配送中心提供，以实现少库存甚至零库存。现代物流社会化趋势是社会经济活动发展、物流规模经济效益、物流资源综合利用的必然结果。在大城市出现现代化、综合性或专业性物流园区、物流中心、物流基地已成为普遍现象。

7. 物流体系综合化

现代物流离不开运输与仓储。仓储现代化要求高度机械化、自动化、标准化、信息化，以组织高效的人、机、物系统；而运输现代化要求建立铁路、公路、水路、空运与管道的综合运输体系，这是现代物流生存发展的必要条件。

8. 三流一体化

按照一般的流通规律，商流、物流、信息流是三流分离的。商流可以使物质资料的使用价值得以实现，经过商流，物质资料就变更了所有权；物流解决的是物质资料从其生产地域向其消费地域的位移，无法变更物质资料的所有权；信息流解决的是流通主体之间的信息传递。在现代社会中，不同的材料、产品或商品的转移形成不同的流通方式与营销形态，为了适应这一变化，目前的物流中心、配送中心已基本实现了商流、物流和信息流的统一。此外，代理制的推行也使现代物流更趋科学合理，因为这种流通体制更有助于实行“三流合一”。“三流合一”已成为现代物流的重要标志之一。

第二节 现代物流技术与装备的含义与构成

一、现代物流技术与装备的含义

物流技术是指物流活动中所采用的自然科学与社会科学方面的理论、方法，以及设施、设备、装置与工艺的总称。严格地讲，物流技术不是一种独立的新技术，它与空间技术、海洋技术、能源技术、材料技术一样，是某些新技术以及老技术在新的领域的综合利用。在国家标准《物流术语》中所指的“物流技术”也就是人们通常所指的“物流设施与装备”。

二、现代物流技术与装备的体系与分类

（一）现代物流技术与装备的体系

现代物流技术与装备体系划分为三个类别：物流硬技术、物流软技术和物流信息技术。鉴于物流信息技术包含硬技术和软技术，二者紧密相关，无法分开，且物流信息技术在现代物流中的地位越来越重要，因此把物流信息技术单独划作一类，与软技术和硬技术并列。具体分类方法如图 1－2 所示。

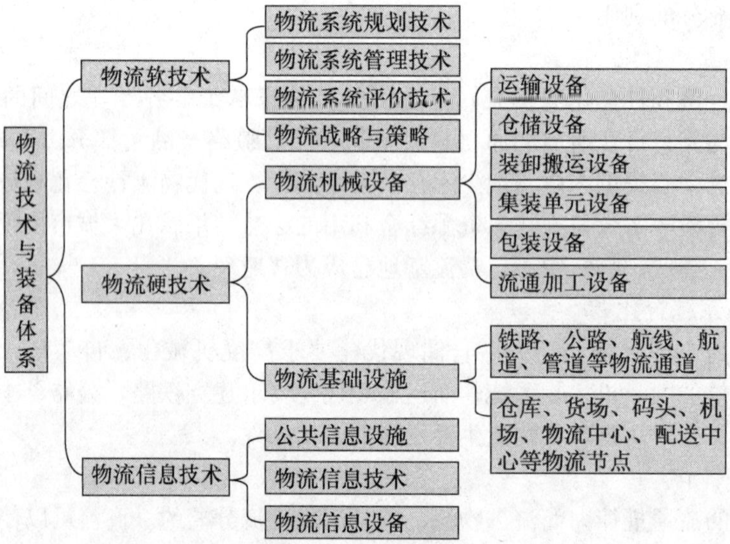

图 1－2　物流技术与装备体系

物流硬技术是物流系统的基础，物流软技术是硬技术充分发挥效益的重要保证，信息技术则是联系硬技术和软技术，促进整个物流系统良好运转的神经网络。三者相互配合、协调一致，使物流技术与装备系统高效运转，发挥出应有的社会效益和经济效益。

1. 物流硬技术

物流硬技术包括物流机械设备和物流基础设施。物流机械设备包括运输设备、仓储设备、装卸搬运设备、集装单元装备、包装设备、流通加工设备等；物流基础设施包括铁路、公路、航线、航道、管道等物流通道，以及仓库、货场、码头、机场、物流中心、配送中心等物流节点，它们共同构成了现代物流的基础网络。

2. 物流软技术

物流软技术包括物流战略与策略、物流系统规划技术、物流系统管理技术、物流系统评价技术等动作管理、操作实务方面的技术。

3. 物流信息技术

物流信息是连接运输、仓储、装卸、包装环节的纽带，没有物流环节信息的通畅和及时供给，就没有物流活动的时间效率和管理效率，就失去了物流的整体效率。

在20世纪70年代以前，物流活动的近代化以硬技术为主导。那个时期，物流硬技术发展迅速，例如发展了用于原油、矿石等货物运输的大型专用集装箱，实现了集装箱、托盘、储罐的“门到门”连通型输送，创造了流通中心、自动仓库、高层货架及联运装卸设备，建立了应用电子计算机的物流情报设备，等等。随着物流技术的发展，人们不但关注硬技术的研制，而且发展了较高水平的硬技术的优化组合、搭配和衔接。例如，使用电子计算机、系统工程、价值工程技术求取物流的最佳技术方案。鉴于在专业体系中的作用，本教材主要介绍物流硬技术。

（二）现代物流技术与装备的分类

物流技术与装备的分类方法很多，可以根据不同的需要，从不同的角度进行划分。若按技术来源或科学原理分类，物流技术可以分为物流机械技术、物流电子技术、物流信息技术、物流自控技术、物流计算机技术、物流数学模型与方法等；若按物流系统的功能要素分类，现代物流技术与装备应分为运输技术与装备、仓储技术与装备、装卸搬运技术与装备、包装技术与装备、配送技术、流通加工技术与装备以及物流信息技术与装备等。本教材主要按照物流系统的功能要素来进行分类。

三、物流技术与装备在物流系统中的地位和作用

物流系统是指在一定的时间和空间里，由所需输送的物料和包括有关设备、输送工具、人员以及通信联系等若干相互制约的动态要素构成的具有特定功能的有机整体。建立物流系统的目的主要是实现物流系统合理化，获得宏观和微观两个效益。

物流技术与装备系统是物流系统的重要子系统之一，担负着物流作业的各项任务，影响着物流活动的每一个环节，在物流活动中处于十分重要的地位。

（一）物流技术与装备是物流系统的物质技术基础

作为物流系统的生产力要素，物流技术与装备是进行物流活动的物质技术基础，对促进物流现代化、强化物流系统能力，具有十分重要的支撑和推动作用。

（二）物流技术与装备是提高物流系统效率的主要手段

物流技术与装备是推进物流科技进步、加快物流现代化的重要环节，也是内涵式提高物流效率的根本途径。实践证明，先进的物流技术与装备、先进的物流运作和管理是提高物流能力、推动物流现代化迅速发展的两具车轮，缺一不可。

（三）物流技术与装备是反映物流系统水平的主要标志

物流技术及装备与现实物流活动紧密相关，在整个物流过程中伴随着包装、运输、装卸、储存等功能作业环节及其他辅助作业环节，这些作业的高效完成需要不同的物流技术与装备。物流技术与装备水平的高低直接关系到物流活动各项功能的完善和有效实现，决定着物流系统的技术含量。物流技术与装备的应用和普及程度直接影响着整体物流技术水平。因此物流技术与装备是物流系统先进与否的主要标志。

（四）物流技术与装备是构筑物流系统的主要成本和资产

现代物流技术与装备既是技术密集型的生产工具，也是资金密集型的社会财富。现代物流技术与装备购置投资数额较大，而回收相对较慢；同时在设备购置后，为了维持系统的正常运转、发挥设备效能，还需要不断地投入大量的资金。因此，一方面在物流系统的投入产出分析中，需要仔细分析物流技术与装备的购置和维持费用；另一方面在生产运营过程中，需要科学调度，优化配置，使物流技术与装备的效能充分发挥。

第三节 现代物流技术与装备的发展现状与趋势

一、国际现代物流技术与装备的发展现状

随着社会经济的快速发展，物流科学得到了前所未有的发展机遇。与此同时，物流技术与装备也得到了相应的发展，取得了许多重要的成果。物流技术与装备领域中的许多影响深远的新技术不断涌现，如高速铁路、超音速大型货机、大型集装箱拖车、高层自动化立体仓库、高架叉车、高速分拣机、各式输送机、自动导引车（AGV）、四向托盘等，大大加快了物流速度，减轻了物流劳动强度。

装卸搬运机械设备的发展突飞猛进。大型起重机、自动传输机、自动分拣线、自动上下料机械及智能型装卸堆垛机器人等性能强、速度快、效率高的自动化物流设施设备的应用，提高了装卸搬运过程中设施设备相互间的协调性，极大地推进了全球物流业的迅速发展。

自动导引车系统的变化更大，它采用先进的驱动技术、新型的导向技术和控制系统、优化的线路网络布置技术，逐步实现智能化、自动化作业。据粗略统计，目前全世界自动导引车系统的保有量为 15 000 套以上，自动导引车数量为 10 万台左右。当前，起重机械大型化发展势头也十分强劲。世界上的浮游起重机最大起重量已达万吨，最大的履带式起重机起重量近 5 000 吨，最大的桥式起重机起重量为 2 000 多吨，堆垛起重机最大运行速

度达 500 米/分。

随着经济全球化的发展，国际货运量呈爆炸式增长，为了满足激增的货物运量需求，提高物流规模效益，各种专业的大型化的运输设备不断出现。从过去的客货混载发展到客货分载；从通用运输设备发展到某一类货物的专门运输设备，如冷藏集装箱船、公路铁路两用集装箱拖车、集装箱平车、冷藏车、液化气船、水泥搅拌罐车、散货船、超大型油轮等。

目前最大的油轮载重量已达到 56.4 万吨，矿石船载重量也已达到 40 万吨左右。沃尔沃公司（VOLVAL）研制并投产了载重量超过 100 吨的货运汽车。管道运输的大型化体现在大口径管道建设，目前最大的口径为 1 420 毫米，年输油量高达 1.4 亿吨。这些运输方式的大型化基本满足了基础性物流需求量大、连续、平稳的要求。

物流服务的快速反应，要求运输设备必须提高营运速度。目前，运营的高速列车最大商业时速已达 300～350 公里/小时，瑞典、意大利等国开发出的摆式列车，商业时速已达 200～250 公里/小时，中德合作的上海磁悬浮铁路试验段商业最高运行时速已达 431 公里/小时。随着各项技术的逐步成熟和经济发展的需要，高速铁路最终将会取代普通铁路；在公路运输中，各国都在努力建设高速公路网，作为公路运输的主干道；航空运输中，双音速（亚音速和超音速）民用飞机正在研制之中；在水运中，水翼船时速已达 90 公里/小时，气垫船的时速可超过 100 公里/小时，而飞翼船的时速则可达到 250 公里/小时，时速在 400～550 公里/小时的地效飞行器也已初步实验成功。

二、我国现代物流技术与装备的发展现状

自 20 世纪 70 年代末以来，我国物流技术与装备有了较快的发展，各种物流运输设备数量迅速增长，技术性能日趋现代化，集装箱运输得到了快速发展，等等。随着计算机网络技术在物流活动中的应用，先进的物流设备系统不断涌现，我国已具备开发研制大型装卸设备和自动化物流系统的能力。

（一）仓储设备与技术

目前，我国仓储设施与技术发展水平有了较大提高，平房仓库与楼房仓库的数量相对在减少，高站台仓库与立体仓库的数量相对在增加。尤其近年来，随着各地物流中心和物流园区的建设，仓储设施作为物流节点的作用越来越重要，各类物流企业均加强了对物流中心的建设。新建物流中心的库房普遍采用门式轻钢结构，使货架、托盘、叉车组合得到了很好的推广。倍深式货架、驶入式货架、后推式货架及阁楼式货架均被普遍使用。越来越多的企业已经使用信息系统，个别仓储企业开始尝试射频识别技术（RFID）的应用。

但总体上看，我国仓库总量的 70%左右是普通平房仓，25%左右是楼房仓，高站台库与立体库的比例在 5%左右。平房仓库的单体面积小、净高低，既不经济，也不利于机械化作业，不适应快速消费的仓储服务要求；楼房仓库虽然提高了单位土地的效益，但不利于发展方便、快捷的仓储服务。

（二）运输装备与技术

近十几年来，我国以前所未有的投资力度和建设速度实现了交通基础设施规模总量的快速增长，交通网络覆盖面继续扩大，通达度进一步提高，形成了具有相当规模的综合交通体系。我国运输装备技术水平与国际先进水平的差距已大大缩小。通过技术引进和自主

开发，铁路大马力机车、专业货运汽车、现代支线飞机等装备应用程度得到提高，船舶大型化、专业化和标准化发展趋势明显，净载重吨位上升。

但总体上，运输装备和技术的水平与国外还有一定差距，智能交通运输系统应用还较少，各种运输方式之间由于没有统一的标准还缺乏有效的衔接。例如，海运与铁路集装箱标准的差异，在一定程度上影响着我国海铁联运规模的扩展，我国海铁联运的集装箱运输量在集装箱运输总量及铁路运输总量中所占的比例都比较低，对我国国际航运业务的拓展、港口作业效率的提高以及进出口贸易的发展都有一定程度的影响。

（三）搬运设施与技术

目前，发达国家已经普遍采用了自动滑动货架、巷道堆垛机、电动叉车等专业物流装卸搬运设备，数字化和智能化成为物流装卸搬运设备的重要标志。虽然托盘、叉车、货架、升降机等装卸搬运设备在我国物流领域得到了广泛使用，但自动化和智能化设备的普及率较低。

虽然我国现在已经能够生产起重量从 0.5 吨到 45 吨的各种型号的叉车，但每年仍有近两亿美元的叉车进口，大吨位叉车、电瓶双重储式叉车、无人驾驶叉车等装备先进电子技术、计算机技术的叉车是我国的弱项，其需求主要依赖从国外进口。

我国各类托盘在 7 000 万个以上，但种类繁多，标准化、通用性差，致使重复装卸率高。而且托盘规格和运输车辆、仓库、集装箱等的不配套，导致各种运输工具的装载率、装卸设备的荷载率、仓储设施空间利用率都较低。托盘标准化发展的严重滞后，正在制约着物流的快速发展。

（四）包装设备与技术

近年来，我国包装容器技术发展迅速，包装材料结构日趋合理化，正朝能耗低、环境损害小的方向发展。但在包装容器技术方面还存在一些不足，如纸质包装箱箱面不平，不能起到保鲜、防霉的作用等。包装机械的发展水平与发达国家相比还存在较大差距。控制简单、自动化程度较低的单机设备还占主流，高度自动化和大型化的成套包装机械设计、生产能力较低。

（五）配送技术

物流配送中心是现代零售业不可缺少的基础设施，是一种多功能、集约化的物流据点，其功能有集货、储存、拣选、流通加工、分拣配送、信息处理等。近年来，连锁超市、便利店和电子商务的迅猛发展对物流作业的“拆零”需求越来越强烈。拣货、拆零作业的劳动力已占整个配送中心劳动力的 80%，订货商品的多品种、小批量化使得配货作业人手不足的矛盾非常突出，使得电子标签拣货系统、自动分拣系统在连锁超市、便利店的配送中心和物流配送中心得到广泛的使用。

目前我国配送中心的发展水平明显落后于连锁超市、便利店和电子商务网点的发展，配送技术的不足在很大程度上制约着配送中心的发展，主要表现在：

(1) 统一配送率较低。目前就连锁经营而言，我国没有一个零售企业的配送中心对各店经营的商品实行 100%统一配送，最好的也只有 80%～90%，多数在 60%～70%。

(2) 配送中心的信息化程度相对滞后。据统计，目前我国零售企业的配送中心，有 58%左右的企业仍没有采用信息系统进行物流作业，而在已采用信息技术进行物流管理的企业中，72%的企业仍然以手工作业为主，而以信息技术为辅。

（3）自动分拣、自动补货系统尚未建立起来。目前，高效消费者回应（ECR）系统与先进的分拣系统，在国外零售商中已普遍使用，而我国零售企业的供应链管理还比较落后，自动分拣系统、自动补货系统还没有得到很好的应用。

（六）物流信息技术

尽管我国物流信息化发展较快，但与国际先进水平相比，我国物流信息化应用水平还不高，除了少数企业已经使用信息系统外，总体还处于基础阶段，特别是中小物流企业的信息化水平很低。一方面，先进的信息技术应用较少，应用范围有限。调查显示，在国外物流企业得到广泛应用的条码技术、RFID、GPS/GIS 和 EDI 技术在中国物流企业的应用状况不够理想。同时，立体仓库、条码自动识别系统、自动导引车系统、货物自动跟踪系统等物流自动化设施应用不多。已建信息化系统的功能主要集中在仓储管理、财务管理、运输管理和订单管理，而关系到物流企业生存发展的客户关系管理的应用所占比例却很小。另一方面，物流企业间的数据交换、商业合同等，除了极少数应用了 EDI 系统外，多以纸面介质为主，辅以传真、电子邮件进行。同时，绝大多数的单证在物流过程中仍然采用纸张等传统的传输方式，没有实现电子化。即使采用了电子化的部分信息，也主要靠人工录入，条码、磁卡、RFID 等物流信息采集技术尚未普及使用。此外，在物流中常用的各种单证格式和数据代码也不统一，各地、各行业自成体系，难以在信息系统中共享。

三、现代物流技术与装备的发展趋势

在全球经济一体化、市场竞争激烈化、顾客消费多样化的背景下，一方面社会经济发展、生产消费流通等领域，对物流技术与装备提出了越来越高的要求，另一方面，物流相关的科学技术尤其是信息技术的发展越来越快，由此推动了现代物流技术与装备的快速发展，其中的技术含量、知识含量、文化含量等急剧增加。未来，物流技术与装备的发展趋势将呈现以下特点：

（一）先进性

就像所有工业装备走过的历程一样，物流装备的性能将越来越先进，自动化程度越来越高。具体体现在：

（1）速度更快。仓库规模的扩大与快速客户响应显然是一对矛盾。要做到在极短的时间内完成拣选、配送任务，只有不断提高物流的运行速度和处理能力。因此，堆垛机、拣选系统、输送系统等物流装备将朝着高速运转的目标而努力。

（2）准确度更高。除了追求更快的运行速度，更高的精度也是客户对物流装备的一致要求。没有准确性，速度再快也将失去意义。因此，各厂商纷纷采取先进的技术以满足客户对物流设备高准确性的要求。

（3）稳定性更好。为保证物流系统连续安全运作，物流装备的高稳定性、高可靠性越来越受到各厂商重视，物流装备的保用期逐渐延长。

（二）信息化

物流装备与信息技术逐渐成为物流技术的核心，物流装备与信息技术紧密结合、实现高度自动化是未来发展的趋势。目前，越来越多的物流设备供应商已从单纯提供硬件设备，转向提供包括控制软件在内的总体物流系统，并且在越来越多的物流装备上加装电脑控制装置，实现了对物流设备的实时监控，大大提高了其动作效率。物流装备与信息技术的完美结合，已成为各厂商追求的目标，也是其竞争力的体现。现场总线、无线通信、数据识别与处理、互联网等高新技术与物流设备的有效结合作用，成为越来越多的物流系统的发展模式。无线数据传输设备在物流系统中也发挥着越来越大的作用。

（三）多样性与专业化

为满足不同行业、不同企业、不同规模的客户对不同功能的要求，物流技术与装备的形式越来越多，专业化程度日益提高。

许多物流设备厂商都致力于开发生产多种多样的产品，以满足客户的多样化需求作为自己的发展方向，所提供的物流装备也由全行业通用型转向针对不同行业特点设计制造，由不分场合转向适应特定环境、特定工况，由一机多用转向专机专用。

（四）标准化与模块化

当前，经济全球化特征日渐明显，中国入世更加快了企业的国际化进程。物流装备也需要走向全球化，而只有实现了标准化和模块化，才能与国际接轨。因此，标准化、模块化成为物流装备发展的必然趋势。标准化既包括硬件设备的标准化，又包括软件接口的标准化。

通过实现标准化，可以轻松地与其他企业生产的物流装备或控制系统对接，为客户提供多种选择，提高系统实施的便利性。模块化可以满足客户的多样化需求，可按不同的需要自由选择不同的功能模块灵活组合，增强了系统的适应性。同时模块化结构能够最佳利用现有空间，可以根据货物存取量的增加和供货范围的变化进行调整。

（五）系统性与可扩展性

客户对物流装备的系统整合要求越来越高。供应商应当按客户实际情况制定系统方案，将不同用途的物流装备进行有机整合，达到最佳效果。自动立体仓库、无人搬运车、分拣系统、机器人系统等各种技术装备功能各异，各有所长，只有在整体规划下选择最合适的产品配置，才能使其各显其能，发挥最大效益。同时，客户对物流系统的投入往往不是一步到位，而是按需配置，预留能力，这就要考虑今后物流技术与装备系统的可扩展性。在物流装备实现模块化设计后，可较容易地实现物流装备的扩展。当然，有些物流设备也可通过改变控制软件完成系统的调整或扩展。

（六）智能化与人性化

科技的进步使物流装备越来越重视智能化与人性化设计，以降低工人的劳动强度，改善劳动条件，使操作更轻松自如。例如，叉车的低重心设计，使上下更加方便；侧向座椅的设置，使驾驶叉车更容易；电子转向功能的配置，使得不管搬运多重的货物，所需的转向力均小于 10 牛顿，操作更为轻松；自动对中功能与故障自我诊断功能使叉车更加智能化。再如，堆垛机的地上控制盘操作界面采用大屏幕触摸屏、人机对话方式，堆垛机的各种状态与操作步骤均能清楚地显示出来，即使初次使用也能操作自如。今后，智能化操作盘将成为更多自动仓库系统供应商的优先选择。

（七）绿色化与节能化

随着全球环境的恶化与人们环保意识的增强，更多的企业在选用物流装备时会优先考虑对环境污染小的绿色产品或节能产品，物流装备供应商也开始关注环保问题，采取有效措施达到环保要求。如，尽可能将排污量减少到最低水平；采用新的装置与合理的设计，降低设备的振动、噪声与能源消耗量，等等。更多的企业已经通过或正在抓紧进行ISO14000认证，以保证提供产品的“绿色”特性。

知识拓展

大数据时代的智慧物流

党的十八届五中全会提出“实施国家大数据战略”。在大数据技术的支撑和应用下，我国物流业的发展也进入“快车道”。作为物流业的新形态——智慧物流，在理论与实践上仍然处于探索阶段，大数据时代的到来既为智慧物流提供了机遇，也带来了挑战。

1. 大数据概念

关于大数据，从广义的视角进行界定，即大数据是指为决策问题提供服务的大数据集、大数据技术和大数据应用的总称。从狭义的视角进行界定，即大数据是指能够被现代数据处理技术进行分析和挖掘的大规模、高速度、多样化的数据集合。

2. 智慧物流概念

智慧物流是IBM在2009年首次提出的概念，其主要指运用智能化、信息化和自动化技术所形成的一种新兴物流形态。智慧物流的建设需要整合包括大数据在内的各种智能化技术，以提升决策能力、实现精细管理和满足客户需求，实现最大限度降低物流成本和最大程度提高物流效益。

3. 智慧物流特征

智慧物流具有三个典型特征：一是数据驱动，即利用大数据、互联网、人工智能等技术，建设物流信息平台，从对内管理和对外服务两个角度优化资源配置，为物流企业创造更好的经济和社会效益；二是信息联通，将物流管理看作一项系统工程，将政府部门、物流企业、社会客户的信息进行共享联动，使得数据信息的传递更加便利高效；三是人工智能，即将本应由人来完成的复杂工作交由设计好程序的机器去完成，通过技术赋予机器以人的思维和行动能力，从而降低人工成本和提高管理效率。

4. 大数据与智慧物流的关系

大数据时代是现代社会的一种发展趋势，智慧物流是物流业转型升级的一种新兴业态。二者由于“数据”一词的形式共享和价值共通而紧密联系在一起。

一方面，所有的物流环节必然产生大量的数据，只有对这些数据进行采集、挖掘、分析和运用，才能更好地推动物流业的发展。另一方面，数据已经成为当前信息时代的一种无形资产，对包括物流在内的各个行业、各个领域都具有不可估量的价值。

大数据与智慧物流的融合具有三种优势：一是大数据推动物流服务的个性化和精细化；二是大数据推动物流过程的智能化和数字化；三是大数据推动物流服务的平台化和融合化。从理论上来看，智慧物流是一个复杂的系统工作，其能否实现离不开大数据的支持，大数据开启了智慧物流的先河；从实践上来看，各国知名的物流企业均将大数据应用于物流领域，由此也极大地促进了大数据的发展和大数据时代的到来。因此，可以说，智慧物流离不开大数据，同时也促进了大数据发展，二者之间是相互融合、相辅相成、相互促进的关系。

5. 大数据时代智慧物流的发展机遇

(1) 降本增效机遇

由于我国物流企业是中小企业占据主导地位，资金匮乏、人才不足、制度不健全等因素严重制约着智慧物流的发展步伐，统一、完善的智慧物流体系尚未真正建立，要实现智慧物流发展必须将大、中、小物流企业全部纳入公共智慧物流系统。大数据时代的到来，推动了大数据技术的不断发展，如大数据采集、存储、检索、预处理和分析等核心技术。大数据技术广泛应用于物流运输和管理各个环节，为物流环节中数据的识别、传播和利用提供了极大的信息支撑。正是由于大量信息的存在和应用，物流企业得以形成自己的数据平台，从而有效加强了企业自身的人财物管理，使企业的各项决策方案更加科学合理，在降低物流成本的同时提高了物流效率。

(2) 精准管理机遇

智慧物流的管理包括物资管理、员工管理、信息管理和技术管理等，这些管理措施对于物流业的发展起到重要的引导和保障作用。物流互联网平台利用大数据技术使物流供应链上下游的企业和相关产业得以有机联合，通过智能配对推送竞价交易信息，并辅之以无车承运人业务，使物流货物配送、质量安全和服务保障都实现了精准资源配置。同时，利用大数据能够清楚呈现货物储量、库存状况、作业规范等情况，对仓储环境参数进行实时监控，当仓储临时出现问题时能够及时作出回应，提高仓储工作的智能化和精准化管理水平。

(3) 优化决策机遇

智慧物流的典型功能之一就是优化决策，即在物流管理和配送等环节，利用大数据技术进行数据挖掘，实现物流数据、客户需求、商品库存等信息系统处理，从而精准计算出最佳的仓储位置、配送路径，实时跟踪货物信息，使物流决策的智能化、及时化和科学化水平大大提高。对于整个物流环节而言，物流决策主要体现为规划和预测两个方面，前者主要以成本和时间为优化目标，常用于仓储选址、运输路径、仓储布局等方面；后者主要以管理和服务为优化目标，常用于商品库存、客户信赖、设备维修等方面。对于物流企业而言，运用大数据能够对企业管理决策、客户维护决策、资源配置决策等方面起到积极的作用。也可以说，在大数据时代，哪个物流企业掌握了更为先进和成熟的大数据技术，也就拥有了最为核心的竞争力。

(4) 提升服务机遇

现代社会是网络信息高度发达的社会，人民群众的物质生活较为丰富，导致网购需求膨胀，客户对交通出行、饮食购物等物流便捷服务体验的追求程度也越来越高。以快递业为例，如今网上下单，快递直接送货上门让生活越来越便捷。物流业只有提供更便捷、高质量的服务，才能进一步巩固其与客户间的信赖关系，增强客户的黏性，避免客户的流失。大数据时代为物流企业提升服务质量带来机遇，通过提前预测能够了解不同地区、不同群体的消费需求，掌握客户的消费习惯，提升客户的消费体验度；通过科学决策能够及时处理商品在配送过程中出现的各种问题，及时保持与客户的沟通联系，为客户提供个性化的定制服务。

大数据时代智慧物流的发展迎来了降本增效、精准管理、优化决策和提升服务的机遇，也面临着数据采集难度较大、数据分析环节薄弱、数据安全问题突出和数据专业人才匮乏的挑战。为此，大数据时代智慧物流的发展需要通过数字货运产业园建立物流企业联盟、建设物流信息平台、加强数据人才培养和强化数据安全治理。

资料来源：朴银玥．论大数据时代智慧物流的发展［J］．商业经济，2021（4）：41—43．有删改．

思考与练习

一、判断题

1. 现代物流的定义是这样表述的："原材料、产成品从起点至终点及相关信息有效流动的全过程。它将运输、仓储、装卸、加工、整理、配送、信息等方面有机结合，形成完整的供应链，为用户提供多功能、一体化的综合性服务。"（　　）

2. 现代物流包含的是供应物流、生产物流、社会物流、销售物流这四个部分。（　　）

3. 物流组织网络化即是在物流中实现电子商务。（　　）

4. 物流技术与装备体系划分为三类：物流硬技术、物流软技术和物流信息技术。（　　）

5. 现代物流技术比生产技术先进。（　　）

二、单项选择题

1. 物流技术装备不包括（　　）。

A. 建筑物　　B. 站场等物流设施

C. 运输工具　　D. 仓储设备

2. 现代物流企业的主要特征不包括（　　）。

A. 物流反应快速化　　B. 物流服务系列化

C. 物流手段现代化　　D. 物流技术先进化

3. 现代物流技术与装备发展的先进性不包括（　　）。

A. 速度更快　　B. 准确度更高

C. 自动化程度更高　　D. 稳定性更好

三、简答题

1. 现代物流的主要特征是什么？与传统的物流有何区别？

2. 物流技术与装备的体系包括什么内容？物流技术与装备在物流系统中的作用是什么？

3. 试比较我国物流技术与装备与先进发达国家的物流技术与装备之间的差距。

第二章

运输技术与装备

内容提示：

本章从生产实际出发，介绍了铁路运输、公路运输、水路运输、航空运输和管道运输的特点以及运作方式；重点介绍了各种运输方式的设施，运输装备的构成、特点及应用范围，各种运输方式的经济技术指标。

学习目标：

1. 掌握物流运输的基本概念；五种运输方式的设施、装备。
2. 理解各种运输系统的组成、特点及基本作业方式。
3. 了解五种运输方式的经济技术指标、运输合理化的措施。

素养目标：

运输在物流中的独特地位对运输设备提出了更高的要求，要求运输设备具有高速化、智能化、通用化、大型化和安全可靠的特性，以提高运输的作业效率，降低运输成本，并使运输设备达到最优化利用。围绕交通强国、乡村振兴等国家战略，以社会实践认知国情社情、宣传我国的开放政策、灌输国家发展理念、培养学生开放的意识和国际视野。

运输是物流系统的核心环节，一方面，运输是社会经济的基础，通过运输克服物品在生产地和需求地之间的空间距离，创造商品的空间效益，实现其使用价值，满足社会需要；另一方面，运输是“第三利润源”的主要源泉，物流费用中运输费用所占比重最高，将近50%，有些产品的运输费用甚至高于生产费用。显然，高效的运输系统不仅能以最短的时间、最低的成本实现物品的空间效用，而且能促进国民经济持续、稳定、协调的发展。

第一节 运输概述

一、运输的含义

根据国家标准《物流术语》（GB/T 18354—2006）的定义，运输就是“用专用运输设备将物品从一地点向另一地点运送，其中包括集货、分配、搬运、中转、装入、卸下、分散等一系列操作”。运输是在不同的地域和范围内（如两座城市、两个工厂间，或一个企业内两个车间）以改变“物”的空间位置为目的的活动，是对“物”进行的空间位移。

二、运输的主要特点

运输业虽然是一个物质生产部门，但又不同于其他物质生产部门，它有以下明显的特点：

（一）运输业不为社会创造新的物质产品

运输业的产品是旅客和货物的位移。在运输过程中，一不增加运送对象的数量，二不改变运送对象的性质；运送旅客和货物的结果，只是改变了它们的空间位置。因此，“位移”就是运输业的“产品”。它的计量单位是人/公里或吨/公里。

（二）运输业的产品既不能储备也不能调拨

运输的产品是旅客和货物的位移，同运输过程本身不能分离，即生产同消费是同时进行的，在它被生产出来的同时就被消费掉了。更确切地说，运输产品是先消费后生产。因而运输产品既不能储存，又不能积累，更不能调拨。这和工农业可以用产品建立储备不一样，运输业只具有储备运输能力。同时运输业不能用调拨产品的方法去调节不同时期、不同地区对运输的需求，只能调动运输业的生产能力。

（三）运输业通过运输工具的移动来实现生产过程

运输过程中，运输人员不直接作用于劳动对象（旅客和货物），而是作用于运输工具（机车、车辆）。在运输途中，旅客和货物随着机车、车辆的运行而改变其所在位置，因此，要使运输业满足国民经济不断发展的需要，就必须发挥运输人员的主观能动性，充分、合理地利用运输工具的运载能力和运载工具的周转，提高运输效果，确保运输安全。

（四）运输可以创造“场所效用”

场所效用的含义是指同种物品由于空间场所不同，其使用价值的实现程度则不同，其效益的实现程度也不同。由于改变场所而发挥最大的使用价值，最大限度地提高了产出投入比，这就称为“场所效用”。通过运输，将“物”运输到场所效用最高的地方，就能发挥“物”的潜力，实现资源的优化配置。从这个意义上讲，也相当于通过运输提高了物的使用价值。

（五）运输费用在物流成本中占有较大的比例

在整个物流费用中，运输费用与其他环节支出相比是比较高的。运输路途越远，运输费用越高，在物流费用中所占的比例也越大。

三、运输的基本原理

指导运输管理和营运的两条基本原理分别是规模经济和距离经济。

（一）规模经济

规模经济的特点是随着运输工具装运规模的增长，每单位重量的运输成本下降。例如：整车装运的每单位重量的成本低于零担装运；铁路或水路等运输能力较大的运输工具，每单位重量的运输费用要低于汽车或飞机等运输能力较少的运输工具。

运输规模经济之所以存在，是因为与转移一票货物有关的固定费用可以按整票货物的重量分摊。一票货物越重，越能“摊薄”成本，由此使每单位重量的成本更低。与货物转移有关的固定费用包括接收运输订单的行政管理费、结账开票、相关设备费用等，它们不随装运数量而变化。

（二）距离经济

距离经济的特点是指每单位距离的运输成本随着运输距离的增长而减少，运输的距离经济也指递远（递减）原理，因为费率或费用随距离的增加而逐渐减少。距离经济的合理性类似于规模经济，运输距离越长不仅使固定费用分摊给更多的公里数，而且货物装卸等环节所发生的变动费用也公摊到了每单位的距离上，从而使单位距离支付的总费用越低。例如：一次 60 公里的装运成本要低于两次 30 公里的装运成本。

这两条基本原理是在评估各种运输方案时要重点考虑的，其目的在于在满足顾客服务需求的前提下追求运输规模和距离的最大化。

四、运输系统的构成与种类

（一）运输系统的构成

现代运输系统包括运输线路、运输工具、运输站场和通信设备等基础设施设备，它们在货物的运输过程中发挥各自的作用，形成有机的整体，共同完成运输任务。

1. 运输线路

运输线路是指在运输网络中，连接运输始发地、到达地、经停点，供运输安全、便捷运行的线路。按其形成方式可分为自然形成和人工建设而成，自然形成的线路是依靠自然条件而形成的，如：空中航线、水运的江河湖泊、海洋的航道；人工建设而成的线路是专门经过人员施工而形成的，如铁路、公路、管道、运河等。运输线路一般分为陆路、水路和空路。

2. 运输工具

运输工具是载运货物的工具，它的功能是运送和保护运输的物品。现代的运输工具包括汽车、火车、轮船、飞机等。在这些运输工具中，有的载运工具与动力分离，如铁路货车、水上驳船、拖车等；有的则与动力同体，如飞机、轮船、汽车等。理想的运输工具应具有较好的动力性、安全性、可靠性，且有容量大、能耗低、污染少等特性。

3. 运输站场

运输站场是指运输工具出发、经过和到达的地点，是为运输工具到、发、停、留，货物集散装卸，运输工具维修管理，以及运输过程中转连接的场所，如火车站、汽车货运站、港口、机场等。运输站场具有衔接的功能，它将运输线路连接成一个系统，使各个线路通过站场变得更为贯通。运输站场必须建设仓库、货场、运输工具维修、通信设施等为运输服务的相关设施。理想的站场应位置适中、设备齐全、交通便利、场地宽广。

4. 通信设备

现代运输方式具有运输量大、运输速度快的特点，且需要有相应的通信设备来传递、收集、处理、发送各类信息，以加强运输工具与线路、站场与相关部门的联系。通信设备的功能在于方便运输管理部门及劳动企业迅速掌握运输服务的进展情况，处理各类突发事件，确保运输安全，提高运输服务质量与运输效率。良好的运输通信设备应具有通信质量优良、迅速、操作简便的特点。

（二）运输系统的种类

1. 按运输工具及运输设备不同来分类

（1）公路运输。这主要是指使用汽车及其他车辆在公路上进行客货运输的一种方式。公路运输主要承担近距离、小批量的货运，水运和铁路运输难以到达地区的长途、大批量货运以及铁路、水运优势难以发挥的短途运输。由于公路运输有很强的灵活性，近年来，在有铁路、水运的地区，较长途的大批量的运输也开始使用公路运输。

（2）铁路运输。这是使用铁路列车运输客货的一种运输方式，铁路运输主要承担长距离、大批量的货运，在没有水运条件的地区，几乎所有大批量的货物都依靠铁路。铁路运输是在干线运输中起主力运输作用的运输方式。

（3）水路运输。这是使用船舶运送客货的一种运输方式。水路运输主要承担大批量、长距离的运输，是在干线运输中起主力运输作用的又一运输方式。在内河及沿海，水路运输也常作为小型运输工具使用，担任补充和衔接大批量干线运输的任务。

（4）航空运输。这是使用飞机及其他航空器进行运输的一种形式。航空运输的单位成本很高，因此，主要适合运载两类货物：一类是价值高、运费承担能力很强的货物，另一类是紧急需要的物资，如紧急抢险的物资等。

（5）管道运输。这是利用管道输送气体、液体和粉末固体的一种运输方式。其运输形式是靠物体在管道内顺着压力方向循序移动实现的，和其他运输方式的重要区别在于，管道设备是静止不动的。

2. 按运输的范围来分类

（1）干线运输。这是指利用铁路、公路的干线和大型船舶的固定航线进行的长距离、大批量的运输，是进行远距离空间位置转移的重要运输方式。

（2）支线运输。这是指与干线相接的分支线路上的运输，支线运输是干线运输与收、发货地点之间的补充性运输形式，路途较短，运量相对较小。支线的建设水平往往低于干线，运输工具的水平也低于干线，所以速度较慢。

（3）二次运输。这是指干线、支线运输到站后，站与用户仓库或指定接货地点之间的运输，路程较短，是一种补充性的运输形式。

（4）厂内运输。这是指在工业企业范围内，直接为生产过程服务的运输，一般在车间与车间之间、仓库与车间之间进行。

3. 按运输的作用不同来分类

（1）集货运输。这是指将分散的货物进行汇集的集中运输形式。一般是短距离、小批量运输，货物集中后才能利用干线运输形式进行远距离及大批量运输。

（2）配送运输。这是指将据点中已按用户要求配好的货分送各个用户的运输。配送运输属于运输中的末端运输、支线运输，它和一般运输形态的主要区别是距离较短、规模较小、额度较高，一般使用汽车作为运输工具。

4. 按运输的协作程度不同来分类

（1）一般运输。这是指孤立地采用不同运输工具或同类运输工具而没有形成有机协作关系的运输。如汽车运输、火车运输等为一般运输。

（2）联合运输。这是指使用两种或两种以上运输方式，完成一项进出口货物运输的综合运输方式。

（3）多式联运。多式联运是联合运输的一种现代形式，是在集装箱运输的基础上产生发展起来的现代运输方式，按照多式联运合同，以至少两种不同的运输方式，由多式联运经营人将货物进行“门对门”的运输。

5. 按运输中途是否换载来分类

（1）直达运输。物品由发运地到接收地，中途不需要换装和在储存场所停滞的运输方式。

（2）中转运输。物品由生产地运达最终使用地，中途经过一次以上落地并换装的运输方式。

五、运输与物流其他环节的关系

（一）运输与包装的关系

运输与包装的关系是相互影响的（见图 2-1）。运输方式决定对货物的包装要求，包装有便于运输功能的实现，货物包装的方法、规格、材料等不同程度地影响运输效率。包装的外廓尺寸与承运车辆的内部尺寸构成可约倍数时，车辆的容积才可以得到充分的利用。

图 2-1　运输与包装的关系

（二）运输与装卸的关系

装卸活动是影响运输效率、决定物流技术经济效果的重要环节。装卸是运输的影子，有运输活动发生就必然有装卸活动（见图 2-2）。一般一次运输活动伴随两次装卸活动。装卸质量将影响运输的质量，如装卸不好，在途中要进行二次装卸将影响运输时间。装卸是各种运输方式的衔接手段。

图 2-2　运输与装卸的关系

（三）运输与储存的关系

商品的运输与储存是物流的主要功能，分别承担创造“空间效应”与“时间效应”的主要作用。运输是库存控制的一个外部影响要素，运输组织不利，会延长物资在生产者仓库中的存放时间，同时会使库存增加。因为运输组织不利会使安全库存数量增大。

（四）运输与配送的关系

货物运输分为干线部分的长距离运输和支线部分的短距离运输，配送属于面对客户的短距离支线运输。

第二节　铁路运输技术与装备

一、铁路运输的含义与特点

（一）铁路运输的含义

铁路运输，如图 2-3 所示，是指利用机车、车辆等技术设备沿铺设轨道运行的运输方式。按列车的支持和驱动方式可分为普通铁路运输和悬浮式铁路运输。普通铁路运输设备主要由车体、车轮和钢轨构成，其速度极限为 330km/h。悬浮式铁路是利用压缩空气或电磁感应作用，使车体悬浮在车道的导轨面上运行的铁路，可以获得超过 500km/h 的行驶车速。

图 2-3　铁路运输

（二）铁路运输的特点

1. 铁路运输的优点

(1) 运输能力大，安全可靠，适合于大批量、低值产品的长距离运输。一列货物列车一般能运送 3 000～5 000 吨的货物，远比飞机运输和汽车运输的运输量大。安全性方面也比海上运输要高。

(2) 单车装载量大，加上有多种类型的车辆，使它几乎能承运任何商品，几乎可以不受重量和容积的限制。

(3) 运输速度快。磁悬浮列车时速已达 600km/h 左右，与此同时，普通列车也开始提速，据专家预测，21 世纪常规铁路行车时速将超过 480km/h，远远超过汽车和船舶。

(4) 运输成本较低，仅为汽车运输成本的几分之一甚至十几分之一。

(5) 铁路运输受气候和自然条件影响较小，具有较高的运输连续性及准确性。

(6) 可以方便地实现驮背运输、集装箱运输及多式联运。

(7) 在环境污染方面，按运输人/公里计算。有害气体排放量，汽车比铁路大 10～20 倍，飞机比铁路多 100 倍。

（8）在占地面积上，同样的情况下，公路比铁路多占地 3.5 倍。

2. 铁路运输的缺点

（1）由于铁路线路是专用的，其固定成本很高，原始投资较大，建设周期较长。

（2）铁路按列车组织运行，在运输过程中需要有列车的编组、解体和中转改编等作业环节，占用时间较长，因而增加了货物的运输时间。

（3）铁路运输中的货损率比较高。

（4）不能实现“门到门”运输，通常要与其他运输方式配合，才能完成运输任务，除非托运人和收货人均有铁路专用线。

（三）铁路运输的产品和生产过程

铁路运输旅客和货物，一般要经过始发站的发送作业、运送途中的中转作业和终到站的到达作业等一系列作业过程。以整车货物运输为例，铁路整车货物运输生产过程，如图 2-4 所示。由图可见，在运送过程中，必须进行装车站的发送作业、途中运送以及卸车站的到达作业。为了加速货物运送和更合理地运用铁路技术设备，在运送途中可能还要进行列车的中转或改编作业。

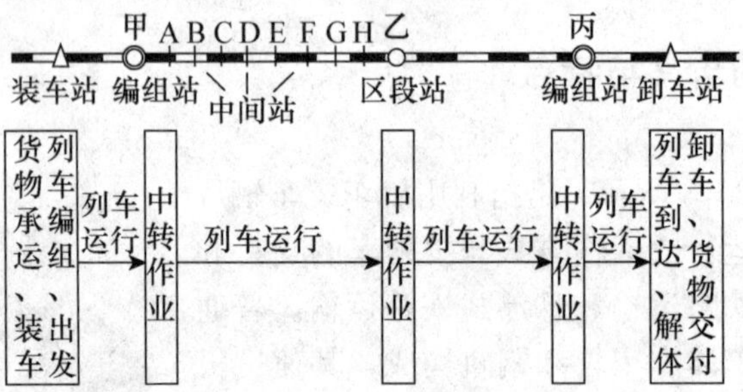

图 2-4　铁路整车货物运输生产过程示意图

（1）在装车站。首先由发货人向车站办理托运手续，铁路承运后装车，通过调车作业，按有关规定编入列车发出。

（2）在运送途中。为保证列车运行安全和货物完整，列车经过沿途各个车站时，除了要办理列车接发作业外，有的车站（如图 2-4 中甲、乙、丙站）还要办理列车的中转作业，货车在有些车站还要进行改编作业。

（3）在卸车站。货物列车到达卸车站后，首先要对列车进行解体作业，再将车辆送往指定的卸货地点，然后经过卸车作业，把货物交给收货人。至此，该批货物运输生产过程才算全部完成。

阅读材料 2—1

中国的铁路运输概况

在中国，铁路是国家的重要基础设施、大众化的交通工具，在中国综合交通运输体系中处于骨干地位。中国地域辽阔、人口众多、资源分布不均，因此经济、快捷的铁路占有更大的优势，成为一种广泛使用的运输方式。国民经济的发展不断推动着铁路运输量的增长，铁路运输在国民经济的发展中处于相当重要的地位，也是能源、矿物等重要物资的重要运输方式，目前中国的铁路就承担了85%的木材、85%的原油、60%的煤炭、80%的钢铁及冶炼物资的运输任务。我国铁路系统在铁路建设中引入了现代物流理念，逐步建设了一批有别于传统货运场站的物流节点，并在实践中取得了较好的成绩。全国交通货运结构中，铁路货运量占到全国交通运输货运量（公路、铁路、水运、民航）的9.80%。

我国已经出台了多部关于铁路交通非常重要的发展规划，2016发布的《中长期铁路网规划》中提出，到2025年，铁路网规模达到17.5万公里左右，其中高速铁路3.8万公里左右，网络覆盖进一步扩大，路网结构更加优化，骨干作用更加显著，更好发挥铁路对经济社会发展的保障作用。但鉴于我国在"十三五"时期的高铁建设速度之快，我国"十四五"重新规划，到2025年全国高速铁路（含部分城际铁路）营业里程5万公里左右。

2021年发布的《新时代交通强国铁路先行规划纲要》提出，到2035年，全国铁路网达到20万公里左右，其中高铁7万公里左右。20万人口以上城市实现铁路覆盖，其中50万人口以上城市高铁通达。全国1、2、3小时高铁出行圈和全国1、2、3天快货物流圈全面形成。到2050年，形成辐射功能强大的现代铁路产业体系，建成具有全球竞争力的世界一流铁路企业。

二、铁路运输设施

铁路运输的技术设备包括固定设备和活动设备，这是铁路运输的物质基础。固定设备有线路，车站，通信、信号设备，机车、车辆的检修、整备、给水设备，建筑物，以及电气化铁路的供电设施，等等。活动设备主要有机车、客车、货车等。此外，还有为客货运输服务和保证行车安全的设备。

（一）铁路线路

铁路线路是机车、车辆和列车运行的基础。它直接承受机车、车辆车轮传来的压力。为了保证列车能按规定的最高速度安全、平稳和不间断地运行，铁路线路必须保持完好状态。铁路线路由路基、桥隧建筑物和轨道组成。

1. 路基

铁路路基的基本形式，如图2-5所示，主要由路堤、路堑及路基的排水设备组成。

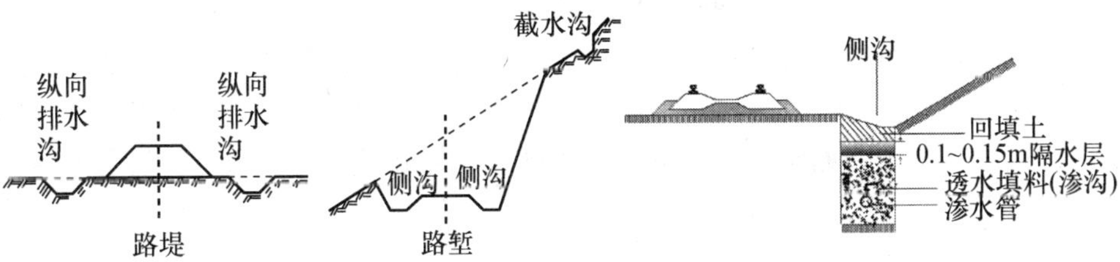

图2-5 铁路路基的基本形式

（1）路堤：当铺设轨道的路基面高于天然地面时，路基以填筑的方式构成，这种路基称为路堤。

（2）路堑：当铺设轨道的路基面低于天然地面时，路基以开挖的方式构成，这种路基称为路堑。

(3) 路基的排水设备：为保持路基经常处于干燥、坚固和稳定的状态，路基上设有一套完整的排水设备。

2. 轨道

铁路轨道，如图 2-6 所示。由钢轨、轨枕、连接零件、道床、道岔以及防爬设备组成。各部分均应有足够的强度和稳定性，才能保证列车按规定的最高速度，安全、平稳和不间断地运行。

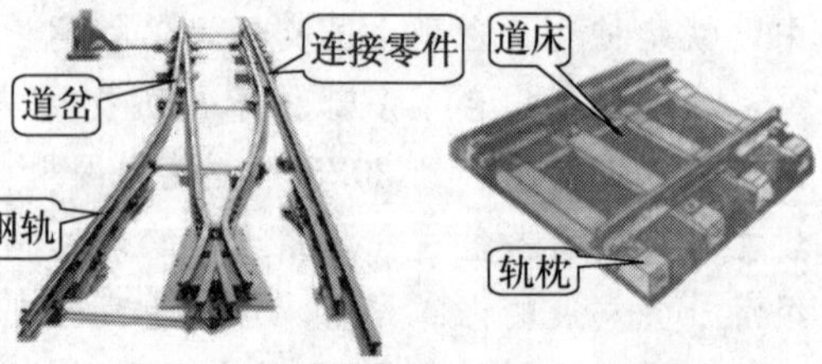

图 2-6　铁路轨道

(1) 钢轨：钢轨直接承受车轮的巨大压力并引导车轮运行。现行标准钢轨类型有 75kg/m、60kg/m、50kg/m 等，钢轨的标准长度为 25m、12.5m 两种；轨距是 1 435mm。

(2) 轨枕：轨枕支承钢轨，将钢轨传来的压力传递给道床，并且还可以保持钢轨位置和轨距。轨枕按照材质可以分为木枕和钢筋混凝土枕等类型，木枕弹性好，重量轻，铺设更换方便，但消耗木材、使用寿命短；钢筋混凝土枕使用寿命长，稳定性能高，养护工作量小等。轨枕长度一般为 2.5m。

(3) 连接零件：连接零件可分为接头连接零件和中间连接零件。接头连接零件用于连接钢轨与钢轨间的接头，中间连接零件将钢轨紧扣在轨枕上。连接零件有鱼尾板、螺栓、螺帽、弹性垫圈等。

(4) 道床：道床的用处是支撑轨枕，把从轨枕上传来的压力均匀地传给路基；固定轨枕的位置，阻止轨枕纵向和横向移动；缓和机车车轮对钢轨的冲击。道床使用材料有碎石、卵石、粗砂等，其中以碎石为最优，我国铁路一般都采用碎石道床。

(5) 道岔：道岔是使机车车辆从一股道转入另一股道的线路连接设备。道岔在车站上大量铺设，其中最常见的是单开道岔。

列车运行时纵向力的作用，会使钢轨甚至带动轨枕产生纵向移动，这种现象叫线路爬行。爬行会引起轨缝不均，轨枕歪斜，对轨道造成极大破坏，危及行车安全。防爬措施就是安装防爬器和防爬撑。防爬撑可采用废旧枕木，在山区可采用石条代替。

轨道承受机车车辆的重力和冲击力并将荷载传给路基。轨道的强度是根据运量的大小、机车的轴重和行车速度的高低确定的。为了提高线路的运输能力和行车的稳定性，许多国家都对轨道结构进行了改造。主要措施是采用重型钢轨，铺设新型高速道岔和无缝钢轨，采用新型轨下基础，如预应力钢筋混凝土轨枕、宽轨枕、弹性扣件和弹簧垫板等。

阅读材料 2—2

世界各国使用的铁路轨道

美国铁路最重钢轨为 77kg/m，西欧国家用的钢轨多为 45～55kg/m。日本等国的窄轨铁路用的钢轨多为 30～40kg/m，标准轨距的新干线基本上采用 60kg/m 的钢轨。中国轨重在 60kg/m 以上。为了提高钢轨的耐磨性能，各国铁路纷纷采用全长淬火合金钢轨，大大延长了钢轨的寿命，同时还加强了道床和轨枕等设备。为了适应高速行车的要求，许多国家在建设新线或改造旧线时尽可能地裁弯取直，加大曲线半径并建立交道口以减少干扰，保证行车安全。

（二）铁路车站

铁路车站是办理旅客和货物运输业务，编组和解体列车，组织列车始发、到达、交会、越行和通过的铁路基层单位。车辆的技术检查、货运检查、机车换挂、机车乘务组换班等作业一般也在车站完成。它集中了和运输有关的各项技术设备，并参与整个运输过程的各个作业环节。车站按技术作业性质可分为中间站、区段站、编组站（区段站与编组站又称技术站）；按业务性质可分为客运站、货运站、客货运站；按等级可分为特等站，一至五等站。

1. 铁路货场

铁路货场是办理货物承运、装卸、保管和交付作业的场所，是铁路运输与其他运输方式相互衔接的地方。铁路货场通常按四种方法分类。按办理的货物品种可分为办理多种品类货运作业的综合性货场和专门办理某些品类货运作业的专业性货场（如专办危险品、易腐货物或活动物的货场）；按货运量可分为大型货场、中型货场和小型货场（中国铁路规定：年度货运量在 30 万吨以下者为小型货场；30 万～100 万吨者为中型货场；超过 100 万吨者为大型货场）；按办理货物运输的种类可分为整车货场，零担货场和兼办整车、零担和集装箱中两种以上货运作业的货场；按线路配置图形可分为尽头式货场、通过式货场和混合式货场。

货场作业能力是指一昼夜内货场能办理的最大装车数和卸车数（或货物发送吨数和到达吨数）。它通常取决于货场取送车能力、装卸作业能力、货位能力和进出货搬运能力。

2. 铁路枢纽

铁路枢纽是铁路网的一个组成部分。在铁路网的交汇点或终端地区，由各种铁路线路、专业车站以及其他为运输服务的有关设备组成的总体，称为铁路枢纽。以郑州市为例，其铁路枢纽如图 2－7 所示。

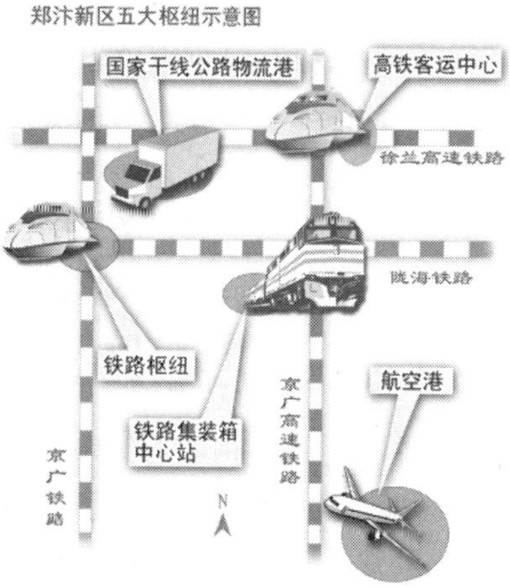

图 2－7　郑州的铁路枢纽

铁路枢纽的功能是使各向铁路线路相互沟通，与其他运输方式顺畅衔接。其主要的作业内容是组织各向列车的到发和通过、客货的集散和中转、车辆改编以及货物承运与换装等项。铁路枢纽通常设有编组站、客运和货运站，可由一个站办理各种作业，在各站之间以联络线连接。在枢纽范围内引入车站的进出站线路。我国四大铁路枢纽依次为北京、上海、武汉、广州。

（三）通信设备和信号设备

1. 铁路的通信设备

铁路的通信设备是实现铁路运输生产高度集中与统一指挥的保证。铁路通信按传输方式分为有线通信和无线通信；按服务区域分为长途通信、地区通信、区段通信及站内通信；按业务性质分为公用通信、专用通信及数据传输等。铁路专用通信是指专门用于组织及指挥铁路运输生产的通信设备。这些设备有特定用途，接通指定用户，自成系统，包括各种调度电话、列车预报、扩音装置等。

列车调度电话是调度所调度员指挥沿线各车站及列车段、机务段等有关列车运行人员关于列车运行业务的通信设备。其总机操纵部分安装在调度所，分机安装在沿线各站。列车无线调度电话可供调度人员和司机通话。站内无线通信是为站内调车作业指挥人员和调车机车司机相互通话而设置的，可以更好地防止作业事故，提高作业效率。

2. 铁路的信号设备

铁路的信号设备包括信号、联锁和闭塞三种。先进的铁路信号设备对保证铁路行车安全，提高运输效率，减少人员和节约运营支出具有重大意义。

（1）信号：信号是指列车运行和调车工作的命令。铁路信号分为视觉信号（如信号机、信号标志）和听觉信号（如汽笛、口笛的鸣示）两类，还可分为固定设置的固定信号和临时设置的移动信号两种。固定信号一般设在列车运行方向的左侧或所属线路中心线的上空。我国铁路的固定信号机主要有：进站信号机、出站信号机、通过信号机、调车信号机、驼峰信号机。信号显示以红、黄、绿为基本色，分别表示停止、注意或减速、按规定速度运行三种含义。此外还有月白色和蓝色等，分别表示准许和不准许超过该信号机调车。

（2）联锁：车站联锁设备又称“列车进路控制系统”，它可以选择列车在车站内的运行进路，保证进路上的道岔位置正确、无敌对的进路，以保障列车在车站内运行安全。如果能使进路建立得更及时、更准确、更快，就能不断地提高车站的通过能力和加快、加大站内的调车作业能力。

中国铁路采用非集中联锁和集中联锁。采用非集中联锁时，道岔的操纵分散在道岔旁进行，信号机一般集中操纵，它适用于无可靠电源的车站。集中联锁通过信号楼内的控制台操纵色灯信号机和电动转辙机来实现联锁关系，并能监督联锁区内线路占用和机车车辆的运行情况，因此，它是一种在安全与效率上都比较好的联锁设备。随着计算机技术的迅速发展，计算机联锁设备在中国铁路上也已开始采用，它属于集中联琐。

（3）闭塞：区间闭塞设备又称“列车间隔控制系统”。使用该设备能使列车按一定的空间间隔运行，保障在同一线路上运行的列车不会产生迎面相撞或追尾相撞的重大行车事故。在保障安全的基础上，若能将列车运行的空间间隔不断地缩短，则能大大地提高区间线路的通过能力。中国铁路闭塞设备分为自动和半自动两种。《铁路技术管理规程》规定，在新建和改建铁路上，列车运行速度超过120km/h的区段，应采用速差式自动闭塞。

其他铁路信号设备还包括：调度监督、调度集中、车站遥控或遥信设备，机车信号，列车超速防护装置，以及驼峰信号、道口自动信号及自动通知，等等。

三、铁路运输装备

（一）铁路机车

机车是铁路运输的基本动力。由于铁路车辆大都不具备动力装置，列车的运行和车辆在车站内有目的地移动均需机车牵引或推送。一般来说，列车的重量和速度取决于机车的功率和性能，而且机车的保有数量、牵引性能、保养和检修质量、正确组织对机车的运用，以及对铁路能否完成运输任务有很大的影响。

按照用途来分，机车可分为客运机车、货运机车和调车机车。客运机车是牵引客车的机车，相对货运机车而言，客运机车的牵引力小，速度快。这是因为客车的编组较少，一般为20多节，载重量也比货车小；货运机车是用来牵引货车的机车。我国除了重载列车外，一般货运列车编组为60节，载重量约为3 500吨。货运机车的牵引力要比客运机车大得多，但速度没有客运机车快；调车机车主要在车站完成车辆转线以及货场取送车辆等各项调车作业，它的特点是机动灵活，车身较短，能通过较小的曲线半径，而速度相对要求不高。机车按牵引动力来划分，目前有蒸汽机车、内燃机车和电力机车。

1. 蒸汽机车

蒸汽机车是通过蒸汽机，把燃料的热能转换为机械能，用来牵引列车的一种机车。1952年12月，我国制造的首台蒸汽机车被称为“解放型”机车。1956年9月18日，我国第一台自行开发的大功率干线货运蒸汽机车在大连厂试制成功，新型机车命名为“和平型”，1971年定名为“前进型”，如图2-8所示。在现代铁路运输中，蒸汽牵引已逐渐被其他新型牵引形式取代。

图2-8 “前进型”蒸汽机车

2. 内燃机车

内燃机车是以内燃机作为原动力的一种机车。内燃机车由动力装置（即柴油机）、传动装置、车体与车架、走行部、辅助设备、制动装置和车钩缓冲装置等主要部分组成。内燃机的热效率可达30%左右，其独立性最强，线路投资少，见效快，整备时间比蒸汽机车短，启动、加速快，运行线路长，通过能力大，单位功率重量轻，劳动条件好，可实现多机联挂牵引。

我国于1958年跨入内燃机车时代，至1997年，内燃机车占机车总数的62.5%。东风4系列内燃机车是我国铁路干线客、货运主型内燃机车，占国产内燃机车总数的一半以上。图2-9（a）所示是戚墅堰机车车辆厂生产的东风8B型内燃机车、图2-9（b）所示是大连机车车辆公司和戚墅堰机车车辆公司分别同美国EMD公司和GE公司联合设计研发的和谐内3型大功率交流传动内燃机车，最高时速可达120公里/小时。

（a）东风8B型内燃机车

（b）和谐内3型大功率交流传动内燃机车

图2-9 内燃机车

3. 电力机车

电力机车靠其顶部升起的受电弓从接触网上取得电能，并转换成机械能牵引列车运行。电力机车由电气设备、车体与车架、走行部、车钩缓冲装置和制动装置等主要部分组成。电力机车功率大，获得能量不受限制，因而能高速行驶，能牵引较重的列车，启动加速快，爬坡性能强，容易实现多机牵引，更适用于坡度大、隧道多的山区铁路和繁忙干线。电力机车不依赖石油燃料，在油价高昂的今天已成为各国进一步发展的重点。图2-10（a）是1978年生产的韶山3型电力机车；图2-10（b）是和谐电3型的大功率电力机车。

(a) 韶山3型电力机车　　(b) 和谐电3型电力机车

图 2-10　电力机车

（二）铁路车辆

货物运输是铁路运输的重要组成部分。目前，中国铁路的年货物发送量位居世界第一，达到20亿吨以上。这些货物南来北往，都需要车辆来装运。因此，我们把铁路上用于载运货物的车辆统称为货车。货车的基本类型有铁路敞车、铁路棚车、铁路平车和铁路罐车。在这些基本车型的基础上又发展出各种专用货车，如保温车、水泥车、家畜车、通风车、活鱼车、活顶棚车、自卸漏斗车、集装箱专用平车、长大货车等。货车应具有坚固而稳定的结构，以保证列车安全而平稳地运行，并与机车速度相适应。目前，货车发展的基本趋势是增加载重，减轻自重，提高速度和改进结构。

1. 平车—N

平车（如图2-11所示）的底架承载面为一个平面，通常两侧设有柱插，有的平车还设有可活动下翻式的矮端墙和侧墙。平车主要用于运送钢材、木材、汽车、机械设备等体积或重量较大的货物，也可借助集装箱运送其他货物。平车还能适应国防需要，装载各种军用装备。装有活动墙板的平车也可用来装运矿石、沙土、碎石等散粒货物。

图 2-11　平车

我国铁路自行设计与制造了多种平车，从结构上来看，有：不设端、侧板的平车，如N12、部分N1；仅设有端板的平车，如N16；设有端、侧板的平车，如N4、N5、N6、N60、N17等。从载重吨位上看，有30t、40t、50t、60t、65t等数种，其中载重为60t和65t的平车生产数量最大，占平车总数的80%以上，N1载重为30t，N4为40t，N5为50t，N6、N60、N16、N17、N17G、N17A为60t，N15及一部分N16为65t。

1998年制造的NX17A型平车是平车—集装箱两用平车（也称XN17A型），如图2-12所示。该车既保留原N17A型平车的基本结构形式，又能适应市场需求，提高车辆适应性和利用率。该车按平车用，装载60吨，按集装箱平车用，装运1个箱重30.48吨或2个箱重24吨或5个箱重10吨的集装箱。

图 2-12　NX17A型平车

我国今后将继续开发平车—集装箱两用车，逐步淘汰单一用途平车，优化既有平车—集装箱两用车结构，增大车辆地板面积，降低车辆自重系数，使载重量达到70吨。X2K型双层集装箱专用平车就是按照铁路集装箱运输的要求而专门设计的新一代集装箱平车，达到货运提速的要求。

2. 罐车—G

罐车是车体呈罐形的车辆，用来装运各种液体、液化气体和粉末状货物等。按用途可分为轻油类罐车（如图 2－13 所示）、黏油类罐车、酸碱类罐车、液化气体类罐车（如图 2－14 所示）和粉状货物罐车；按结构特点可分为有空气包和无空气包罐车、有底架和无底架罐车、上卸式和下卸式罐车等。

图 2－13　轻油罐车

图 2－14　GY60 液化石油气罐车

中国罐车主要车型有：G16 型无底架轻油罐车，容积 52.5 立方米；G60A 无底架轻油罐车，容积 62.09 立方米；G70 新型轻油罐车，容积 70 立方米；T85 新型液氢罐车，容积 70 立方米；GH40 型液化石油气罐车，容积 96 立方米；GF 玻璃钢罐车，专供装运盐酸，容积 50 立方米；GLB 沥青（保温型）罐车，载重 58 吨；G70K（“K”表示已经过提速改造，控制型）轻油罐车；等等。

3. 敞车—C

敞车（如图 2－15 所示）是指具有端壁、侧壁、地板而无车顶，向上敞开的货车。其主要运送煤炭、矿石、矿建物资、木材、钢材等大宗货物，也可用来运送重量不大的机械设备。若在所装运的货物上蒙盖防水帆布或其他遮篷物后，可代替棚车，承运怕雨淋的货物。因此敞车具有很大的通用性，在货车组成中数量最多，目前，全国共有敞车约 30 万辆，约占货车总数的 50%以上。主型通用敞车有 C61、C62、C62A、C62B、C64K、C70、C70B、C70H、C76H（大秦线编组列车）等。敞车按卸货方式不同可分为两类：一类是适用于人工或机械装卸作业的通用敞车；另一类是适用于大型工矿企业、站场、码头之间成列固定编组运输，用翻车机卸货的敞车。

图 2－15　C 型敞车

1988 年大秦铁路一期工程开通后，专门制造了可以运用于翻车机自动卸煤的 C63 型敞车，后经过改进，定型为 C63A 型。除此之外，还设计制造了用于重载运输的 CX1 型敞车和 CX2 型低动力大型敞车。这几种敞车都采用了可以旋转的车钩，在进入翻车机后，车厢可旋转 180°自动将煤卸下。1998 年，我国设计制造了载重 76 吨、有效容积为 82 立方米的 C76C 型全钢运煤专用敞车；还与美国合作研制了铝合金运煤专用敞车，如图 2－16 所示。

图 2－16　C80H 铝合金运煤敞车

4. 棚车—P

棚车是有侧墙、端墙、地板和车顶，在侧墙上开有滑门和通风窗的铁路货车。棚车是铁路货车中的通用车辆，用于运送怕日晒、雨淋、雪侵的货物，包括各种粮谷、日用工业品及贵重仪器设备等，一部分棚车还可以运送人员和马匹。

图 2-17　P64GH 型通用棚车

P64 型通用棚车是我国较新一代的棚车，在其基础上还派生了多种 P64 型系列棚车。P64GH 型通用棚车就是其发展系列的新一代棚车，如图 2-17 所示。P64GH 采用了新型的提速转向架，满足了提速的要求。

图 2-18　P65 棚车

P65 型行包快运棚车的主要性能是货物的快速周转和运输。此型号棚车也适合以棚代客及军事物资的运输，P65 棚车在 2007 年开始全面改成黑色涂装，如图 2-18 所示。

P70 棚车（如图 2-19 所示）是在 P64A 系列棚车基础上制造的，其载重由原本的 60 吨左右增至 70 吨。该车采用了新型的重载提速转向架，满足了铁路重载化和高速化发展的要求。

图 2-19　P70 棚车

5. 漏斗车

漏斗车主要有粮食漏斗车和矿物漏斗车两种。

粮食漏斗车专用于运输散装粮食。铁路早期运输粮食用麻袋包装，用通用敞车或棚车运输，后改用铁路通用棚车进行粮食散装运输。为了提高粮食的运输质量、缩短装卸作业时间、加速车辆周转、改善装卸劳动条件、降低运输成本，我国研制了 L 系列粮食漏斗车。L 系列粮食漏斗车中的 L18 型（如图 2-20 所示），载重 60 吨、容积 85 立方米，装货时从车辆的一侧将粮食从地面送至车顶的装货口；卸货时粮食依靠自身重力的作用自动流出，故车厢下部做成漏斗形。

图 2-20　L18 型粮食漏斗车

矿物漏斗车分为石渣漏斗车和煤炭漏斗车两种。

石渣漏斗车是用来运输铁路石渣或小块石料的专用铁路车辆，是一种利用重力卸货的漏斗车，借助风动装置开启底门的卸货机构，以达到卸货的目的。中国的石渣漏斗车有 K13 型、K13N 型、K13D 型和 K13NA 型几种。K13NA 型是目前设计生产的主要型号（如图 2-21 所示），也是今后石渣漏斗车的主型车辆。

图 2-21　K13NA 型石渣漏斗车

KM70 型煤炭漏斗车，如图 2-22 所示。该车在车体、风手制动系统、车钩缓冲装置、底门开闭装置和走行部等各方面均采用目前国内铁道车辆的先进技术和新型高强度耐腐蚀材料，具有车体强度高、车辆载重大、耐腐蚀性强、检修周期长等特点，适用于电站、港口、钢铁等企业装运煤炭矿石等散装货物。

6. 保温车—B

图 2-22 KM70 型煤炭漏斗车

机械保温车按供电和制冷方式可分为三类：

(1) 集中供电、集中制冷的车组：全列车由发电车集中供电，制冷车集中制冷，采用氨作制冷剂，盐水作冷媒。

(2) 集中供电、单独制冷的车组：由发电车集中供电，每辆机冷货物车上装有制冷设备单独制冷，采用氟利昂作冷媒，强迫空气循环。

(3) 单节机械保温车：每辆车上均装有发电和制冷设备，可以单独发电和制冷，也可使用集中供电的电源。

图 2-23 B20 型保温车

B20 型保温车，如图 2-23 所示。该车组由一节发电车和四节保温车厢组成。B20 保温车车厢载重 45 吨、自重 36.7 吨、容积 92 立方米、换算长度 2.0 米。

7. 长大货车—D

长大货车又称为“长大车”，是专供运送超长、超大及笨重货物的车辆。一般按平车的形式来设计和制造，它们的载重能力基本在 100 吨以上，目前，我国的长大货车最大载荷为 380 吨。

8. 特种货车—T

特种货车是具有某种专门用途或者特（种）殊用途（如架桥机械车、铺轨车等）的货车。

第三节 公路运输技术与装备

公路运输是现代运输的主要方式之一，它在整个运输领域中占有重要的地位，并发挥着越来越重要的作用。目前，全世界机动车总数已达 4 亿多辆，全世界现代交通网中，公路线长占 2/3，约达 2 000 公里，公路运输所完成的货运量占整个货运量的 80%左右，货物周转量占 10%。在一些工业发达国家，公路运输的货运量、周转量在各种运输方式中都名列前茅，公路运输已成为一个不可缺少的重要组成部分。

一、公路运输的含义与特点

（一）公路运输的含义

公路运输是在公路上运送旅客和货物的运输方式。现代所用的运输工具主要是汽车，因此，公路运输一般指汽车运输。在地势崎岖、人烟稀少、铁路和水运不发达的边远及经济落后地区，公路为主要运输方式，起着运输干线的作用。

（二）公路运输的特点

1. 公路运输的优点

（1）机动灵活，适应性强。由于公路运输网一般比铁路、水路网的密度要大十几倍，分布面也广，因此公路运输车辆可以“无处不到、无时不有”；公路运输在时间方面的机动性也比较大，车辆可随时调度、装运，各环节之间的衔接时间较短，尤其是公路运输对客、货运量的多少具有很强的适应性。汽车的载重吨位有小（0.25～1t），有大（200～300t），既可以单个车辆独立运输，也可以由若干车辆组成车队同时运输。

（2）可实现“门到门”直达运输。由于汽车体积较小，中途一般也不需要换装，除了可沿分布较广的路网运行外，还可离开路网深入到工厂企业、农村田间、城市居民住宅等地，可以把旅客和货物从始发地门口直接运送到目的地门口，实现“门到门”直达运输。

（3）在中、短途运输中，运送速度较快。在中、短途运输中，由于公路运输可以实现“门到门”直达运输，中途不需要倒运、转乘就可以直接将客、货运达目的地，因此，与其他运输方式相比，公路运输客、货在途时间较短，运送速度较快。

（4）原始投资少，资金周转快。公路运输与铁路、水路、航空运输方式相比，所需固定设施简单，车辆购置费用一般比较低。因此，投资兴办容易，投资回收期短。据有关资料表明，在正常经营情况下，公路运输的投资，每年可周转1～3次，而铁路运输则3～4年才能周转一次。

（5）掌握车辆驾驶技术较易。与火车司机或飞机驾驶员的培训要求来说，汽车驾驶技术比较容易掌握，对驾驶员的各方面素质要求相对也比较低。

2. 公路运输的缺点

（1）运量较小，运输成本较高。汽车的自重与载重相比于火车、轮船等都少得多。由于汽车载重量小，行驶阻力比铁路大9～14倍，所消耗的燃料又是价格较高的液体汽油或柴油，因此，除了航空运输，属汽车运输的成本最高。

（2）运行持续性较差。在各种现代运输方式中，公路的平均运距最短，运行持续性较差。公路平均运距客运为55km，货运为57km；铁路平均运距客运为395km，货运为764km。（货物平均运距是货物由装货点至卸货点间的运输距离，一般用公里（km）作为计量单位；客运平均运距是指乘客乘坐1次车的平均距离，计算公式为：平均运距＝人公里/乘客人数。）

（3）安全性较低，环境污染较大。据统计，自汽车诞生以来，已经吞噬掉3 000多万人的生命，特别是20世纪90年代开始，死于汽车交通事故的人数急剧增加，平均每年达50多万。这个数字超过了艾滋病、战争和结核病人每年的死亡人数。汽车所排出的尾气和引起的噪声也严重地威胁着人类的健康，是大城市环境污染的主要污染源之一。

二、公路运输的主要功能与种类

（一）公路运输的主要功能

（1）担负中、短途运输。公路运输通常可担负50km以内及50～200km的中短途运输任务；（2）衔接其他运输方式。公路运输主要用于为铁路、水运、航空等其他运输方式接运或集散客货；（3）独立担负长途运输。在其他运输方式尚未充分发展的地区，公路运输可独立担负长途运输任务，特别是在抢险救灾、开辟新的地区及战时等是比较有效的运输方式。

（二）公路货物运输的基本分类

1. 按托运批量大小可分为整车运输、零担运输、集装箱运输和包车运输

（1）整车运输：凡托运方一次托运货物在3t及3t以上的，或虽不足3t但其性质、体积、形状需要一辆3t以上的汽车运输的业务为整车运输。特点有，都是大宗货物，货源的构成、流量、流向、装卸地点都比较稳定。

（2）零担运输：凡托运方一次托运货物不足3t者为零担运输。特点是非常适合商品流通中品种繁杂、量小批多、价高贵重、时间紧迫、到达站点分散等特殊情况下的运输。

（3）集装箱运输：将适箱货物集中装入标准化集装箱，采用现代化手段进行的货物运输。

（4）包车运输：指应托运人的要求，经双方协议，把车辆包给托运人安排使用，并按时间或里程计算运费的业务。

2. 按货物的性质及对运输条件的要求可分为普通货物运输与特种货物运输

（1）普通货物运输：被运输的货物本身的性质普通，在装卸、运送、保管过程中没有特殊要求的运输。普通货物分为一等、二等、三等三个等级。

（2）特种货物运输：被运输的货物本身的性质特殊，在装卸、运送、保管过程中需要特定条件、特殊设备来保证其完整无损的运输。特种货物运输可分为长大、笨重货物运输，危险货物运输，贵重货物运输和鲜活易腐货物运输。

3. 按货物运送速度可分为一般货物运输、快件货物运输和特快专运

（1）一般货物运输：即普通速度运输或慢运。

（2）快件货物运输：快件货物运送的速度从货物受理当日15点钟起算，运距在300公里内24小时运达，运距在1 000公里内48小时运达，运距在2 000公里内72小时运达。

（3）特快专运：指按托运人要求在约定时间内运达。

4. 按运输的组织特征可分为集装化运输与联合运输

（1）集装化运输：以集装单元作为运输的单位，保证货物在整个运输过程中不致损失，而且便于使用机械装卸、搬运的一种货运形式。集装化运输最主要的形式是托盘运输和集装箱运输。

（2）联合运输：两个或两个以上的运输企业，根据同一运输计划，遵守共同的联运规章或签订的协议，使用共同的运输票据或通过代办业务，组织两种或两种以上的运输工具，相互接力，联合实现货物的全程运输。

阅读材料2—3

公路货运体系的主要问题和发展方向

目前中国公路货运体系中最突出的问题主要是运输装备水平和运输组织方式比较落

后，而运输管理体制又是制约这方面改进和发展的重要因素。因此，现阶段公路货运现代化建设应当以改善和提高货运装备的水平、优化货运车辆结构为重点，以规范市场竞争秩序和建立良好的运输市场环境为条件，以深化运输管理体制改革和调整运输管理政策为推动力，带动运输组织形式和运输组织结构的优化。

公路货运的发展方向在于进一步提高专业化水平，向物流全过程服务拓展，实现公路货物运输市场主体向以大型企业为主导的多元化格局的转变。公路货运装备的发展要符合公路货运发展的要求，要大力推进运输装备的专用化、高效化、标准化和信息化，要进一步提高运输装备的安全性和适应性，要满足先进运输组织技术的要求。

从发达国家的经验来看，公路货运汽车发展的方向是大吨位车和小型车双向发展，大吨位车主要用于区际货物运输，小吨位车则在市区内运输集散。中长途公路货运装备发展的方向是大吨位、专用化、低能耗和高可靠性，发展重点是半挂汽车列车，而更为重点的是厢式半挂车。已有研究成果表明，在运距大于12公里的情况下，载重量为16吨以上的汽车与载重量为4吨的汽车相比，运输效率提高了3～4倍，运输成本可下降80%～85%，随着运距的增加，大吨位汽车的优越性更加明显。英国研究资料表明，载货汽车总重由24吨增加到32吨时，在运量不变的情况下，由于运输效率提高，现有车辆数可减少7%～13%，每年可节约500万～1 500万英镑的运输费用。当前，中国公路货运现代化和装备发展的战略思路是，采取区域差异化策略，大力发展以高效、高速厢式半挂车为主体的干线公路和大区域及城际间的工业制成品及日用消费品的整车和零担运输。

三、公路运输基础设施

公路运输基础设施主要是指公路、公路主枢纽以及附属设施，它是公路运输的物质基础。公路是指供车辆行驶的工程结构物，由路基、路面、桥梁、涵洞和隧道以及沿线附属设施等组成。

（一）公路的分类和技术等级

1. 按行政等级划分

公路按行政等级可分为：国家公路、省公路、县公路和乡公路（简称为国道、省道、县道、乡道）以及专用公路五个等级。一般把国道和省道称为干线，县道和乡道称为支线。

（1）国道是指具有全国性政治、经济意义的主要干线公路，包括重要的国际公路，国防公路，连接首都与各省、自治区、直辖市首府的公路，连接各大经济中心、港站枢纽、商品生产基地和战略要地的公路。国道中跨省的高速公路由交通部批准的专门机构负责修建、养护和管理。

（2）省道是指具有全省（自治区、直辖市）政治、经济意义，并由省（自治区、直辖市）公路主管部门负责修建、养护和管理的公路干线。

（3）县道是指具有全县（县级市）政治、经济意义，连接县城及县内主要乡（镇）、主要商品生产和集散地的公路，以及不属于国道、省道的县际间公路。县道由县、市公路主管部门负责修建、养护和管理。

（4）专用公路是指专供或主要供厂矿、林区、农场、油田、旅游区、军事要地等与外部联系的公路。专用公路由专用单位负责修建、养护和管理，也可委托当地公路部门修建、养护和管理。

2. 按使用任务、功能和适应的交通量划分

根据我国现行的《公路工程技术标准》（JTG B01—2014），公路按使用任务、功能和适应的交通量分为高速公路、一级公路、二级公路、三级公路、四级公路五个技术等级。

（1）高速公路：具有特别重要的政治、经济意义。专门供汽车分向、分车道行驶，并全部控制出入的多车道公路。分为四车道、六车道、八车道高速公路。高速公路的年平均日设计交通量宜在 15 000 辆小客车以上。

（2）一级公路：连接重要政治、经济中心，通往重点工矿区、港口、机场，专供汽车分道行驶并部分控制出入的公路。一级公路的年平均日设计交通量宜在 15 000 辆小客车以上。

（3）二级公路：连接政治、经济中心或大矿区、港口、机场等地的公路。二级公路的年平均日设计交通量宜为 2 000～15 000 辆小客车。

（4）三级公路：沟通县以上城市的公路。三级公路的年平均日设计交通量为 2 000～6 000辆小客车。

（5）四级公路：沟通县、乡（镇）、村的公路。双车道四级公路年平均日设计交通量宜在 2 000 辆小客车以下；单车道四级公路年平均日设计交通量宜在 400 辆小客车以下。

（二）我国道路编号规则

我国道路按其行政等级主要分为国道（含国道主干线）、省道、县道三级，由国、省、县三字汉语拼音首字母 G、S、X 作为它们各自相应的标识符，标识符加数字组成编号。

1. 国道主干线的编号

国道主干线的编号由国道标识符“G”、主干线标识“0”加两位数字顺序号组成。国道放射线编号，由国道标识符“G”、放射线标识“1”和两位数字顺序号组成，以北京为起始点，放射线止点为终点，按路线的顺时针方向排列编号，如 G101 北京至沈阳（简称京沈线）；国道北南纵线的编号，由国道标识符“G”、北南纵线标识“2”（偶数）和两位数字顺序号组成，如 G204 烟台至上海（简称烟沪线）；国道东西横线的编号，由国道标识符“G”、东西横线标识“3”（奇数）和两位数字顺序号组成，如 G318 上海至聂拉木（简称沪聂线）。

2. 省道的编号

省道的编号以省级行政区域为范围编制。省道放射线的编号，由省道标识符“S”、放射线标识“1”和两位数字顺序号组成，如 S120；北南纵线的编号，由省道标识符“S”、北南纵线标识“2”（偶数）和两位数字顺序号组成；省道东西横线的编号，由省道标识符“S”、东西横线标识“3”（奇数）和两位数字顺序号组成。

县道原则上以所在行政区域为范围编制，方法在此不再赘述。

（三）公路运输的主枢纽

1. 公路主枢纽的概念

公路主枢纽是位于国家干线公路的交汇处，在公路运输中具有集疏、中转、管理与组织功能，拥有多个大型客货站场的城市。国家公路运输枢纽是位于重要节点城市的国家级公路运输中心，与国家高速公路网共同构成国家最高层次的公路运输基础设施网络，由客

运枢纽站场和货运枢纽站场组成，提供公共交通运输服务。

2. 公路主枢纽的功能

（1）运输组织功能：管理好客货源及运力，使其最佳匹配，克服混乱，实现有序运输，提高运输效率。

（2）中转和储运功能：为货物的中转换装、储运和旅客的到发、转乘提供设施和作业服务。公路主枢纽面向全社会开放，为货主提供货物仓储，并在枢纽货运场站内进行各种装卸搬运作业，以利于货物的集疏运。

（3）中介代理服务：根据货主需要承担运输代理；为货主选择最佳运输方式、运输线路；合理组织多式联运，代办报关、报检、保险和金融结算等，实行“一次托运，全程服务”。

（4）通信信息功能：通过计算机及通信设备，与全国公路主枢纽形成网络，也使公路主枢纽内各站场以及公路主枢纽与铁路、水运、航空有机联系，相互衔接，以使各种营运信息得以迅速、及时、准确地传递和交换。同时，面向社会提供货源、运力、货流等信息服务。

（5）辅助服务功能：提供各种生产生活辅助服务，为旅客、司乘人员提供必要的食宿服务，为车辆提供检测、维修、加油、清洗等服务，进一步提高运输服务水平。

四、公路运输设备

这里的公路运输设备主要介绍汽车。按照最新国家标准 GB/T 3730.1—2001，汽车主要分为乘用车和商用车。

乘用车：在设计和技术特性上主要用于载运乘客及其随身行李和/或临时物品的汽车，包括驾驶员座位在内最多不超过 9 个座位。乘用车分为普通乘用车、活顶乘用车、高级乘用车、小型乘用车、敞篷车、仓背乘用车、旅行车、多用途乘用车、短头乘用车、越野乘用车和专用乘用车 11 类。

商用车：在设计和技术特性上用于运送人员和货物的汽车，并且可以牵引挂车（乘用车不包括在内）。商用车分为客车、货车和半挂牵引车 3 类。客车细分为小型客车、城市客车、长途客车、旅游客车、铰接客车、无轨客车、越野客车和专用客车；货车细分为普通货车、多用途货车、全挂牵引车、越野货车、专用作业车和专用货车。

（一）汽车的主要性能参数和结构参数

1. 性能参数

（1）整车装备质量（kg）：汽车完全装备好的质量，包括润滑油、燃料、随车工具、备胎等所有装置的质量。

（2）最大总质量（kg）：汽车满载时的总质量。

（3）最大装载重量（kg）：在汽车自身各零部件所允许的范围内，能保证汽车在道路上稳定行驶的最大货物装载量。

（4）最大轴载重量（kg）：汽车单轴所承载的最大总质量，与道路通过性有关。

（5）转弯半径（mm）：汽车转向时，汽车外侧转向轮的中心平面在车辆支承平面上的轨迹圆半径。转向盘转到极限位置时的转弯半径为最小转弯半径。

（6）最高车速（km/h）：汽车在平直道路上行驶时能达到的最大速度。

(7) 最大爬坡度（%）：汽车满载时的最大爬坡能力。

(8) 平均燃料消耗量（L/100km）：汽车在道路上行驶时每百公里平均燃料消耗量。

(9) 车轮数和驱动轮数（$n\times m$）：车轮数以轮毂数为计量依据，n 代表汽车的车轮总数，m 代表驱动轮数。

2. 汽车的结构参数（如图 2-24 所示）

(1) 车长（mm）：汽车长度方向两极端点间的距离。

(2) 车宽（mm）：汽车宽度方向两极端点间的距离。

(3) 车高（mm）：汽车最高点至地面间的距离。

(4) 轴距（mm）：汽车前轴中心至后轴中心的距离。

(5) 轮距（mm）：同一车桥左右轮胎胎面中心线间的距离。

(6) 前悬（mm）：汽车最前端至前轴中心的距离。

(7) 后悬（mm）：汽车最后端至后轴中心的距离。

(8) 最小离地间隙（mm）：汽车满载时，最低点至地面的距离。

(9) 接近角（°）：汽车前端突出点向前轮引的切线与地面的夹角。

(10) 离去角（°）：汽车后端突出点向后轮引的切线与地面的夹角。

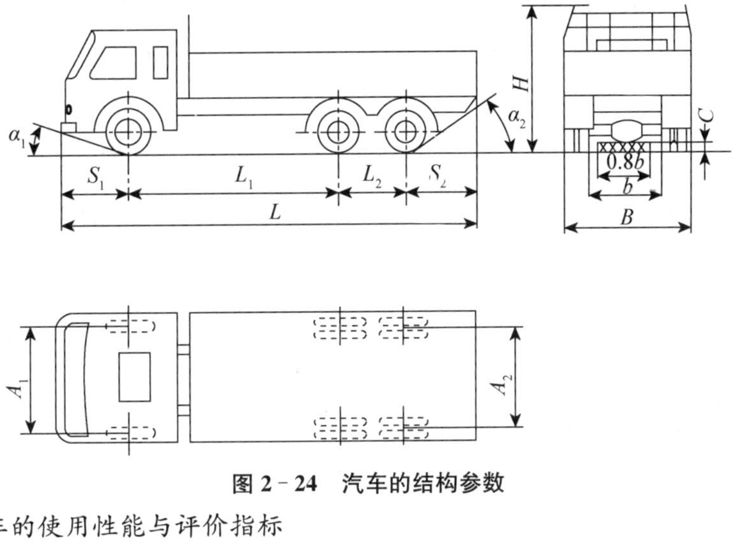

图 2-24　汽车的结构参数

（二）汽车的使用性能与评价指标

汽车的使用性能是指汽车能适应各种使用条件而发挥最大工作效率的能力主要有下面几项。

1. 汽车的动力性

汽车的动力性是用汽车在良好路面上直线行驶时所能达到的平均行驶速度来表示的。汽车的动力性从汽车的最高车速、汽车的加速能力、汽车所能爬上的最大坡度三方面指标进行评价。载重汽车的动力性以最大爬坡度为主要指标。

2. 汽车的燃料经济性

为降低汽车运输成本，要求汽车以最少的燃料消耗，完成尽量多的运输量。汽车以最少的燃料消耗量完成单位运输工作量的能力，称为燃料经济性，评价指标为平均燃料消耗量。

3. 汽车的制动性

汽车具有良好的制动性是安全行驶的保证，也是汽车动力性得以很好发挥的前提。汽车制动性从制动效能、制动效能的恒定性、制动时方向的稳定性三方面的性能来评价。

4. 汽车的操纵性和稳定性

汽车的操纵性是指汽车对驾驶员转向指令的响应能力，直接影响到行车安全。轮胎的气压和弹性、悬挂装置的刚度以及汽车重心的位置都对该性能有重要影响。

汽车的稳定性是汽车在受到外界扰动后恢复原来运动状态的能力，以及抵御发生倾覆和侧滑的能力。对于汽车来说，侧向稳定性尤为重要。当汽车在横向坡道上行驶、转弯以及受其他侧向力时，容易发生侧滑或者侧翻。汽车重心的高度越低，稳定性越好。

如果装载超高、超载，转弯时车速过快，横向坡道角过大以及偏载等，很容易造成汽车侧滑及侧翻。

5. 汽车的行驶平顺性

汽车在行驶过程中由于路面不平的冲击，会造成汽车的振动，使乘客感到疲劳和不舒适，货物损坏。为防止上述现象的发生，不得不降低车速。同时振动还会影响汽车的使用寿命。汽车在行驶中对路面不平的抗震程度，称为汽车的行驶平顺性。

货车行驶平顺性的评价指标包括“疲劳——降低工效界限”。汽车车身的固有频率也可作为平顺性的评价指标。从舒适性出发，车身的固有频率在600～850Hz范围内较好。

6. 汽车的通过性

汽车在一定的载重量下，能以较高的平均速度通过各种障碍物的能力，称为汽车的通过性。结构参数的合理选择，可以使汽车具有优良的克服障碍的能力，如较大的最小离地间隙、接近角、离去角、车轮半径和较小的转弯半径、横向和纵向通过半径等，都可提高汽车的通过能力。

7. 容量

容量表示汽车能同时运输的货物数量或者乘客人数。货车用载重量和载货容积来表示。重量利用系数反映汽车结构的合理程度。重量利用系数＝额定载重量/空车质量。

8. 其他使用性能

（1）操纵轻便性：以驾驶汽车时，操作的次数、操作时所需要的力、操作时的方便情况，以及视野、照明、信号等来评价。汽车具有良好的操纵轻便性，不但可以减轻驾驶员的劳动强度和紧张程度，也是安全行驶的保证。采用动力转向、制动增加装置、自动变速器以及膜片离合器等，可使操纵轻便性得以明显改善。

（2）机动性：市区内行驶的汽车，经常行驶于狭窄多弯的道路，机动性显得尤为重要。机动性主要用最小转弯半径来评价。转弯半径越小，机动性越好。

（3）装卸方便性：与车厢的高度、可翻倒的栏板数目以及车门的数目和尺寸有关。

（三）典型的载货汽车

1. 厢式货车

厢式货车又叫厢式车，如图 2－25 所示，主要用于全密封运输各种物品，特殊种类的厢式货车还可以运输化学危险物品。厢式车具有机动灵活、操作方便、工作高效、运输量大、能充分利用空间及安全、可靠等优点。厢式货车可采用铁瓦楞、彩钢板、铝平板、铝合金瓦楞、发泡保温材料作为车厢的材料。

图 2－25　厢式货车

厢式车适用于运输各类货物，各大工厂、超市、个人均适用选配；厢式车后侧可选装后液压托板，可托起 0.5～5 吨重物。

2. 冷藏保温车

冷藏车是用来运输冷冻或保鲜货物的封闭厢式运输车，是装有制冷装置和聚氨酯隔热层的冷藏专用运输车。常用于运输冷冻食品、奶制品、蔬菜水果、海鲜、鲜肉、疫苗药品等。

冷藏汽车实际上称作冷藏保温汽车，它有保温汽车和冷藏汽车两大类。保温汽车是指有隔热车厢，适用于食品短途保温运输的汽车；冷藏汽车是指具有隔热车厢，并设有制冷装置的汽车。冷藏汽车按制冷装置的制冷方式来分类，可分为机械冷藏汽车（见图 2－26）、冷冻板冷藏汽车、液氮冷藏汽车、干冰冷藏汽车、冰冷冷藏汽车等，其中机械冷藏汽车是冷藏汽车中的主型车。

图 2－26　机械冷藏汽车

3. 罐式货车

公路运输罐车按用途可以分为油罐车、汽罐车、液罐车、粉罐车、水泥搅拌罐车、加油罐车等。下面主要介绍粉罐车、液罐车。

（1）粉罐车，如图 2－27 所示，主要用于装运散装粉料，如装运散装水泥、面粉、煤粉、滑石粉等粉状物品。粉罐车一般用于短途运输，卸料作业时间和燃油消耗占其运行时间和燃油总消耗的比例较大。卸料速度和剩余率是评价粉罐车设计水平的重要指标。

图 2－27　粉罐车

（2）液罐车，如图 2－28 所示，是装运液态物品的专用罐式车辆，主要用于装运油类。如：化工物品、饮料、水等液体物品。油罐汽车分为运油汽车和加油汽车，运油汽车是指装有容罐、消电装置、通气阀、灭火机和输油胶管等，用于装运汽油、柴油和煤油等油料的专用汽车；加油汽车除具有运油汽车的基本装置外，还设置有泵油系统、控制系统等，用于将油库中的油料吸入本车油罐及对用油和储油设备加注油料的专用汽车。

图 2－28　液罐车

4. 自卸车

自卸车，如图 2－29 所示，是指通过液压或机械举升而自行卸载货物的车辆，又称翻斗车，由汽车底盘、液压举升机构、货箱和取力装置等部件组成。自卸车在土木工程中，经常与挖掘机、装载机、带式输送机等工程机械联合作业，构成装、运、卸生产线，进行土方、砂石、散料的装卸运输工作。装载车厢能自动倾翻一定角度卸料，能大大节省卸料时间和劳动力、缩短运输周期、提高生产效率、降低运输成本，是常用的运输专用车辆。

图 2 - 29　自卸车

自卸车根据用途的不同可分为矿用自卸车，用于运输煤矿，沙石；环卫绿化自卸车，用于运输垃圾；等等。

5. 半挂牵引车

半挂牵引车，如图 2 - 30 所示，是装备有特殊装置用于牵引半挂车的商用车辆。前面有驱动能力的车头叫牵引车，后面没有牵引驱动能力的车叫挂车，挂车是被牵引车拖着走的。

图 2 - 30　半挂牵引车

牵引车和挂车的连接方式有两种：一是挂车的前面一半搭在牵引车后段上面的牵引鞍座上，牵引车后桥承受挂车的一部分重量，这就是半挂；二是挂车的前端连在牵引车的后端，牵引车只提供向前的拉力，拖着挂车走，但不承受挂车的重量，这就是全挂。我国加入世界贸易组织（WTO）后，港口运输量日益增大，为半挂牵引车的发展提供了机遇，近年来，该车型发展很快。

牵引车分类如下：

(1) 按驱动形式分类。

目前广泛使用的半挂牵引车多为 4×2 与 6×4 形式，如图 2 - 31、图 2 - 32 所示。其鞍座允许的载重量有较大的区别，对于后轴允许载重量为 10 吨级的 4×2 牵引车，鞍座允许载重量 12～12.5 吨；对于后轴载重量为 10 吨级的 6×4 牵引车，鞍座最大载重量为 18 吨左右；对于后轴载重量为 13 吨级的 6×4 牵引车，鞍座最大载重量为 24～26 吨。

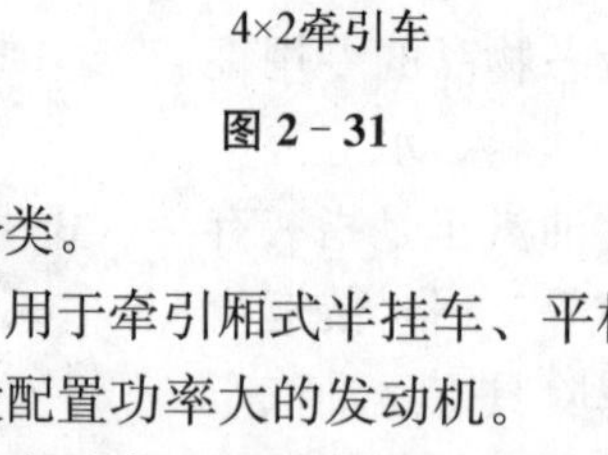
4×2牵引车

图 2 - 31

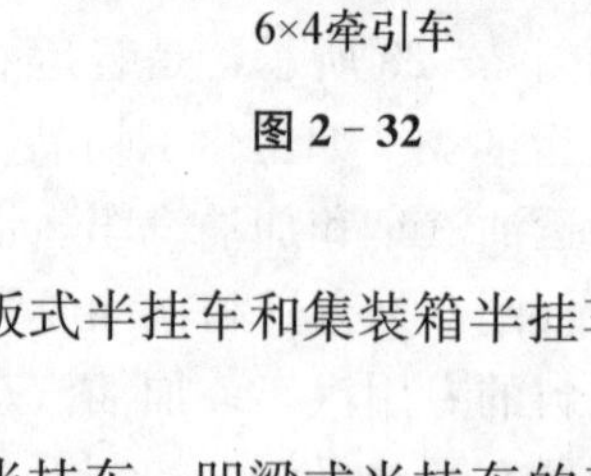
6×4牵引车

图 2 - 32

(2) 按用途分类。

高速牵引车：用于牵引厢式半挂车、平板式半挂车和集装箱半挂车。主要适合于高速长距离行驶。一般配置功率大的发动机。

运输重型货物牵引车：用来牵引阶梯式半挂车、凹梁式半挂车的牵引车。具有牵引座载重量和被牵引的总质量都很大的特点。为了增大牵引力，驱动轴多为二轴，其最高车速比高速牵引车稍低，最高速度（满载）约为 60km/h。

场地用牵引车：用于码头堆场和其他集装箱集散地的短距离运输。其特点是，行驶速度较低、牵引力大、机动性和操纵性较好、摘挂车较为方便、具有可靠的变速机构和制动器等。

6. 半挂车

半挂车是车轴置于车辆重心（当车辆均匀受载时）后面，并且装有可将水平或垂直力传递到牵引车的连接装置的挂车。与“单体式”汽车相比，半挂车更能提高公路运输的综合经济效益。其运输效率可提高 30%～50%，成本降低 30%～40%，油耗下降 20%～30%。

半挂汽车列车是“甩挂运输”（用一辆牵引车轮流牵引多辆半挂车，以达到高效率的运输）、“区段运输”（半挂汽车列车到达指定区段站，半挂车换上另外牵引车牵引继续向目的地行驶，而此牵引车牵引其他半挂车返回原地）、“滚装运输”（集装箱半挂车直接装船及卸下运输）的最好车型。半挂车的主要车型如下：

图 2－33　自卸式半挂车

（1）自卸式半挂车（如图 2－33 所示）：自卸式半挂车适用于煤炭、矿石、建筑物料等散装货物的运输。自卸半挂车按用途可分为两大类，一类属于非公路运输用的重型和超重型自卸挂车，主要承担大型矿山、工程等运输任务；另一类属于公路运输用的轻、中、型普通自卸挂车，主要承担砂石、泥土、煤炭等松散货物的运输。

图 2－34　低平板半挂车

（2）低平板半挂车（如图 2－34 所示）：低平板半挂车通常用来运输重型汽车（如牵引车、大客车、专用汽车等）、轨道车辆、矿用机器、林业机器、农业机器（如挖掘机、推土机、装载机、铺路机、起重机等）及其他重载货物。其重心越低，稳定性和安全性越好，运输超高货物和通过头顶障碍的能力就越强。低平板半挂车通常采用凹梁式（或者井型）车架，车架前段为鹅颈（鹅颈前段的牵引销与牵引车上的牵引鞍座相连，鹅颈后端与半挂车架相连），中段为货台（车架最低部分），后端为轮架（含车轮）。在往低平板半挂车上装载机械设备时，通常是从半挂车后端装载机械设备，即采用从后轮架上面移动机械设备或者将车轮移除的方式，然后再将机械设备固定在半挂车上。

（3）集装箱式半挂车：集装箱挂车装载部位的尺寸按标准集装箱尺寸确定，并在相应于集装箱底部四角的位置上设有固定集装箱的扭锁装置。集装箱半挂车可分为平板式（如图 2－35 所示）和骨架式（如图 2－36 所示），前者有平板货台，也可用来装运普通长大货物；后者无货台，集装箱装到底盘骨架上，由扭锁装置固定成为半挂车的强度构件。

图 2－35　平板式集装箱半挂车

图 2－36　骨架式集装箱半挂车

（4）仓栅式半挂车（如图 2－37 所示）：仓栅式半挂车载货部位采用栅栏结构设计，主要用于农副产品及其他轻泡货物的运输。

图 2－37　仓栅式半挂车

（5）罐式半挂车（如图 2－38 所示）：罐式半挂车载货部位结构为罐式结构，主要用于运输液体、散装物料和散装水泥等。

图 2－38　罐式半挂车

7. 汽车列车

汽车列车是指由汽车或牵引车和挂车组成的列车。汽车运输的发展，要求不断提高车辆的承载能力。但普通汽车的轴负荷和外廓尺寸受到公路法规的限制，不可能造得过重过大，于是出现了拖挂形式的汽车列车。载货汽车列车按组合形式可分为四种。

（1）全挂汽车列车（如图 2－39 所示）：由汽车或牵引车和全挂车组成的汽车列车。全挂车有单轴的和多轴的，以双轴的使用最为广泛。全挂车用挂环和拖架或牵引杆同汽车的牵引钩或铰链机构连接；全挂车多用普通载货汽车牵引，牵引用汽车可摘挂单独行动，灵活性强。但全挂汽车列车行驶稳定性较差，易发生侧向偏摆，同时转向偏移距（牵引汽车前轴中心轨迹与挂车后轴中心轨迹偏差的距离）较大，挂车的追随性差，不能通过路幅较狭的急弯道。因此，全挂车的长度不宜过长，在列车中挂车数一般不宜超过 2 辆。

图 2－39　全挂汽车列车

（2）半挂汽车列车（如图 2－40 所示）：由牵引车和半挂车组成的汽车列车。

图 2－40　半挂汽车列车

（3）双挂汽车列车（如图 2－41 所示）：由牵引车和两辆挂车组成的汽车列车。一般是在一个由牵引车和一辆半挂车组成的列车后面拖挂一个支承转向台车，再在该台车上连接一辆半挂车。这种汽车列车可单挂或双挂使用，适于甩挂运输。

图 2－41　双挂汽车列车

（4）长货汽车列车（如图 2－42 所示）：专门用于运输长件货物如型钢、电缆柱、木材等的汽车列车。长货汽车列车由一辆专用牵引汽车和一辆长货挂车用拖杆连接组成。拖杆制成可伸缩调节式的，可以适应载运货物长短的变化。这种汽车列车的牵引车和挂车上分别设有可转动的承载架以及货件锁束装置，并通过承载的长货把二者连接起来，在列车转向时，承载架能随着长货转动方位的变化相应地偏转。这种汽车列车装卸长货方便、可靠，但转弯半径较大，行驶时的侧向偏摆大，机动性和稳定性都较差。因为不宜装载其他货物，以致经常回空。

图 2－42　长货汽车列车

第四节　水路运输技术与装备

一、水路运输的含义与特点

（一）水路运输的含义

水路运输是以船舶为主要运输工具，以港口或港站为运输基地，以水域包括海洋、河流和湖泊为运输活动范围的一种运输方式。水运至今仍是世界许多国家最重要的运输方式之一，是我国综合运输体系中的重要组成部分，并且正日益显示出它的巨大作用。

（二）水路运输的特点

（1）水运可以实现大吨位、大容量、长距离的运输。我国常用的 2 500 吨级的运煤船，一艘船就相当于 12 列运煤火车或上百辆运煤汽车的载货量。

（2）能源消耗低。运输 1 吨货物至同样距离而言，水运所消耗的能源最少。

（3）运输成本低。水上运输工具主要在自然水道上航行，航路是天然的，只需花少量资金对其进行整治，维护航标设施和管理，就可供船舶行驶。水运的运输成本约为铁路运输的 1/25～1/20，公路运输的 1/100。

（4）水运在整个综合运输系统中通常是一个中间运输环节，它在两端港口必须依赖于其他运输方式的衔接和配合，为其聚集和疏运货物。

（5）水运的运输速度较其他运输方式要慢。一方面因为船舶航行于水中时的阻力较大；另一方面是因为要实现大运量运输，货物的集中和疏散所需时间也长。

（6）水运的外界营运条件复杂且变化无常。海运航线大都较长，要经过不同的地理区域和不同的气候地带，内河水道的水位和水流速度随季节不同变化很大，有些河段还有暗礁险滩，因而，水路运输受自然因素的影响较大。而且水运具有多环节性，需要港口、船舶、供应、通信导航、船舶修造和代理等企业以及国家有关职能部门等多方面的密切配合才能顺利完成。因而，水运管理工作是较为复杂和严密的。

（7）海运具有国际性。一是商船有权和平航行于公海和各国领海而不受他国管辖和限制，有权进入各国对外开放的、可供安全系泊的港口，因此使海运在国际交通中极为方便；二是各国的商船可在国际海运上进行竞争。当然，海运是世界性的商务活动，除必须遵守各国的海运法规外，也要尊重国际法律。

二、水路运输的功能与种类

（一）水路运输的功能

根据水路运输的上述特点，在综合运输体系中，水路运输的功能主要是：承担大批量货物，特别是集装箱运输；承担原料、半成品等散货运输，如建材、石油、煤炭、矿石、粮食等；承担国际贸易运输，是国际商品贸易的主要运输工具之一。

（二）水路运输的种类

水路运输按其航行的区域，大体上可划分为海洋运输和内河运输两种类型。海洋运输又有“远洋”“近洋”和“沿海”之分。这种区分主要是以船舶航程的长短和周转的快慢为依据的。

“远洋”是指我国与其他国家或地区之间，经过一个或多个大洋的海上运输，如我国至非洲、欧洲、美洲、澳洲等地区进行的运输。

“近洋”是指我国与其他国家或地区间，只经过沿海或太平洋（或印度洋）的部分水域的海上运输，如我国与朝鲜半岛、日本，以及东南亚各国所进行的运输。

“沿海”是指我国沿海区域各港之间的运输。其范围包括：自辽宁的鸭绿江口起，至广西壮族自治区的北仑河口止的大陆沿海，以及我国所属的诸岛屿沿海及与大陆间的全部水域内的运输。

内河运输是指利用船舶、排筏和其他浮运工具，在江、河、湖泊、水库及人工水道上从事的运输。内河运输通常多利用天然河流，因此建设投资少，运输成本低。

三、水路运输主要设施

水路运输主要包括港口、航道、导航等设施。

（一）港口

1. 港口的功能

港口是具有水陆联运设备和条件、供船舶安全进出和停泊的运输枢纽，是水陆交通的集结点，是工农业产品和外贸进出口物资的集散地，也是船舶停泊、装卸货物、上下旅客、补充给养的场所。由于港口是联系内陆腹地和海洋运输的一个天然界面。因此，人们也把港口作为国际物流的一个特殊节点。

2. 港口基础设施

港口基础设施是指为完成港口最基本的功能而必须具备的设施。一般包括港口航道、防波堤、锚地、码头、泊位、港口交通和配套设施等，如图 2－43 所示。

图 2－43　环渤海经济圈区位鸟瞰图

（1）港口航道：为了保证船舶安全、便利地进出港口和靠离码头，港内必须有足够的水深和一定宽度的航道。它可以是天然的，也可以是经过人工开挖的。其布置方向以顺水流成直线形为宜。根据船舶通航的频繁程度可分别采用单行航道或双行航道。

（2）防波堤：位于港口水域外围，用以抵御风浪、保证港内有平稳水面的水工建筑物。主要用于满足船舶在港内停泊、进行装卸作业时水面稳静及进出港航行安全、方便的要求。

（3）锚地：港口中供船舶安全停泊、避风、海关边防检查、检疫、装卸货物和进行过驳编组作业的水域。作为锚地的水域要求水深适当，底质为泥质或砂质，有足够的锚位（停泊一艘船所需的位置），不妨碍其他船舶的正常航行。

（4）码头：供船舶停靠、装卸货物和上下游客的水工建筑物。广义地说还包括同它配套的仓库、堆场、装卸设备，以及铁路、道路等。码头按用途可分为货运码头和客运码头两类。货运码头分为普通件杂货码头和专业码头，普通件杂货码头供装卸各种件杂货用，配备的装卸机械有较大的通用性；专业码头配备有高效能的专用机械设备，装卸运量大，

（5）泊位：指一艘标准船型停靠码头所占用的岸线长度或占用的趸船数目。泊位长度一般包括船舶的长度 L 和船与船之间的必要安全间隔 d。d 值的大小根据船舶大小而变化，一个万吨级泊位为 15～20m。泊位的用途是专门进行装卸货。泊位的数量及大小是衡量一个港口或码头规模的重要标志。一座码头可能由一个或几个泊位组成，视其布置形式和位置而定。

（6）港口交通和配套设施：主要包括港区道路、港内铁路和港区供电。港区道路是供流动机械运行，并与城市道路和疏港道路相连接的港内通行道路。港内道路一般布置成环行，以便运输车辆通行，并尽可能减少与铁路线交叉或干扰装卸生产作业。港内铁路是铺设在港区内部的铁路运输线。完善的港口铁路系统，一般设有港口车站、分区车站、码头和库场装卸线，以及将这些部分连成整体的港口铁路区间正线、联络线和连接线等。港区供电是为了满足港口的动力、照明和通信设备所需的电力而设置的供电设施，是港区的重要配套设施。

3. 港口技术特征

港口技术特征主要有港口水深、码头泊位数、码头线长度、港口陆域高程等。

（1）港口水深。港口水深是港口的重要标志之一，表明港口条件和可供船舶使用的基本界限。增大水深可接纳吃水更大的船舶，但将增加挖泥量，增加港口水工建筑物的造价和维护费用。在保证船舶行驶和停泊安全的前提下，港口各处水深可根据使用要求分别确定，不必完全一致。对有潮港，当进港航道挖泥量过大时，可考虑船舶乘潮进出港。现代港口供大型干货海轮停靠的码头水深为 10～15m，大型油轮码头水深为 10～20m。

（2）码头泊位数。根据货物的种类分别确定。除供装卸货物和上下旅客所需泊位外，在港内还要有辅助船舶和修船码头泊位。

（3）码头线长度。根据可能同时停靠码头的船长和船舶间的安全间距确定。

（4）港口陆域高程。根据设计高水位加超高值确定，要求在高水位时不淹没港区。为降低工程造价，确定港区陆域高程时，应尽量考虑港区挖、填土方量的平衡。港区扩建或改建时，码头前沿高程应和原港区后方陆域高程相适应，以利于道路和铁路车辆运行。同一作业区的各个码头通常采用同一高程。

（5）港口通过能力。港口通过能力是港口所有泊位通过能力的总和，须在分类计算的基础上进行。港口通过能力主要由泊位、库场、铁路装卸线、道路等部分所组成。其中泊位能力是主要的，港口通过能力经常受到薄弱环节能力的限制，其大小与劳动组织、管理水平、设备状况和数量、船型、车型、机型等有关，也受货物种类及其比重变化情况、生产的季节性、车船到港的均衡性等许多因素的影响。

（6）货物吞吐量。货物吞吐量是指在一定时期内由水运进出港区范围，并经过装卸的货物数量，单位为吨。它是衡量港口生产任务大小的主要指标，是进行港口规划建设的依据。其货物类别构成及数量和主要流向，反映该港在国内外物资交流中所起的作用。关于货物吞吐量的统计范围、计算方法，国家有统一规定。

（二）航道与航标

1. 航道

航道是指在内河、湖泊、港湾等水域内供船舶安全航行的通道，由可通航水域、助航设施和水域条件组成。现代的水上航道已不仅是指天然航道，而是应包括人工航道、进出港航道以及保证航行安全的航行导标系统和现代通信导航系统在内的工程综合体。

（1）海上航道。

海上航道属自然水道，其通过能力几乎不受限制。但是，随着船舶吨位的增加，有些海峡或狭窄水道会对通航船舶产生一定的限制。例如，位于新加坡、马来西亚和印度尼西亚之间的马六甲海峡，为确保航行安全、防止海域污染，三国限定通过海峡的油船吨位不超过 22 万吨，龙骨下水深必须保持 3.35m。世界主要的国际海运航道有大西洋航线、太平洋航线和印度洋航线。三大洋的航线通过苏伊士运河（或好望角）、巴拿马运河（或麦哲伦海峡、合恩角）和马六甲海峡（或巽他海峡）连接起来，形成一条环球航线。

我国的海域有渤海、黄海、东海和南海，其中渤海是我国内海。与我国邻近的大洋是太平洋。我国海岸线绵延曲折，岛屿众多，水深湾长，多处可建天然良港。宽阔的海面为船舶提供了良好的航行条件。远洋海区水深、海面开阔，利于航行，但助航标志少，风浪较大。沿海地区助航标志多，浪较小，但通航密度大，有的地方水深较浅，航道狭窄，受潮流影响大。

（2）内河航道。

内河航道大部分是利用天然水道加上引航的导标设施构成的。内河航道的主要技术参数有航道的宽度、深度、弯曲半径、水流速度、过船建筑物尺度以及航道的气象条件和地理环境等；内河航道的通航条件主要包括以下因素：

①通航水深，其中包括潮汐变化，季节性水位变化，枯、洪期水深，等等。

②通行时间，其中包括是否全天通行，哪些区段不能夜行，等等。

③通行方式，应了解航道是单向过船还是双向过船等。

④通行限制，应了解有无固定障碍物，例如，桥梁或水上建筑等；有无活动障碍物，例如施工船舶或浮动仓库等。

（3）人工航道。

人工航道又称运河，是由人工开凿、主要用于船舶通航的河流。人工航道一般都开凿在几个水系或海洋的交界处，以便使船舶缩短航行里程，降低运输费用，扩大船舶通航范围，进而形成一定规模的水运网络。国际上著名的运河有苏伊士运河、巴拿马运河等。

①苏伊士运河。通航水深 16m；通行船舶中最大的船舶为满载 15 万吨或空载 37 万吨的油船；通行方式有单向成批发船和定点会船；通过时间 10～15h。

②巴拿马运河。通航水深 13.5～26.5m；通行船舶为 6 万吨级以下或宽度不超过 32m 的船只；通过时间 16h 左右。

2. 航标

航标是设置在航道上引导船舶安全航行的设施，分海上航标和内河航标。海上航标设置于重要港口、沿岸岛屿和沉船等碍航物附近，以形状、颜色、灯光及发光间隔、时间长短、次数等来发挥作用。灯塔设置于岛屿高处或进出港口显著位置，同时，还设雾笛等音响信号和无线电、雷达等导航信号系统。重要灯塔多数还有人值守，以确保航标正常工作。

江河航标按航道等级不同分三类：一类航标晚上发光，保证船舶白天晚上均可航行。二类航标主要设置在较为发达的航道上，夜间只有主航道上的航标发光。三类航标设置于低等级航道，晚上没有灯光信号不通航。不同的形状、灯光和闪动间隔、时间长短的航标发挥的功能作用也不同。航标由国家航道部门负责设置、维护与管理。

四、水路运输设备

这里的水路运输设备主要介绍船舶。在几千年的船舶发展史中，大致经历了舟筏、风帆及蒸汽机船三个阶段。目前，正处于以柴油机为主要动力的钢船时代。随着世界经济的发展，现代运输船舶形成了种类繁多、技术复杂及高度专业化的运输船舶体系。

（一）船型主要尺度

船型的主要尺度有船长、型宽、型深、吃水。

（1）船长（L）：船长有三种表示方法，总长、垂线间长、设计水线长。总长，船艏至尾部的最大水平距离；垂线间长，艏垂线至尾垂线的距离，又称两柱间长；设计水线长，设计水线平面与船型首尾交点之间的水平距离。一般情况下，船长指垂线间长或设计水线长。

（2）型宽（B）：在船体的最宽处，由一舷的肋骨外缘量至另一舷的肋骨外缘之间的水平距离。

（3）型深（H）：船舯点处，沿舷侧龙骨上缘至上甲板下缘的垂直距离；对甲板转角为圆弧形的船舶，则由平板龙骨上缘量至甲板型线与船舷型线的交点。

（4）吃水（T）：船舯部，从龙骨上缘至设计水线的垂直距离。

（二）船舶性能

船舶的性能包括航行性能、载重性能、容积性能、装卸性能等。

1. 船舶航行性能

船舶航行于江河湖海，风雨、险滩、水流等各种情况十分复杂，这就要求船舶具有良好的航行能力，在各种情况下能安全和正常地航行。船舶航行性能主要包括浮性、稳性、抗沉性、适航性、快速性和操纵性等。

船舶在单位时间内所航行的里程，以海里/小时计算，简称节。1 节＝1 海里/小时＝1.852 公里/小时。最快的超大型集装箱船舶可以达到 25～32 节的速度；一般散货船在 12～17 节；杂货船在 15～17 节。

2. 船舶载重性能

船舶作为运载货物的工具，其装载货物重量大小的能力，主要取决于船舶载重性能，通常从排水量和载重量两个方面来表示。

（1）排水量：排水量是指船舶浸入水中时所排开水的重量。排水量分为空船排水量和满载排水量。空船排水量是船舶空载时的排水量，即空船的重量。满载排水量是船舶在满载吃水时所排开水的重量，包括空船的重量、货物、燃料、淡水、船员和行李及给养物品、船舶常数的总和。

（2）载重量：在船舶运输生产中更为重要的是船舶的载重能力，即船舶的载重量。载重量分为总载重量和净载重量。总载重量是指在某一规定的载重吃水线上，船舶所允许装载的最大重量；净载重量是指所装载货物的最大重量，等于总载重量减去总储备量（包括航次所需的燃料、淡水、供应品、船员、行李等重量）及船舶常数。

国家主管机关根据船型、航区和季节等因素在船舶干舷勘定载重水线标志，以限制船舶的最大吃水，保障船舶在各航区安全行驶。

3. 船舶容积性能

船舶所具有的容纳各类货载体积的性能就是船舶的容积性能，通常由船舶的货舱容积、吨位和舱容系数来反映。船舶货舱容积是船舶实际能够容纳货物的空间。货舱容积按货物不同分为散装容积、包装容积、液货容积。

国家船检部门会将吨位标志勘绘于船舯两侧，以吨为计算和丈量的单位来表明船舶的实际货舱容积。

4. 船舶装卸性能

船舶的装卸性能是指在一定日历期（通常取日历期为一年）内，泊位可装卸船舶货物的最大数量，这取决于装卸机械、泊位的船舶装卸效率、泊位利用率和在日历期内泊位的可营运时间等。

（三）常用的货运船舶

1. 普通杂货船

普通杂货船，如图 2-44 所示，是以装运零批件货为主要业务的商船。大多定期航行于固定航线，在两港之间、三角航线或某水域，也有环球航线。小的有数百吨，大的有 15 000 吨。停泊港多，装卸时间长。其航速为 18～22 节。这种船舶货舱有较大容积，并分舱分层以装运不同货物。舱口有起货设备，如有多对 5～10 吨吊杆，大舱口应有 15～20 吨旋塔式吊杆。为便于装舱，设有双层甲板，大型远洋杂货船甲板间隔为 3 米左右。每货舱设有一个舱口，其宽为船宽的 40%～60%，舱盖有水密装置。现代货船大多采用尾机型，其优点是可在船中部留有方整的船体货舱，利于装货、理货和清舱。

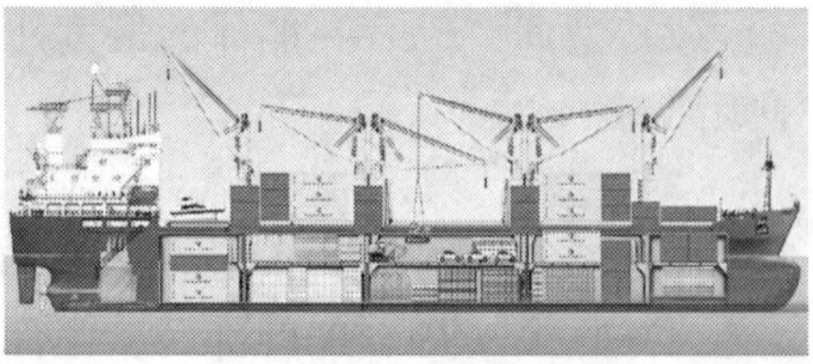

图 2-44 普通杂货船

2. 干散货船

干散货船又称散装货船，专用于运送煤炭、矿砂、谷物、化肥、水泥、钢铁等散装物资。目前其数量仅次于油船。其特点为驾驶室和机舱布置在尾部，货舱口宽大；内底板与舷侧以向上倾斜的边板连接，便于货物向货舱中央集中，甲板下两舷与舱口处有倾斜的顶边舱以限制货物移动；有较多的压载水舱用于压载航行。按载运的货物不同，又可分为矿砂船、运煤船、散粮船、散装水泥船、运木船等。

目前，全世界散货船共约 1.5 亿载重吨。一般散货船载重在 25 000～60 000 吨，也有载重 150 000 吨的巨轮，载重 40 000 吨以上的散货船不设起货设备。

(1) 矿砂船。

矿砂船是专门用于载运散装矿砂的船舶，如图 2-45 所示。由于矿砂是重货，比重大、容积小，易损坏船体，为此，矿砂船构造坚固，货舱的舱底多半呈斜面，货舱内还装有纵向挡板，既能防止矿砂纵向滚动，又能增强船体强度。

图 2-45 矿砂船

矿砂船按总载重量可分级如下：

①好望角型船舶（如图 2-46 所示）。载重量在 80 000 公吨或以上，一般为 9 舱 9 口，主要承运煤、矿石等大宗货载。该船型以运输铁矿石为主，

由于尺度限制不可能通过巴拿马运河和苏伊士运河，需绕行好望角和合恩角，故以此称呼。波罗的海好望角型船运价指数（BCI，Baltic Capesize Index）现时作为定价基准的好望角型船舶规范为，载重吨 161 000 公吨，散装舱容 176 000 立方米，最大船长 280 米，最大船宽 45 米，满载航速 14 节，耗重油 52 公吨/天。

图 2－46　好望角型船舶

②巴拿马型船舶（如图 2－47 所示）。载重量在 60 000～79 999 吨，一般为 7 舱 7 口，船宽 32.2 米左右（仅略小于巴拿马运河船宽限制 107 英尺，相当于 32.6 米）。波罗的海巴拿马型船运价指数（BPI，Baltic Panamax Index）现时作为定价基准的巴拿马型船舶规范为，载重吨 70 000 吨，散装舱容 300 万立方英尺（相当于 84 900 立方米），最大船长 230 米，满载航速 14 节，耗重油 30 吨/天。

图 2－47　巴拿马型船舶

③大灵便型与小灵便型船舶（如图 2－48 所示）。大灵便型载重为 40 000～59 999 吨，小灵便型载重为10 000～39 999 吨。这两种船型尽管大小不同，但均有吊杆，能自装/自卸，可在条件相对较差的港口间从事小批量货载的运输。波罗的海大灵便型船运价指数（BHMI，Baltic Handymax Index）现时作为定价基准的大灵便型船舶规范为，载重 45 496 公吨，夏季海吃水 11.62 米，散装舱容 2 020 315 立方英尺（相当于 57 175 立方米），5 舱 5 口，带 4 支 25 吨吊杆，船长 185.74 米，船宽 30.4 米，满载与空载平均航速 14 节，耗油 29.5 吨/天。小灵便型船舶营运灵活，船型种类多，很难确定其具有代表性的典型船舶规范。

图 2－48　大灵便型船舶

（2）运煤船

运煤船的船型最接近于普通散货船。运煤船为了防止煤发热自燃，船上设有良好的通风设备；这类船还多装一套自卸系统，如现代化的 2.7 万吨级散货自卸船“北极星轮”，如图 2－49 所示。在舱底设置纵向输送机，舱内物料通过斗门及其他喂料方式进入输送机。其优点是对码头设备要求低，可实现卸船作业全自动化；缺点是建设成本高，比普通货船高出 15%～25%。

图 2－49　现代化的 2.7 万吨级散货自卸船“北极星轮”

（3）散粮船

散装粮食的积载因数较大，所以货舱容积比普通散货船大。为减小自由面效应（散粮在船舶航行中逐渐下沉，使货舱上部出现空当，表面的粮食会随着船舶的摇摆而滑移，从而有加大船舶倾覆力矩的现象），散粮船通常装设止移板，并储备有一部分添注粮，或在散装粮食的表面压包装粮。目前，一般都将散粮船的货舱口围壁加高，使货物沉降后的表面面积局限在货舱口范围内。

（4）散装水泥船

散装水泥船不开设大舱口也不设起重设备，但设有气动式或机械式水泥装卸设备。船的中部设有集尘室或舱盖上设有空气过滤器。上甲板和货舱口严格水密。用空气滑道或漏斗配以皮带运输机或螺旋输送机在舱内沿纵向水平传送水泥，再配以螺旋式或链斗式垂直提升机构或用高压空气泵吸扬卸货。

3. 集装箱船

集装箱船可分为全集装箱船和半集装箱船两种，如图 2-50 所示。它的结构和形状跟常规货船有明显不同。它外形狭长，单甲板，上甲板平直，货舱口达船宽的 70%～80%，上层建筑位于船尾或中部靠后，以让出更多的甲板堆放集装箱，甲板一般堆放 2～4 层，舱内可堆放 3～9 层集装箱。集装箱船装卸速度高、停港时间短，大多采用高航速，通常为 20～23 节。近年来为了节能，一般采用经济航速，为 18 节左右。在沿海短途航行的集装箱船，航速仅为 10 节左右。近年来，美国、英国、日本等国进出口的杂货有 70%～90%使用集装箱运输。

图 2-50　集装箱船

4. 滚装船

滚装船是利用运货车辆来载运货物的专用船舶，用牵引车牵引载有箱货或其他件货的半挂车或轮式托盘直接进出货舱装卸的运输船舶。这种船本身无装卸设备，一般在船侧或船的首、尾开口，斜坡连接码头，装卸货物时汽车或集装箱（装在拖车上的）直接开进或开出船舱。由于北欧地区海岸的潮差较小，公路运输网稠密，利用滚装船可构成海上运输和公路运输的集成运输系统，所以滚装船在北欧发展迅速。滚装船在中国的海上航线应用也很多，在烟台—大连，海口—湛江等轮渡口岸都有广泛的应用。

滚装船适应性较强，除了能装载集装箱外，还能运载特种货物和各种大件货物，有专门装运钢管、钢板的钢铁滚装船，专门装运铁路车辆的机车车辆滚装船，专门装运钻探设备、农业机械的专用滚装船，还可以混装多种物资及用于军事运输。集装箱滚装船如图 2-51 所示。

图 2-51　集装箱滚装船

滚装船船体结构的特点是甲板层数多，一般有 2～6 层。为使车辆在舱内通行无阻，货舱内不设横舱壁，舱内支柱也很少，因此，滚装船的结构强度和抗沉性较差。

5. 冷藏船

图 2-52　冷藏船

冷藏船，如图 2-52 所示，是将鱼、肉、水果、青菜等易腐货物保持一定低温条件下进行载运的专用船舶。普通冷藏船的货舱为冷藏舱，且具有多层甲板，船壳多漆成白色，以防日晒的热气辐射。除航行动力及装卸主副机外，还装有冷冻机、送风机、抽风机等；利用二氧化碳或氨、氟等冷媒剂制造冷气，经管道送入货舱四壁的蛇形管内，或经通风口用送风机打入，使舱内温度降低并保持在15～25℃的规定温度，同时用抽风机使舱内保持空气新鲜。

因受货运批量限制，冷藏船吨位不大，通常为数百吨到数千吨。近年来，为提高冷藏船的利用率，出现一种能兼运汽车、集装箱和其他杂货的多用途冷藏船，吨位可达2万吨左右。冷藏船航速高于一般货船，万吨级多用途冷藏船的航速每小时超过20海里。

6. 油船

油船如图2－53所示。油船的特点是机舱都设在船尾，船体被分隔成数个贮油舱，有油管贯通各油舱。油舱大多采用纵向式结构，并设有纵向舱壁，在未装满货时也能保持船舶的平稳性。油轮的载重量越大，运输成本越低。由于石油货源充足，装卸速度快，并且可以通过铺设在海上的石油管道来装卸，所以大型原油船可以不用靠码头，而只需要系浮筒来进行装卸作业。因为没有对码头水深的要求，所以油船可以建造得很大。

图2－53 油船

近海油船的总载重量为30 000吨左右；近洋油船的总载重量为60 000吨左右；远洋油轮的总载重量为20万吨左右；超级油轮的总载重量为30万吨以上，最大的油轮已达到56万吨。为了防止和减少油轮发生海损事故造成的污染，国际海事组织要求大型油轮必须设置双层底或双层船壳。现在新造的大型油轮均是双壳结构，大大减少了大型油轮的油污事故。

7. 液化气船

液化气船可分为液化天然气船（LNG）、液化石油气船（LPG）、乙烯运输船（LEC）三种。

（1）液化天然气船（LNG）。

液化天然气（主要成分为甲烷）通常采用在常压下极低温（－165℃）冷冻的方法使其液化。液体舱内具有严格的隔热结构与材料，能保证液体舱恒定低温。常见的液体舱形状有球形和矩形两种，也有将液体船舱设计成棱柱形或圆筒形的。LNG船用于运输－163℃的液化天然气，是国际上公认的高技术、高可靠性、高附加值的“三高”特殊船，集中了当今世界最先进的造船技术。此前，世界上只有日本、韩国和欧洲能建造。

沪东中华造船（集团）公司交付使用的“大鹏昊”LNG船舶，如图2－54所示。它总长292米，型宽43.35米，型深26.25米，航速19.5节，装载量为14.7万立方米，是目前世界上最大的薄膜型LNG船。“大鹏昊”航行于澳大利亚丹皮尔港—广东深圳秤头角的大鹏湾之间，全年可运液化天然气140多吨。

图2－54 “大鹏昊”LNG船

（2）液化石油气船（LPG）。

液化石油气船，如图2－55所示，主要运输以丙烷（C_3H_8）和丁烷（C_4H_{10}）为主要成分的石油碳氢化合物（HC）或两者混合气，包含丙烯（C_3H_6）和丁烯（C_4H_8），还有一些化工产物，近年来乙烯也列入其运输范围。根据载运各类气体的不同液化条件，分为全压式（装载量较小）、半冷半压式（装载量较大）和全冷式（装载量大）。液化石油气船（LPG）因其特殊用途而产生了各方面的特殊要求，其技术难度大，代表当今世界的造船技术水平，船价为同吨位常规运输船的2～3倍，是一种高技术、高附加值的船舶。

图2-55　液化石油气船（LPG）

(3) 乙烯运输船（LEC）。

乙烯是合成乙醇（酒精）、合成纤维、合成橡胶、合成塑料的基本化工原料。乙烯运输被国际航运界认为是“尖端”业务，必须在−103℃的超低温条件下运输。

20世纪90年代，扬子石化建设了我国第一座乙烯低温储罐，开创国内乙烯批量贸易的历史。由于乙烯需要在−103℃的条件下储存和运输，对乙烯运输船的技术要求极高，国内没有能够承运的船只，需要从国外“请船”。乙烯运输一直被国外船运公司掌控。随着我国石化产业的迅速发展，乙烯贸易呈扩大之势。中国石化目前乙烯产能近950万吨/年，实现资源的优化配置需要提高乙烯配套运输能力。

2010年11月11日，一艘由中国石化和长江航运集团合资拥有、装载4 000吨乙烯的“鹏顺”号运输船从镇海炼化起航后，停靠在扬子石化液体码头。“鹏顺”号首航成功，结束了我国只能靠“请船”运输乙烯的历史，开始自主船运乙烯。“鹏顺”轮，如图2-56所示，总长115米，型宽18.9米，型深10.6米，可装载8 000吨乙烯。“鹏顺”轮的正式投入营运，填补了中国乙烯运输市场的空白，对中国石油化工产业市场具有标志意义。

图2-56　“鹏顺”号乙烯运输船

第五节　航空运输技术与装备

一、航空运输的含义与特点

（一）航空运输的含义

航空运输是使用飞机、直升机及其他航空器运送人员、货物、邮件的一种运输方式。航空运输由于其突出的高速直达性，使之在交通系统中具有特殊的地位，且拥有很大的发展潜力。目前，在世界范围内航空运输都处在高速增长阶段。

（二）航空运输的特点

现代航空运输是社会生活和经济生活的一个重要组成部分，与其他运输方式相比，航空运输的优点有以下几方面：

(1) 速度快。“快”是航空运输的最大特点和优势。现代喷气式客机，巡航速度为800～900km/h，比汽车、火车快5～10倍，比轮船快20～30倍。距离越长，航空运输所能节约的时间越多，快速的特点也越显著。

(2) 机动性大。飞机在空中飞行，受航线条件限制的程度比汽车、火车、轮船小得多。它可以将地面上任何距离的两个地方连接起来，可以定期或不定期飞行。尤其对于灾区的救援、供应，边远地区的急救等紧急任务，航空运输已成为必不可少的手段。

(3) 舒适、安全。喷气式客机的巡航高度一般在 10 000m 左右，飞行不受低气流的影响，平稳舒适。现代民航客机的客舱宽敞，噪声小，机内有供膳、视听等设施，旅客乘坐的舒适程度较高。由于科学技术的进步和对民航客机适航性严格的要求，航空运输的安全性比以往已大大提高。

(4) 基本建设周期短、投资小。要发展航空运输，从设备条件上讲，只要添置飞机和修建机场。这与修建铁路和公路相比，一般说来建设周期短、占地少、投资省、收效快。据计算，在相距 1 000km 的两个城市间建立交通线，若载客能力相同，修筑铁路的投资是开辟航线的 1.6 倍，开辟航线只需 2 年。

(5) 国际性。航空运输从一开始就具有国际性的特点，随着世界经济全球化的进程不断加快以及世界航空运输相互依赖和合作关系的不断深入，航空运输国际化的特点比以往任何时候都更加明显。

(6) 准军事性。由于航空运输所具有的快速性和机动性，以及民航所拥有的机场和空勤人员对军事交通运输的潜在作用，各国政府都视民航为准军事部门。一旦发生战争或紧急事件，军事部门可依据有关条例征用民航设施和人员。

(7) 运营成本高。航空运输的主要缺点是飞机机舱容积和载重量都比较小，运载成本和运价比地面运输高。由于飞行受气象条件的限制，其正常、准点性会受到影响。此外，航空运输速度快的优点在短途运输中难以充分发挥。因此，航空运输比较适宜于 500km 以上的长途客运，以及时间性强的鲜活易腐和价值高的货物的中长途运输。

二、航空运输的功能及航空运输体系

(一) 航空运输的功能

航空运输在社会经济系统中具有以下功能：

(1) 中长途旅客运输，这是航空运输的主要收入来源。目前国际客运联系基本上依赖于航空运输，这对于对外开放，促进国际技术、经济合作与文化交流具有重要作用。

(2) 是开发地方高技术、高价值产业的基础设施。目前，机场邻近地区为高级电子工业、精密机械工业、高级化学产品工业等附加价值很高的产业的黄金发展地带。而且，机场正在发挥着流通中心的功能。机场的存在，为这些产业创造了优良的投资环境。

(3) 为开发旅游资源、吸引国内外宾客，尤其对于发展国际旅游，航空运输更是必备基础设施。

(4) 鲜活易腐等特种货物，以及价值较高或紧急物资的运输。

(5) 邮政运输。

(6) 是实现多式联运的一种重要运输方式。

(二) 航空运输体系

航空运输体系包括飞机、机场、空中交通管理系统和飞行航线四个部分，如图 2-57 所示。这四个部分有机结合，分工协作，共同完成航空运输的各项业务活动。

图 2-57　航空运输体系

飞机是航空运输的主要运载工具。按运输类型的不同，民用飞机可分为运送旅客和货物的各种运输机和为工农业生产作业飞行、抢险救灾、教学训练等服务的通用航空飞机两大类；按其最大起飞重量，民用机可分为大型、中型、小型飞机；按航程远近，可分为远程、中程、短程飞机。

机场是提供飞机起飞、着陆、停驻，维护、补充给养及组织飞行保障活动的场所，也是旅客和货物的起点、终点或转折点。机场由供飞机使用的部分（包括飞机用于起飞降落的起飞区和用于地面服务的航战区）和供旅客接用货物使用的部分（包括办理手续和上下飞机的航站楼、地面交通设施及各种附属设施）组成。

空中交通管理系统是为了保证航空器飞行安全及提高空域和机场飞行区的利用效率而设置的各种助航设备和空中交通管制机构及规则。助航设备分仪表助航设备和目视助航设备。仪表助航设备是指用于航路、进近、机场的管制飞行的通信、导航、监视（雷达）等的装置。目视助航设备是指用于引导飞机降落、滑行的装置，包括灯光、信号、标志等。空中交通管制机构通常按区域、进近、塔台设置。空中交通管制规则包括飞行高度层配备，垂直间隔、水平间隔（侧向、纵向）的控制，等等。管制方式分程序管制和雷达管制。

飞机航线是航空运输的线路，是由空管部门设定飞机从一个机场飞抵另一个机场的通道。飞行航线分为航路、固定航线、非固定航线。航路是用于国与国之间、跨省市航空运输的飞行航线，规定其宽度为 20km；固定航线是用于省市之间和省内定期航班飞行，尚未建立航路的飞行航线。非固定航线是用于临时性的航空运输或通用航空运行，在航路和固定航线以外的飞行航线。

航空运输体系除了上述四个基本组成部分外，还有商务运行、机务维护、航空供应、油料供应、地面辅助及保障系统等。

三、航空货物运输方式

1. 班机运输

班机是指定期开航的，定航线、定始发站、定目的港、定途经站的飞机。按业务对象的不同，班机运输分为客运航班和货运航班。一般航空公司都使用客货混合型飞机，一方面搭载旅客，另一方面又运送少量货物。但一些较大的航空公司在一些航线上开辟定期的货运航班，使用全货机运输。

班机运输特点：

(1) 迅速准确。班机由于固定航线、固定停靠港和定期飞航，因此国际货物流通多使用班机运输方式，能安全迅速地到达世界上各通航地点。

(2) 方便货主。便于收、发货人确切掌握货物起运和到达的时间，这对市场上急需的商品、鲜活易腐货物以及贵重商品的运送非常有利。

（3）舱位有限。班机运输一般是客货混载，因此，舱位有限，不能使大批量的货物及时出运，往往需要分期分批运输，这是班机运输不足之处。

2. 包机运输

当班机运输无法满足需要或发货人有特殊要求时，可选择包机运输，包机人包用航空公司的飞机运载货物的形式称为包机运输。包机运输方式按租用舱位的大小可分为整包机和部分包机两类。

（1）整包机。

整包机即包租整架飞机，是指航空公司按照与租机人事先约定的条件及费用，将整架飞机租给包机人，从一个或几个航空港装运货物至目的地。包机人一般要在货物装运前一个月与航空公司联系，以便航空公司安排运载和向起降机场及有关政府部门申请、办理过境或入境的有关手续。

（2）部分包机。

部分包机是指由几家航空货运公司或发货人联合包租一架飞机或者由航空公司把一架飞机的舱位分别卖给几家航空货运公司装载货物。部分包机适用于托运不足一整架飞机舱容，但货量又较多的货物运输。

3. 联运方式

（1）联运方式的概念。陆空联运是火车、飞机和卡车的联合运输方式，简称 TAT（Train-Air-Truck），或火车、飞机的联合运输方式，简称 TA（Train-Air）。

（2）国内出口货物的联运方式。我国空运出口货物通常采用陆空联运方式，我国幅员辽阔，而国际航空港口岸主要在北京、上海、广州等。虽然省会城市和一些主要城市每天都有班机飞往上海、北京、广州，但班机所带货量有限，费用比较高。如果采用国内包机，费用更贵。因此在货量较大的情况下，往往采用陆运至航空口岸，再与国际航班衔接的方式。由于汽车具有机动灵活的特点，在运送时间上更可掌握主动，因此一般都采用“TAT”方式组织出运。

（3）外运分公司的具体做法。我国长江以南的外运分公司，目前办理陆空联运的具体做法是用火车、卡车或船将货物运至香港，然后利用香港航班多、到欧洲美国运价较低的优势（普遍货物），把货物从香港运到目的地或运到中转地，再通过当地代理，用卡车送到目的地。长江以北的公司多采用火车或卡车将货物送至北京、上海航空口岸出运。

四、航空运输装备

（一）航空货运飞机的类型

1. 按机身的尺寸分

（1）窄体飞机：机身宽度约为 3 米，舱内只有一条通道，一般只能在下舱内装载包装尺寸较小的件杂货。如 B737（如图 2－58 所示）、B757、MD-80、MD-90、A320、A321 等。

（2）宽体飞机：机身宽度不小于 4.72 米，舱内有两条通道，下舱可装载集装箱。如 B767（如图 2－59 所示）、B747、MD-11、A340、A410 等。

图 2-58　窄体飞机 B737-800

图 2-59　宽体飞机 B767-300F

2. 按机舱的载货方式分

(1) 全货机：全货机（见图 2-60）是指机舱全部用于装载货物的飞机，全货机一般是宽体飞机，主舱可装载大型集装箱。目前世界上最大的全货机装载量达 250 吨，通常商用的大型全货机的载重量约为 100 吨。

(2) 客货两用机：即普通客机，上舱（主舱）用于载客，下舱（腹舱）用于载货。客货两用机有两种机型，一种是“COMDIME”（康比）机型，主要是 B747（见图 2-61）；另一种是“QC”机型，根据市场需要可临时拆装座椅。

图 2-60　B777 F 全货机

图 2-61　B747 客货两用机

（二）航空集装器

装有集装器的飞机，其机舱内设有固定集装器的设备，当集装器固定于飞机上时，集装器就成为飞机的一部分，所以对飞机集装器的大小有严格的规定。

1. 集装设备的分类。

(1) 按注册与非注册划分。

注册的飞机集装器是国家政府有关部门授权集装器生产厂家生产的，适宜于飞机安全载运，在使用过程中不会对飞机的内部结构造成损害的集装器。

非注册的集装器是指未经有关部门授权生产的，未取得适航证书的集装器。非注册的集装器不能看作飞机的一部分，因为它与飞机不匹配，一般不允许装入飞机的主货舱，它仅适合于某些特定机型的特定货舱。

(2) 按用途分类。

集装板（PALLET）：集装板是具有标准尺寸的，如图 2-62、图 2-63 所示。四边带有卡销轨或网带卡销限，中间夹层为硬铝合金制成的平板，以使货物在其上码放。网套用来把货物固定在集装板上，网套靠专用的卡锁装置来固定。

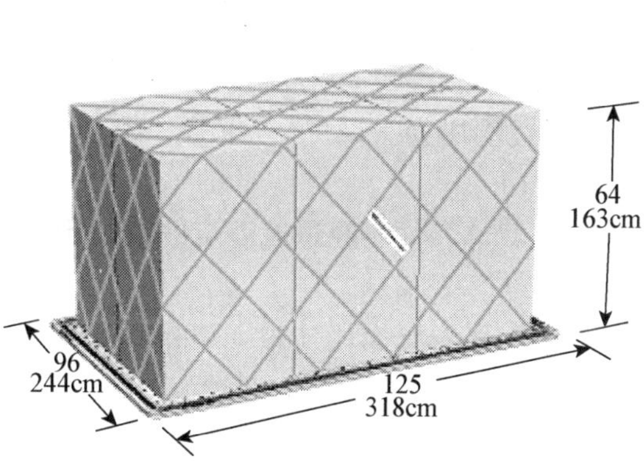

图 2－62 PMC、PQP、P6P 集装板

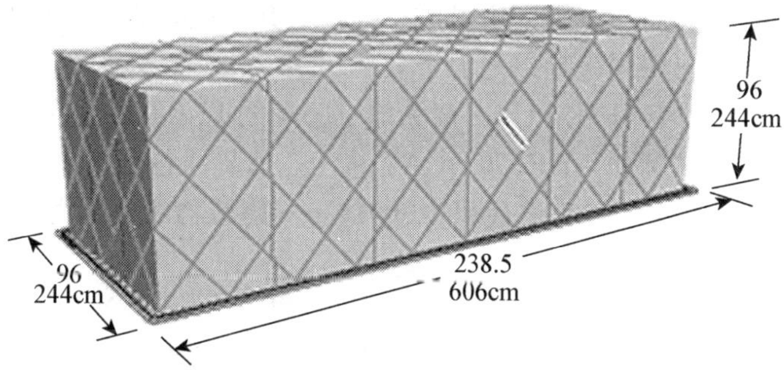

图 2－63 PGA 集装板

集装棚：非结构式集装棚，无底、前端敞开，套到集装板及网套之间；结构式集装棚，与集装板固定成一体，不需要网套。

航空集装箱：航空集装箱是指在飞机的底舱与主舱中使用的一种专用集装箱，与飞机的固定系统直接结合，不需要任何附属设备，如图 2－64、图 2－65 所示。

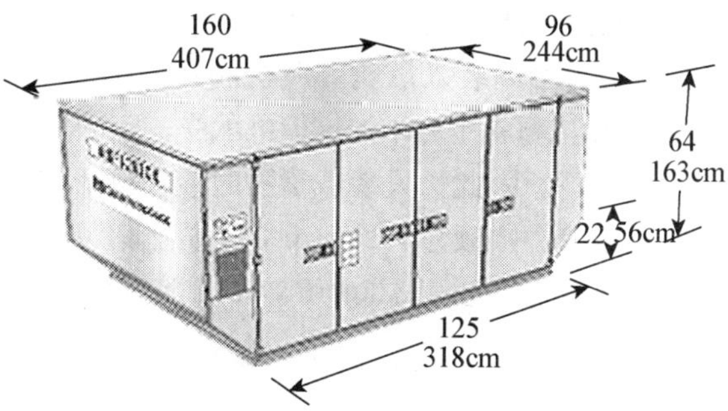

图 2－64 AMF 集装箱

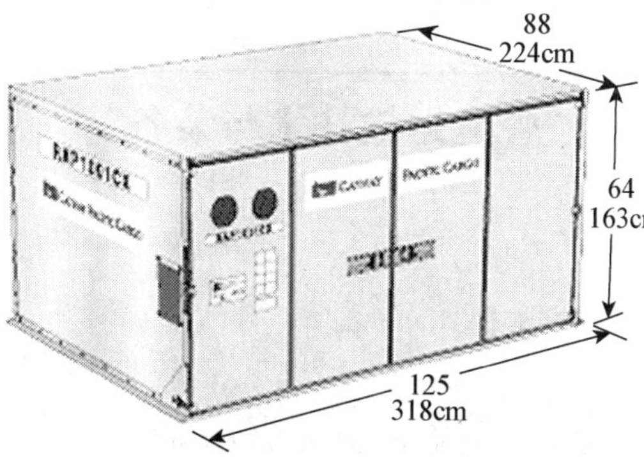

图 2－65 RKN 冷藏集装箱

2. 航空集装器编号

每个集装器都有国际航空运输协会（IATA）编号，编号由十位字母与数字组成，例如 AKE12032MU。每位含义如下：

第一位，集装器的种类码。“A”代表经适航审定的集装箱；“D”代表未经适航审定的集装箱。

第二位，底板尺寸码。“K”代表底面尺寸为 1 534mm×1 562mm 的集装箱；“P”代表底面尺寸为 1 534mm×1 194mm 的集装箱。

第三位，箱外形、与机舱相容性码（适配代码）。“E”适配于宽体机型的底舱，无叉槽；“N”适配于宽体机型的底舱，有叉槽。

第四～第七位，集装器序号码。由各航空公司对其所拥有的集装器进行编号。

第九位，校验码，为序列号除以七的余数。

第十位，注册号码（字母表示）。一般为航空公司的 ITAT 二字代码。

集装器的识别代号，例如 AKE30914CA。A——集装器各种类码；K——集装器底板尺寸代码；E——标准箱外形和适配代码；30914——集装器识别编号；CA——集装器所属承运人。

（三）飞机的装载限制

（1）重量限制：飞机制造商规定了每一货舱可装载的最大重量限额。任何情况下所装载的货物重量都不可以超过此限额，否则飞机的结构可能遭到破坏，飞行安全受到威胁。

（2）容积限制：由于货舱内可利用的空间有限，因此，这也成为运输货物的限定条件之一。轻泡货物已占满了货舱内的所有空间，而未达到重量限额。相反，高密度货物的重量已达到限额而货舱内仍会有很多的剩余空间无法利用。将轻泡货物和高密度货物混运装载，是比较经济的解决方法。承运人有时提供一些货物的密度参数作为混运装载的依据。

（3）舱门限制：由于货物只能通过舱门装入货舱内，货物的尺寸必然会受到舱门的限制。为了便于确定一件货物是否可以装入散舱，飞机制造商提供了散舱舱门尺寸表。

（4）地板承受力：飞机货舱内每一平方米的地板可承受一定的重量，如果超过它的承受能力，地板和飞机结构可能遭到破坏。因此，只装载货物时应注意不能超过地板承受力的限额。波音系列中，下货舱散舱地板承受力限额为 732kg/m^2，下货舱集装舱，976kg/m^2；主货舱集货舱，1 952kg/m^2。空客系列中下货舱散舱，732kg/m^2，下货舱集货舱，1 050kg/m^2。

第六节 管道运输技术与装备

一、管道运输的含义与特点

（一）管道运输的含义

管道运输是利用管道，通过一定的压力差而完成商品（多为液、气体货物）运输的一种现代运输方式，是统一运输网中干线运输的特殊组成部分。管道运输石油产品比水运费用高，但仍然比铁路运输便宜。大部分管道都是被其所有者用来运输自有产品。

现代管道运输始于19世纪中叶，1865年美国宾夕法尼亚州建成第一条原油输送管道。然而它的进一步发展则是从20世纪开始的。第二次世界大战后随着石油工业的发展，管道的建设进入了一个新的阶段，各产油国竞相开始兴建大量石油及油气管道。20世纪60年代开始，输油管道的发展趋于采用大管径、长距离，并逐渐建成成品油输送的管网系统。同时，开始了用管道输送煤浆的尝试。全球的管道运输承担着很大比例的能源物资运输，包括原油、成品油、天然气、油田伴生气、煤浆等。近年来管道运输也被进一步研究用于解决散状物料、成件货物、集装物料的运输，以及发展容器式管道输送系统。

（二）管道运输的特点

（1）运量大。一条输油管线可以源源不断地完成输送任务。根据其管径大小的不同，每年的运输量可达数百万吨到几千万吨，甚至超过亿吨。

（2）占地少。运输管道通常埋于地下，占用的土地很少，埋于地下的管道占管道总长度的95%以上，因而对土地的永久性占用少，分别仅为公路的3%、铁路的10%左右。

（3）管道运输建设周期短、费用低。管道运输系统的建设周期与相同运量的铁路建设周期相比，一般要短1/3以上。我国建设大庆至秦皇岛全长1 152公里的输油管道，仅用了23个月的时间，而若要建设一条同样运输量的铁路，至少需要3年时间。管道建设费用比铁路低60%左右。

（4）管道运输安全可靠、连续性强。由于石油天然气易燃、易爆、易挥发、易泄漏，采用管道运输方式，既安全，又可减少挥发损耗。同时由于泄漏导致的对空气、水和土壤的污染也可大大减少，也就是说，管道运输能较好地满足运输工程的绿色化要求。此外，由于管道基本埋藏于地下，其运输过程受恶劣多变的气候条件影响小，可以确保运输系统长期稳定地运行。

（5）管道运输耗能少、成本低、效益好。发达国家采用管道运输石油，每吨千米的能耗不足铁路的1/7，另外运输成本与水运接近，因此在无水运的条件下，采用管道运输是一种最为节能的运输方式。管道运输是一种连续工程，运输系统不存在空载行程，因而系统的运输效率高。管道口径越大，运输距离越远，运输量越大，运输成本就越低。以运输石油为例，管道运输、水路运输、铁路运输的运输成本之比为1∶1∶1.7。

（6）灵活性差。管道运输不如其他运输方式（如汽车运输）灵活，除承运的货物比较单一外，它也不容随便扩展管线，实现"门到门"的运输服务。对一般用户来说，管道运输常常要与铁路运输或汽车运输、水路运输配合才能完成全程输送。此外，在运输量明显不足时，运输成本会显著增大。

根据管道运输的上述特点，管道运输主要担负单向、定点、量大的流体状货物（如石油、油气、煤浆、某些化学制品原料等）的运输。

二、管道运输的种类及其系统构成

（一）运输管道的种类

管道按货物性能可分为固体管道（固体粉碎后加水成浆状）、气体管道、液体管道；按货物种类可分为原油管道、成品油管道、天然气管道、二氧化碳气管道、液化气管道、煤浆和其他矿浆管道等。管道的直径有 273 毫米、377 毫米、426 毫米、529 毫米、720 毫米等，管径是决定输送能力的重要因素之一。

1. 原油管道

我国目前拥有原油管道约 8 000 公里，管道原油运输量占管道总运输量的 90%以上，我国输送能力最大的原油管道是大庆林源至铁岭的原油管道，如图 2－66 所示。管道直径 720 毫米、长 516 公里，双管输油能力为 4 500 万吨/年。最长的原油管道是山东临邑至仪征的原油管道，管径 720 毫米，全长 665 公里。

图 2－66　大庆林源至铁岭的原油管道

2. 成品油管道

成品油管道可以运送一种油品，也可以运送多种油品，主要由炼油厂通往化工厂、电厂、化肥厂、商业成品油库及其他用户。

3. 天然气管道

天然气管道是输送气田天然气和油田伴生气的输气管道，由开采地或处理厂输送到城市配气中心，是陆地上大量运输天然气的方式，如图 2－67 所示。我国目前天然气田主要在四川，全国现有天然气管道约 7 000 多公里。我国最长的输气管道为中原油田濮阳柳屯至沧州化肥厂的伴生气管道，管径 426 毫米，长 362 公里。

图 2－67　天然气管道

4. 煤浆、矿浆管道

煤浆、矿浆管道是将煤（或矿）粉碎后加水成浆状通过管道运输。世界上第一条煤浆管道于 1970 年在美国建成投入使用，年输送能力为 450 万吨。我国陕西省的神渭输煤管道，由陕西煤业化工集团打造，纵贯陕西省榆林、延安和渭南 3 市 16 个区县，输煤管道全长 727 公里，设计年输煤能力 1 000 万吨，总投资 73 亿元，是目前世界上设计距离最长的输煤管线，也是我国乃至亚洲的第一条长距离输煤管道。该项目计划 2013 年 8 月份投料试产，2014 年 6 月竣工验收，预计投产后年销售收入 58 亿元，年利润总额 6.8 亿元，投资回收期 8.6 年。

（二）管道运输系统

管道运输与其他运输方式最大的不同是：管道既是运输工具（但并不移动），又是运输通道，驱动方式是用机泵给货物以压力能，使货物连续不断地被运送。

管道工程由三部分组成。一是管道线路工程，包括管道本体工程、防护结构工程、穿跨越工程及其他附属工程；二是管道站库工程，包括起点站、中间站、终点站，主要设备有驱动和监控货物运行的各种泵站和装置；三是其他附属工程，如通信、供电、道路等。

三、管道运输设备

一般把管径大于 150mm，输送距离大于 100km 的管道称为长距离管道。长距离输油管道可分为原油管道、成品油管道和液化气（包括液化天然气“LNG”和液化石油气“LPG”）管道。

长距离输送原油管道由输油干线和输油站（库）组成。干线部分包括管道、沿线阀室，以及穿跨越江河、铁路、公路、山谷的设施；输油站（库）包括管道的起点站（首站）、沿途设置的泵站、加热站和管道的终点站（末站）。为了保证安全运行，沿管道建有专用的微波通信系统，进行统一的生产调度指挥。长距离输送原油管道概况如图 2－68 所示。

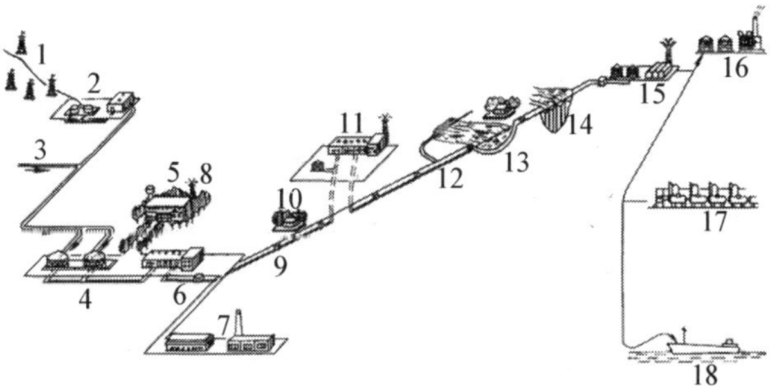

图 2－68　长距离输送原油管道概况

1—进场；2—转油站；3—来自油田的输油管；4—首站的罐区和泵房；5—全线调度中心；6—清管器发放室；7—首站的锅炉房、机修厂等辅助设施；8—微波通信塔；9—线路阀室；10—管线维修人员住所；11—中间输油站；12—穿越铁路；13—穿越河流的弯管；14—跨越工程；15—末站；16—炼厂；17—火车装油栈桥；18—油轮装油码头

（一）输油泵站

输油泵站的基本任务是供给油一定的能量（压力能或热能），将油品输送到终点站（末站）。输油泵站包括生产区和生活区两部分。生产区又可分为主要作业区和辅助作业区。主要作业区的设备或设施包括输油泵房、总阀室、清管器收发装置、计量间、油罐区、油品预处理装置（多设于首站）、加热炉或换热器组等；辅助作业区包括供电系统、供热系统、供水系统、排污与净化系统、车间与材料库、机修间、调度及监控中心、油品化验室与微波通信设备等。生活区是指供泵站工作人员及家属居住用的设施。

（二）输油加热炉

输送轻质油或低凝点原油的管道不需加热，油品经一定距离后，管内油温等于管线埋深处的地温，这种管道称为等温输油管，它无须考虑管内油流与周围介质的热交换。易凝、高黏油品，不能采用这种方法输送。因为当油品黏度极高或凝固点远高于管路周围环境温度时，每公里管道的压降将高达几个甚至几十个大气压，这种情况下，加热输送是最有效的办法。在原油输送过程中对原油采用加热输送的目的是使原油温度升高，防止输送过程中原油在输油管道中凝结、减少结蜡、降低动能损耗。通常采用加热炉为原油提供热能，如图 2－69 所示。

图 2－69　输油加热炉

（三）储油罐

钢质金属储油罐，如图 2－70 所示，是储存油品的容器，它是石油库的主要设备。储油罐按材质可分为金属油罐和非金属油罐；按所处位置可分为地下油罐、半地下油罐和地上油罐；按安装形式可分为立式、卧式；按形状可分为圆柱形、方箱形和球

图 2－70　钢质金属储油罐

形。应用较广的是钢质金属油罐，其安全可靠、经久耐用、施工方便、投资较少，可储存各种油品。非金属油罐大都建造在地下或半地下，用于储存原油或重油，其容积较小、易于搬迁、油品蒸发比钢罐低，抗腐蚀能力亦比金属罐强。其缺点是易渗漏，不适合储存轻质油品，且当罐底发生不均匀沉陷时容易产生裂纹，且难以恢复。

（四）管道系统

输油管道一般采用有缝或无缝钢管，大口径者可采用螺旋焊接钢管。

焊接钢管又称有缝钢管，是目前输油管路的主要用管。制造材料多为普通碳素钢和合金钢，制造工艺有单面焊和双面焊两种，一般可耐压 30～50kg/cm^2。其规格标称方法采用公称口径的毫米或英寸数，如 Dg100 表示公称直径 100mm 管（即 4 英寸管）。

无缝钢管壁薄，质轻，安全可靠，但造价高，多用于工作压力高、作业频繁的主要输油管线上。无缝钢管的规格标称方法是：外径×壁厚，如 $\phi 108 \times 4$，表示外径为 108mm、壁厚为 4mm 的无缝钢管。无缝钢管常用碳素结构钢轧制，常用 $10^{\#}$～$45^{\#}$ 钢，长度在 4～12m，承受压力在 20～40kg/cm^2。

（五）清管设备

油品运输过程中管道结蜡将使管径缩小，造成输油阻力增加、压力下降，严重时可使原油丧失流动性，导致凝管事故。处理管道结蜡有效经济的方法是机械清蜡，即从泵站收发装置处放入清蜡球或其他类型的刮蜡器械，利用泵输送的原油在管内压挤清蜡工具，使蜡清除并随油输走。进行管道清蜡要求不导致管道明显变形，且清蜡工具易通过。同时，清蜡器应具有足够强度，在清蜡过程中不易变形和损坏。

清管器按功能可分为清蜡、封堵、检测三类。前二类清管器按结构也可分为反碗式、球式、泡沫式和机械式四种。我国目前普遍采用的是机械式清管器和泡沫式清管器。

（六）计量及标定装置

为保证输油计划的完成，加强输油生产管理，长输管线上必须对油品进行计量以及时掌握油品的收发量、库存量及耗损量。现代管道运输系统中，流量计已不仅仅是一个油品计量器，它还是监测输油管运行的中枢，如通过流量计调整全线运行状态、校正输油压力与流速、发现泄漏等。

输油管道上常用的流量计有容积式流量计和涡轮流量计两种，应用时应根据所输油品性质、流速与流量范围、计量要求（如精度等）与仪表安装要求（温度与压力等环境条件等）来选择。计量系统包括流量计、过滤器、温度和压力测量仪表、标定系统及排污管五部分组成。大庆油田安装了一套我国自行研制出的原油计量装置，能同时报出体积、质量、原油中的含水率等重要数据，且系统精度在 0.4%以内。

天然气管道与输油管道相比，在建设与运行中有其独特之处，但总体设计与运行原理与输油管道相似，沿线设有压气站、清管站、计量站、配气站、阀室及气库等设施。

四、管道运输清洗技术

管道运输是原油、天然气最主要的运输方式，但因油、气中含有各种盐类、杂质、硫化物、细菌等，管线经长期运行会产生结垢、被腐蚀等情况，因此，需对管道进行清洗、修复。输油（气）管道清洗技术也随之而产生。

输油（气）管道清洗技术是一项延长管道使用寿命，保证管道正常运行的实用技术。按其清洗的目的，可分为投产前的清管、运行中的除垢、改输前的清洗。目前，管线清洗技术主要分为三大类，物理清洗法、化学清洗法、物理和化学结合清洗法。

（1）物理清洗法：包括高压水射流清洗、机械法清洗、PIG 清洗、喷砂清洗、电子跟踪式清洗、爆炸法清洗等。

（2）化学清洗法：化学清洗法多用于一般金属管道、不锈钢管道和管道脱脂。化学法清洗管道是向管道内投入含有化学试剂的清洗液，与污垢进行化学反应，然后用水或蒸汽吹洗干净。为防止在化学清洗过程中损坏金属管道的基底材料，可在酸洗液里加入缓蚀剂；为提高管道清洗后的防锈能力，可加入钝化剂或磷化剂，使管道内壁金属表面层生成致密晶体，提高防腐性能。

（3）物理和化学结合清洗法：单独用化学试剂来清洗，会降低管道寿命，提高清洗成本，而且有些污垢难以用化学方法完全处理干净。同样，对长期输送沉积速度较快的油管线，单纯用清管器清管也难以达到理想的效果。物理清洗与化学清洗多种方法结合使用，已成为当今清洗技术发展的一种趋势，应用复合清洗技术，可获得最佳的效果。

对管线及设备进行更为有效的清洗，必须对管线现状，清洗要求及相关信息、资料进行综合分析评价，优化组合，这样才能有针对性地筛选出最好的制剂和方法，达到最佳清洗效果。

案例讨论

蒙牛物流管理：打造快速物流系统

物流运输是乳品企业的重大挑战之一。蒙牛目前的触角已经伸向全国各个角落，其产品远销到香港、澳门，甚至还出口东南亚。蒙牛如何突破配送的瓶颈，把产自大草原的牛奶送到更广阔的市场呢？另外一个重要的问题是，巴氏奶和酸奶的货架期非常短，巴氏奶仅 10 天，酸奶也不过 21 天，而且对冷链的要求很高。从牛奶挤出运送到车间加工或从车间运到市场销售，全过程巴氏奶都必须保持在 0～4℃，酸奶则必须保持在 2～6℃贮存。这对运输时间的控制和温度的控制提出了更高的要求。为了能在最短的时间内，在有效的存储条件下，以最低的成本将牛奶送到商超的货架上，蒙牛采取了以下措施：

一、缩短运输半径

对于酸奶这样的低温产品，由于其保质日期较短，加上消费者对新鲜度的要求很高，一般产品超过生产日期三天以后送达商超，商超就会拒绝该批产品，因此，对于这样的低温产品，蒙牛要保证在 2～3 天内送到销售终端。

为保证产品及时送达，蒙牛尽量缩短运输半径。在成立初期，蒙牛主打常温液态奶，因此奶源基地和工厂基本上集中在内蒙古，以发挥内蒙古草原的天然优势。当蒙牛的产品线扩张到酸奶后，蒙牛的生产布局也逐渐向黄河沿线以及长江沿线伸展，使牛奶产地尽量接近市场，以保证低温产品快速送达卖场、超市。

二、合理选择运输方式

目前，蒙牛产品的运输方式主要有两种，汽车和火车集装箱。蒙牛在保证产品质量的原则下，尽量选择费用较低的运输方式。

对于路途较远的低温产品的运输，为了保证产品能够快速送达消费者手中，保证产品的质量，蒙牛往往采用成本较为高昂的汽车运输。例如，销往广州等地的低温产品，全部走汽运，虽然成本较铁运高出很多，但在时间上能有保证。

为了更好地了解汽车运行的状况，蒙牛还在一些运输车上装上了GPS系统，GPS系统可以跟踪了解车辆的情况，比如是否正常行驶、所处位置、车速、车厢内温度等。蒙牛管理人员在网站上可以查看所有安装此系统的车辆信息。GPS的安装，给物流以及相关人员包括客户带来了方便，避免了有些司机在途中长时间停车而影响货物没有及时送达或者产品途中变质等情况的发生。

而像利乐包、利乐砖这样保质期比较长的产品，则尽量依靠内蒙古的工厂供应，因为这里有最好的奶源。产品远离市场的长途运输问题就依靠火车集装箱来解决。与公路运输相比，这样更能节省费用。

在火车集装箱运输方面，蒙牛与中铁集装箱运输公司开创了牛奶集装箱“五定”班列这一铁路运输的新模式。“五定”即“定点、定线、定时间、定价格、定编组”，“五定”班列定时、定点，一站直达，有效地保证了牛奶运输的及时、准确和安全。

2003年7月20日，首列由呼和浩特至广州的牛奶集装箱“五定”班列开出，将来自于内蒙古的优质牛奶运送到了祖国的南方，突破了蒙牛的运输“瓶颈”。目前，蒙牛销往华东、华南的牛奶80%依靠铁路运到上海、广州，然后再向其他周边城市分拨。现在，通过“五定”列车，上海消费者能在70个小时内喝上草原鲜奶。

三、全程冷链保障

低温奶产品必须全过程都保持2～6℃，这样才能保证产品的质量。蒙牛牛奶在“奶牛—奶站—奶罐车—工厂”这一运行序列中，采用低温、封闭式的运输。无论在茫茫草原的哪个角落，“蒙牛”的冷藏运输系统都能保证将刚挤下来的原奶在6个小时内送到生产车间，确保牛奶新鲜的口味和丰富的营养。出厂后，在运输过程中，则采用冷藏车保障低温运输。在零售终端，蒙牛在其每个小店、零售店、批发店等零售终端投放冰柜，以保证其低温产品的质量。

四、使每一笔单子做大

物流成本控制是乳品企业成本控制中一个非常重要的环节。蒙牛减少物流费用的方法是尽量使每一笔单子变大，形成规模后，在运输的各个环节上就都能得到优惠。比如利乐包产品走的铁路，每年运送货物达到一定量后，在配箱等方面可以得到很好的折扣。而利乐枕产品走的汽运，走5吨和走3吨，成本要相差很多。

此外，蒙牛的每一次运输活动都经过了严密的计划和安排，运输车辆每次往返都会将运进来的外包装箱、利乐包装等原材料和运出去的产成品做一个基本结合，使车辆的使用率提高了很多。

资料来源：锦程物流网．蒙牛物流管理：打造快速物流系统．(2008-8-5)．有删改．

根据上述案例提供的资料，试分析讨论下列问题：

1. 蒙牛是如何根据产品的特点做到运输合理化的？

2. 根据运输的基本原理，试分析蒙牛通过什么方法和手段来降低产品的物流成本。

3. 降低物流成本能给企业带来什么好处？

思考与练习

一、单项选择题

1. （　　）是运输网络中水陆运输的枢纽，是货物的集散地，船舶与其他运输工具的衔接点。

A. 港口　　B. 港界　　C. 港区　　D. 港口作业区

2. 管道运输的对象不包括（　　）。

A. 原油　　B. 天然气　　C. 固体料浆　　D. 书籍

3. 下面属于水路运输特点的是（　　）。

A. 运量大、成本低　　B. 适合大宗货物

C. 运送速度快　　D. 受气候影响大

4. 6×4 型牵引车，有（　　）个驱动桥。

A. 1　　B. 2　　C. 3　　D. 4

5. （　　）运输特别适合于运输长距离高价值的产品。

A. 铁路　　B. 公路　　C. 航空　　D. 集装箱

6. 只需一次装卸的运输方式是（　　）。

A. 铁路　　B. 公路　　C. 航空　　D. 水路

7. 下面属于载货汽车的技术性能参数的是（　　）。

A. 性能参数　　B. 类别参数　　C. 尺寸参数　　D. 质量参数

8. 自卸汽车按用途分有（　　）。

A. 后倾自卸车　　B. 普通自卸车

C. 矿用自卸车　　D. 专用自卸车

9. 下面属于公路集装箱运输特点的是（　　）。

A. 简化了装卸作业　　B. 节省了包装费用

C. 减少了货损货差　　D. 降低了整体运输成本

10. 下面属于厢式车特点的是（　　）。

A. 防雨、封闭　　B. 密封性能好

C. 可防止货物失散　　D. 载货容积小

11. 下面属于铁路运输优点的是（　　）。

A. 运输能力大　　B. 受气候影响大

C. 能实现“门到门”运输　　D. 准时性差

12. 下面属于航空货运运输特点的是（　　）。

A. 运送速度快　　B. 不受地面条件影响

C. 安全准确　　D. 节约包装费用

13. 下面属于管道运输特点的是（　　）。

A. 运量大　　B. 占地大

C. 建设周期长、费用高　　D. 灵活性好

二、多项选择题

1. 下列属于水路运输特点的是（　　）。

A. 原始投资少，资金周转快　　B. 运量大，运输成本低廉

C. 运输能力有限　　D. 在长途运输中，运达速度较快

2. 国际物流量的90%以上是通过（　　）完成的。

A. 江河运输　　B. 海洋运输　　C. 铁路运输　　D. 航空运输

3. 下列不属于管道运输特点的是（　　）。

A. 投资少，运输成本低　　B. 环境效益好，环境污染少

C. 不受地理、气象等外界条件限制　　D. 连续运输，效率较低

4. 下列属于船舶设备的是（　　）。

A. 舵设备　　B. 锚设备　　C. 系泊设备　　D. 起货设备

E. 救生设备　　F. 码头

5. 根据用途，铁路车辆可以分为（　　）和（　　）两大类。

A. 客车　　B. 平车　　C. 保温车　　D. 货车

6. 管道运输工程由（　　）三部分构成。

A. 线路工程　　B. 管道站库工程

C. 附属工程　　D. 维护工程

7. 运输管道清洗技术分为（　　）三类。

A. 物理清洗法　　B. 化学清洗法

C. 生物清洗法　　D. 物理与化学结合清洗法

三、简答题

1. 比较五种运输方式的经济特征及各自的适用范围。

2. 港口在现代物流中的地位与作用是什么？

3. 运输装备的发展趋势是什么？

第三章

仓储技术与设备

内容提示：

本章在介绍现代仓储概念和功能的基础上，重点介绍了仓储技术中的货架储存技术、单元物品输送技术、自动分拣技术；同时分析了自动仓储系统的组成、特点和应用及其存取的自动化设备、搬运设备。

学习目标：

1. 掌握仓储的概念及功能，货架的分类、作用、功能，以及各种货架的基本结构、特点、用途。

2. 理解仓储系统的主要参数，自动仓储系统的构成及其存取的自动化设备，自动分拣机和输送机的工作原理。

3. 了解仓储系统的构成要素、仓储的形式，输送机及分拣机的类型、特点。

素养目标：

仓储管理技术的发展经历了最初的人工管理阶段，到机械化、自动化和智能化仓储管理阶段。我国的仓储业在国家实施宏观调控政策的推动下，提升了其运作效率和管理水平，凸显了其良好的发展势头。可播放京东智慧云仓、无人机等教学视频，激发同学们的专业自豪感与爱国情怀，还可以通过讨论仓储及物流发展的趋势，锻炼同学们的想象力和创新能力。

在社会生产和生活中，供给与需求之间总存在着时间与空间上的差距。为保证及时供应，达到一定的客户服务水平，就必须保持一定的存货。科学合理的使用仓储技术与设备是提高仓储管理水平的有效办法。

第一节 仓储概述

一、仓储的含义与功能

（一）仓储的含义

仓储就是通过仓库对商品与物品进行储存与保管。仓储是集中反映工厂物资活动状况的综合场所，是连接生产、供应、销售的中转站，对促进生产、提高效率起着重要的辅助作用。同时，围绕着仓储的实体活动，清晰准确的报表、单据、账目以及会计部门核算的准确信息也同时进行着，因此仓储是物流、信息流、单证流的合一。

从物流管理的角度看，可以将仓储定义为：根据市场和客户的要求，为了确保货物没有损耗、变质和丢失，为了调节生产、销售和消费活动以及确保社会生产、生活的连续性，而对原材料等货物进行储存、保管、分拣、供给的作业活动。

（二）仓储的功能

现代“仓储”不是传统意义上的“仓库”“仓库管理”，而是在经济全球化与供应链一体化背景下的仓储，是现代物流系统中的仓储。它表示一项活动或一个过程，是以满足供应链上下游的需求为目的，在特定的有形或无形的场所，运用现代技术对物品的进出、库存、分拣、包装、配送及信息进行有效的计划、执行和控制的物流活动。仓储的价值主要体现在其具有的基本功能、增值功能以及社会功能三个方面。

1. 基本功能

仓储的基本功能是指为了满足市场的基本储存需求，仓库所具有的基本操作或行为，包括储存、保管、拼装、分类等基础作业。其中，储存和保管是仓储最基础的功能。通过基础作业，货物得到了有效的、符合市场和客户需求的仓储处理。

2. 增值功能

增值功能则是指通过仓储高质量的作业和服务，使经营方或供需方获取除这一部分以外的利益，这个过程称为附加增值。这是物流中心与传统仓库的重要区别之一。增值功能的典型表现方式包括：

一是提高客户的满意度。当客户下达订单时，物流中心能够迅速组织货物，并按要求及时送达，提高了客户对服务的满意度，从而增加了潜在的销售量。

二是信息的传递。在仓库管理的各项事务中，经营方和供需方都需要及时准确的仓库信息。例如，仓库利用水平、进出货频率、仓库的地理位置、仓库的运输情况、客户需求状况、仓库人员的配置等信息，这些信息为用户或经营方进行正确的商业决策提供了可靠的依据，提高了用户对市场的响应速度，提高了经营效率，降低了经营成本，从而带来了额外的经济利益。

3. 社会功能

仓储的基础作业和增值作业会给整个社会物流过程的运转带来不同的影响，良好的仓储作业与管理会带来如下的影响。

第一，时间调整功能。一般情况下，生产与消费之间会产生时间差，通过储存可以解决货物产销存在的时间差问题（如季节生产，但需全年消费的大米）。

第二，价格调整功能。生产和消费之间也会产生价格差，供过于求、供不应求都会对价格产生影响，因此通过仓储可以克服货物在产销量上的不平衡，达到调控价格的效果。

第三，衔接商品流通的功能。商品仓储是商品流通的必要条件，为保证商品流通过程连续进行，就必须有仓储活动。通过仓储，可以防范突发事件，保证商品顺利流通。

阅读材料 3—1

仓储的逆作用

仓储是物流系统中一种必要的活动，但也经常存在冲减物流系统效益，恶化物流系统运转的趋势。以致有人提出，仓储中的库存是企业的“癌症”。这是仓储会使企业付出太高代价所致。这些代价主要包括：

1. 固定费用和可变费用支出。仓储要求企业在仓库建立、仓库管理、仓库工作人员工资和福利等方面支出大量的费用。

2. 时机损失。储存物资会占用资金以及资金利息，假如用于另外项目可能会有的更高的收益。

3. 陈旧损失与跌价损失。随着储存时间的增加，货物在库存期间可能发生物理、化学、生物、机械等损失，严重的会完整丧失价值及运用价值。同时，一旦错过有利的销售期，由于必须低价贱卖，会出现跌价损失。

4. 保险费支出。为了分担风险，很多企业对储存物采取投保办法。保险费支出在仓储物资总值中占了相当大的比例。在信息经济时期，社会保证体系和平安体系日益完善，这个费用支出的比例还会呈上升的趋向。

上述各项费用支出都是降低企业效益的因素，再加上在企业全部运营中，仓储对活动资金的占用达到40%～70%，有的企业库存在某段时间甚至占用了全部活动资金，使企业无法正常运转。由此可见，仓储既有积极的一面也有消极的一面。只有考虑到仓储作用的两面性，尽量使仓储合理化才有利于物流业务活动的顺利展开。

二、仓储系统的组成及主要参数

（一）仓储系统的组成

仓储系统包括存储空间、货物、仓储设施设备、人员和作业管理系统等要素。

1. 存储空间

存储空间由仓库库房提供，不同的库房所提供的空间差别很大。根据建筑结构和构造来分，存储空间有平房仓库（见图3-1）、楼房仓库、高层货架仓库（见图3-2）、柱式仓库（见图3-3）、简易仓库、露天仓库等。

图3-1　平房仓库

图3-2　高层货架仓库

图3-3　柱式仓库

2. 货物

货物是仓库生存的生命源，货物的特征、货物在储存空间的摆放方式和管理与控制是储存系统要解决的关键问题。货物的特征包括供应商、商品特性、规格类别、数量和时间等；而影响它们在储存空间摆放的因素有储位单位、储位策略和原则、货物特性等。货物在库不仅要摆好，还要便于存取、分拣和加工管理。

3. 仓储设施设备

仓储设施设备由收发设施设备、储存设备、搬运和输送设备等组成。只要货物不是直接堆码在地上，不是由人力肩扛手捧，就需要托盘、货架等储存设备和叉车等搬运设备。

4. 人员

仓储系统的人员包括仓管、搬运、拣选和补货等。人员仍然是仓储最活跃的因素，在仓储空间设计和设备选择时，都要根据自动化程度的高低来考虑人机作业和管理问题。例如考虑人员在存取、搬运货物时，要求效率高，省时省力，作业流程合理，储位配置及标志要简单清楚、一目了然。

5. 作业管理系统

按照设施规划的要求，首先要考虑的是仓储作业流程，没有通畅的作业流程就不可能有完善的仓储功能布局。仓储管理系统是仓库运作的神经中枢，只有与良好的作业系统相配合，才能完成仓库的各项功能。

（二）仓储系统的主要参数

1. 库容量

库容量是指仓库能容纳物品的数量，是仓库内除去必要的通道和间隙后所能堆放物品的最大数量。库容量是仓库的主要参数之一，也是评价仓库质量的指标之一。在规划和设计仓库时首先要明确库容量。库容量的大小，取决于生产、经营的需要。

过去，库容量越大证明仓库越有实力，仓库经营者越能多赚钱。但是，在以销定产时代，“零库存”成为企业追求的目标，物品流动的速度越来越快。因此库容量这个指标已经不是衡量仓库性能的最重要因素，而出入库频率变得越来越重要。一个仓库的出入库频率越高，说明仓储作业效率和经济效益越高，资金周转越快。

2. 出入库频率

出入库频率是仓库在单位时间内货物的吞吐量。出入库频率主要取决于供应和消费的节奏，仓库的出入库频率决定了仓库搬运设备的投资规模。出入库频率可用“t/h”或“托盘/小时”表示。

3. 库容利用系数

实际库存量与库容量之比称为库容利用系数，将库容利用系数取平均值作为考核标准。

4. 库存周转次数

年出或入库总量与年平均库存量之比称为库存周转次数。对于生产性和经营性的仓库，库存周转次数越多，说明资金周转越快。一些经营好的仓库可以达到每年 24 次以上，即不到半个月就周转一次。对于储备性仓库，库存周转次数不是一个重要指标。库容利用系数和库存周转次数是反映仓库经营效率的指标。

5. 其他指标

（1）单位面积的库容量。这是仓库容量与仓库占地面积之比。在土地紧缺、征用费用高的地方，这是一个很重要的经济指标。

（2）全员平均劳动生产率。这是仓库全年出入库总量与仓库总人数之比。通常它取决于仓库的机械化程度。

（3）装卸作业机械化程度。这是指用装卸机械装卸货物的作业量与总的装卸作业量之比。

（4）机械设备的利用系数。这是指机械设备的全年平均小时搬运量与额定小时搬运量之比。可用这个系数来评估机械设备系统配置的合理性。

三、仓储的发展过程

仓储是现代物流的一个重要组成部分，在物流系统中起着至关重要的作用，是厂商研究和规划的重点。高效合理的仓储可以帮助厂商加快物资流动的速度，降低成本，保障生产的顺利进行，实现对资源的有效控制和管理。仓储的发展经历了不同的历史时期和阶段，从原始的人工仓储到现在的智能仓储，通过各种高新技术对仓储的支持，仓储的效率得到了大幅度的提高。仓储物流发展经历了以下阶段：

（1）人工和机械化的仓储阶段。

这个阶段物资的输送、仓储、管理、控制主要是依靠人工及辅助机械来实现的，如图 3－4 所示。物料可以通过各种各样的传送带、工业输送车、机械手、吊车、堆垛机和升降机来移动和搬运，用货架托盘和可移动货架存储物料，通过人工操作机械存取设备，用限位开关、螺旋机械制动和机械监视器等控制设备运行。机械化满足了人们对速度、精度、高度、重量、重复存取和搬运等方面的要求，其实时性和直观性是明显优点。

图 3－4 人工和机械化的仓储

（2）自动化仓储阶段。

自动化技术对仓储技术及其发展起了重要的促进作用。20 世纪 50 年代末开始，自动导引车、自动货架、自动存取机器人、自动识别和自动分拣等系统相继被研制出来并逐渐得到应用。到 20 世纪 70 年代，旋转体式货架、移动式货架、巷道式堆垛机和其他搬运设备都加入了自动控制行列，但只是各个设备的局部自动化和各自独立应用，被称为“自动化孤岛”。随着计算机技术的发展，仓储的工作重点转向物资的控制和管理，要求实时、协调和一体化。计算机之间、数据采集点之间、机械设备的控制器之间以及它们与主计算机之间的通信可以及时地进行，仓库计算机及时地记录订货和到货时间，显示库存量，计划人员可以方便地作出供货决策，管理人员随时掌握货源及需求情况。

信息技术的应用已成为仓储技术的重要支柱。到 20 世纪 70 年代末，自动化技术被越来越多地应用到生产和分配领域。“自动化孤岛”需要集成化，于是便形成了“集成系统”的概念。集成化系统包括人、设备和控制系统。在集成化系统中，整个系统的有机协作，使总体效益和生产的应变能力大大超过各部分独立效益的总和。集成化仓库技术作为计算机集成制造系统中物资存储的中心受到人们的重视。自动化仓储管理系统如图 3－5 所示。

图 3－5　自动化仓储管理系统

（3）智能化仓储阶段。

在自动化仓储的基础上继续研究，通过实现与其他信息决策系统的集成，并朝着智能和模糊控制的方向发展，人工智能推动了仓储技术的发展，即智能化仓储，如图 3－6 所示。现在智能化仓储技术还处于初级发展阶段，21 世纪仓储技术的智能化将具有广阔的应用前景。

图 3－6　Kiva 的机器人仓储系统

20 世纪 70 年代初期，我国开始研究采用巷道式堆垛机的立体仓库。1980 年，由北京机械工业自动化研究所等单位研制建成的我国第一座自动化立体仓库，在北京汽车制造厂投产。从此以后，立体仓库在我国得到了迅速的发展。据不完全统计，目前我国已建成的立体仓库上万座，这些自动化的仓库主要集中在烟草、医药保健品、食品、通信和信息、家具制造业、机械制造业等传统优势行业。在此基础上我国对仓库的研究也向着智能化的方向发展，但是，目前我国还处于自动化仓储的推广和应用阶段。

第二节　货架技术

货架作为仓储的主要设施之一，是现代工业仓库、物流中心、配送中心必不可少的组成部分。合理运用货架可以充分利用仓储空间，提高库容利用率，扩大仓库储存能力。近年来，国内的土地成本出现了明显的上升，同时很多企业的发展速度明显加快，规模不断扩大。在此情况下，实现仓储空间最大化的合理利用正被越来越多的企业关注，货架也得到了越来越广泛的应用。

一、货架的含义与功能

（一）货架的含义

在仓库设备中，货架是指专门用于存放成件物品的保管设备，如图 3-7 所示。货架在物流及仓库中占有非常重要的地位，随着现代工业的迅猛发展，物流量的大幅度增加，为实现仓库的现代化管理，改善仓库的功能，不仅要求货架数量多，而且要求具有多功能，并能实现机械化、自动化作业。

图 3-7　仓储货架

（二）货架的作用及功能

仓库管理实现现代化，与货架的种类、功能有直接的关系，货架的作用及功能有以下几个方面：

（1）货架是一种架式结构物，可充分利用仓库空间、提高库容利用率、扩大仓库储存能力。

（2）存入货架中的货物，互不挤压、物资损耗小、可完整保证物资本身的功能、减少货物的损失。

（3）货架中的货物，存取方便、便于清点及计量、可做到先进先出。

（4）保证存储货物的质量，可以采取防潮、防尘、防盗、防破坏等措施，以提高物资存储质量。

（5）很多新型货架的结构及功能有利于实现仓库的机械化及自动化管理。

二、货架的种类

货架的分类方法很多。按货架的发展可分为传统货架和新型货架。传统货架包括，层架、层格式货架、抽屉式货架、橱柜式货架、U 形架、悬臂架、栅架、鞍架、气罐钢筒架、轮胎专用货架等；新型货架包括，旋转式货架、移动式货架、装配式货架、调节式货架、托盘货架、进车式货架、高层货架、阁楼式货架、重力式货架、屏挂式货架等。

按货架的适用性可以分为通用货架和专用货架。

按货架的制造材料可分为钢货架、钢筋混凝土货架、钢与钢筋混凝土混合式货架、木制货架、钢木合制货架等。

按货架的封闭程度分为敞开式货架、半封闭式货架、封闭式货架等。

按结构特点分为层架、层格架、橱架、抽屉架、悬臂架、三角架、栅架等。

按货架的可动性分为固定式货架、移动式货架、旋转式货架、组合货架、可调式货架、流动储存货架等。

按货架结构分为整体结构式（货架直接支撑仓库屋顶和围棚）、分体结构式（货架与建筑物分为两个独立系统）。

按货架的载货方式分为悬臂式货架、橱柜式货架、棚板式货架。

按货架的构造分为组合可拆卸式货架、固定式货架。其中又分为单元式货架、一般式货架、流动式货架、贯通式货架。

按货架高度分为低层货架（高度在 5 米以下）、中层货架（高度在 5～15 米）、高层货架（高度在 15m 以上）。

按货架重量分为重型货架（每层货架载重量在 500kg 以上）、中型货架（每层货架或搁板载重量为 150～500kg）、轻型货架（每层货架载重量在 150kg 以下）。

三、常用货架

（一）搁板式货架

搁板式货架由四根支柱配置钢层板组合而成，又称为层架。通常为人工存取货方式，组装式结构，层间距均匀可调，货物也常为散件或不是很重的包装物品（便于人工存取）。货架高度通常在 2.5m 以下，否则人工难以触及（如辅以登高车则可设置在 3m 左右）。单元货架跨度（即长度）、深度（即宽度）不宜过长、过深。按单元货架每层的载重量可分为轻、中、重型搁板式货架。

（1）轻型搁板式货架如图 3 - 8 所示：单元货架每层载重量不大于 200kg，总承载一般不大于 2 000kg。单元货架跨度通常不大于 2m，深度不大于 1m（多为 0.6m 以内），高度一般在 3m 以内，常见的为角钢式立柱货架结构，外观轻巧、漂亮，主要适用于存放轻、小物品。资金投入少，广泛用于电子、轻工、文教等行业。

图 3 - 8　轻型搁板式货架

（2）中型搁板式货架如图 3 - 9 所示：单元货架每层载重量一般在 200～800kg，总承载一般不大于 5 000kg。单元货架跨度通常不大于 2.6m，深度不大于 1m，高度一般在 3m 以内。如果单元货架跨度在 2m 以内，层载在 500kg 以内，通常选择无梁式中型搁板式货架较为适宜；如果单元货架跨度在 2m 以上，则只能选择有梁式中型搁板式货架。无梁式中型货架与有梁式中型货架相比，层间距可调余地更大，更稳固、漂亮，与环境的协调性更好，更适于一些洁净度要求较高的仓库；有梁式

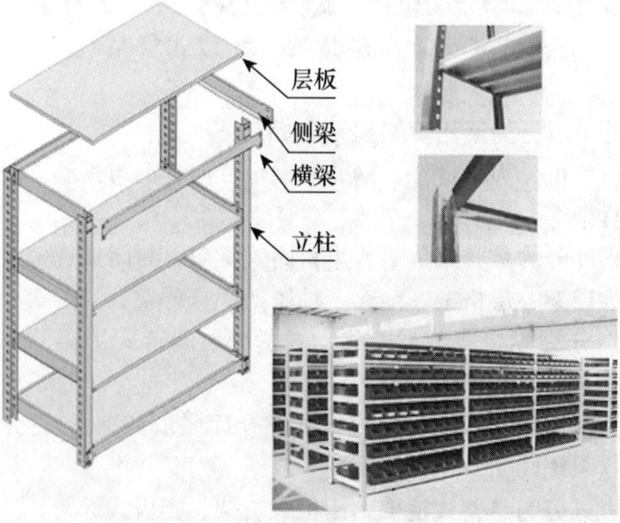

图 3 - 9　中型搁板式货架

中型搁板式货架则工业化特点强一些，较适用于存放金属结构产品。中型搁板式货架应用广泛，适用于各行各业。

（3）重型搁板式货架（如图3-10所示）：单元货架每层载重通常在500～1 500kg，单元货架跨度一般在3m以内，深度在1.2m以内，高度不限。通常与重型托盘式货架相结合使用，下面几层为搁板式，人工存取作业，高度在2m以上的部分通常为托盘式货架，使用叉车进行存取作业。重型搁板式货架主要用于一些既需要整托存取，又要零存零取的情况，在大型仓储式超市和物流中心较为多见。

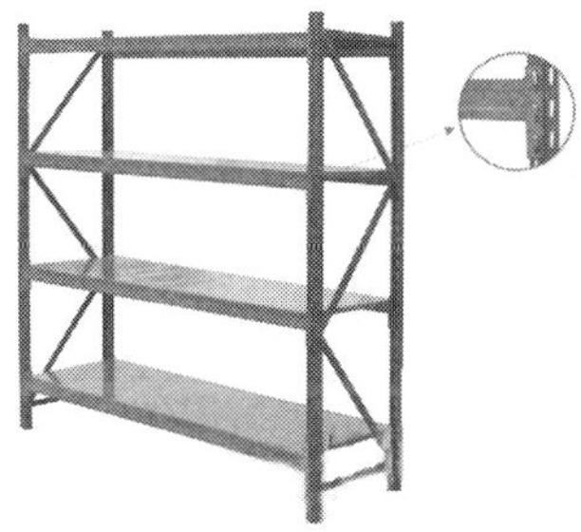

图3-10 重型搁板式货架

（二）抽屉式货架

抽屉式货架又称模具货架，如图3-11所示，主要用于存放各种模具物品，顶部可配置移动葫芦车（手拉或电动），抽屉底部设有滚轮轨道，承载后依然能用很小的力自如地拉动，附加定位保险装置，安全可靠。根据承载能力可分为轻量型、重量型两种。三格四层标准抽屉式货架的规格为高（H）2000×深（D）615×长（L）3100，每格长888mm；每块抽屉板可承重800～1 000kg；抽屉板可拉出65%；节省场地，占地面积为1.8m²，可存放几十套中小型模具。

图3-11 抽屉式货架

（三）托盘式货架

托盘式货架又称横梁式货架或货位式货架，通常为重型货架，如图3-12所示。其结构主要采用横梁立柱插接组合，一般不用层板，货架采用优质钢材，完全组合式结构，便于拆装。可做单排型连接，也可做双排型连接（见图3-13）。

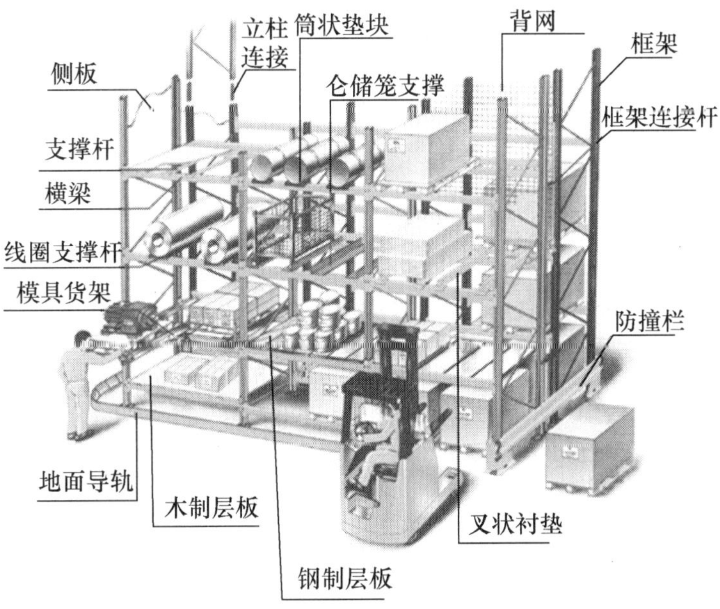

图3-12 托盘式货架

托盘式货架在国内的各种仓储货架系统中最为常见。

使用托盘式货架，首先须进行集装单元化工作，即将货物包装并按其重量等特性进行组盘，确定托盘的类型、规格、尺寸，以及单托载重量和堆高（单托货物重量一般在 2 000kg 以内），然后由此确定单元货架的跨度、深度、层间距，根据仓库屋架下的有效高度和叉车的最大叉高决定货架的高度。单元货架跨度一般在 4m 以内，深度在 1.5m 以内，低、高位仓库货架高度一般在 12m 以内，超高位仓库货架高度一般在 30m 以内（此类仓库基本均为自动化仓库，货架总高由若干段 12m 以内立柱构成，如图 3-14 所示）。

图 3-14　高位货仓的托盘货架

托盘式货架系统空间利用率高、存取灵活方便，辅以计算机管理或控制，基本能达到现代化物流系统的要求。它广泛应用于制造业、第三方物流和配送中心等领域，既适用于多品种小批量物品，又适用于少品种大批量物品。此类货架在高位仓库和超高位仓库中应用最多（自动化仓库中货架大多用此类货架）。

（四）通廊式货架

通廊式货架又称为驶入式货架或贯通式货架，如图 3-15 所示，是一种不以通道为分割的、连续性的整栋式货架，在支撑导轨上，托盘按深度方向存放，一个紧接着一个，这使得高密度存储成为可能。这种货架采用钢质结构，钢柱上在一定的位置有向外伸出的水平突出构件，当托盘送入时，突出的构件将托盘底部的两个边托住，使托盘本身起架子横梁作用，当架上没有放托盘货物时，货架正面便成了无横梁状态，这时就形成了若干通道，可方便出入叉车等作业车辆。

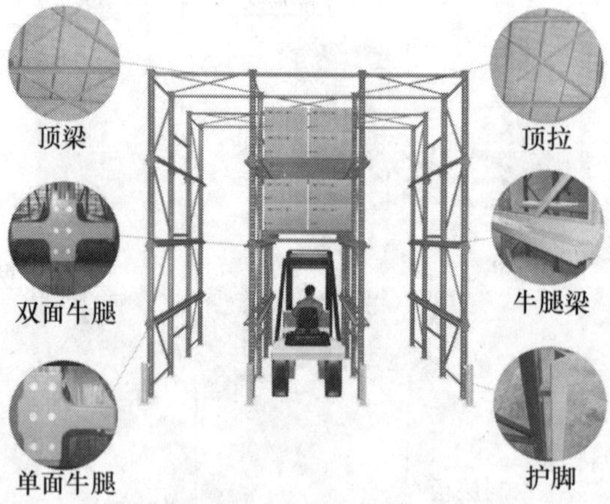

图 3-15　通廊式货架

通廊式货架的特点是，叉车直接驶入货架进行作业，叉车与架子的正面成垂直方向驶入，在存储时从内到外、从高到低直至装满，取货时再从外向内顺序取货。由于存取托盘的操作不便，特别是在高货位时，叉车工的视线会被不同的立柱和支撑物影响，所以一般来说，驶入式货架不易做得太高，最好不要超过 10 米。靠墙区域的货架总深度控制在 6 个托盘深度以内；中间区域可以两边进出货物，货架深度可以控制在 12 个托盘的深度。单托货物不宜过大、过重，通常控制重量在 1 500kg 以内，托盘跨度不宜大于 1.5 米。

通廊式货架能起到保管场所及叉车通道的双重作用，一方面可提高库容率及空间利用率，另一方面，却很难实现先进先出。因此，每一巷道只宜保管同一品种货物，货架只适用于保管少品种、大批量以及不受保管时间限制的货物。这种货架是高密度存放货物的重要货架，库容利用率可达 90%以上，常用于冷库、食品、烟草等存储空间成本较高的仓库。

（五）悬臂式货架

悬臂式货架，如图 3-16 所示，由在立柱上装设悬臂构成。悬臂可以是固定的，也可以是移动的。悬臂式货架适用于存放长物料、环形物料、板材、管材及不规则货物。悬臂可以是单面或双面。悬臂式货架具有结构稳定、载重能力好、空间利用率高等特点。

图 3-16　悬臂式货架

悬臂式货架立柱多采用 H 形钢或冷轧型钢，悬臂采用方管、冷轧型钢或 H 形钢，悬臂与立柱间采用插接或螺栓连接，底座与立柱间采用螺栓连接，底座采用冷轧型钢或 H 形钢。货物存取通过叉车、行车或人工进行。货架高度通常在 2.5 米以内（如由叉车存取货物则可高达 6 米），悬臂长度在 1.5 米以内，每臂载重通常在 1 000kg 以下，此类货架多用于机械制造行业和建材超市等。加上搁板后，特别适合空间小、高度低的库房。管理方便、视野宽阔，与普通搁板式货架相比，利用率更高。根据承载能力可分为轻量型、中量型、重量型三种。

（六）窄巷道货架

窄巷道货架是仓储货架的一种，因其货架系统的叉车搬运通道与托盘货架的叉车搬运通道相比较为狭窄，故名窄巷道或窄通道货架，如图 3-17 所示。货架系统主体为横梁式货架系统，区别在于在货架底部地面上加装“三向堆垛叉车”的行动导轨。导轨常采用不等边角钢加工。

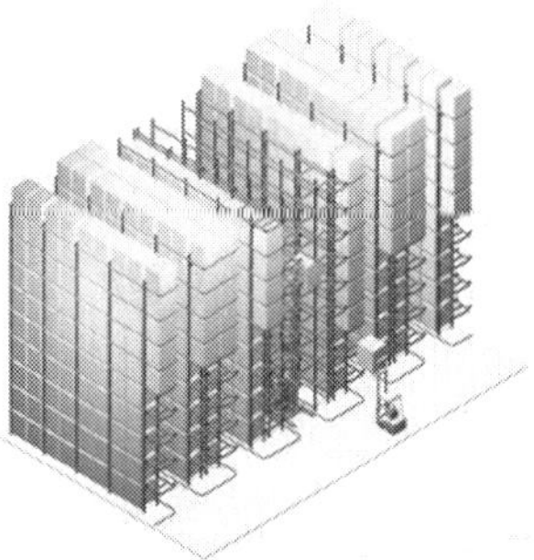

图 3-17　窄巷道货架

窄巷道货架物料搬运叉车限为专用的“三向堆垛叉车”，如图 3-18 所示。货架系统的堆垛通道宽度稍大于托盘货物的宽度，实现了高密度的存储，叉车可随时存储任一托盘货物。快速的存储效率，非常高的存储密度，对于适合采用窄巷道货架系统的存储与物流中心来说，带来的是显著的生产效率与成本效益。

图 3-18　三向堆垛叉车

（七）阁楼式货架

阁楼式货架通常利用中型搁板式货架或重型搁板式货架作为主体支撑加上楼面板（根据货架单元的总负载重量来决定选

用何种货架）制成，如图 3－19 所示。楼面板通常选用冷轧型钢楼板、花纹钢楼板或钢格栅楼板。

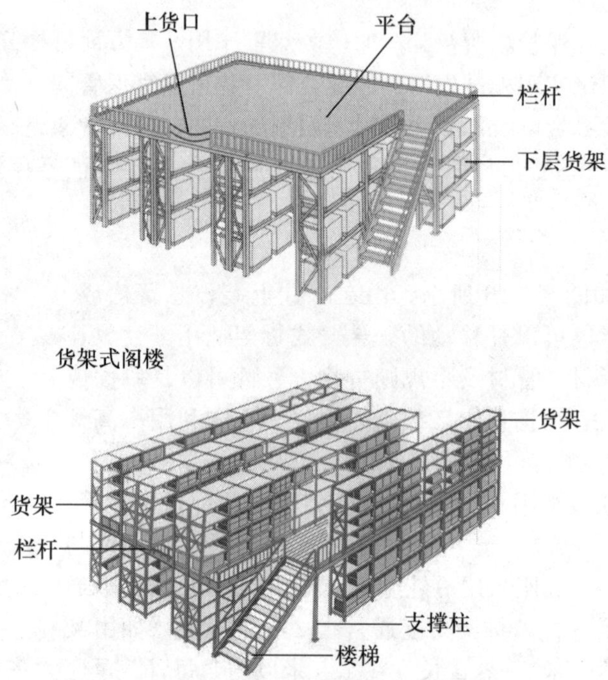

图 3－19　阁楼式货架

阁楼式货架系统是在已有的工作场地或货架上建一个中间阁楼，以增加存储空间，可做二、三层阁楼，宜存取一些轻泡及中小件货物，适用于多品种大批量或多品种小批量货物。货物通常由叉车、液压升降台或货梯送至二楼、三楼，再由轻型小车或液压托盘车送至某一位置。其单元货架每层载重量通常在 500kg 以内，楼层间距通常为 2.2～2.7m，顶层货架高度一般为 2m 左右。阁楼货架系统适用于汽车零部件领域、汽车 4S 店、轻工、电子等行业。

（八）重力式货架

重力式货架又称为流动式货架，是一种利用存储货物自身重量来达到存储深度方向上货物运动的存储系统，其货架一端较高，另一侧较低，倾斜布置，如图 3－20 所示。由于货物放在滚轮上，货架向出货方向倾斜，因此重力会使货物向出口方向自动下滑，以待取出。这种货架多用于拣选系统中。

在使用重力式货架存货时托盘从货架斜坡高端送入滑道，通过滚轮下滑，逐个存放；取货时从斜坡底端取出货物，其后的托盘逐一向下滑动待取，托盘货物在每一条滑道中依次流入流出。重力式货架适用于大量储存短时发货的货物和先进先出的场合。

由于重力式货架通常密集配制，能大规模密集存放货物，减少通道数量，因此，可有效节约仓库面积；重力式货架能保证先进先出，并且方便拣货，作为分拣式货架普遍应用于配送中心作业中；重力式货架拣货端与入货端分离，能提高作业效率和作业的安全性。重力式货架还可以根据需要设计成适合托盘、纸箱、单件货物储存的结构和形式。

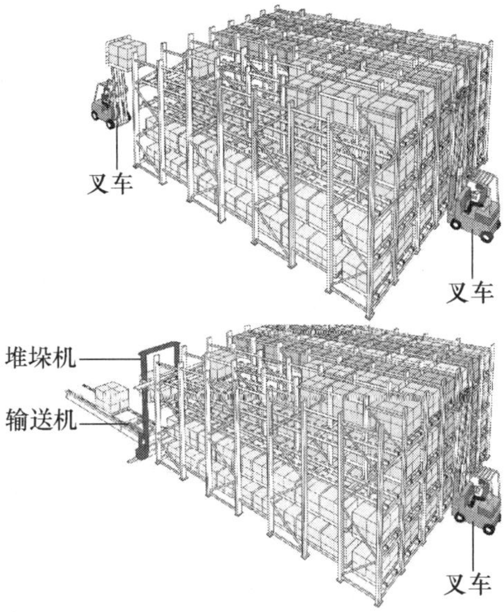

图 3-20 重力式货架

（九）移动式货架

移动式货架是在货架底部装有轨道和轮子，可以在地面上移动的货架，如图 3-21 所示，利用其可移动性，省去了每个货架的作业管理空间，适用于库存品种多、出入库频率较低的仓库，或库存频率较高、但可按巷道顺序出入库的仓库。

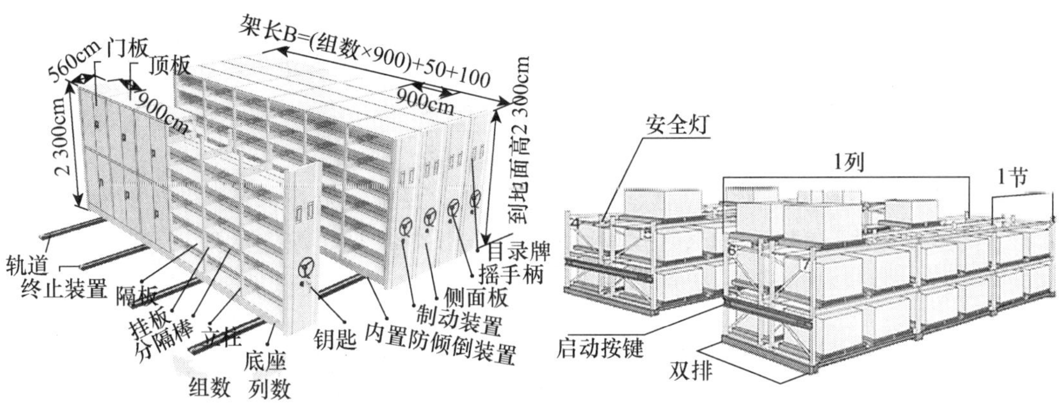

图 3-21 移动式货架

移动式货架仅需预留一条通道，便可实现货架的作业管理，而固定型托盘货架的一条通道，只服务于通道内两侧的两排货架，所以在相同的空间内，移动式货架的储存能力比一般固定式货架高得多，单位面积储存量可提升至托盘货架的 2 倍左右。

重型的移动货架采用电动或机器移动方式，轻型的采用人工手摇形式。移动式货架可分为敞开式移动货架和封闭式移动货架两种，敞开式移动装置在货架端部，封闭式则可以在不取货物时，把所有货柜移动到一起全部封闭，并可全部锁住。

（十）旋转式货架

旋转式货架又称为回转式货架。在拣选货物时，取货者不动，通过货架的水平、垂直或立体的回转，货物随货架移动到面前。通过计算机控制，实现自动存取和自动管理。旋转式货架储存密度大，货架间不设通道，与固定货架相比可以节省占地面积 30%～50%。旋转式货架可分为水平旋转式货架［见图 3 - 22（a）］和垂直旋转式货架［见图 3 - 22（b）］两种形式。

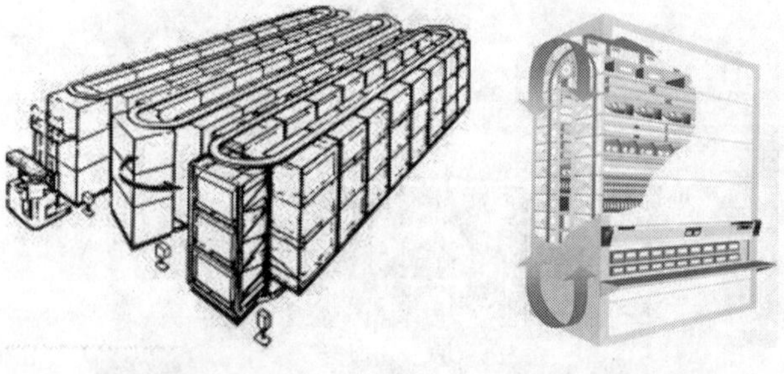

（a）水平旋转式货架　（b）垂直旋转式货架

图 3 - 22　旋转式货架

多层水平旋转货架长度为 10～20m，高度为 2～2.5m，单元载重为 200～250kg；属于拣选型货架，各层货架可以独立旋转，用计算机操作，可以同时执行几个命令，用于出入库频率高、多品种拣选的仓库。垂直旋转式货架也属于拣选型货架，占地空间小，存放的品种多，小货格可以拆除，货架两面都可以设置拣选台，方便出入库，主要适合多品种、拣选频率高的货物，如果取消货格可以用于成卷货物的存取。

四、仓储货架的选用依据

仓库在选择和配置货架时，必须综合分析库存货物的性质、单元装载和库存量，以及库房结构、配套的装卸搬运设备等因素。

（一）库房架构

主要考虑可用高度、梁柱位置、地板条件、防火设施等指标。选用货架时须考虑梁下有效高度，以决定货架高度。而梁柱位置则会影响货架的配置。地板承受的强度、地面平整度也与货架的设计及安装有关。另外尚须考虑防火设施和照明设施的安装位置。

（二）物品特性

主要考虑尺寸、重量、储位数、储存单位等指标。储存物品的外形及尺寸，直接关系到货架规格的选定，储存物品的重量则直接影响到选用何种强度的货架。而储存的单位，是指以何种单位来储存，托盘（栈板）、仓储笼或者单品，均有不同的货架选用类型。另外预估总储位数，必须考虑到公司未来的发展需求。

（三）存取性

主要考虑储存密度、先进先出、储位管理等指标。一般存取性与储存密度是相对的。为了得到较高的储存密度，则必须相对牺牲物品的存取性。虽然有些形式的货架可得到较好的储存密度，但其储位管理较为复杂，无法做到先进先出的管理。虽然立体自动仓库具有较好的存取性与较高的储存密度，但其投资成本较高。因此选用何种形式的储存设备，可以说是各种因素的折中，也是一种策略的应用。

（四）搬运设备

主要考虑配重式、跨立式、通道宽度、举升高度、举升重量、旋转半径等指标。储存设备的存取作业是以搬运设备来完成的，因此选用储存设备需一并考虑搬运设备。堆高机是一般通用搬运设备，而货架通道宽度，会直接影响到堆高机的选用形式。

（五）入出库量

主要考虑先进先出、存取频率、存取数量等指标。某些形式的货架虽有很好的储存密度，但入出库量却不高，适合于低频率的作业。因此出入库量高低也是影响储存设备选择的重要因素。

第三节　单元负载式输送设备

在仓储系统中使用得最普遍的输送机是单元负载式输送机和立体输送机。单元负载式输送机包括滚筒式、带式和链条式三种类型。这些输送机主要用于固定路径的输送，除此之外，还具有储积及分类等多种用途。输送机的单元负载有托盘、纸箱或固定尺寸的物品。单元负载式输送机以动力源区分可分为重力式和动力式两种。立体输送机则以输送机空间所在的位置区分，主要分为垂直、悬吊及地轨三大类。

一、重力式输送机

重力式输送机不需要动力，货物的输送可以由人力推动，或让输送机呈一定坡度，利用货物自身的重量从高端滑移到低端。重力式输送机的滚动转子有辊筒、滚轮等几种形式。因其滚动转子的不同，重力式输送机可分为滚轮、滚筒和滚珠三种形式。重力式输送机的最大优点是结构简单、机动灵活、拆装方便且不需要动力。因此被广泛应用于物流中心或配送中心，作为输送线终端积存输送机或者作为理货区的分拣设备，如图 3－23 所示。

（一）重力式滚轮输送机

重力式滚轮输送机的主要特点是重量轻、易于搬动，在转弯段部分，滚轮为独立转动，如图 3－24 所示。对于较轻的物品，滚轮的转动惯量较低，且组装、拆装快速容易。

应用范围：滚轮较滚筒形式有较佳的输送性，可以输送体积较小和形状不规则的物品及表面较软的物品，如布袋。底部有挖空的容器及篮子，则不适合使用滚轮输送机。为使物品平顺输送，任何时候一个物品至少要有五个滚轮以上支撑（分布在三支轴上），如图 3－24 右图所示。滚轮输送机除了可以直送外，还可以转弯。不同功用的组合，可满足输送系统的不同需求。在转弯功用上，为维持物品的方向性，转弯内侧的半径至少需等于物品的最大长度。一般而言，较大的转弯半径，物品较易输送，而不会塞在转弯部分。

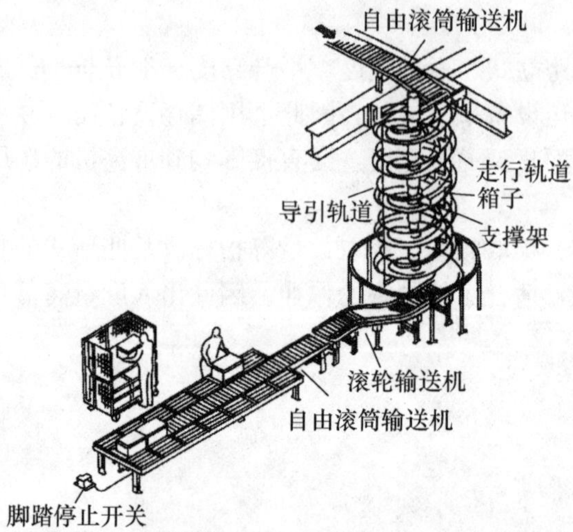

图 3-23　重力式输送机

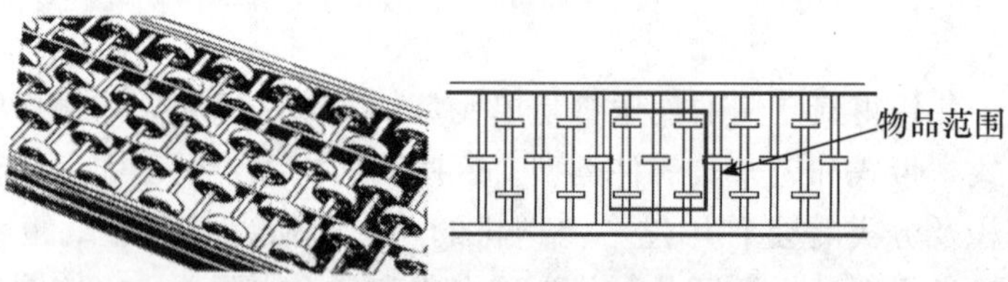

图 3-24　重力式滚轮输送机

尺寸规格：大部分制造厂提供的输送机的内缘宽度为 300mm、500mm 及 600mm；标准长度为 1.5m、2m、3m。每单位长度的滚轮数由经验决定，一般而言，对于较小的物品，需更多的滚轮。常用的标准滚轮输送机骨架由两支 60mm×25mm 的型钢组合。输送机的倾斜度与输送物品的重量及表面的条件有关。对于纸箱，平均的倾斜度是每 3m 高 7.5cm。物品如较坚实，需要的倾斜角度较小。表面较软的物品则需要较大的倾斜角。

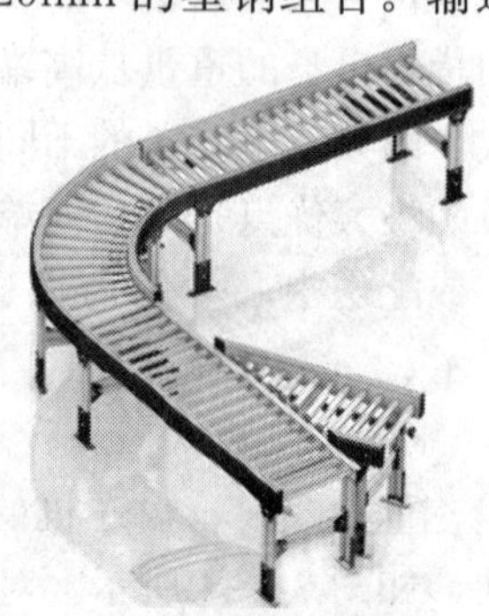

图 3-25　重力式辊子输送机

滚轮输送机，依功用有多种应用模块，例如直送模块、转弯模块及分歧模块。不同功用模块的组合，可完整地满足系统需求。转弯模块一般有 45°及 90°的型式。滚轮的平均倾斜度只有直送模块的一半。因为转弯模块的滚轮是独立旋转，而外侧的滚轮旋转较快，因此为维持物品的方向性，转弯内侧的半径至少需等于物品的最大长度。一般而言，较大的转弯半径，物品较易输送，而不会塞在转弯部分。

（二）重力式辊子输送机

重力式辊子输送机又称辊道，如图 3-25 所示，有长辊道和短辊道两种。长辊道的辊子表面形状有圆柱形、圆锥形和曲面形几种，以圆柱形长辊道应用最广。辊道的曲线段采用圆锥形辊子或双排圆柱形辊子，可使物品转弯。短辊道可以缩短辊子的间距，自重较轻。辊道一般稍下倾，当物品较重、线路较长时，为了推动物品时省力，斜度可取1%～1.5%。如要使物品自滑，斜度可增大到2%～3%。辊道的宽度比物品宽度大100～150毫米；曲线段最小曲率半径为辊道宽度的3～4倍；辊子间距为输送物品长度的1/4～1/3，当物品输送的平稳性要求较高时。间距可取输送物品长度的1/5～1/4。辊子直径按载荷大小决定。

应用范围：重力式辊子输送机的应用范围较广。一般不适用于滚轮的负载，如塑料篮、容器、桶形物等均适用于滚筒式输送机。一般输送托盘的倾斜度为2.5%～3.5%；输送纸箱重量为10～20kg时，倾斜度为3%～5%，重量为0.5～1kg时，倾斜度为10%～13%。倾斜度为0时，依靠人力推动。

（三）重力式滚珠输送机

滚珠输送机，如图3-26所示，是在一床台上装有可任意方向自由转动的万向滚珠，用于较硬表面的物品在输送机之间的传送。滚珠输送机使用时不需润滑，并且不能使用于有灰尘的环境中。定期维护时，可清理灰尘及其他物质。对于底部较软的物品，如湿的纸箱，或是栈板、桶状物及篮子等，则不适合使用滚珠输送机来传送。使用滚珠输送机来移动物品所需的力量大小与物品的重量及物品表面的硬度有相对关系。表面越硬的物品越容易移动，所需力通常为负载重量的5%～15%。

图3-26　滚珠输送机

二、动力式输送机

动力式输送机，一般均以马达为动力，以传送的介质区分，主要分为链条式、滚筒式和皮带式。动力式输送机的选择与重力输送机相同，是由物品的特性及系统的应用来决定的。如物品具有不规则的表面，如邮包，则只能使用皮带式输送机，一般规则物品（纸箱、栈板）则可使用链条输送机或滚筒输送机。对于物品的间隔控制、储积释放及精确定位等应用，通常使用皮带式输送机。对于较重物品，则使用动力滚筒输送机。另外，物品的分类及储积也常会使用动力滚筒输送机。

（一）动力式链条输送机

动力式链条输送机，可用于输送单元负载货物，如栈板、塑料箱，也可利用承载托板来输送其他形状物，如图3-27所示。动力链条输送机依输送链条所添装附件的变化，可产生非常多不同的应用形式（滑动式、推杆式、滚动式、推板式、堆块式）。物流中心以滑动式及滚动式为主要使用的两大形式。

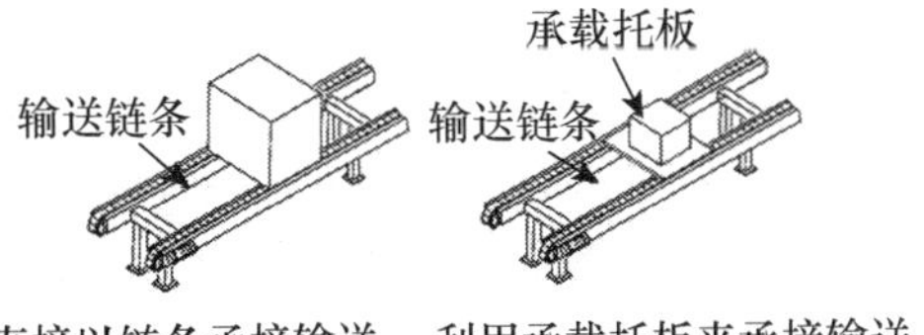

图3-27　动力式链条输送机

1. 滑动式链条输送机

滑动式链条输送机直接以链条承载货物，如图3-28所示，且链条两边板片直接在支撑轨道上滑行。由于链条承载了货物重量后，会与滑行轨道产生较大的摩擦阻力，故滑行轨道必须使用低摩擦系数且耐磨材料，其适用于较轻的荷重及较短距离的输送。滑动式链条输送机其输送链条构造简单，维护容易，且成本低廉，但噪声大，动力损耗高又不耐重荷，故已逐渐被滚动式链条输送机取代。

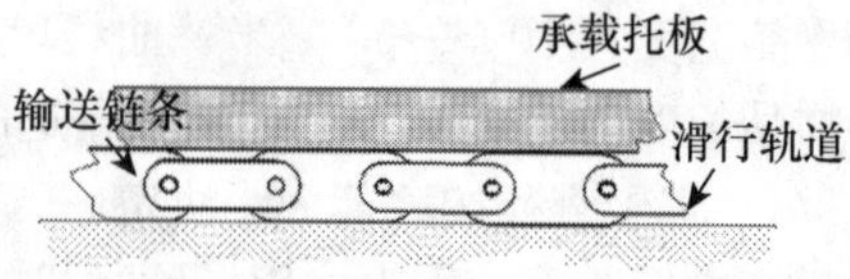

图 3-28　滑动式链条输送机

2. 滚动式链条输送机

滚动式链条输送机是在承载链条上，每目之间再加装上一个较高的承载滚子附件来承载货物，而链条则是以滚子来与轨道滚动滑行，如图3-29所示。由于链条上的滚子与轨道是以滚动接触，摩擦阻力小，动力损耗低且可承载较重的荷重。其荷重能力与支架强度、链条大小及滚子尺寸、材质均有关系，而滚子材质一般为钢制，但有些场合为了降低噪声，采用耐磨工程塑料制造。

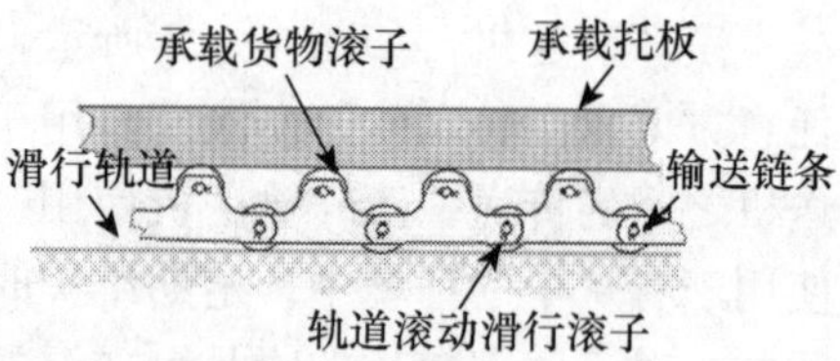

图 3-29　滚动式链条输送机

（二）链板式输送机

链板式输送机，如图3-30所示，是在链式输送机的两侧链条间加装板式构件，以达到输送形态不规则的物品的输送机。它由驱动机构、张紧装置、牵引链、板条、驱动及改向链轮、机架等部分组成。链板材质有碳钢链、不锈钢链、热塑链等，根据产品的需要可选取不同宽度、不同形状的链板来完成平面输送、平面转弯、提升、下降等要求。输送成件物品时多采用平板条；一般的板式输送机的输送能力在840t/h以下，板条宽度在1 600mm以内，输送速度在0.1～0.66m/s，输送距离一般不大。

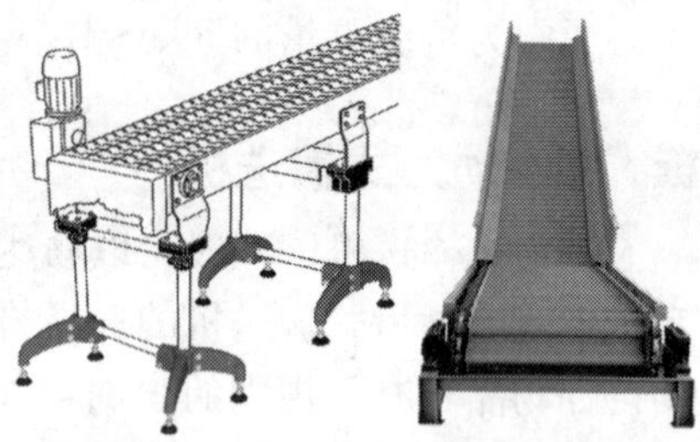
图 3-30　链板式输送机

（三）辊子输送机

动力式辊子输送机常用于水平或向上微斜的输送线路。按驱动方式有单独驱动与成组驱动之分。前者的每个辊子都配有单独的驱动装置便于拆卸；后者是若干辊子作为一组，由一个驱动装置驱动，以降低设备造价。成组驱动的传动方式有齿轮传动、链传动和带传动等。动力式辊子输送机一般用交流电动机驱动，根据需要亦可用双速电动机和液压马达驱动。

1. 平皮带驱动辊子输送机

平皮带驱动辊子输送机的构造与皮带式输送机的构造非常类似，只是在皮带上方装有一列承载辊子，下方装有调整松紧压力的托辊，如图3-31所示。

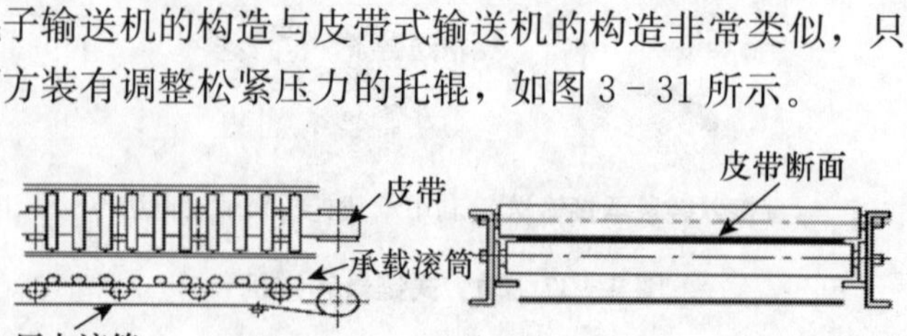

图 3-31　平皮带驱动辊子输送机

承载辊子的选择及间隔大小与重力式滚筒相同。压力托辊位于两承载滚筒之间，可上下调整，以增减皮带的驱动力。平皮带驱动辊子输送机的最大倾斜角是5°。如大于此角度，则输送物品需经测试。皮带可在驱动机构的带动下循环运动。当托辊顶起皮带时，皮带与辊子接触，并靠摩擦力带动辊子转动。当把托辊放下时，皮带脱开辊子，辊子就失去了驱动力。因此，通过有选择地控制托辊的顶起和放下，即可使一部分辊子转动，而另一部分辊子不转，从而实现货物在辊道上的积存，起到缓冲的作用。

2. 圆皮带驱动辊子输送机

圆皮带驱动方式是利用马达带动线轴，再经线轴上的圆皮带驱动每支滚筒，如图3-32所示。利用万向接头接合各模块传动线轴，则线轴可用于驱动转弯模块、分歧模块等，而不需另装马达。圆皮带滚筒输送机其线轴的传动方式除了安静、干净和安全的优点外，由于线轴衔接容易，且动力传递距离长，配合铝挤型支架后，尤适于模块化。

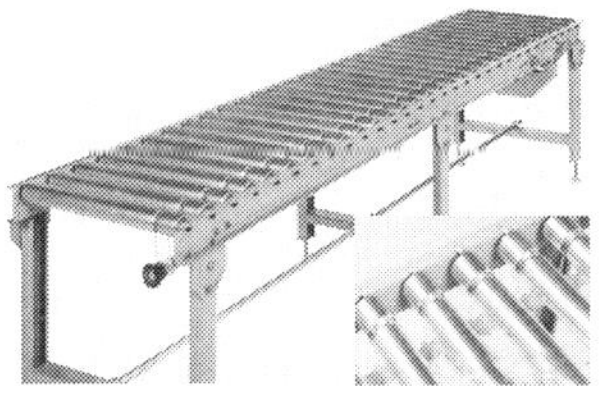

图3-32　圆皮带驱动辊子输送机

3. 链条驱动辊子输送机

链条驱动辊子输送机可应用于较严酷的工作条件，重负载、油污、潮湿及较高或较低的温度环境。链条驱动分为两种形式，连续式及辊子对辊子的方式。连续式的成本较低，但应用的限制条件较多。

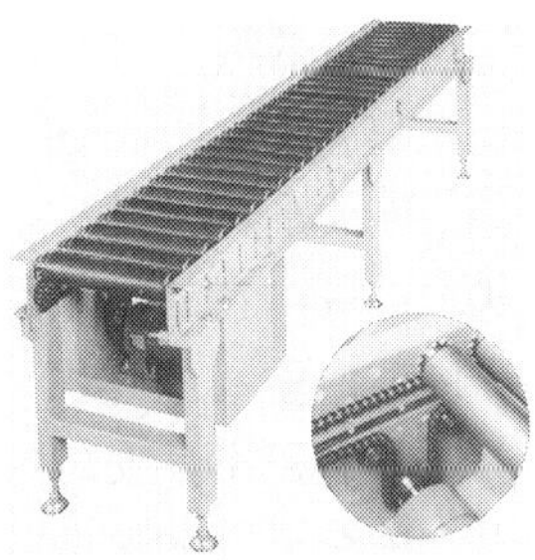

图3-33　连续式链条驱动辊子形式

连续式链条驱动辊子形式，如图3-33所示，使用单一链条驱动附有链轮的辊子（每支辊子只焊接一个链轮）。因只使用单一链条，故每支辊子的链轮只有几齿与链条接触，因此不适合用于输送较重的负载，也不适合应用于需启动、停止频繁的情况。链轮的大小，会影响辊子的间隔。如需要较小的辊子中心距时，可使用倍宽度的链条，配合交错排列的链轮；或是在每两个驱动辊子之间置一惰轮辊子，但驱动马达部分应置于输送机的输出端。

辊子对辊子形式，如图3-34所示，在每支滚筒上焊有两个链轮，链条是以交错的方式，连接一对滚筒。如此使得每支滚筒上的链轮与链条有较大的接触弧角，具有较大的传动力。因为链条的拉力及松弛会累积，所以此型输送机的长度有限制。一般连续链条圈数不要超过80圈。如将驱动单元置于输送机中心，则可两边80圈，而可达总数160圈。

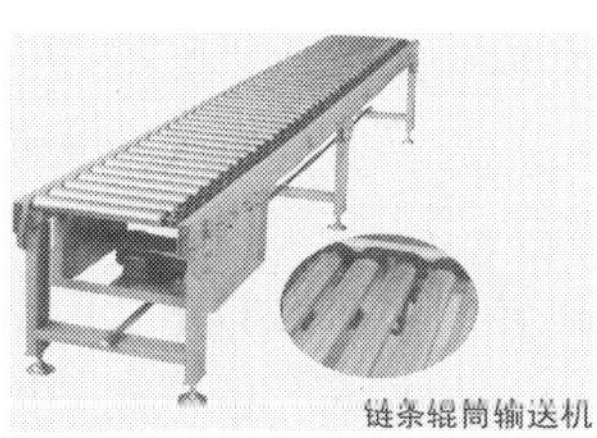

图3-34　辊子对辊子形式

（四）电动滚筒式辊子输送机

电动滚筒式辊子输送机的每一个辊子就是一个电动滚筒，每个电动滚筒内都配备有一套驱动系统，各自单独驱动，如图3-35所示。由于价格较贵，实际使用时，一般每隔几个无动力的辊子，才安装一个电动滚筒。该种输送机简捷、安全、更换维修方便且容易实现货物的积存，一般用于频繁启动和制动的场合。

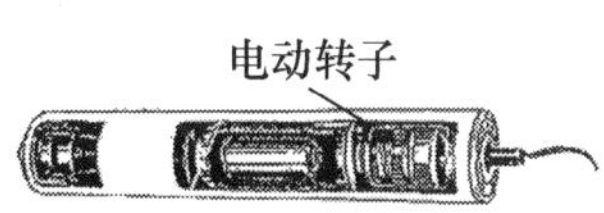

图3-35　电动滚筒

三、垂直输送机

垂直输送机能连续地垂直输送物料，使不同高度上的连续输送机保持不间断的物料输送。垂直输送机可分为往返式垂直输送机和连续垂直输送机。

（一）往返式垂直输送机

往返式垂直输送机，如图 3－36 所示。它只有一个升降台，升降台上下往返搬运物品。升降台往返时都保持水平状态，但回程是空载。因每一往返周期有一定的空载时间，故输送能力相对较低。升降台运行速度虽可达 61m/min，但每分钟的搬运次数一般不超过三次。升降台载重量一般为 100～3 000kg（也有的 11 340kg）。在搬运纸箱等轻物，垂直距离为 5m 时，每小时可搬运 240 件；在搬运托盘，垂直距离为 10m 时，每小时可搬运 120 只。

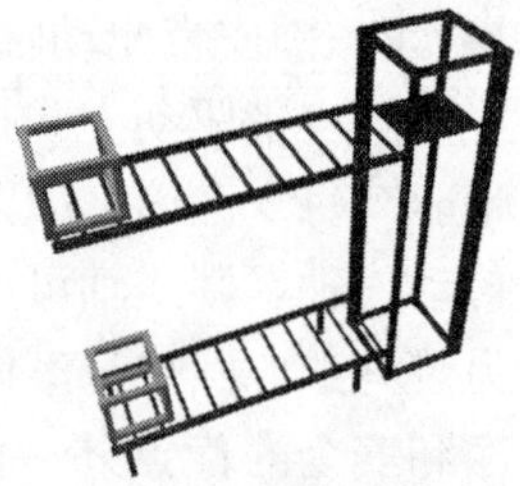

图 3－36　往返式垂直输送机

往返式垂直输送机按照物品送入、送出的方向不同分为 Z 型和 C 型。Z 型是送入和送出在升降台的两侧。C 型是送入和送出处在升降台的同一侧。

（二）连续垂直输送机

连续垂直输送机，如图 3－37 所示。最通用的是链板式垂直输送机，它的特点是能按一定的时间间隔，将搬运物保持水平状态做垂直的连续输送，特别适宜于输送量多的轻量物品。它占地面积小，安装地点也很灵活。

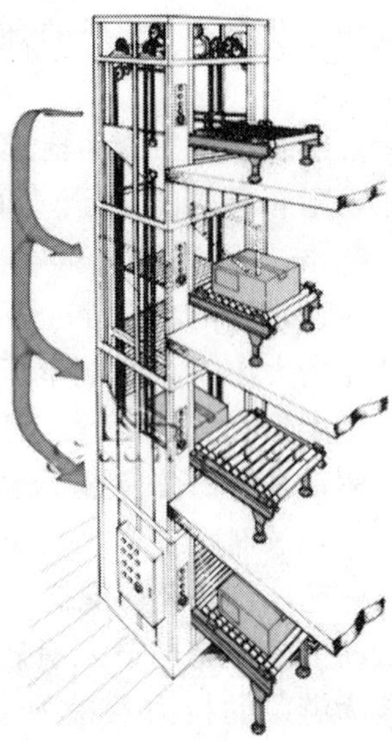

图 3－37　连续垂直输送机

连续垂直输送机的结构是在四组循环转动的链条上，按一定的节距安装柔性的、由链板组成的载货升降台。在载货时，升降台保持水平状态升降到达送出楼层；而空载返回时，升降台从输送机的背面呈垂直状态返回原送入楼层。连续输送机和胶带、驱动辊式、链条输送机等的平面送入（出）装置构成一个输送系统。

连续垂直输送机也可按照物品送入、送出的方向分为 Z 型和 C 型，它可以在两层以上的固定楼面之间输送物品。可逆向运转的则称为 E 型。E 型的垂直输送机的物品送入、送出方向与 C 型相同，但不能采用 Z 型。连续垂直输送机升降台载重量为 30～1 500kg，可输送箱、袋或托盘装的商品，其运载能力如表 3－1 所示。

表 3－1　连续垂直输送机的运载能力

<table>
<tr><th>形式</th><th>每小时运送箱数</th><th>每小时运送托盘数</th><th>备注</th></tr>
<tr><td>Z 型</td><td>1 000～1 200</td><td>200～360</td><td rowspan="3">超 Z 型，每小时运送箱数为 2 000～2 500</td></tr>
<tr><td>C 型</td><td>500～600</td><td>100～200</td></tr>
<tr><td>E 型</td><td>500～600</td><td>100～180</td></tr>
</table>

第四节 自动分拣机

自动分拣机是按照预先设定的计算机指令对物品进行分拣，并将分拣出的物品送达指定位置的机械。随着激光扫描、条码及计算机控制技术的发展，自动分拣机在物流中的使用日益普遍。

一、分拣的含义

分拣是指为进行输送、配送，把很多货物按品种、不同的地点和单位分配到所设置的场地的作业。在现代分拣技术里，拣货系统是核心内容。拣货系统按照作业形态可分为“人到货”和“货到人”两种拣选形式。在“人到货”的分拣系统里，如图 3－38 所示，由分拣人员带着拣选容器按照拣货清单或在拣货系统指引下，到达待拣货物的货架处进行货物拣选，此时货物为静止状态。而在“货到人”的拣选系统里，如图 3－39所示，由自动分拣系统将待拣货物运输至拣选作业面，再通过人工或自动的方式，拣出待拣货品，这种拣选系统是一种高度自动化的系统。无论是“人到货”还是“货到人”的拣选形式，拣选过程都要经过选取、运送、集中。

图 3－38　“人到货”分拣

图 3－39　“货到人”分拣

二、自动分拣系统的组成和特点

（一）自动分拣系统的组成

自动分拣系统一般由控制装置、分类装置、输送装置及分拣道口组成。

（1）控制装置的作用是识别、接收和处理分拣信号，根据分拣信号的要求指示分类装置，按商品品种、按商品送达地点或按货主的类别对商品进行自动分类。这些分拣需求可以通过不同方式，如通过条形码扫描、色码扫描、键盘输入、重量检测、语音识别、高度检测及形状识别等方式，输入到分拣控制系统中去，根据对这些分拣信号的判断，来决定某一种商品该进入哪一个分拣道口。

（2）分类装置的作用是根据控制装置发出的分拣指示，当具有相同分拣信号的商品经过该装置时，该装置动作，改变输送装置上货物的运行方向，使其进入其他输送机或进入分拣道口。分类装置的种类很多，不同的装置对分拣货物的包装材料、包装重量、包装物底面的平滑程度等有不同的要求。

（3）输送装置的组成部分是传送带或输送机，其主要作用是带分拣商品通过控制装置、分类装置。输送装置的两侧，一般要连接若干分拣道口，使分好类的商品滑下主输送机（或主传送带）以便进行后续作业。

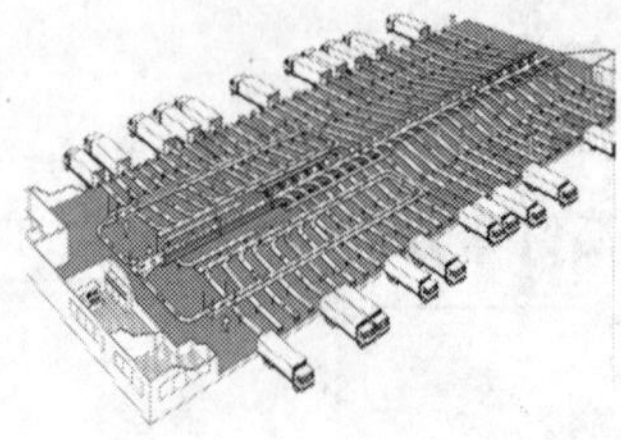
图 3-40　自动分拣系统

(4) 分拣道口是已分拣商品脱离主输送机（或主传送带）进入集货区域的通道，一般由钢带、皮带、滚筒等组成滑道，使商品从主输送装置滑向集货站台，在那里由工作人员将该道口的所有商品集中后或是入库储存或是组配装车并进行配送作业。

以上四部分装置通过计算机网络连接在一起，配合人工控制及相应的人工处理环节构成一个完整的自动分拣系统，如图 3-40 所示。

（二）自动分拣系统的特点

自动分拣系统具有很高的分拣效率，通常每小时可分拣商品 6 000～12 000 箱。该系统目前已经成为发达国家大中型物流中心不可缺少的一部分。它主要的特点有：

(1) 采用先进的分拣信息识别技术，分拣误差率低。

(2) 依据计算机管理系统下发的指令，自动进行物品的分拣，实现无人化作业。

(3) 分拣方式多样化，能够依据不同的分拣要求，进行模块化自由组合。

(4) 智能化、集成化程度高，实现对物品连续的、大批量的分拣。

三、常用的分拣机

分拣机是分拣系统的核心设备，主要用来将分拣物分发到规定场地分流处理。由于不同行业、不同部门的分拣对象在尺寸、质量和外形等方面都有很大差别，对分拣方式、分拣速度、分拣口的多少要求也不相同，因此，分拣机的种类也很繁杂。采用不同的分拣机，配置不同的前处理设备和后处理设备，可以组成适合各种不同需要的分拣系统。分拣机按照其分拣机构的结构不同，主要分为以下几种：

（一）摇臂式分拣机

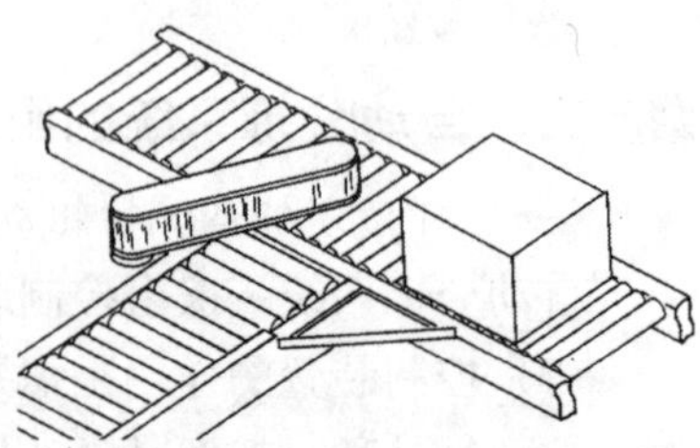
图 3-41　摇臂式分拣机

摇臂式分拣机，如图 3-41 所示，是具有一个可旋转的摇臂，利用钢带式或链板式输送机进行货物输送的分拣设备。摇臂式分拣机，在货物通过输送机输送到分拣口时，转动摇臂，使货物沿摇臂杆的斜面滑落到指定地点。就摇臂而言，有不同形式的摇臂，如有直线形、曲线形，也有在摇臂的工作面上装有辊筒或光滑的塑料材料，以减少摩擦阻力。摇臂式分拣机结构简单、易于操作，是种常见的分拣设备。

（二）堆块式分拣机

堆块式分拣机是一种特殊形式的条板输送机，如图 3-42 所示。输送机的表面由金属条板或管子构成，如竹席状，在每个条板或管子上有一枚用硬质材料制成的滑块，能沿条板横向滑动，而平时滑块停止在输送机的侧边。滑块的下部有销子与条板下的导向杆连接，通过计算机控制，滑块能有序地自动向输送机的对面一侧滑动，因而商品就被引出主输送机。这种方式是将商品侧向逐渐推出，并不冲击商品，故商品不易损伤。堆块式分拣机是目前最新型的高速分拣机。

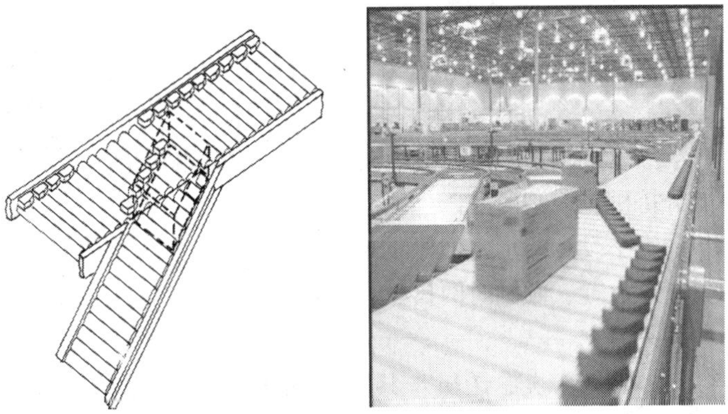

图 3－42 堆块式分拣机

堆块式分拣机的特点：(1) 可适应不同大小、重量、形状的各种商品；(2) 分拣时轻柔、准确；(3) 可向左、右两侧分拣，占地空间小；(4) 分拣时所需商品间隙小，分拣能力高达 18 000 个/小时；(5) 机身长，最长达 110 米，出口多。

(三) 导向式分拣机

利用浮起链条、传送带、滚筒或轮子把分流物品抬离主输送线，引导其流入分流输送线。当被分拣物进入轮子时，根据分拣指令，高速旋转的浮动轮子迅速上浮，把来自主线的物品抬起，在浮动轮子的引导下分流到分拣输送线上。此分类方法要求物品不能太高太窄，否则易于倾侧。这类分拣机常为斜导轮式分拣机，如图 3－43 所示。当转动着的斜导轮，在平行排列的主窄幅皮带间隙中浮上、下降时，达到商品的分拣目的。

斜导轮式分拣机的特点：(1) 对商品冲击力小，分拣轻柔；(2) 分拣快速准确；(3) 适应各类商品，特别是硬纸箱、塑料箱等平底面商品；(4) 分拣出口数量多。

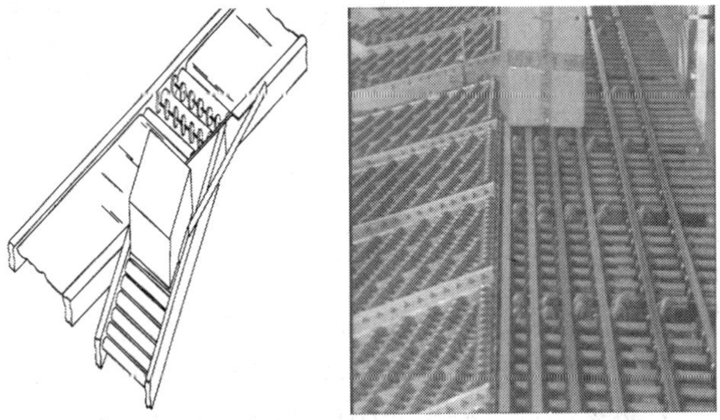

图 3－43 斜导轮式分拣机

(四) 条板倾斜式分拣机

这是一种特殊型的条板输送机，商品装载在输送机的条板上，当商品行走到需要分拣的位置时，条板的一端自动升起，使条板倾斜将商品移离主输送机，如图 3－44 所示。商品占用的条板数随不同商品的长度而定，经占用的条板数如同一个单元，同时倾斜。因此，这种分拣机对商品的长度有一定范围的限制。

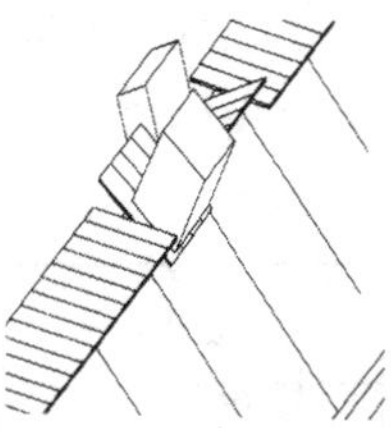

图 3－44 条板倾斜式分拣机

（五）翻盘式分拣机

这种分拣机由一系列的盘子组成，盘子为铰接式结构，可向左或向右倾斜。商品装载在盘子上行走到一定位置时，盘子倾斜（倾斜30°），将商品翻倒于旁边的滑道中（如图 3－45 所示）。为减轻商品倾倒时的冲击力，有的分拣机能控制商品以抛物线状来倾倒。这种分拣机对分拣商品的形状和大小没有要求，但以不超出盘子为限。对于长形商品可以跨越两只盘子放置、倾倒时两只盘子同时倾斜。

图 3－45　翻盘式分拣机

（六）轨道台车式分拣机

这种分拣机常采用环状连续输送机，其占地面积较小，如图 3－46 所示。由于是水平循环，使用时可以分成数段，每段设一个分拣信号输入装置，以便商品输入，而商品在同一滑道排出（指同一配送点），这样就可提高分拣能力。

图 3－46　轨道台车式分拣机

（七）交叉带式分拣机

由主驱动带式输送机和载有小型带式输送机的台车（简称“小车”）连接在一起，当“小车”移动到所规定的分拣位置时，转动皮带，完成把商品分拣送出的任务。因为主驱动带式输送机与“小车”上的带式输送机呈交叉状，故称交叉带式分拣机，如图 3－47 所示。

图 3－47　交叉带式分拣机

主要优点：(1) 适宜于分拣各类小件商品，如食品、化妆品、衣物等；(2) 分拣出口多，可左右两侧分拣；(3) 分拣能力一般达 6 000～7 700 个/小时。

大型交叉带式分拣系统一般应用于机场行李分拣和安检系统，根据作业现场的具体情况可分水平循环式或直行循环式。

四、分拣机的应用

分拣机有许多不同形式，为了取得最为有效的应用，一般需要考虑以下因素：商品包装的大小、商品的重量、分拣能力、包装形式、商品在输送机上的方位、商品的易碎性、操作环境、投入分拣商品每小时的批数等。

目前，国外自动化高架仓库配送对象和商品数量在不断扩大，而配送商品也日益趋向多品种、多频次、小批量。这就要求分拣机有较高的分拣能力，能适应各种形状、大小和各种包括材料的商品，有较多的分拣滑道和较理想的分拣精度等。为了提高分拣能力，分拣机趋向高速运行发展。所谓“高速”，一般是指每分钟分拣 70～80 件及以上，目前最快的可达到每分钟分拣 200 件以上的商品。许多分拣机的分拣正确率已达到 99.9%。分拣滑道也递增到 500 条以上。各种分拣机的性能比较如表 3－2 所示。

表 3－2　各种分拣机的性能比较

形式	最大分拣能力/件	商品重量（磅）	分拣口的最小距离	对商品的冲击力	设备投资	修理费用	商品流动方向保持
人工	10～25	1～75	纸箱长度加 3 英寸	小	最低	最低	是

续表

形式	最大分拣能力/件	商品重量（磅）	分拣口的最小距离	对商品的冲击力	设备投资	修理费用	商品流动方向保持
挡板式	20～40	1～50	3～5 英尺	中—大	低	低	否
推出式	20～70	1～150	纸箱长度加 6 英寸	中	低—中	低—中	否
上浮胶带和链条	30～120	1～250	1 英尺	中—大	高	中—高	否
上浮辊筒	50～150	10～500	4～5 英尺	小	中—高	中	是
上浮滚轮	60～150	3～300	4～5 英尺	小	中	中	是
翻盘式	60～250	1～250	1 英尺	小—大	高	中—高	否
板条倾斜式	60～250	1～300	1 英尺	小—中	高	高	是
堆块式	50～200	1～200	4～5 英尺	小	高	中—高	是

（注：1 英尺＝12 英寸＝0.304 8 米）

第五节 自动仓储系统

自动仓储系统即 AS/RS（Automated Storage and Retrieval System），是指不用人工直接处理、能自动存储和取出物料的系统。自动化仓库技术是现代物流技术的核心，它集高架仓库及规划、管理、机械、电气于一体，是一门综合性的技术。

一、自动仓储系统的含义与特点

（一）自动仓储系统的含义

图 3-48 海尔国际物流中心库区

自动仓储系统（AS/RS）是采用高层货架储存货物，用起重、装卸、运输机械设备进行货物出库和入库作业的系统。AS/RS 通过高层货架充分利用空间进行货物存取，所以称为“自动化高架仓库系统”，也有的称为“自动化立体仓库系统”。高架仓库的最大高度已达 40 多米，最大库存量可达数万甚至 10 多万个货物单元，可以做到无人操纵，按计划入库和出库的全自动化控制，并且对于仓库的管理可以实现计算机网络管理。海尔国际物流中心库区就配备了先进的自动仓储系统，如图 3-48 所示。

自动化立体仓库是在立体仓库的基础上发展起来的。自 1963 年美国率先在高架仓库中采用计算机控制技术，建立了第一座计算机控制的立体仓库后，自动化立体仓库在美国和欧洲得到迅速发展。60 年代中期，日本开始兴建立体仓库，并且发展速度越来越快。据有关资料统计，日本目前已建成的自动化立体仓库物流系统已超过 8 000 座，成为当今世界上拥有自动化立体仓库最多的国家之一。

我国对立体仓库及其物料搬运设备的研制并不晚。1973 年，我国开始研制第一座由计算机控制的自动化立体仓库，并且于 1980 年投入运行。目前，自动化立体仓库在我国广泛使用于机械制造、冶金、化工、航空航天、电子、医药、食品加工、烟草、印刷等行业。

（二）自动仓储系统的特点

自动化立体仓库具有普通仓库无可比拟的优越性。首先是节约空间、劳力。据国际仓库自动化会议资料显示，以库存 11 000 托盘、月吞吐量 1 000 托盘的冷库为例，自动化立体仓库与普遍仓库比较：占地面积为 13%；工作人员为 21.9%；吞吐成本为 55.7%；总投入为 63.3%，立体仓库的单位面积储存量为普通仓库的 4～7 倍。其次是提高仓库管理水平，减少货损，优化、降低库存，缩短周转期，节约资金。

目前，立体仓库自动控制方式有集中控制、分离式控制和分布式控制三种。分布式控制是目前国际发展的主要方向。大型立体仓库通常采用三级计算机系统（POS 系统）与 ECR 系统（集成供应链物流管理系统），使传统的点（企业内信息系统）发展到线（企业间资讯系统）、面（供应链上中下游垂直、水平整合），进而进入“体”（跨国、跨企业的供应链整合）的时代。以网络化的商业行销（电子商务），带动创造附加值的新物流行销，促进商品流通，缩短流通通路，满足客户多样化、个性化的需求，真正使商流、物流、信息化、资金流融为一体，实现商业自动化。

正是由于自动化立体仓库具有很高的空间利用率，很强的入出库能力，采用计算机进行控制管理有利于企业实施现代化管理等特点，其已经成为现代物流发展中的重要环节和企业生产及物流管理不可缺少的重要手段。自动化立体仓库实现了物流从入库检测、进库、存取到出库整个过程的自动化、智能化及物流信息的实时采集、处理、传送、存储和分析，大大优化了物流作业流程，实现了存储立体化、高空化，实时掌握物流信息，有效控制和管理生产过程，为企业决策支持系统提供基础数据，进而深化和有效提高了企业信息化管理的准确性、实时性、完整性。

但是，自动化立体仓库也有其不足之处，比如：自动化立体仓库结构复杂，配套设备多，需要大量的基建和设备投资；货架安装要求精度高，施工比较困难，施工周期长；计算机控制系统是仓库的“神经中枢”，一旦出现故障，将会使整个仓库处于瘫痪状态，收发作业就要中断；高层货架是利用标准货格进行单元存储的，所以对储存货物的种类有一定的局限性；仓库实行自动控制与管理，技术性比较强，对工作人员的技术业务素质要求比较高，必须具有一定的文化水平和专业知识，而且只有经过专门培训的人员才能胜任。

二、自动仓储系统的组成

自动化立体仓库是一个将毛坯、半成品、配套件或成品、工具等物料自动存取、自动检索的系统，是物流系统的重要组成部分。自动化立体仓库主要由以下部分组成。

（一）高层货架

高层货架是用于存储货物的钢结构。目前主要有焊接式货架和组合式货架两种基本形式。货架的高度可分高层、中层和低层三种。一般 5m 以下为低层；5～12m 为中层；12m 以上为高层。在立体库高度上，国外一般认为 10～20m 较佳，最高可达 40～45m。

（二）托盘（货箱）

托盘是用于承载货物的器具亦称工位器具。

（三）巷道堆垛机

巷道堆垛机是用于自动存取货物的设备。按结构形式分为单立柱和双立柱两种基本形式；按服务方式分为直道、弯道和转移车三种基本形式。

（四）输送机

输送机负责将货物运送到堆垛机或从堆垛机将货物移走。输送机种类非常多，常见的有辊道输送机、链条输送机、升降台、分配车、提升机、皮带机等。

（五）自动搬运车（AGV）系统

自动搬运车是指装备有电磁或光学等自动导航装置，能够沿规定的导航路径行驶，具有安全保护以及各种移载功能的无人驾驶的运输车。根据其导引方式分为感应式导引车和激光导引车。

（六）自动控制系统

自动控制系统用以驱动自动化立体库系统的各个设备。目前以采用现场总线方式的控制模式为主。

（七）库存信息管理系统

库存信息管理系统亦称中央计算机管理系统，是自动化立体仓库系统的核心。典型的自动化立体仓库系统均采用大型的数据库系统（如 ORACLE，SYBASE 等）构筑典型的客户机/服务器体系，可以与其他系统（如 ERP 系统等）联网或集成。

自动化立体仓库的出现是物流技术的一个划时代的革新。它不仅彻底改变了仓储行业劳动密集、效率低下的落后面貌，而且大大拓展了仓库功能，使之从单纯的保管型向综合的流通型方向发展。

三、自动仓储系统主要设备

（一）巷道堆垛机

巷道堆垛机是立体仓库中最重要的搬运设备。它是随着立体仓库的出现而发展起来的专用起重机，它的主要用途是在高层货架的巷道内来回穿梭，将位于巷道口的货物存入货格，或从货格中取出货物运到巷道口。巷道式堆垛起重机主要有两种形式：有轨巷道堆垛起重机和无轨巷道堆垛起重机。无轨巷道堆垛起重机又称为高架叉车，使用灵活机动，作业面积大，并不适合在大型自动化立体仓库中使用。因此，目前应用比较广泛的是有轨巷道堆垛起重机。

1. 有轨巷道堆垛起重机的组成

有轨巷道堆垛起重机，如图 3－49 所示，由行走电机通过驱动轴带动车轮在下导轨上做水平运动；由提升电动机通过钢丝绳带动载货台做垂直升降运动；由载货台上的货叉做伸缩运动。通过上述三维运动可将指定货位的货物取出或将货物送入指定货位。行走认址器用于测量堆垛机的水平行走位置；提升认址器用于控制载货台的升降位置；货叉运动方向使用接近开关定位。通过光电识别，以及光通信信号的转化，实现计算机控制，也可实现堆垛机控制柜的手动和半自动控制。

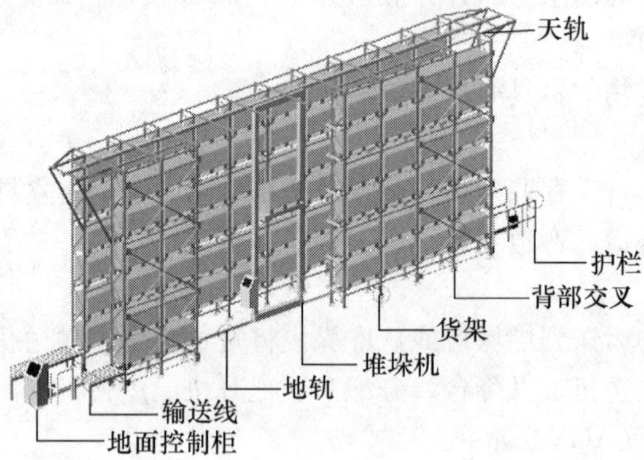

图 3－49　有轨巷道堆垛起重机

堆垛机主要由上下横梁、载货台、货叉机构、立柱、水平运行机构、起升机构、电控柜、安全保护装置和电气控制系统等几大部分组成。单立柱型和双立柱型巷道式堆垛起重机的结构分别如图 3－50 和图 3－51 所示。

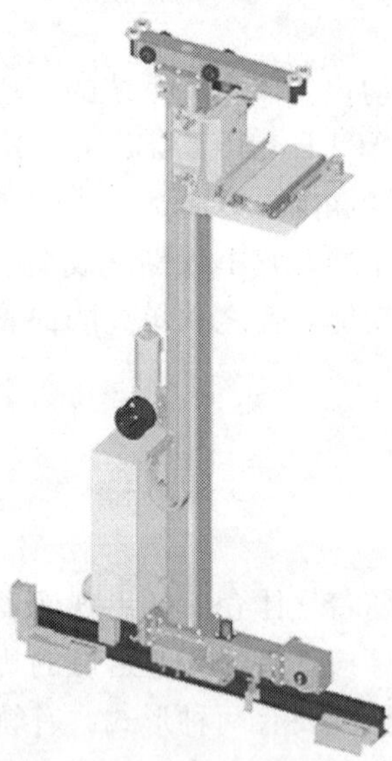

图 3－50　单立柱型巷道式堆垛起重机

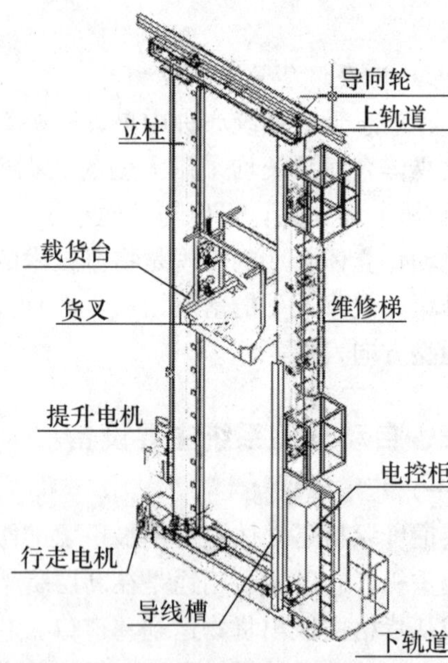

图 3－51　双立柱型巷道式堆垛起重机

2. 巷道式堆垛起重机的分类

堆垛机械可以根据作业高度进行分类，可分为低层型、中层型和高层型，低层型作业高度在 5 米以下，而高层型作业高度在 15 米以上。但是，堆垛起重机通常按其金属结构形式、起重机运行支承方式和取货作业方式进行分类，如表 3－3 所示。

表 3-3 巷道式堆垛起重机的分类、特点与用途

分类		特点	用途
按结构形式分类	单立柱型	金属结构由一根立柱和上、下横梁组成（或仅有下横梁）；自重较轻，但刚性较差。	一般用于起重量 2t 以下，起升高度不大于 16m 的仓库。
	双立柱型	金属结构由两根立柱和上、下横梁组成一个刚性框架；刚性好，自重较单立柱大。	能适用于各种起升高度的仓库；起重量可达 5t 或更大；适用于高速运行，快速启、制动。
按支承方式分类	地面支承型	支承在地面轨道上，用下部车轮支承和驱动；上部设水平导向轮。运行机构布置在下部。	适用于各种起重量和起升高度的仓库；用途最广。
	悬挂型	仓库屋架下装设轨道，起重机悬挂于轨道下翼缘上运行；仓库货架下部装设导轨，起重机下部设水平导向轮靠在导轨上防止摆动过大；运行机构设在上部。	适用于起重量较小、起升高度较低（不大于 15m）的仓库；便于转移巷道；使用较少。
	货架支承型	巷道两侧货格顶部敷设轨道，起重机支承在两侧轨道上运行；仓库货架下部设导轨，起重机下部设水平导向轮靠在导轨上防止摆动过大；运行机构设在起重机上部。	适用于起重量和起升高度均较小的仓库；使用很少。
按作业方式分类	单元型	以整个货物单元出、入库；起重机载货台须备有叉取货物的装置。自动控制时，机上无司机。	适于整个货物单元出入库的作业，或者“货到人”的拣选作业；使用最广泛。
	拣选型	堆垛机上设司机室，由司机从货物单元中拣选一部分货物出库；载货台上可以不设叉取装置，直接由司机手工操作取货；全自动拣选式堆垛机用自动取货装置拣选。	适用于“人到货”的拣选作业；大多为手动与半自动控制；全自动拣选机使用极少。

3. 有轨巷道堆垛起重机的技术参数

有轨巷道堆垛起重机作为立体仓库中的重要设备，选用是否合理，直接影响着立体仓库的运行效率和经济效益。一般情况下，选择有轨巷道堆垛起重机的依据是其技术参数。

（1）载荷参数：有轨巷道堆垛起重机的载荷参数是指其额定起重量，该参数主要反映有轨巷道堆垛起重机的起重能力，额定起重量的选择主要考虑货物类型、货架形式、作业要求等因素的影响。额定起重量一般为 0～5 吨，最高可达 20 吨。

（2）速度参数：有轨巷道堆垛起重机的速度参数是指其执行机构的运行速度指标，主要包括有轨巷道堆垛起重机的水平运行速度、起升速度和货叉伸缩速度。水平运行速度一般为 80m/min，最高可达 180m/min；起升速度为 15～25m/min，最高可达 45m/min。货叉的伸缩速度一般为 5～15m/min ，最高可达 30m/min。

（3）尺寸参数：有轨巷道堆垛起重机的尺寸参数包括有轨堆垛起重机的外形尺寸

（长、宽、高）、起升高度、下降深度和最低货位极限深度。其中，最低货位极限深度是指货叉表面在最低一层货格的低位时，到地轨安装水平面的垂直距离，该参数还影响自动化立体仓库的货架布局。

（4）货叉尺寸参数：有轨巷道堆垛起重机的货叉尺寸参数是指能够进行正常作业的货叉伸出长度，直接影响相应的托盘的几何尺寸参数。货叉的几何参数与货叉的结构形式以及使用材料有关。

（5）巷道宽度：有轨巷道堆垛起重机的巷道宽度是指其正常运行情况下的最小巷道宽度。巷道宽度与货架类型、货物种类以及货叉类型等因素有关。

（二）自动搬运车（AGV）系统

自动搬运车系统，简称 AGVS。AGVS 由中心控制计算机系统、车载计算机系统、自动导引系统、自动装卸系统、通信系统、安全系统及自动控制装置组成。中心控制计算机系统控制多辆自动搬运车（AGV）并对自动搬运车实施交通管制、调度与监控。自动搬运车能实现搬运作业自动化、柔性化和准确化。自动搬运车系统（AGVS）的核心设备是自动搬运车（AGV）。

1. 自动搬运车的含义

自动搬运车在英、美各国被称为自动导引车（简称 AGV），在日本称为无人搬运车，我国参照国外的一般称法，称为自动搬运车。AGV 是一种现代化的先进物料搬运技术装备，其功能逐步趋于完善。AGV 能自动和不受机械约束地从一个地点把物料移送到另一个指定地点，这个系统采用先进电子控制系统或计算机系统进行管理，并形成一个功能网络，具有一定的柔性程度。自动搬运车外形如图 3－52、图 3－53 所示。

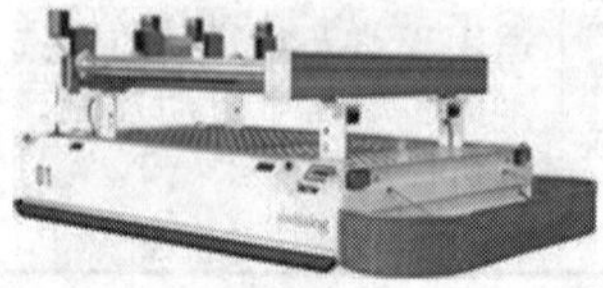

图 3－52　自动搬运车

图 3－53　自动搬运叉车

日本工业标准 JISD-6801—1990，将自动搬运车分为无人搬运车、无人牵引车和无人叉车三类，这里所述的无人搬运车实际上是指能装载、运输货物的自动化台车，它也是目前使用最多的一类自动搬运车。据有关部门调查统计，现在使用的自动搬运车中，无人搬运车占 84%，无人牵引车和无人叉车分别占 10%和 6%。因此，通常在述及自动搬运车时，一般也是以自动化台车为主。

自动搬运车的载重量为 50～20 000kg，以中小型占多数。根据统计，目前使用的自动搬运车载重量在 100kg 以下的占 19%，100～300kg 载重量的占 22%，300～500kg 的占 9%，500～1 000kg 的占 18%，1 000～2 000kg 的占 21%，2 000～5 000kg 的占 8%，而 5 000kg以上的为数较少。

2. 自动搬运车的典型部件

自动搬运车的单机结构如图 3－54 所示。其典型的组成部件如下：

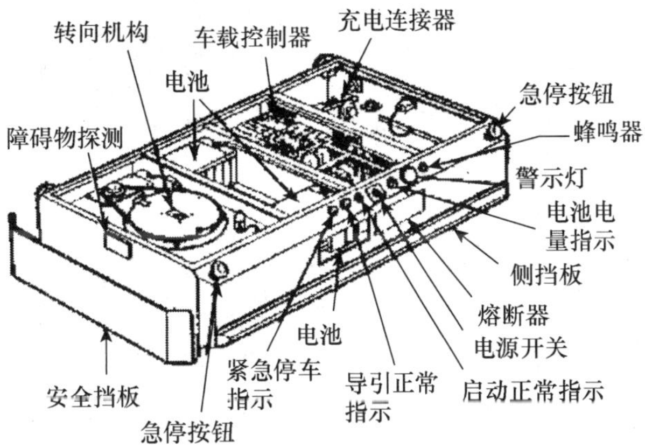

图 3－54　自动搬运车的单机结构

（1）车体：车体由车架和相应的机械装置所组成，是 AGV 的基础部分，是其他总成部件的安装基础。

（2）蓄电和充电装置：AGV 常采用 24V 或 48V 直流蓄电池为动力。蓄电池供电一般应能保证连续工作 8 小时以上。

（3）驱动装置：AGV 的驱动装置由车轮、减速器、制动器、驱动电机及速度控制器等部分组成，是控制 AGV 正常运行的装置。其运行指令由计算机或人工控制器发出，运行速度、方向、制动的调节分别由计算机控制。为了安全，在断电时制动装置能靠机械实现制动。

（4）导向装置：接受导引系统的方向信息，通过转向装置来实现转向动作。

（5）车上控制器：接受控制中心的指令并执行相应的指令，同时将本身的状态（如位置、速度等）及时反馈给控制中心。

（6）通信装置：实现 AGV 与地面控制站及地面监控设备之间的信息交换。

（7）安全保护装置：安全系统包括对 AGV 本身的保护、对人或其他设备的保护等多重安全保护。

（8）移载装置：与所搬运货物直接接触，实现货物转载的装置。AGV 的各种移载装置如图 3－55 所示。

（9）信息传输与处理装置：主要功能是对 AGV 进行监控，监控 AGV 所处的地面状态，并与地面控制站实时进行信息传递。

3. 自动搬运车的主要技术参数

（1）AGV 的额定载重量：自动导引车所能承载货物的最大重量。

（2）AGV 自重：指自动导引车与电池加起来的总重量。

（3）AGV 车体尺寸：指车体的长、宽、高外形尺寸，该尺寸应该与所承载货物的尺寸和通道宽度相适应。

（4）AGV 停位精度：AGV 到达目的地址处并准备自动移载时所处的实际位置与程序设定的位置之间的偏差值。这一参数很重要，是确定移载方式的主要依据，不同的移载方式要求不同的停位精度。

（5）AGV 最小转弯半径：AGV 在空载低速行驶，偏转程度最大时，瞬时转向中心到

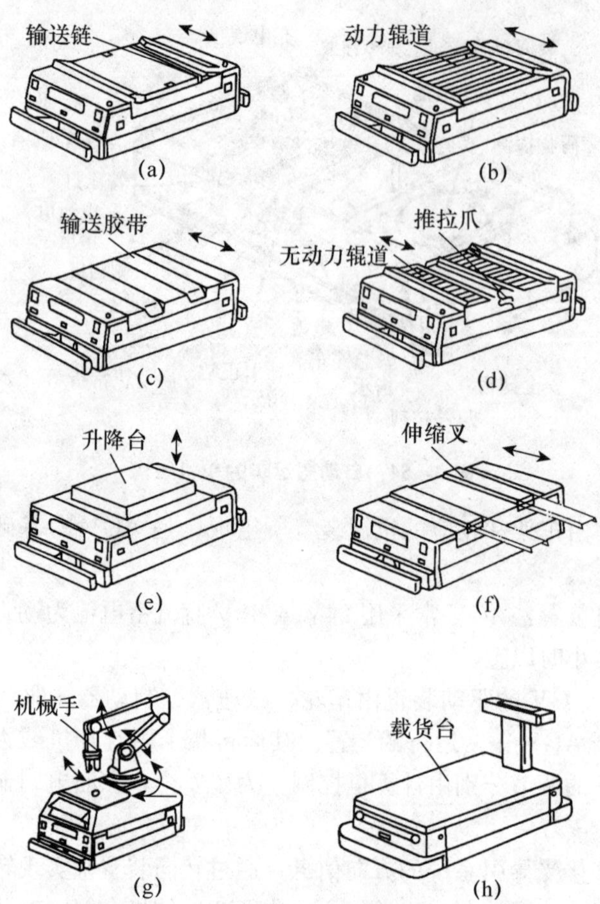

图 3-55　AGV 的各种移载装置

AGV 纵向中心线的距离。它是确定车辆弯道运行所需空间的重要参数。

（6）AGV 运行速度：AGV 在额定载重下行驶时所能达到的最大速度。它是确定车辆作业周期和搬运效率的重要参数。

（7）AGV 工作周期：AGV 完成一次工作循环所需的时间。

4. AGV 的导引技术

AGV 的导引方式主要有电磁感应导引、激光导引和图像识别导引等，其中以激光导引方式发展较快，但电磁感应导引和磁铁陀螺导引方式仍占有较大比例。

（1）电磁感应导引

电磁感应导引 AGV，如图 3-56 所示，是利用低频导引电缆形成的电磁场及电磁传感装置导引无人搬运车运行。其基本工作原理是交变电流流过电缆时，在电缆周围产生电磁场。离导线越近磁场强度越大，越远磁场强度越弱。通过感应线圈的电磁场在线圈两端感应出电压，这一电压与磁场强度成正比。

图 3-56　电磁感应导引 AGV

当电缆处于线圈中间时，左右线圈的电压相等，转向信号为零。当引导天线偏向引导电缆的任一侧时，一侧线圈电压升高，另一侧的电压降低，两个感应线圈的电位差就是操纵 AGV 转向的信号，从而控制转向电机来校正 AGV 的运行方向。这种引导方式属于传统的方式，技术较成熟，AGV 本身的成本低，工作可靠。其缺点是需要在运行线路的地表下埋设电缆，施工时间长，费用高，不易变更路线。这种引导方式适用于大中型的 AGV，目前仍在较广泛地应用。

（2）磁带导引

与电磁导引相近，磁带导引在路面上贴磁带替代在地面下埋设金属线，通过磁感应信号实现导引，如图 3－57 所示。其灵活性比较好，改变或扩充路径较容易，磁带铺设简单易行，但此导引方式易受环路周围金属物质的干扰，对磁带的机械损伤极为敏感，因此导引的可靠性受外界影响较大。

（3）激光导引技术

激光导引的工作原理是利用安装在 AGV 上的激光扫描器，识别设置在其活动范围内的若干个定位标志来确定其坐标位置，从而导引 AGV 运行，这种工作方式属于导航式导引。激光扫描器一般安装在 AGV 的较高位置，使各定位标志与激光扫描器较好地呼应，并通过系统的串行口与 AGV 的控制板连接。定位标志由高反光材料制成，固定在沿途的墙壁或支柱上。激光扫描器利用脉冲激光器发出激光并通过一个内部反射镜以一定的转速旋转，对周围进行扫描，测出每个定位标志的距离和角度，再计算出 AGV 的 X、Y 坐标，从而引导 AGV 按照预先设定的路线运行。

图 3－57 磁带导引 AGV

（4）惯性导航技术

惯性导航是在 AGV 上安装陀螺仪，在行驶区域的地面上安装定位块，AGV 可通过对陀螺仪偏差信号的计算及地面定位块信号的采集来确定自身的位置和方向，从而实现导引。此项技术在军方较早运用，其主要优点是技术先进，定位准确性高，灵活性强，便于组合和兼容，适用领域广，已被国外的许多 AGV 生产厂家采用。其缺点是制造成本较高，导引的精度和可靠性与陀螺仪的制造精度及使用寿命密切相关。

（5）图像识别导引技术

对 AGV 行驶区域的环境进行图像识别，实现智能行驶，这是一种具有巨大潜力的导引技术，此项技术已被少数国家的军方采用。将该技术应用到 AGV 上还只停留在研究中，目前还未出现采用此类技术的实用型 AGV。可以想象，图像识别技术与激光导引技术相结合将会为自动化工程提供意想不到的可能，如导引的精确性和可靠性，行驶的安全性，智能化的记忆识别等都将更加完美。

AGV 的导引技术多种多样，不同的场合可采用不同的导引技术，单一的导引技术无法覆盖所有的应用。例如，在有叉车行驶的场合我们就不宜选用磁带导引，可选用将导引线埋入地下的电磁导引；在由于工艺需要，路径需要经常变化的场合，可考虑激光导引；在路径复杂的场合应尽量考虑“无线”方式（激光，陀螺），因为“有线”模式，只能是真正地理意义上的“路”，而“无线”模式的路径是虚拟的，可以重叠、交叉，可以杂乱无章，即使这样，AGV 的运行在系统的调度下也是有序的，路径的选择也是最优的。AGV 像汽车一样，在受到前方车辆阻挡时也能够找到其他的路径，从而提升 AGV 系统的作业效率。

5. AGV的工作过程

控制台通过计算机网络接受立体仓库管理系统下达的AGV输送任务，通过无线局域网通信系统实时采集各AGV、拆箱机器人的状态信息。根据需求情况和当前AGV运行情况，将调度命令传递给选定的AGV。AGV完成一次运输任务，在托盘回收站待命，等待下次任务。

在立体库各出货口和拆箱机器人处均有光通信装置。对运行中的AGV，控制台将通过无线局域网通信系统与AGV交换信息，实现AGV间的避碰调度、工作状态检测、任务调度。在立体仓库和拆箱机器人处通过光通信与AGV交换任务和状态，完成移载。

自动导航系统完成AGV的导引；充电系统由充电器和充电控制器组成，完成在线快速自动充电；AGV接受控制台的任务，完成运输；地面移载设备可实现AGV的自动移载、加载、交换空托盘。

四、自动化立体仓库的管理与控制

自动化立体仓库实现仓库管理自动化和出入库作业自动化。仓库管理自动化包括对账目、货箱、货位及其他信息的计算机管理。出入库作业自动化包括货箱零件的自动识别、自动认址、货格状态的自动检测以及堆垛机各种动作的自动控制等。

（一）货物的自动识别与存取

货物的自动识别是自动化仓库运行的关键，货物的自动识别通常采用编码技术，对货格和货箱进行编码，条形码贴在货箱或托盘的适当部位，当货箱通过入库传送滚道时，用条形码扫描器自动扫描条形码及译码，将货箱零件的有关信息自动录入计算机。

（二）计算机管理

自动化仓库的计算机管理包括物资管理、账目管理、货位管理及信息管理。入库时将货箱合理分配到各个巷道作业区，出库时按“先进先出”原则，或其他排队原则安排出库。系统可定期或不定期地打印报表，并可随时查询某一零件存放在何处。

（三）计算机控制

自动化仓库的控制主要是对堆垛起重机的控制。堆垛起重机的主要工作是入库、搬库和出库。从控制计算机得到作业命令后，屏幕上显示作业的目的地址、运行地址、移动方向和速度等，并显示伸叉方向及堆垛机的运行状态。控制系统具有货叉占位报警、取箱无货报警、存货占位报警等功能。

五、智能仓储简介

在手动仓库中，我们通常会看到工人随身携带清单，挑选产品，将产品装入购物车，然后将它们运送到装运码头；但在智能仓库中，订单会自动收到，之后系统确认产品是否有库存。然后将提货清单发送到机器人推车，将订购的产品放入容器中，然后将它们交给工人进行下一步工作。

智能仓储基本解决了对人工的依赖问题，在智能仓储系统（如C－WMS）的帮助下，自动接收，识别，分类，组织和提取货物。最好的智能仓储解决方案几乎可以自动完成从供应商到客户的整个操作，并且错误最少。

智能仓储由各种相互关联的技术组成，所有这些技术都朝着相同的目标努力。这个难题的每一部分都有一项工作要做，以保持仓库的最佳运行。下面是常见的构成智能仓储的组件。

（一）仓储机器人

仓储机器人主要处理货物的拣选和包装。

（二）包装

常见的仓储机器人通过将产品货架实际带到人工包装订单中来进行自动化拣选过程。从本质上讲，它们是自动化的、更易操作的托盘搬运车。它们比人移动得更快，一次移动更多货物，甚至可以确定获取必要产品的最佳途径。

（三）射频识别

射频识别（RFID）有助于组织和控制库存。RFID 摆脱了旧的模拟纸张跟踪方法，转而使用数字标签跟踪包裹。然后使用无线电波将数据传输到数字标签和自动扫描系统之间，记录产品的信息。

RFID 取代旧的条形码扫描仪，条形码必须与扫描仪精确对齐以识别它。相反，RFID 扫描仪可以简单地指向包装的大致方向就可以识别它。由于扫描仪不必精确对齐，因此可以使用自动化机器扫描包裹，识别并计算每种类型的商品的数量。此外，这些扫描仪可以在订单履行期间检测到货物，确保库存数量始终准确。

（四）人工智能

人工智能（AI）的使用在每个行业都呈爆炸式增长，而不仅仅是在仓储领域。最主要的原因是人工智能有助于提高生产率，同时最小化错误。

例如，AI 帮助仓储机器人找到最有效的选择产品的途径。它还可用于根据产品的类型、数量、尺寸和重量确定货件的最佳箱型。有些仓库甚至能够实现包装产品的机器，使用 AI 以最节省空间的方式包装它们。

这些功能正在帮助仓库大幅降低运营成本。而人工智能的使用在很大程度上会推动一些岗位实现自动化。

（五）物联网

物联网涉及多个支持互联网的设备相互通信和共享数据。在智能仓库系统中，这意味着机器人可以与所需的所有技术进行通信，包括智能仓储管理系统（WMS）。

在智能仓库管理系统中，工作的物联网从接收产品的仓库开始。收到货物后，RFID 扫描仪会扫描标签，告诉 WMS 货物的名称和数量。然后，WMS 与机器人通信，通知它们这些货物应该存放在仓库楼层的哪个位置。

所有这些都是自动无缝发生的，并且不会丢失任何关键信息。如果没有物联网，工人就必须手动完成流程中的每个步骤。有关流经这些系统的每种产品会产生大量信息，这很容易出错。有了物联网，加快流程的同时大大减少了错误。

（六）智能仓储管理系统（WMS）

WMS 解决方案有许多用途，从收集有价值的数据到帮助用户管理仓储流程。这使用户可以跟踪仓库日常运营的效率，以及是否可以改进特定的内容。

大多数 WMS 解决方案可以收集实时数据并创建可视化报告，因此它们有助于揭示流程中的缺陷。查看 WMS 报告后，用户可以采取适当的措施来解决问题。

案例讨论

海尔国际物流中心设备的配置与运用

一、海尔国际物流中心概况

海尔国际物流中心位于青岛海尔工业园区内，于2001年投入运营，配备了具有国际先进水平的自动化物流系统，如图3-58所示。整个系统的调度及各项业务流程都在计算机的管理控制下进行，并与海尔的ERP系统无缝对接，实现了物料的自动存取、自动输送以及信息的自动处理等功能。

图3-58　海尔国际物流中心

物流中心库区面积：148米×120米。

按物料管理方式，自动化物流系统主要由两部分组成：原材料自动化仓库和成品件自动化仓库。

原材料自动化物流系统的主要功能是满足海尔工业园内各生产企业和车间的生产原料存储及搬运需要。该系统按照总部指令的生产计划安排，适时柔性变化自动仓库的原料供运量及库存量，并及时将库存信息传递给有关部门，使原材料可以方便地进行调度和管理，从而使企业资金得到高效利用。

成品自动化物流系统为海尔工业园内各生产企业和车间的成品提供存储功能，存储的产品品种包括冰箱、空调、小家电等制成品。同时该仓库为青岛海尔集团产品配送的一级仓库。通过该系统，对集团生产的所有产品进行统一管理和控制，各相关部门可以实时获得产品库存信息，为产品的生产决策提供可靠依据。

二、海尔国际物流中心的主要设备构成

（一）原材料自动化仓库

1. 集装单元货物尺寸：1 200×1 000×1 560（mm）
2. 货位数量：12（排）×74（列）×11（层）=9 768个
3. 巷道堆垛起重机数量：6台
4. 巷道堆垛起重机载重量：1 000kg

（二）成品件自动仓库

1. 单元货物尺寸：2 100×1 200×2 000（mm）
2. 货位数量：16（排）×74（列）×8（层）=9 472个
3. 巷道堆垛起重机数量：4台（双深）
4. 巷道堆垛起重机载重量：1 200kg

（三）自动化仓库的共用系统

1. 机械搬运叉车	若干台
2. 入出库输送机系统	1套
3. AGV（激光导引小车）自动搬运系统	1套
4. 自动化控制系统	1套
5. 计算机监控和管理系统	1套

6. 大屏幕摄像监控系统　　　　　　　　　　1套

7. 语言对讲调度系统　　　　　　　　　　　1套

8. 无线条码识别系统　　　　　　　　　　　1套

三、自动化仓库的业务流程及设备运用情况

（一）原材料自动化仓库

1. 原材料入库

原材料由供货厂家送至自动化物流中心，由叉车卸车后堆放在原料入库暂存区。海尔质检人员对到达的原材料进行检验，对于检验合格的标准包装物料，叉车司机利用手持数据终端扫描包装上的条码信息并将条码信息实时传输到后台仓库管理系统后，由司机驾驶搬运叉车将原材料运送到自动化仓库的入库暂存区。入库输送机系统获得系统的入库指令，原材料由输送机进行运送，进入输送机的原材料经外形尺寸检测、条码识别及自动称重后，由计算机管理系统指挥调度环形穿梭车将货物输送到相应的巷道堆垛机入库站台，巷道堆垛机根据计算机的指令将原材料运送到指定的货位，系统自动更新库存信息。

2. 原材料出库

计算机系统根据提货清单，向巷道堆垛机发出出库指令。巷道堆垛机根据系统指定的货位将货位中的托盘货物取出，通过环形穿梭车将货物送往输送线，通过输送线将原料送到出库暂存区。输送机上设置有条码自动检测装置，物料通过时将自动识别物料信息，以确保出库货物的准确无误。到达出库暂存区的物料由搬运叉车提取出库，送到生产工厂或生产车间。

3. 原材料拣选出入库

当原料需要按用户要求进行配盘时，在出入库暂存区设有原材料拣选配盘，在这里拣选人员，按订单要求进行拣选组盘，然后对组盘后的托盘进行出入库作业。

（二）成品自动化仓库

1. 成品入库

生产线下线的成品由专用车辆送到自动化物流中心（含托盘），由叉车卸车后堆放在入库暂存区。计算机系统根据车间发来的成品信息向输送机系统发出入库指令，输送机根据入库指令在输送线上对产品进行外形尺寸检测、条码信息识别和自动称重后，将产品送到立体货架入库暂存区，再由计算机系统指挥调度 AGV 将产品送到立体货架相应货位的入库站台，此时，巷道堆垛机将货物取出，并将其送往指定的货位，系统对产品库存信息进行更新。

2. 成品出库

首先计算机系统根据提货清单对巷道堆垛机发出取货指令，巷道堆垛机根据指令从相应货位中提取成品托盘，放入立体货架出货站台。此时，计算机系统调度 AGV 到该站台取货，并将成品托盘送往立体货架出库发货站台。然后由输送机将货物运送到立体仓库的出库暂存区等待出库。

四、海尔自动化仓库的技术创新与收益

（一）海尔自动化仓库的技术创新

海尔自动化仓库采用了多项技术创新，典型的创新项目是新颖的 AGV 系统。该系统使用了先进的激光导引方式、完善的小车调度管理软件。AGV 具有结构紧凑、高速、行驶路线自由灵活、充电时间短和持续运行时间长等优点，同时，该系统的柔性化，能够满

足未来自动化仓库出入库能力增加的需求。

新颖的 AGV 运用了单双托盘混合辊道式激光导引运输车型，提高了 AGV 的使用效率；采用多重安全保护装置，提高了 AGV 的安全性；采用智能交通管理技术，上位计算机系统可以自动调度，具有远程控制功能；采用了自动快速智能充电系统，提高了 AGV 的使用效率，减少了 AGV 的配置数量。

（二）自动化仓库带来的收益

海尔自动化仓库的库区面积仅为 148 米×120 米，但它相当于平面仓库近 30 万平方米，每天的吞吐量相当于 40 多个同样面积的普通平面仓库。库内原材料 4 小时可以送达车间工位，仅需要 19 名员工，其中叉车司机 9 名，其作业效率令人叹服。自动化仓库的使用对海尔物流的改革起到了很大的推动作用。

1. 提高了海尔物流的标准化运作水平

物流的标准化主要是指货物单元及托盘的标准化。由于采用了标准器具，所以顺利实现了搬运工具及物流作业流程的标准化。实施了标准化以后，大大降低了入库的工作量，以及验收、清点、堆垛、抽检、出库等一系列程序作业的工作量，减少了人工成本。

2. 增强了海尔物流服务能力

自动化仓库具有很好的灵活性和扩展性。刚开始设计立体仓库时只考虑放空调事业部的货物，但是通过计算机系统管理后，只占很少的库容，海尔马上把冰箱、洗衣机、电脑全部都放进去，很快减少了这些厂的外租库。整个效果非常明显。

案例讨论题

本案例中，海尔国际物流中心配置了哪些典型的物流技术装备？这些技术装备的主要作用是什么？海尔国际物流中心的投入运营给海尔集团带来了什么收益？

资料来源：孙建，海尔物流．广州：广东经济出版社，2003：104－109. 有删改．

思考与练习

一、选择题

1. 层架按照存储货物的（　　）分类，分为轻型、中型和重型。

A. 规格　B. 型号　C. 复杂性　D. 重量级

2. 悬臂式货架由 3～4 个塔形悬臂和（　　）相连而成。

A. 纵梁　B. 横梁　C. 立柱　D. 轨道

3. （　　）是专门用于存放堆码在托盘上的货物的传统货架。

A. 移动式货架　B. 悬臂式货架

C. 托盘货架　D. 旋转式货架

4. （　　）平时可以密集相连排列，存取货物时货架沿轨道滑出，这样可以将仓库面积利用率提高到 80%，主要用在档案管理等重要或贵重物品的保管中。

A. 旋转式货架　B. 驶入/驶出式货架

C. 移动式货架　D. 重力式货架

5. 尤其适用多品种小件货物的存储保管的货架种类是（ ）。

A. 自动货架 B. 旋转式货架

C. 移动式货架 D. 托盘货架

6. 自动分拣机的主体是（ ）。

A. 喂料输送机 B. 分拣传送机构及分拣机构

C. 计算机控制器 D. 分拣卸货道口

7. 自动分拣系统的核心是（ ）。

A. 供件系统 B. 分拣系统

C. 下件系统 D. 控制系统

8. 货架的基本功能是（ ）。

A. 便于存储规格复杂多样的货物 B. 有效保护货物

C. 提高仓库空间的利用率 D. 减少装卸搬运的投入

9. 自动分拣系统的特点包括（ ）。

A. 劳动强度很大 B. 能连续、大批量地分拣货物

C. 分拣误差率极低 D. 分拣作业基本实现无人化

10. 层架的构成是（ ）。

A. 立柱 B. 横梁 C. 层板 D. 托盘

11. 重力式货架的缺点是（ ）。

A. 只适用于大批量少品种的配送中心使用

B. 货物进出库作业时，叉车或堆垛机的行程最短

C. 投资成本高

D. 对托盘及货架的加工技术要求高

12. 旋转式货架有多种形式，按照旋转角度的不同，可以分为（ ）两种。

A. 垂直旋转式 B. 整体旋转式

C. 分层旋转式 D. 水平旋转式

13. 无人搬运车有以下几种（ ）。

A. LHV B. AGV C. LGV D. AHV

14. 自动分拣系统通常由以下几部分构成（ ）。

A. 供件系统 B. 分拣系统 C. 下件系统 D. 控制系统

15. 在自动分拣系统中，将分拣信息转变为分拣指令的设定有（ ）几种。

A. 人工键盘输入 B. 声音控制输入

C. 条码扫描输入 D. 计算机程序控制

二、简答题

1. 简述货架的种类及特点。

2. 动力辊子输送机按驱动形式主要适用于何种场合？

3. 简述自动分拣系统的结构组成。

4. 自动化立体仓库的优越性体现在哪些方面？

5. 简述巷道式堆垛起重机的结构组成。

第四章

装卸搬运技术与装备

内容提示：

装卸搬运作业是生产企业、仓储、消费者等连接的纽带。本章在介绍装卸搬运的概念、特点、功能与作用的基础上，系统地介绍了装卸搬运作业机械的分类、结构、特点、性能及应用场合；重点阐述了叉车及常用起重机械的组成、结构、工作原理及性能指标；最后介绍了装卸搬运机械的选型及管理。

学习目标：

1. 掌握装卸搬运的概念、特点；常用装卸搬运设备及其性能、结构、运用与管理。

2. 理解装卸搬运设备在物流中的地位、作用及选择装卸搬运设备的原则、数量确定方法和配套运用。

3. 掌握装卸搬运活动中的安全生产作业原则与要求。

素养目标：

在物流活动的全过程中，装卸搬运活动是频繁发生的，因而是产品损坏的重要原因之一。对装卸搬运的管理，主要是对装卸搬运方式、装卸搬运设备的选择和合理配置与使用以及装卸搬运合理化，尽量减少装卸搬运次数，以节约物流费用，获得较好的经济效益。通过本单元的学习，培养学生精益求精、不断追求卓越的职业精神。

装卸搬运活动伴随着物流的始终，并渗透到物流各领域、各环节，是提高物流效率、降低物流成本、改善物流条件、保证物流质量最重要的物流环节之一。

第一节　装卸搬运概述

一、装卸搬运的含义与特点

（一）装卸搬运的含义

装卸通常是指“物品在指定地点以人力或机械装入运输设备或卸下”；搬运通常是指“在同一场所内，对物品进行水平移动为主的物流作业”。装卸是改变“物”的存放、支撑状态的活动，主要指物体上下方向的移动，如图 4-1 所示；而搬运是改变“物”的空间位置的活动，主要指物体横向或斜向的移动，如图 4-2 所示，两者全称为装卸搬运。在实际操作中，装卸搬运是密不可分的，两者是相伴发生的。搬运的“运”与运输的“运”区别在于，搬运是在同一地域小范围内发生的；而运输则是在较大的地域范围内发生的。两者是量变到质变的关系，中间无绝对的界限。

图 4-1　物流装卸活动

图 4-2　物流搬运活动

（二）装卸搬运的特点

1. 装卸搬运是附属性、伴生性的活动

装卸搬运是物流每一项活动开始及结束时必然发生的活动。例如，一般而言的“汽车运输”，就实际包含了相随的装卸搬运；仓库中泛指的保管活动，也含有装卸搬运活动。

2. 装卸搬运是支持、保障性活动（如图 4-3 所示）

装卸搬运的附属性不能理解成被动的，实际上，装卸搬运对其他物流活动有一定决定性。装卸搬运会影响其他物流活动的质量和速度。例如，装车不当，会引起运输过程中的损失；卸放不当，会引起货物转换成下一步运动的困难。物流活动只有在有效的装卸搬运支持下，才能实现高水平运作。

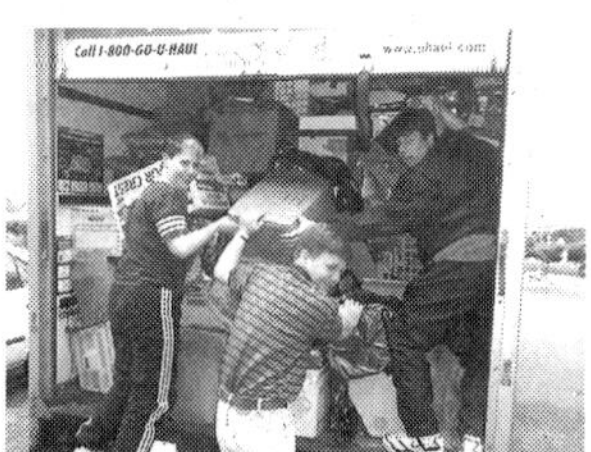

图 4-3　装卸的保障性能

3. 装卸搬运是衔接性的活动

在任何其他物流活动互相过渡时，都是以装卸搬运来衔接的，因而，装卸搬运往往成为整个物流的“瓶颈”，是物流各功能之间能否形成有机联系和紧密衔接的关键。建立一个有效的物流系统，关键看这一衔接是否有效。比较先进的联合运输物流方式就是着力解决这种衔接而实现的，如图 4-4 所示。

图 4-4　装卸搬运的衔接性

二、装卸搬运的影响与种类

（一）装卸搬运的影响

装卸搬运是物流活动得以进行的必要条件，在全部物流活动中占有重要地位，其主要影响有：

1. 装卸搬运直接影响物流质量

因为装卸搬运是使货物产生垂直和水平方向上的位移，货物在移动过程中受到各种外力作用，如振动、撞击、挤压等，所以容易使货物包装和货物本身受损，如损坏、变形、破碎、散失、流溢等。

2. 装卸搬运直接影响物流效率

物流效率主要表现为运输效率和仓储效率。在货物运输过程中，完成一次运输循环所需的时间，在发运地的装车时间和在目的地的卸车时间占有不小的比重，特别是在短途运输中，装卸车时间所占比重更大，有时甚至超过运输工具运行时间，所以缩短装卸搬运时间，对加速车船和货物周转具有重要作用；在仓储活动中，装卸搬运效率对货物的收发速度和货物周转速度产生直接影响。

3. 装卸搬运直接影响物流安全

由于物流活动是物的实体的流动，因而在物流活动中确保劳动者、劳动手段和劳动对象安全非常重要。装卸搬运特别是装卸作业过程中，货物要发生垂直位移，不安全因素比较多。实践表明物流活动中发生的各种货物破失事故、设备损坏事故、人身伤亡事故等，相当一部分是装卸过程中发生的。特别是一些危险品，在装卸过程中如违反操作规程进行野蛮装卸，很容易造成燃烧、爆炸等重大事故。

4. 装卸搬运直接影响物流成本

装卸搬运是劳动力借助于劳动手段作用于劳动对象的生产活动。为了进行此项活动，必须配备足够的装卸搬运人员和装卸搬运设备。由于装卸搬运作业量较大，它往往是货物运量和库存量的若干倍，所以所需装卸搬运人员和设备数量亦比较大，即要有较多的活动和物化劳动的投入，这些劳动消耗要记入物流成本，如能减少用于装卸搬运的劳动消耗，就可以降低物流成本。

（二）装卸搬运的种类

1. 按装卸搬运使用的设施设备分

主要分为仓库装卸、铁路装卸、港口装卸、汽车装卸等。

（1）仓库装卸：配合出库、入库、维护保养等活动进行，并且以堆垛、上架、取货等操作为主。

（2）铁路装卸：对火车车皮的装进及卸出，特点是一次作业就实现一车皮的装进或卸出。没有仓库装卸时出现的整装零卸或零装整卸的情况。

（3）港口装卸：包括码头前沿的装船及后方的支持性装卸搬运，有的港口装卸还采用小船在码头与大船之间“过驳”的办法，因而其装卸的流程较为复杂，往往要经过几次的装卸及搬运作业，才能实现船与陆地之间货物过渡的目的。

（4）汽车装卸：一般一次装卸批量不大，由于汽车的灵活性，可以减去搬运活动，而直接、单纯利用装卸作业达到车与物流设施之间货物过渡的目的。

2. 按装卸搬运的机械及机械作业方式分类

主要有使用起重机的“吊上吊下”方式；使用叉车的“叉上叉下”方式，使用半挂车或叉车的“滚上滚下”方式以及“移上移下”方式等。

图 4-5 “吊上吊下”装卸搬运方式

（1）“吊上吊下”方式。

采用各种起重机械从货物上部起吊，依靠起吊装置的垂直移动实现装卸，并在吊车运行的范围内或回转的范围内实现搬运或依靠搬运车辆实现小搬运，如图 4-5 所示。由于吊起及放下是垂直运动，这种装卸方式属于垂直装卸。

（2）“叉上叉下”方式。

采用叉车从货物底部托起货物，并依靠叉车的运动进行货物位移，搬运完全靠叉车本身，货物中途不落地，直接放置到目的处，如图 4-6 所示。这种方式垂直运动不大而主要是水平运动，属水平装卸方式。

图 4-6 “叉上叉下”装卸搬运方式

（3）“滚上滚下”方式。

这是港口装卸的一种水平装卸方式，是将叉车或半挂车、汽车承载货物开上船，到达目的地后再从船上开下，因此称为“滚上滚下”方式，如图 4-7 所示。这种方式需要有专门的船舶，称为“滚装船”，对码头也有不同要求。

（4）“移上移下”方式。

这种方式是在两车之间（如火车及汽车）进行靠接，然后利用各种方法，不用货物垂直运动，而靠水平移动从一个车辆上推移到另一车辆上，称为移上移下方式。移上移下需要两种车辆水平靠接，因此，对站台或车辆货台需要进行改变，并配合移动工具实现这种装卸。

图 4-7 “滚上滚下”装卸搬运方式

3. 按装卸搬运的作业特点分类

主要有连续装卸与间歇装卸两类。

（1）连续装卸。

主要是指同种大批量散装或小件杂货通过连续输送机械，连续不断地进行作业，中间无停顿，货间无间隔。在装卸量较大、装卸对象固定、货物对象不易形成大包装的情况下适合采取这一方式。

（2）间歇装卸。

间歇装卸有较强的机动性，装卸地点可在较大范围内变动，主要适用于货流不固定的各种货物，尤其适于包装货物、大件货物，散粒货物也可采取此种方式。

4. 按照作业对象进行分类

（1）单件作业法。

即逐件装卸搬运货物，如图 4－8 所示。在由人力完成装卸搬运任务的情况下，这种方法使用非常普遍。即便采用机械作业，长大粗笨的货物也采用单件作业法。

（2）集装作业法。

即将货物集零为整后再进行装卸搬运，如图 4－8 所示，包括集装箱作业法、托盘作业法、货捆作业法、网袋作业法、挂车作业法等（前两种方法将在第五章讨论）。所谓货捆作业法，是指用捆装工具将散件货物组合成一个单元再进行装卸搬运。木材、建材等常采用这种作业法。网袋作业法则是指将各种单件货物装入用钢丝绳结成的网袋内，统一进行装卸搬运。挂车作业法是指先将货物装在挂车内，而后将挂车吊上或拖上铁路平板车的装卸搬运作业法。

图 4－8　集装、单件作业法

（3）散装作业法。

散装作业法（将在第六章讨论）是针对煤炭、矿石、粮食等块、粒、粉状散装货物的装卸搬运方法，如图 4－9 所示，通常包括重力作业法、倾翻作业法、气力输送法、机械作业法等。重力作业法是指将散装货物先行提升到一定的高度后，利用其本身的重力作用进行下一步的装卸搬运活动；倾翻作业法是指将运输工具，如铁路敞车、翻斗汽车的载货部分倾翻而卸出货物的方法；在管道运输中，所使用的是气力输送法；利用挖掘机、装船机、单斗或多斗装载机、带式输送机等装卸搬运散装货物，采用的是机械作业法。

图 4－9　散装作业法

5. 按照作业手段进行分类

按照作业手段进行分类，装卸搬运可以分为人工作业法、机械化作业法、综合机械化作业法和自动化作业法。

阅读材料 4—1

装卸搬运合理化的基本途径

1. 坚持省力化原则。所谓省力，就是节省动力和人力。应巧妙利用物品本身的重量和落差原理，设法利用重力移动物品。省力化装卸搬运原则是：能往下则不往上；能直行则不拐弯；能用机械则不用人力；能水平则不要上坡；能连续则不间断；能集装则不分散。

2. 提高装卸搬运灵活性。物料装卸、搬运的灵活性，根据物料所处的状态，即物料装卸、搬运的难易程度，可分为不同的级别。如果很容易转变为下一步的装卸搬运而不需过多做装卸搬运前的准备工作，则灵活性就高；如果难于转变为下一步的装卸搬运，则灵活性低。

3. 合理选择装卸搬运机械。

4. 保持物流的顺畅均衡。

5. 推行装卸搬运的单元化。

6. 实现装卸搬运的文明化。

7. 创建物流“复合终端”。所谓“复合终端”，即对不同运输方式的终端装卸场所，集中建设不同的装卸设施。复合终端的优点在于：取消了各种运输工具之间的中转搬运，因而有利于物流速度的加快，减少装卸搬运活动所造成的物品损失；由于各种装卸场所集中到复合终端，这样就可以共同利用各种装卸搬运设备，提高设备的利用率；在复合终端内，可以利用大生产的优势进行技术改造，大大提高转运效率；减少了装卸搬运的次数，有利于物流系统功能的提高。

8. 重视改善物流系统的总效果。装卸搬运在某种意义上是运输、保管活动的辅助活动。因此，特别要重视从物流全过程来考虑装卸搬运的最优效果。如果单独从装卸搬运的角度考虑问题，不但限制了装卸搬运活动的改善，而且容易与其他物流环节发生矛盾，影响物流系统功能的提高。

第二节　装卸搬运设备

一、装卸搬运设备的含义与种类

（一）装卸搬运设备的含义

装卸搬运设备是指用来搬移、装卸、升降和短距离输送物料或者货物的机械。装卸搬运设备是实现装卸搬运作业机械化的基础，是物流设备中重要的机械设备。它不仅可以用于完成船舶与车辆货物的装卸，而且可以用于完成库场货物的堆码、拆垛、运输，以及舱内、车内、库内货物的起重输送和搬运。

（二）装卸搬运设备的种类

装卸搬运设备种类很多，分类方法也很多，为了运用和管理方便，常按图 4－10 所示的方法进行分类。

- 装卸搬运设备
  - 按主要用途和结构特征划分
    - 起重机
    - 连续运输机
    - 装卸搬运车辆
    - 专用装卸搬运设备
  - 按作业性质划分
    - 装卸设备（单一装卸设备，如手提葫芦、固定式起重机）
    - 搬运设备（单一搬运设备，如搬运车、带式输送机）
    - 装卸搬运设备（如叉车、跨运车、龙门起重机）
  - 按装卸搬运货物的种类划分
    - 长大笨重货物的装卸搬运设备
    - 散装货物的装卸搬运设备
    - 成件包装货物的装卸搬运设备
    - 集装箱货物的装卸搬运设备

图 4－10　装卸搬运设备的分类

二、装卸搬运设备的作用和特点

（一）装卸搬运设备的作用

（1）提高装卸效率，节省劳动力，减轻装卸工人的劳动强度，改善劳动条件。

（2）缩短作业时间，加速车辆周转，加快货物的送达和发出。

（3）提高装卸质量，保证货物的完整和运输安全。特别是体积大而且笨重货物的装卸，依靠人力，一方面难以完成，另一方面保证不了装卸质量，容易发生货物损坏或偏载，甚至危及行车安全。采用机械作业，则可避免这种情况的发生。

（4）降低装卸搬运作业成本。装卸搬运设备的应用，势必会提高装卸搬运作业效率，而效率的提高会使每吨货物分摊到的作业费用相应减少，从而使作业成本降低。

（5）充分利用货位，加速货位周转，减少货物堆码的场地面积。采用机械作业，由于堆码可达到一定的高度，加快了装卸搬运的速度，及时腾空货位，减少了场地面积。

（二）装卸搬运设备的特点

装卸搬运设备的应用是为了顺利完成装卸搬运任务，所以其必须适应装卸搬运作业的要求。装卸搬运作业要求装卸搬运设备结构简单牢固、作业稳定、造价低廉、易于维修保养、操作灵活方便、安全可靠、能最大限度地发挥其工作能力。其主要工作特点如下：

（1）适应性强。由于装卸搬运作业受货物品种、作业时间、作业环境等因素的影响较大，而装卸搬运活动又各具特点，因而这就要求装卸搬运设备具有较强的适应性，能够在各种环境下正常工作。

（2）工作能力强。装卸搬运设备起重能力大，起重范围广，生产作业效率高，具有很强的装卸搬运作业能力。

（3）机动性较差。大部分装卸搬运设备都在设施内完成装卸搬运任务，只有个别装卸搬运设备可在设施外作业。

随着物流现代化的不断发展，装卸搬运设备将会得到更为广泛的应用。从装卸搬运设备的发展趋势来看，发展多类型的、专用的装卸搬运设备来适应货物的装卸搬运作业要求，是今后装卸搬运设备的发展方向。

三、装卸搬运设备的配置与选择

（一）装卸搬运设备的配置、选择原则

1. 根据作业性质和作业场合进行配置、选择

装卸搬运作业性质和作业场合不同，需配置不同的装卸搬运设备。根据作业是单纯的装卸或单纯的搬运，还是装卸、搬运兼顾，从而可选择更合适的装卸搬运设备；作业场合不同，也需配备不同的装卸搬运设备。

2. 根据作业运动形式进行配置、选择

装卸搬运作业运动形式不同，需配备不同的装卸搬运设备。水平运动，可配备选用卡车、牵引车、小推车等装卸搬运设备；垂直运动，可配备选用提升机、起重机等装卸搬运

设备；倾斜运动，可配备选用连续运输机、提升机等装卸搬运设备；垂直及水平运动，可配备选用叉车、起重机、升降机等装卸搬运设备；多平面式运动，可配备选用旋转起重机等装卸搬运设备。

3. 根据作业量进行配置、选择

装卸搬运作业量大小关系到设备应具有的作业能力，从而影响到所需配备的设备类型和数量。作业量大时，应配备作业能力较高的大型专用设备。作业量小时，最好采用构造简单、造价低廉而又能保持相当生产能力的中小型通用设备。

4. 根据货物种类、性质进行配置、选择

货物的物理性质、化学性质以及外部形状和包装千差万别，有大小、轻重之分，有固体、液体之分，有散装、成件之不同，所以对装卸搬运设备的要求也不尽相同。

5. 根据搬运距离进行配置、选择

长距离搬运一般选用牵引车和挂车等装卸搬运设备，较短距离搬运可选用叉车、跨运车等装卸搬运设备，短距离搬运可选用手推车等装卸搬运设备。为了提高设备的利用率，应当结合设备种类和特点，使行车、货运、装卸、搬运等工作密切配合。

6. 装卸搬运设备的配套

成套地配备装卸搬运设备，使前后作业相互衔接，相互协调，是保证装卸搬运工作持续进行的重要条件。因此需要对装卸搬运设备在生产作业区、数量吨位、作业时间、场地条件、周边辅助设备上进行适当协调。

（二）装卸搬运设备数量的确定

货物装卸搬运时，为了提高作业效率，保证作业安全和装卸搬运质量，需要制定出详细的货物装卸搬运计划，其中很重要的一个方面就是要确定货物装卸搬运设备的数量。装卸搬运设备的数量，一般根据作业量和装卸设备作业能力确定。

（1）作业量：一般情况下，作业的货物量越大，所需要的设备的数量就越多，反之则少。但同样的货物量，由于货物的包装状态不同、作业环节不同和装卸次数不同，其作业量也不相同。因此确定作业所需要设备的数量时，要综合考虑货物的实际作业量。

（2）设备类型、性能：不同类型和性能的设备，在同样条件下，作业能力是有区别的。在确定作业所需设备的数量时，应根据设备的特点和实际作业能力来确定，其类型选择应合理，尽量选用作业效率高、适应性强、安全可靠的设备。

（3）作业的均衡性：货物装卸搬运大都是多环节、多机联合作业，要保持作业的连续性和均衡性，各环节设备配备数量要按照各个环节的作业内容和特点，做到基本均衡。

（4）作业时间：在一定的设备条件下，作业量越大，作业时间就越长，而设备增加，又可以使作业时间相对缩短，不过这种缩短是有限度的，超过一定限度，反而会使作业的效率下降。因此，作业时间要综合考虑，合理确定，以便于按规定完成作业任务。对于作业时间要求短的，要尽可能多投入一些设备，以保证任务的按期完成。

（5）作业条件：在确定设备的数量时，要充分考虑作业面的大小，尽量避免设备作业时的相互干扰。当作业面受到客观条件限制，作业任务紧、作业时间短时，可采取分班轮流作业，以保持高效的连续作业。

第三节 叉　车

一、叉车的含义与特点

（一）叉车的含义

叉车是以门架和货叉为工作装置的自行式装卸搬运机械，可对成件托盘货物进行装卸、堆垛和短距离运输，属于物料搬运机械。叉车在物流系统中扮演着非常重要的角色，是仓库装卸搬运机械中应用最广泛的一种，广泛应用于车站、港口、机场、工厂、仓库等国民经济各部门，是机械化装卸、堆垛和短距离运输的高效设备。在换装其他工作器具以后，还可用于散状货物和非包装的其他货物的装卸搬运作业。

（二）叉车的特点

叉车与其他装卸搬运设备一样，能够减轻装卸工人繁重的体力劳动，提高装卸效率，缩短车辆停留时间，降级装卸成本。它具有以下特点：

1. 机械化程度高

在使用各种自动取物装置或在货叉与货板配合使用的情况下，可以实现装卸工作的完全机械化，不需要工人的辅助体力劳动。

2. 机动灵活性好

叉车底盘轮距较小，因而转弯半径很小，作业时灵活性较好。叉车外形尺寸小，质量轻，能在作业区域内任意调动，适应货物数量及货流方向的改变，可机动地与其他起重运输设备配合工作，提高机械的使用率。

3. 通用性强

叉车在物流所涉及的领域都有所应用。和托盘配合其通用性更强，可适应能装上托盘的各种货物的装卸搬运；还可以“一机多用”，在配备与使用各种取货装置，如货叉、铲斗、臂架、串杆、货夹、抓取器等的条件下，可以适应各种品种、形状和大小货物的装卸作业。

4. 能提高仓库容积的利用率

叉车堆码高度一般可达 3m，采用高门架叉车可达到 5m，因而能够充分利用空间堆放货物，使仓库容积的利用率提高。

5. 有装卸、搬运双重功能

叉车是装卸、搬运一体化设备，在实际应用中，装卸、搬运两个操作合二为一。

6. 经济效益高

叉车与大型起重机械比较，成本低、投资少，能获得较高的经济效益。

7. 有利于开展托盘成组运输和集装箱运输

托盘化能使物流周转速度加快，托盘的装卸搬运主要靠叉车；集装箱能实现“门到门”运输，在没有起重设备的情况下，需要叉车装卸搬运。

二、叉车的结构与种类

（一）叉车的结构

以平衡重式叉车为例，叉车的主要结构有动力装置、传动装置、转向装置、工作装置、液压系统和制动装置，如图 4－11 所示。

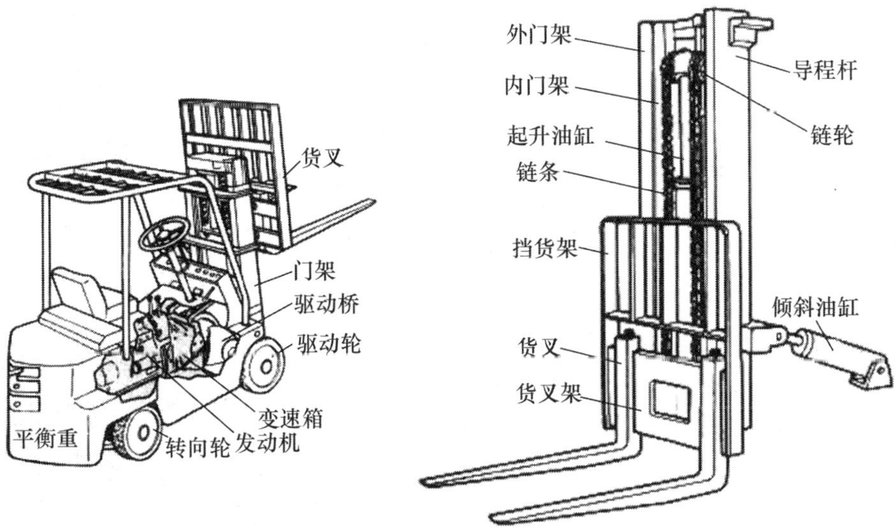

图 4－11　平衡重式叉车结构

（1）动力装置：供叉车作为动力装置的有内燃机和蓄电池电动机两种。对噪声和空气污染要求较严的场合应采用蓄电池电动机为动力，如使用内燃机应装有消声器和废气净化装置。

（2）传动装置：将原动力传递给驱动轮，有机械的、液力的和液压的三种。机械传动装置由离合器、变速箱和驱动桥组成；液力传动装置由液力变矩器、动力换挡变速箱和驱动桥组成；液压传动装置由液压泵、阀和液压马达等组成。叉车传动装置的特点是前进、后退的挡位数和速度大致相同。

（3）转向装置：用以控制叉车的行驶方向，一般由转向器、转向拉杆和转向轮等组成。1 吨以下的叉车一般采用机械转向器，1 吨以上的叉车大多采用动力转向器。叉车转向装置的特点是转向轮在车体的后部。

（4）工作装置：提升货物的机构，又称为门架。由内门架、外门架、货叉架、货叉、链轮、链条、起升油缸和倾斜油缸等组成（见图 4－11）。

（5）液压系统：为货叉升降及门架倾斜提供动力的装置，由油泵、多路换向阀和管路等组成。

（6）制动装置：与汽车的制动装置相似，但叉车的制动器只布置在驱动轮上。

（二）叉车的种类

叉车种类繁多，分类方法也很多，通常可按动力装置、结构特点和用途分类。分为三大类：内燃叉车、电动叉车和仓储叉车。

1. 内燃叉车

内燃叉车又分为普通内燃叉车、重型叉车、集装箱叉车和侧面叉车。

(1) 普通内燃叉车：一般采用柴油、汽油、液化石油气或天然气发动机作为动力，载荷能力 1.2～8.0 吨，作业通道宽度一般为 3.5～5.0 米，考虑到尾气排放和噪声问题，通常用在室外、车间或其他对尾气排放和噪声没有特殊要求的场所，如图 4-12 所示。由于燃料补充方便，因此可实现长时间的连续作业，而且能胜任在恶劣的环境下（如雨天）工作。

图 4-12　普通内燃叉车

(2) 重型叉车：采用柴油发动机作为动力，承载能力 10.0～52.0 吨，一般用于货物较重的码头、钢铁等行业的户外作业，如图 4-13 所示。

图 4-13　TCM25～43 吨大型内燃叉车

(3) 集装箱叉车：采用柴油发动机作为动力，承载能力 8.0～45.0 吨，一般分为空箱堆高机、重箱堆高机和集装箱正面吊，如图 4-14 所示。集装箱叉车应用于集装箱搬运，适用于集装箱堆场或港口码头作业。

(4) 侧面叉车：采用柴油发动机作为动力，承载能力 3.0～6.0 吨。在不转弯的情况下，具有直接从侧面叉取货物的能力，因此主要用来叉取长条形的货物，如木条、钢筋等。

图 4-14　科尼集装箱叉车

2. 电动叉车

电动叉车以电动机为动力，蓄电池为能源。承载能力 1.0～8.0 吨，作业通道宽度一般为 3.5～5.0 米。由于没有污染、噪声小，因此广泛应用于室内操作和其他对环境要求较高的工况，如医药、食品等行业。随着人们对环境保护的重视，电动叉车正在逐步取代内燃叉车。由于每组电池一般在工作 8 小时后需要充电，因此对于多班制的工况需要配备备用电池。

3. 仓储叉车

仓储叉车是指在仓库内装卸、搬运、堆垛货物的叉车。除了多数仓储叉车（如手动托盘叉车）是采取人力驱动的外，其余都是以电动机驱动的，因其车体紧凑、移动灵巧、自重轻和环保性能好而在仓储业得到广泛运用。

(1) 电动托盘搬运叉车（如图 4-15 所示）：承载能力 1.6～3.0 吨，作业通道宽度一般为 2.3～2.8 米，货叉提升高度一般在 210mm 左右，主要用于仓库内的水平搬运及货物装卸。此类叉车有步行式、站驾式和坐驾式等三种操作方式，可根据效率要求选择。

(2) 电动托盘堆垛叉车（如图 4-16 所示）：电动托盘堆垛叉车分为全电动托盘堆垛叉车和半电动托盘堆垛叉车两种类型。前者行驶、升降都为电动控制，比较省力。而后者是需要人工手动拉或者推着行走，但升降是电动的。此类叉车承载能力为 1.0～2.5 吨，作业通道宽度一般为 2.3～2.8 米，在结构上比电动托盘搬运叉车多了门架，货叉提升高度一般在 4.8 米内，主要用于仓库内的货物堆垛及装卸。

(3) 前移式叉车（如图 4-17 所示）：承载能力 1.0～2.5 吨，门架可以整体前移或缩回，缩回时作业通道宽度一般为 2.7～3.2 米，提升高度最高可达 11 米左右，常用于仓库内中等高度的堆垛、取货作业。

图 4-15　电动托盘搬运叉车

图 4-16　电动托盘堆垛叉车

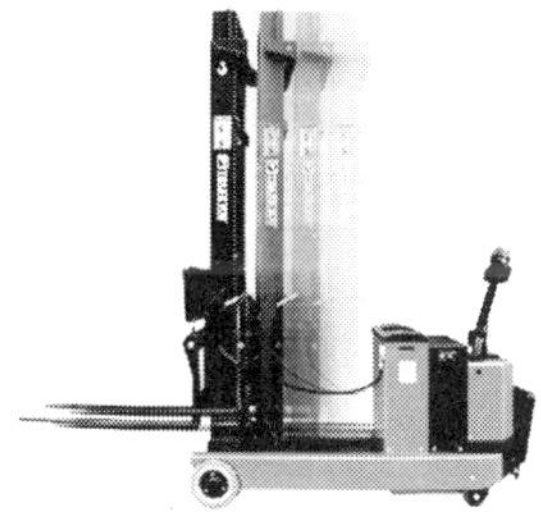

图 4-17　前移式叉车

(4) 电动拣选叉车（如图 4-18 所示）：在某些工况下（如超市的配送中心），不需要整托盘出货，而是按照订单拣选多种品种的货物组成一个托盘，此环节称为拣选。按照拣选货物的高度，电动拣选叉车可分为低位拣选叉车（2.5 米内）和中高位拣选叉车（最高可达 10 米）。承载能力 2.0～2.5 吨（低位）；1.0～1.2 吨（中高位，带驾驶室提升）。

(5) 低位驾驶三向堆垛叉车（如图 4-19 所示）：通常配备一个三向堆垛头，叉车不需要转向，货叉旋转就可以实现两侧的货物堆垛和取货，通道宽度 1.5～2.0 米，提升高度可达 12 米。叉车的驾驶室始终在地面不能提升，考虑到操作视野的限制，主要用于提升高度低于 6 米的情况。

(6) 高位驾驶三向堆垛叉车（如图 4-20 所示）：与低位驾驶三向堆垛叉车类似，高位驾驶三向堆垛叉车也配有一个三向堆垛头，通道宽度 1.5～2.0 米，提升高度可达 14.5 米。其驾驶室可以提升，驾驶员可以清楚地观察到任何高度的货物，也可以进行拣选作业。高位驾驶三向堆垛叉车在效率和各种性能上都优于低位驾驶三向堆垛叉车，因此该车型已经逐步替代低位驾驶三向堆垛叉车。

图 4-18　电动拣选叉车

图 4-19　低位驾驶三向堆垛叉车

图 4-20　高位驾驶三向堆垛叉车

三、叉车的技术参数和性能指标

（一）叉车的技术参数

叉车的技术参数是用来反映叉车的结构特征和工作性能的，如图 4-21 所示。叉车的技术参数包括性能参数、尺寸参数及质量参数。

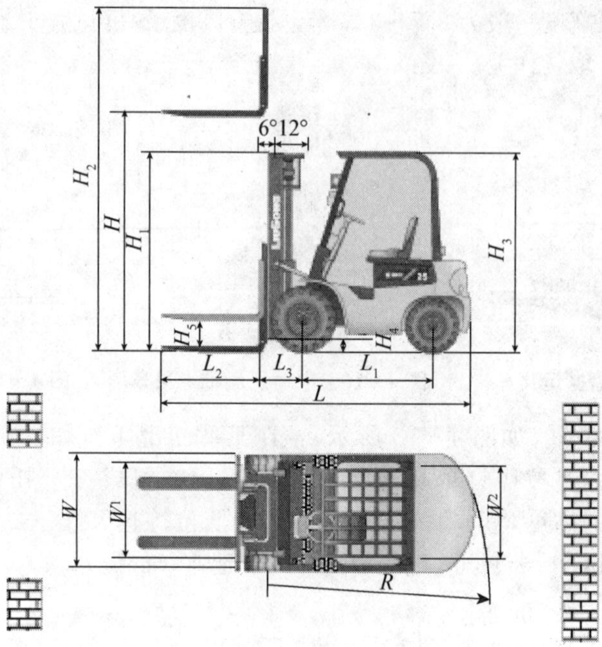

图 4－21　叉车的技术参数

叉车的性能参数有，最大起升高度、载荷中心距、门架倾角、满载最大起升速度、满载最大运行速度、牵引力、满载爬坡度、最小转弯半径、直角堆垛的最小通道宽度、90°交叉通道宽度等；叉车的尺寸参数有，最小离地间隙、轴距、前后轮距、外廓尺寸等；叉车的质量参数有，额定起升质量、整备质量、轴负荷等。在以上参数中，额定起升质量、最大起升高度等参数为叉车的主要技术参数。

1. 额定起升质量 M

叉车货叉起升货物时，货物重心至货叉垂直段前壁的距离不大于载荷中心距的情况下，允许起升货物的最大质量。额定起升质量系列为 0.5t、(0.75t)、1.0t、(1.5t)、2.0t、3.0t、(4.0t)、5.0t、(8.0t)、10t、(12t)、(15t)、16t、(20t)、25t、32t、40t 等。如果要求的起升质量与标准中的额定起升质量不一致时，可选用相近而又偏高一级的值，以保证叉车安全可靠地作业。

2. 载荷中心距 C

载荷中心距是指在货叉上放置标准质量的货物、确保叉车纵向稳定时，其重心至货叉垂直段前壁间的水平距离 C 值，单位 mm。在实际作业时，货物重心与体积、形状及在货叉上的放置位置等多种因素有关。因此，很难保证货物位置不变。为了便于评价和选用叉车，按不同的额定起升质量，规定了相应的 C 值，并在叉车的显著位置标出叉车的载荷特性曲线图，如图 4－22 所示。

3. 最大起升高度 H_{max}

最大起升高度是指叉车在平坦坚实的地面上，满载、轮胎气压正常、门架直立、货物升至最高时，货叉水平段的上表面至地面的垂直距离。叉车的最大起升高度，根据货物装卸搬运的具体需要而定。如无特殊要求，应符合叉车的标准规定。在采用两节门架的叉车上，我国各吨位的叉车最大起升高度大多为 3m。增加门架和起升油缸的长度，或采用三

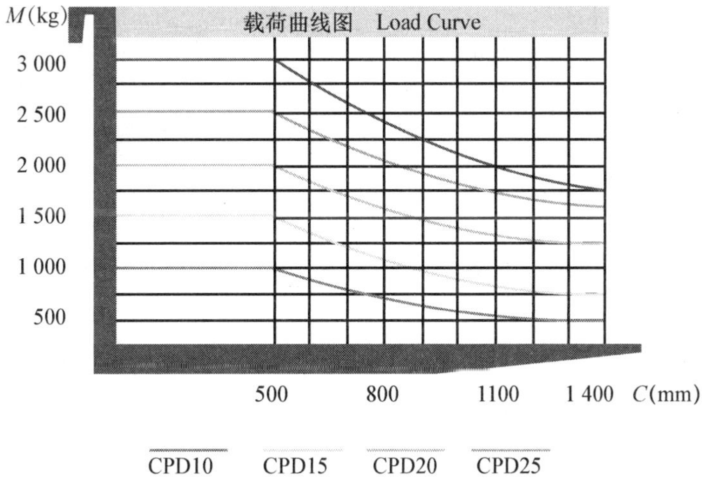

图 4-22　叉车的载荷特性曲线图

节门架和多级油缸，可以增加叉车的最大起升高度，但这不仅使叉车外形尺寸增加、整备质量增加，而且会使叉车的纵向倾翻力矩增大，稳定性降低。因此，当叉车起升高度超出规定值时，必须相应减小叉车的允许起升质量。

4. 门架倾角（前倾角 α，后仰角 β）

叉车在无载荷的状况下，在平坦、坚实的地面上，门架相对其垂直位置向前和向后倾斜的最大角度。门架前倾角 α 的作用是便于叉车叉取和卸放货物。门架后倾角 β 的作用是当叉车带货行驶时，防止货物从货叉上滑落，增加叉车载货行驶时的纵向稳定性，增大 β 可使叉车纵向稳定性较好，然而 β 的增大，往往受到叉车结构上的限制。

5. 最大起升速度 $V_{起max}$

最大起升速度是指叉车在坚实的地面上满载时，货物举升的最大速度。叉车的最大起升速度，直接影响叉车的作业效率，提高叉车的起升速度是国内外叉车制造业技术改进的共同趋势。目前，国外内燃叉车的起升速度已达 40m/min。起升速度的提高，对液压元件提出较高的要求，否则元件易损坏，而给叉车的安全作业带来隐患。货物下降速度一般都大于起升速度。

6. 最大运行速度 $V_{行max}$

最大运行速度是指叉车满载时，在干燥、平坦、坚实的地面上行始时的最大速度。叉车主要用于装卸和短途搬运作业，而不是用于货运。所以，在运距为 100～200m 时，叉车能发挥最高效率；而运距超过 500m 时，则不宜采用叉车搬运。我国叉车系列标准中，电瓶叉车最高车速一般为 13km/h；内燃叉车为 20km/h，最高不超过 28km/h。

叉车作业时，倒退行驶的机会与前进行驶的机会基本均衡，因此，叉车要比汽车要求有更多的倒挡和更大的倒车速度。

7. 满载最大爬坡度 I_{max}

满载最大爬坡度是指叉车满载时，在干燥、坚实的路面上，以低速挡等速度行驶所能爬越的最大坡度，以度或百分数表示。满载行驶的最大爬坡度，一般由原动机的最大转矩和底挡的总传动比决定。

8. 最小外侧转弯半径 R_{min}

最小外侧转弯半径一般是指叉车在无载低速转弯行驶，转向轮处于最大转角时，车体最外侧至转向中心的最小距离。叉车的最小外侧转弯半径是决定叉车机动性的主要参数。

影响叉车最小外侧转弯半径的因素，除叉车的轮距、轴距、转向轮的最大转角外，还有叉车的外形尺寸、尾部形状、转向轮直径及叉车的支撑形式。因此，有些叉车的车身尾部做成以转向中心为圆心的弧形，或接近圆弧的折线形（如图 4－22 所示）；在满足使用条件、保证车轮必要的支撑能力前提下，尽量选用较小直径的轮胎，以减小叉车的转弯半径。

9. 最小离地间隙 h_{min}

最小离地间隙是指车体最低点与地面的间隙。它是表征叉车在满载低速行驶时通过性的主要参数。叉车车体最低点可能在门架底部、前桥中部、后桥中部、平衡重下部。车轮半径增加，可使离地间隙增加，但又会使叉车的重心提高，转弯半径增大，对叉车稳定性、机动性改善是不利的。

10. 外形尺寸

外形尺寸是指叉车的总长、总宽和总高。货叉尖端至车体最后部的水平距离为总长；车体两侧最外部之间的横向距离为总宽。门架垂直、货叉落至最低位置时，车体最上端至地面的垂直高度为总高。为使叉车有较好的机动性，外形尺寸特别是车长应尽量减短。

（二）叉车的性能指标

（1）装卸性：指叉车起重能力和装卸快慢的性能。装卸性能的好坏对叉车的工作性能和生产率有着直接的影响。一般来说，叉车的起重量大、载荷中心距大、工作速度高，则装卸性能好。

（2）牵引性：它表示叉车行驶和加速快慢、牵引力和爬坡能力大小等方面的性能。一般来说，叉车起步快、加速能力强、爬坡能力大、牵引力大，则牵引性好。

（3）稳定性：它是指叉车在作业过程中抵抗倾翻的能力，是保证叉车工作安全的重要指标。因此，为保证叉车的安全作业，必须遵守叉车的操作规程，科学地进行作业，保证叉车具有良好的稳定性。

（4）制动性能：它表示叉车在行驶中根据要求降低车速及停车的性能。制动性能关系着叉车的工作安全性，通常以在一定行驶速度下制动距离的大小来衡量。制动距离小，则制动性能好。

（5）机动性：表示叉车机动灵活的性能。最小转弯半径小、直角通道最小宽度小、回转通道最小宽度小，则叉车机动性好。

（6）通过性：指叉车克服道路障碍而通过各种路面的能力。叉车的外形尺寸小、轮压小、离地间隙大、驱动轮牵引力大，则叉车的通过性好。

(7) 经济性：反映叉车造价与营运费用，主要包括动力消耗、加工制造成本、使用方便、维护保养方便、耐用程度和组织管理水平等。

四、常用的叉车

(一) 平衡重式叉车

平衡重式叉车是指车体前方装有升降货叉、车体尾部装有平衡重块的起升车辆。这种叉车的特点是，为保持平衡因而自重大、轮距大、转弯半径大、行走稳定。按驱动形式不同，平衡重式叉车有内燃机驱动和蓄电池驱动两种；按车轮个数分类，平衡重式叉车有四轮型和三轮型两种。通过换装各种叉车附件可用来装卸搬运多种货物，主要适用于车站、工厂、货场等领域，尤其适用于路面较差、搬运距离较长的场合。

内燃式平衡重式叉车的运行特点和汽车相似，常采用汽车的标准部件，故维护、保养及配件的供应均较方便，如图 4-23 所示；蓄电池式平衡重式叉车，构造简单，活动部位少，磨损小，操作与维护保养容易，但需要充电设备，蓄电池怕振动，对路面的要求高，且行走速度低。

图 4-23　内燃式平衡重式叉车

平衡重式叉车均从正面取货，适应性强。其作业场所以室外为主，小型的也可用于室内。最大起重量为 40t，最大起升高度为 3m。内燃式的最高行驶速度为 25km/h，蓄电池式的最高行驶速度为 12km/h。叉车所需通道宽度是 3～4.5m。

(二) 插腿式叉车

插腿式叉车前方带有小轮子的支腿能与货叉一起伸入货板叉货，然后由货叉提升货物，如图 4-24 所示。由于货物重心位于前后车轮所包围的底面积之内，叉车的稳定性好。一般采用蓄电池作为能源，用于室内搬运，起重量一般在 2t 以下，插腿式叉车比平衡重式叉车结构简单，自重和外形尺寸小，适合在狭窄的通道和室内堆垛、搬运，但速度低，行走轮直径小，对地面要求较高。

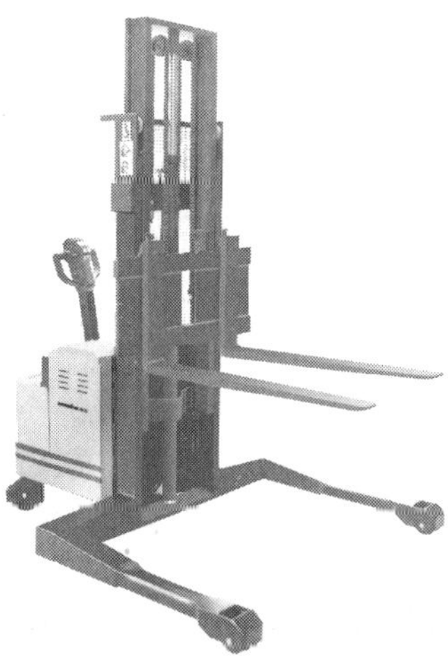

图 4-24　插腿式叉车

(三) 前移式叉车

前移式叉车的主要特点是，车前部设有跨脚插腿，跨脚前端装有支轮，和车体的两轮形成四轮支撑，作业时重心在四个轮的支撑面中，比较稳定。前移式叉车的货叉可沿叉车纵向前后移动。取货、卸货时，货叉伸出，叉卸货物以后或带货物移动时，货叉退回到接近车体的位置，因此叉车行驶时的稳定性也好。

前移式叉车分门架前移式和货叉前移式两种。门架前移式叉车的货叉和门架一起移动，门架前伸的距离要受外界空间对门架高度的限制，只能对货垛的前排货物进行作业，如图 4-25 所示；货叉前移式叉车的门架则不动，货叉借助于伸缩机构单独前伸，如图 4-26 所示。如果地面上具有一定的空间允许插腿插入，则叉车能够超越前排货架，对后一排货物进行作业。

图 4-25　门架前移式叉车

图 4-26　货叉前移式叉车

前移式叉车主要靠电池驱动，起重量一般在 3t 以下，最大起重量可达到 5t，起重高度最大为 3m，最高行驶速度为 15km/h。它的优点是车身小，重量轻，转弯半径小，机动性好，不需在货堆间留出空处。但行走速度较慢且轮子半径较小，对地面要求较高，主要用于室内搬运作业。在配送中心及工厂厂房内，尤其在运行地域狭小之处宜于选用这种叉车。

（四）侧叉式叉车

侧叉式叉车主要用于搬运长大件货物，如图 4-27 所示。其门架和货叉位于车体中部的一侧，不仅可上下运动，还可前后伸缩。叉货时，先用千斤顶顶着地，门架向外推出，叉取货物后，货叉起升，门架退后，然后下降货叉，货物自动放置在叉车一侧的前后车台上。将千斤顶收起后，叉车即可行驶。由于货物沿叉车的纵向放置，可减少长大货物对道路宽度的要求，同时，货物重心位于车轮支撑底面之内，叉车行驶时稳定性好，速度高，司机视野比平衡重式叉车好。但由于门架和货叉只能向一侧伸出，当需要在对侧卸货时，必须将叉车驶出通道，掉头以后才能进行卸货。侧叉式叉车最大起重量为 40t，最大起升高度为 3m，最高行驶速度为 30km/h。

图 4-27　侧叉式叉车

（五）拣选式叉车

拣选式叉车的主要特点是操作者能随装卸装置一起在车上进行拣货作业，当叉车行进到某一货位前时，货叉取出货盘，操作人员将所需数量拣出，再将货盘放回。

图 4-28　低位拣选叉车

拣选式叉车是适应拣选式配货而使用的叉车，在少批量、多品种拣货作业时，这种叉车与高层货架配合，形成一种特定的拣选工艺，由于拣货者与货叉同时升降，这种车的安全性要求较高，一般采用电池作动力，起重量不大，行走稳定。随着配送中心的数量和拣货作业数量的增加，这种叉车越来越为重要。电动拣选叉车可分为低位拣选叉车（2.5 米内，见图 4-28）和中高位拣选叉车（最高可达 10 米，见图 4-29）。

图 4-29　高位拣选叉车

（六）三向堆垛式叉车

三向堆垛式叉车是在行进方向两侧或一侧作业，货叉能旋转 180°，能前、左、右三个方向进行叉货作业的堆垛叉车，如图 4－30 所示。该车兼具普通叉车、高门架叉车、有轨堆垛机的优点，并具有叉车和有轨堆垛机的功能。其能够在 1.75m 通道内的高货架库房中进行三个相互垂直方向的运动，从而往左、右两边货架上进行正确的堆垛和取料。行走无级调速，高度自动定层，定位精度高，作业安全可靠。三向堆垛式叉车有低位和高位之分，广泛应用于机械制造、制药行业、超市商场、食品冷库等场地的装卸、储存、搬运、堆垛作业。

图 4－30　三向堆垛式叉车

五、叉车属具

叉车属具是一种安装在叉车上以满足各种物料搬运和装卸作业特殊要求的专用机械，如图 4－31 所示。它使叉车成为具有叉、夹、升、旋转、侧移、推拉或倾翻等多用途、高效能的物料搬运。

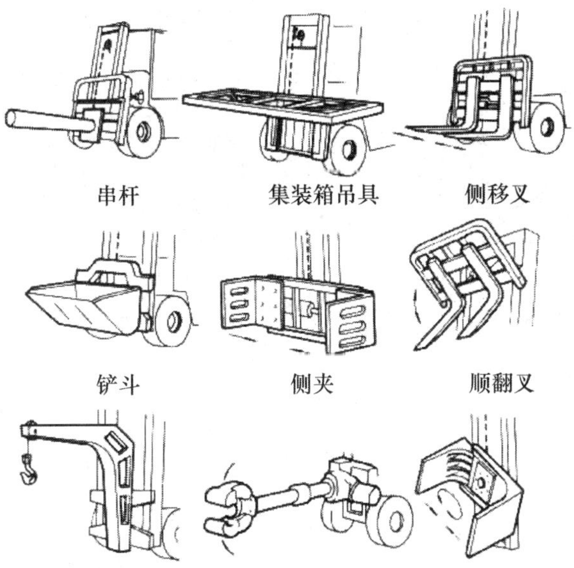

图 4－31　叉车属具

叉车属具种类繁多，广泛使用的属具有 30 多种。如对纸卷作业的刚性管插柱、安装吊钩，对单元纸箱货物作业的纸箱夹，对各种软硬包装箱作业的多用途钢臂夹，满足散料作业的铲斗，满足旋转作业的旋转货叉，通过压板固定货物进行搬运的载荷稳定器，等等。叉车属具之所以成为一种高效多能的搬运工具，是因为其顺应了现代物流市场日益要求的搬运机械专业化、高度机动性、最大限度地减少货物破损、节约货物存储空间等的发展需要。叉车属具正以全新的搬运观念日益成为物料搬运工业领域的重要组成部分。

第四节 起重机

一、起重机的含义与种类

（一）起重机的含义

起重机是用来进行物料搬运作业的机械设备，广泛用于输送、装卸和仓储等作业场所。起重机通过工作机构的组合运动，把物料提升并在空间一定范围内移动，然后按要求将物料安放到指定位置，空载回到原处，准备再次作业，从而完成一次物料搬运的工作循环。起重机的搬运作业是周期性的间歇作业。

（二）起重机的种类

装卸起重设备有多种分类方法，按其结构及运动方式可分为四大类，如图 4－32 所示。

- 起重设备
  - 轻小型起重设备
    - 千斤顶
    - 手扳葫芦
    - 手拉葫芦
    - 电动葫芦
  - 桥式起重机
    - 龙门起重机
      - 轨道龙门起重机
      - 轮胎龙门起重机
    - 悬挂梁式起重机
    - 通用桥式起重机
    - 装卸桥
      - 多用途装卸桥
      - 抓斗装卸桥
      - 集装箱装卸桥
  - 臂架类起重机
    - 缆索起重机
    - 桅杆起重机
    - 甲板起重机
    - 流动起重机
      - 汽车起重机
      - 轮胎起重机
      - 履带起重机
    - 浮式起重机
    - 固定旋转臂式起重机
    - 门座起重机
      - 港口门座起重机
      - 水工门座起重机
      - 船台起重机
      - 安装门座起重机
      - 多用途门座起重机
  - 升降机

图 4－32　起重机械的分类

1. 轻小型起重设备

轻小型起重设备的特点是轻便、结构紧凑，动作简单，作业范围投影以点、线为主。轻小型起重设备，一般只有一个升降机构，它只能使重物做单一的升降运动。属于这一类的有千斤顶、滑车、手（气、电）动葫芦、绞车等。电动葫芦常配有运行小车与金属构架以扩大作业范围。

2. 桥式起重机

桥式起重机的特点是可以使挂在吊钩或其他取物装置上的重物在空间实现垂直升降或水平运移。桥式起重机包括起升机构和大、小车运行机构。依靠这些机构的配合动作，可使重物在一定的立方形空间内起升和搬运。桥式起重机、龙门起重机、装卸桥、冶金桥式起重机、缆索起重机等都属此类。桥式起重机适用于车间、仓库、露天堆场等场所。

3. 臂架式起重机

臂架式起重机的特点与桥式起重机基本相同。臂架式起重机包括起升机构、变幅机构、旋转机构。依靠这些机构的配合动作，可使重物在一定的圆柱形空间内起重和搬运。臂架式起重机多装设在车辆上或其他形式的运输（移动）工具上，这样就构成了运行臂架式旋转起重机，如汽车式起重机、轮胎式起重机、塔式起重机、门座式起重机、浮式起重机、铁路起重机等。这种起重机具有良好的机动性，可适用于码头、货场、工厂等场所。

4. 升降机

升降机的特点是重物或取物装置只能沿导轨升降。升降机虽只有一个升降机构，但在升降机中，还有许多其他附属装置，所以单独构成一类，它包括电梯、货梯、升船机等。

除此以外，起重机还有多种分类方法。例如，按取物装置和用途分类，有吊钩起重机、抓斗起重机、电磁起重机、冶金起重机、堆垛起重机、集装箱起重机等；按运移方式分类，有固定式起重机、运行式起重机、自行式起重机、拖引式起重机、爬升式起重机、便携式起重机、随车起重机等；按驱动方式分类，有支承起重机、悬挂起重机等；按使用场合分类，有车间起重机、仓库起重机、储料场起重机、建筑起重机、工程起重机、港口起重机、船厂起重机、坝顶起重机、船上起重机等。

二、起重机的基本参数

起重机的主要参数是表征起重机机械性能特征的指标，是设计和选择起重机的基本技术依据，是起重机安全技术要求的重要依据。起重机的主要参数有以下几种。

共同主要技术参数：额定起重量、有效起重量、总起重量、起重高度、起重机工作级别。

臂架式起重机主要技术参数：幅度、起重力矩、起重倾覆力矩、起升速度、变幅速度、行走速度、旋转速度。

桥式起重机与门式起重机的主要技术参数：跨度、轨距、基距。

（一）起重量

起重机在正常工作条件下允许吊钩吊起重物的最大质量称为起重量，用 Q 表示，单位为吨（t）。起重机采用抓斗、电磁吸盘、集装箱吊具或其他吊具作业时，它们的质量应包括在起重量之内。某些臂架类起重机随着工作条件（如幅度、臂架长度、有无支腿等）不同，起重量是不相等的。对于某些起重机（如塔式起重机）起重量还应包括吊具的质量和从臂架头部至吊钩滑轮组的钢丝绳的质量。

起重机吊起的重物或物料的净质量称为有效起重量，用 Q_p 表示，同一起重机采用的吊具不同，有效起重量则不同。

起重量应根据起吊重物的类型、单件重物的质量（件货）或生产率（散货）、机械化作业的衔接、两台起重机协同工作的可能性，经综合分析后加以确定。选定起重量时，还应符合起重量的有关标准。

（二）起升高度和下降深度

起升高度是指空载状态下从起重机支承（停放）水平面或运行轨道顶面向上至吊具最高工作位置（采用吊钩时算到它的支承表面，采用抓斗或其他吊具时算到它们的最低点）之间的垂直距离，用 H 表示，单位为米（m）。同一起重机使用吊钩和抓斗作业时可取成不同的起升高度。桥式起重机的起升高度从地平面算起。浮式起重机的起升高度指最大幅度下满载起升时从水平面至吊具最高工作位置之间的垂直距离。轮胎起重机起升高度随臂架长度和臂架倾角的不同而不同。

下降深度是指空载状态下从起重机支承（停放）水平面或运行轨道顶面向下至吊具最低工作位置之间的垂直距离，用 h 表示，单位为米（m）。

起升高度应根据重物所需的最大提升高度、吊具高度和悬挂钢丝绳最小安全长度来确定。对港口码头起重机和浮式起重机，应考虑船倾、潮位、船舶空载和满载对起升高度的影响。下降深度应根据吊具在最低潮位、满载船舶时能取到舱底货物来确定。

（三）幅度

回转起重机幅度是指回转起重机水平停放条件下空载吊具铅垂中心线至回转中心线之间的水平距离，用 R 表示，单位为米（m）；非回转起重机幅度为空载吊具铅垂中心线至臂架下铰点之间的水平距离；非回转浮式起重机幅度为空载吊具铅垂中心线至船首护木外侧间的水平距离。起重机的名义幅度是指它的最大幅度。

港口起重机的最大幅度 R_{max} 根据轨道布置、作业船最大宽度、是否要求过驳作业等条件来确定。最小幅度 R_{min} 由起重机构造和安全要求确定，应力求减小。轮胎起重机幅度按要求的作业范围确定。

（四）外伸距

外伸距是指桥架型起重机悬臂侧轨道中心线至悬臂端吊具铅垂中心线之间的最大水平距离，用 L 表示，单位为米（m）。岸边集装箱起重机和桥式抓斗卸船机水侧（海侧）的外伸距称为前伸距，用 L_1 表示；陆侧的外伸距称为后伸距，用 L_2 表示。

前伸距根据岸边轨道布置、船宽、是否要过驳作业等条件来确定；后伸距则取决于作业要求和现场条件。

（五）跨度和轨距

桥架型起重机运行轨道中心线之间的水平距离称为跨度，用 L 表示，单位为米（m）。桥式起重机的跨度取决于厂房跨度，表 4－1 中列出了 GB 790—1965 规定的电动桥式起重机跨度系列。门式起重机和装卸桥的跨度根据作业要求确定，表 4－2 中所列的跨度，供选用者参考。

表 4－1 电动桥式起重机跨度系列（GB 790—1965） 单位：m

厂房跨度	9	12	15	18	21	24	27	30	33	36
Q=3～50t	7.5	10.5	13.5	16.5	19.5	22.5	25.5	28.5	31.5	
	7	10	13	16	19	22	25	28	31	
Q=80～250t				16	19	22	25	28	31	34

注：①3～50t 起重机，当厂房梁上留有安全走道时，按第三行所列的跨度选取；

②在同一轨道上，有 80t 以上的起重机，也有 50t 以下的起重机时，起重机跨度按 80t 以上的起重机选取；

③同一跨度内有两层起重机时，表中值只适用于上层起重机，下层起重机跨度值应为 0.5m 的整数倍。

表 4-2　门式起重机、装卸桥的跨度　　单位：m

机型	跨度				
通用门式起重机	18	22	26	30	35
装卸桥	40	50	60	70	80

臂架型起重机运行轨道中心线之间的水平距离称为轨距，用 S 表示，单位为米（m）。港口门座起重机的标准轨距由门座跨越铁道线的数目而定，有 6m、10.5m 和 16m 等几种。选取轨距时应考虑起重机的最大轮压稳定性的控制要求。桥架型起重机小车运行轨道中心线之间的水平距离称为小车轨距，由小车的结构布置而定。

岸边集装箱起重机和桥式抓斗卸船机中大车运行轨道中心线之间的水平距离，习惯上也称为轨距。轮胎起重机中左右两侧轮胎踏面中心线之间的水平距离称为轮距。当驱动桥两侧采用双胎时，轮距则为两侧双胎中心线之间的水平距离。

（六）基距（轴距）

基距是指同一轨道上起重机或小车两支承点中心线之间的水平距离，用 B 表示，单位为米（m）。当起重机的运行装置配有均衡梁时，基距则为机架与最大均衡梁连接铰轴之间的水平距离。起重机的基距根据构造布置、轮压和稳定性要求来确定。小车的基距则取决于小车的结构布置；轮胎起重机的基距为前后两组支承轮胎中心线间的水平距离，也称为轴距。轴距由转弯半径、轴荷分配和车架结构尺寸等要求来确定。

（七）尾部半径

起重机尾部半径是指回转起重机中回转部分尾部的最大回转半径，用 r 表示，单位为米（m）。码头起重机的尾部半径通常由用户单位提出，或者根据起重机轨距、岸边轨道布置、船舶上层建筑、多机联合作业等情况来确定。

（八）工作速度

(1) 起升（下降）速度：起升（下降）速度是指起重机吊起额定起重量时吊具匀速上升（下降）的速度，用 V_h 表示，单位为米/分（m/min）。

(2) 回转速度：回转速度是指起重机位于水平面上、最大幅度、吊有额定载重时，起重机回转部分匀速回转时的角速度，常用 n 表示，单位为转/分（r/min）。

(3) 运行速度：起重机（大车）运行速度是指起重机吊有额定载重，在水平路面（或水平轨面）上匀速运行时的速度，用 V_k 表示，单位为米/分（m/min）。对于仅用于调整起重机作业位置的运行，起重机（大车）运行速度是指起重机不带载、在水平路面（或水平轨面）上匀速运行时的速度。小车运行速度是指带有额定载荷的小车在水平轨面上匀速运行时的速度，用 V_t 表示，单位为米/分（m/min）。无轨运行起重机在平坦路面上稳定行驶时的速度称为起重机行驶速度，用 V_0 表示，单位为公里/小时（km/h）。起重机吊有额定载重时平稳行走的速度称为吊重行走速度。

(4) 变幅速度：变幅速度是指臂架型起重机位于水平面上、吊有额定载重变幅时，载重水平移动（不计启制动）的平均速度，用 V_r 表示，单位为米/分（m/min）。某些无轨运行起重机不采用变幅速度作为参数而采用变幅时间，它是指起重机吊有相应于最大幅度的起重量（对工作性变幅）或不带载（对非工作性变幅）时，由最大幅度运动到最小幅度（不计启制动时间）所需的时间，用 t 表示，单位为秒（s）。岸边集装箱起重机和桥式抓斗卸船机前桥架俯仰全过程所耗费的时间（不计启制动时间）称为俯仰时间。

起重机工作速度根据起重量、工作行程、货种、作业效率、机构工作性质和使用要求来确定。回转速度受到臂架端部最大圆周速度（210m/min）的限制。表 4－3 列出了几种港口起重机的工作速度范围。表 4－4 中列出了港口轮胎起重机的参数系列。

表 4－3　几种港口起重机的工作速度范围

机型	起重量（t）	起升速度（m/min）	运行速度（m/min）		回转速度（r/min）	变幅速度（m/min）
			小车	起重机		
港口门座起重机	5～40	30～70	—	25～40	1.0～1.5	40～60
带斗门座起重机	10～16	40～100	—	25～30	1.0～1.5	40～80
装卸用浮式起重机	10～25	7～60	—	—	1.3～1.5	40～60
桥式抓斗卸船机	8～50	40～130①/50～180	75～170	20～30		
岸边集装箱起重机	30.5～50	35～50①/70～120	120～160	25～45		
轮胎式集装箱起重机	40.5	12～13.5	50～70	25		
港口轮胎式起重机	10～40	8～27		14～18②	3～4	7～15
港口固定式起重机	2～35	15～40			1.4～2.0	12～24
低门架门座起重机	3～40	15～56		15～27	1.0～1.6	18～50

注：①分子为提升速度，分母为下降速度；②该运行速度称为行驶速度，单位为 km/h。

表 4－4　港口轮胎起重机基本参数系列（JT/T 82—1994）

参数名称		单位	参数系列
额定起重量	使用支腿	t	8、10、16、25、40、50、63、80、100
	不用支腿		4、8、10、12、16、20、25、40、63
幅度	最大	m	7、8、9、10、11、13、15、18、24、30
	最小		1.0、1.5、2.0、2.5、3.0、3.5、4.0
最大起升高度		m	8、10、14、15、18、24、30、40、50、60
起升速度（满载）		m/min	5、8、10、20、30、40、60、80
变幅时间		s	15、20、25、30、35、40、45、50、60、90
回转速度（满载）		r/min	0.5、1.0、1.5、2.0、2.5、3.0、3.5、4.0、4.5、5.0
行驶速度（空载）		km/h	7、9、12、15、18、20、40、60

（九）最大轮压

最大轮压是指起重机（或起重小车）的一个车轮传递到轨道或地面上的最大垂直载荷，用 P 表示，单位为千牛（kN）。最大轮压值是设计计算支承基础和运行机构的重要依据。设计一台工作在原有轨道基础上的新的起重机，必须把最大轮压控制在现有轨道基础承载能力的容许范围之内。轮胎起重机支腿全伸进行起重作业时，一个支腿座传递给地面的最大法向作用力称为外伸支腿最大压力。目前，我国港口钢筋混凝土码头允许的最大轮压通常在 250～400kN。

（十）生产率

生产率是指起重机在规定装卸条件下每小时装卸货物的总质量，单位为吨/时（t/h），或每小时装卸的标准集装箱箱数，单位为 TEU/h。起重机生产率与有效起重量、工作行程、工作速度、机构的协同工作程度和物料类别有关，它是起重机的综合技术指标。实际生产率还取决于生产条件和操作者的熟练程度。起重机在特定条件下短时间内能达到的最大生产率称为尖峰生产率，用以校核散料输送系统设备的通过能力。起重机在某一特定设计工况下达到的生产率称为设计生产率，又称额定生产率。

（十一）起重机的工作级别

工作级别是表征起重机工作特性的一个重要概念。其划分原则是以起重机的寿命为标准，在荷载不同、作用频次不同的情况下，具有相同寿命的起重机划分在同一级别。划分工作级别的目的是为设计、制造和用户的选用提供合理、统一的技术基础和参考标准，进而取得较好的安全和经济效果，使起重机的工作状态得到比较准确地反映。

起重机的工作级别是考虑起重量和时间的利用程度以及工作循环次数的工作特性。它是按起重机利用等级（整个设计寿命期内，总的工作循环次数）和载荷状态划分的。起重机按起升载荷状态级别分为轻、中、重、特四级（Q1～Q4）；起重机按利用等级分为 U0～U9 十级。起重机工作级别，也就是金属结构的工作级别，按主起升机构确定，分为 A1～A8 级。

这里，需要指出，起重机工作级别与起重机的起重量是两个不同的概念。起重量是指一次被起升物料的质量，工作级别是起重机综合工作特性参数。起重量大，工作级别未必高；起重量小，工作级别未必低。即使起重量相同的同类型起重机，只要工作级别不同，则零部件的安全系数就不相同。如果仅仅看起重吨位而忽略工作级别，使工作级别低的起重机频繁、满负荷使用，那么就会加速易损零部件报废，使故障频发，甚至引起事故。

三、常用的起重机

（一）桥式起重机

桥式起重机一般由桥架、起重小车、大车运行机构、司机室（包括操纵机构和电气设备）四大部分组成，如图 4 - 33 所示。

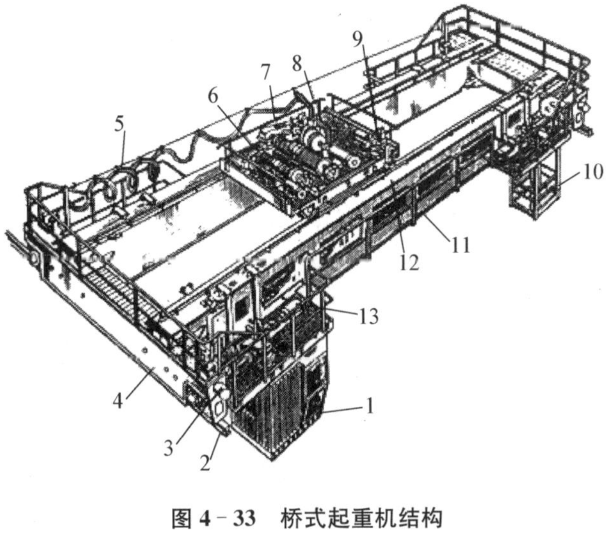

图 4 - 33 桥式起重机结构

1—司机室；2—大车轨道；3—缓冲器；4—大梁；5—电缆；6—副起升机构；7—主起升机构；8—起重小车；9—小车运行机构；10—检修吊笼；11—走台栏杆；12—主梁；13—大车运行机构

桥式起重机用吊钩、抓斗或电磁盘来装卸货物，吊运方式由大车的纵向运动、小车的横向运动，以及起升机构的升降运动所组成。这些运动构成了一个长方形的、大范围的作业空间。桥式起重机的主要技术参数有起重量 G、起升高度 H、跨度 S、工作速度 v（包括起升速度、大车运行速度、小车运行速度）、起重机工作组别等。

1. 桥式起重机的应用场合

桥式起重机是拥有量最大和使用范围最广的一种轨道运行式起重机。其数量占各种起重机总数量的60%～80%，额定起重量从几吨到几百吨。桥式起重机起重量大、速度快、作业面辐射大、效率高、通用化程度高，常用于仓库及生产车间的装卸搬运作业。但由于桥式起重机需在装卸作业场地修建桥墩，建造费用较高，作业上不够方便，再加上其只能在跨度范围内布置货位，货位面积较小。在一些场合，桥式起重机有被龙门起重机取代的趋势。

2. 桥式起重机的种类

桥式起重机的类别很多，按桥架结构不同可分为单梁和双梁桥式起重机两种。

(1) 单（主）梁桥式起重机：单梁桥式起重机是具有一根主梁的桥式起重机，起重小车常以手拉葫芦、电动葫芦作为起升机构部件装配而成，如图 4－34 所示。手动单梁桥式起重机各机构的工作速度较低，起重量较小，自身质量小，成本低，便于组织生产，适用于搬运量不大、对速度与生产率要求不高的场合。电动单梁桥式起重机的工作速度、生产率较手动的高，起重量也较大。

图 4－34　单（主）梁桥式起重机

(2) 双（主）梁桥式起重机：双梁桥式起重机是具有两根主梁的桥式起重机，如图 4－35 所示。双梁桥式起重机通常由起升机构、大车运行机构、小车运行机构、桥与小车架等组成，特别适合于输送大悬挂跨度和大起重量的平面范围物料。

图 4－35　双（主）梁桥式起重机

3. 桥式起重机的特点

(1) 与其他类型起重机相比，桥式起重机本身无支腿，稳定性较好。工作速度较高，单机生产率高。

(2) 桥式起重机由电动机提供动力，而且电动机的故障率远远低于内燃机。各机构分别驱动，传动方法简单，使用、保养、维修方便。

(3) 桥式起重机的桥墩是一种永久性建筑物，给货场的扩建、改建带来困难。受桥墩限制，桥吊主架无法带悬臂，不仅货位得不到充分利用，也给装卸作业带来影响。

（二）门式起重机

门式起重机是桥式起重机的一种变形，主要用于室外的货场、散货料场的装卸作业。它的金属结构像门形框架，承载主梁下安装两条支脚，可以直接在地面的轨道上行走，主梁两端可以具有外伸悬臂梁。门式起重机具有场地利用率高、作业范围大、适应面广、通用性强等特点。

1. 按门框结构形式分类

分为门式起重机和悬臂门式起重机，门框结构形式如图 4－36 所示。

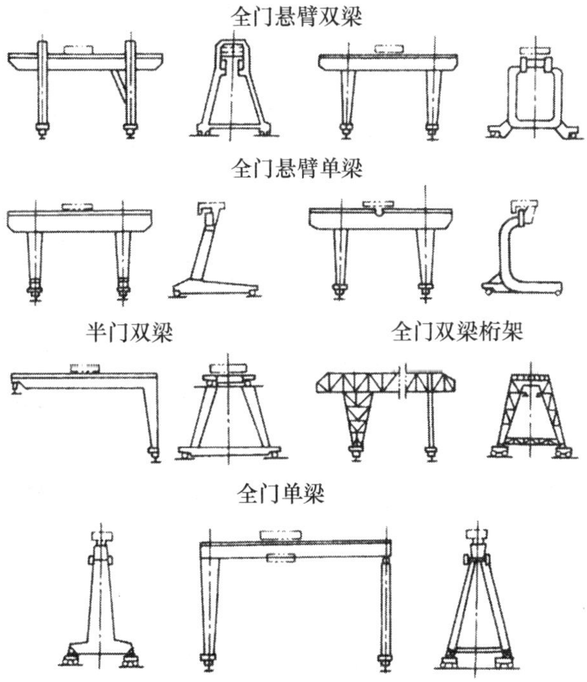

图 4－36 门架结构形式

门式起重机：全门式起重机（主梁无悬伸，小车在主跨度内进行）、半门式起重机（支腿有高低差，可根据使用场地的土建要求而定）。

悬臂门式起重机：双悬臂门式起重机（最常见的一种结构形式，其结构的受力和场地面积的有效利用都是合理的）、单悬臂门式起重机（这种结构形式往往是因场地的限制而被选用）。

2. 按主梁形式分类

单主梁门式起重机：其结构简单，制造安装方便，自身质量小，主梁多为偏轨箱形架结构，如图 4－37 所示。与双主梁门式起重机相比，整体刚度要弱一些。因此，当起重量 $Q \leqslant 50t$、跨度 $S \leqslant 35m$ 时，可采用这种形式。单主梁门式起重机门腿有 L 形和 C 形两种形式。L 形的制造安装方便，受力情况好，自身质量较小，但是，吊运货物通过支腿处的空间相对小一些。C 形的支脚做成倾斜或弯曲形，目的在于有较大的横向空间，以使货物顺利通过支脚。

图 4－37 单主梁门式起重机

双主梁门式起重机：其承载能力强，跨度大、整体稳定性好，品种多，但自身质量与相同起重量的单主梁门式起重机相比要大些，造价也较高。

3. 按主梁结构分类

桁架梁式门式起重机：使用角钢或工字钢焊接而成的结构形式，如图 4－38 所示。优点是造价低，自重轻，抗风性好。但是由于焊接点多和桁架自身的缺陷，桁架梁也

图 4－38 桁架梁式门式起重机

具有挠度大、刚度小、可靠性相对较低、需要频繁检测焊点等缺点。适用于对安全要求较低、起重量较小的场地。

箱梁门式起重机：使用钢板焊接成箱式结构，如图 4 - 39 所示。其具有安全性高，刚度大等特点，一般用于大吨位及超大吨位的门式起重机。

图 4 - 39　箱梁门式起重机

蜂窝梁门式起重机：一般指“等腰三角形蜂窝梁”，主梁端面为三角形，两侧斜腹上有蜂窝孔，上下部有弦杆，如图 4 - 40所示。蜂窝梁吸收了桁架梁和箱梁的特点，较桁架梁具有较大的刚度，较小的挠度，可靠性也较高。但是由于采用钢板焊接，自重和造价也比桁架梁稍高。适用于使用频繁或起重量大的场地或货场。由于这种梁型为专利产品，因此生产厂家较少。

图 4 - 40　蜂窝梁门式起重机

工作中，门式起重机外部尺寸与堆场的货物及运输车辆通道之间应留有一定的空间尺寸，以利于装卸作业。一般运输车辆在跨度内装卸时，应保持与门腿有 0.7m 以上的间距。吊具在不工作时应与运输车辆有 0.5m 以上的间距，货物过门腿时，应有 0.5m 以上的间距。

（三）门座起重机

门座起重机是一种典型的回旋转臂架类有轨运行式起重机。门座起重机外形像一座门，所以称为门座起重机，如图 4 - 41 所示。门座起重机广泛用于港口、码头的货物装卸，以及造船厂的施工和安装及大型水电站的建设工程中。

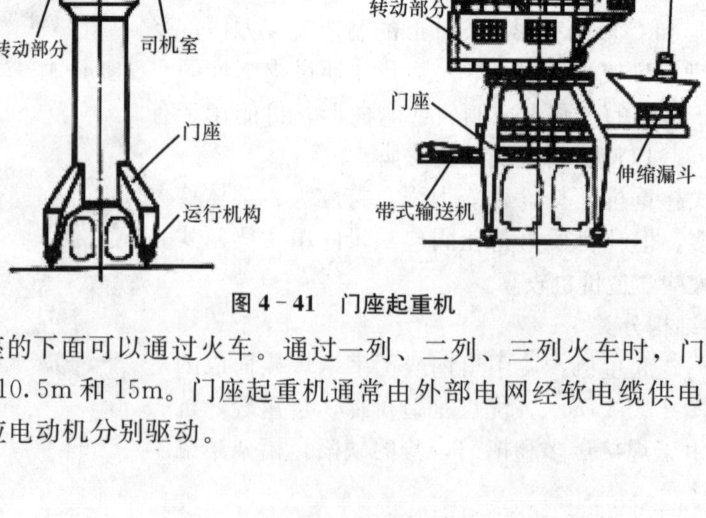

图 4 - 41　门座起重机

在门形机座的下面可以通过火车。通过一列、二列、三列火车时，门座起重机的轨距分别为 6m、10.5m 和 15m。门座起重机通常由外部电网经软电缆供电，运行机构一般采用三相感应电动机分别驱动。

1. 门座起重机的构造

门座起重机大体上由以下几部分组成。

(1) 结构部分：包括臂架系统、人字架、旋转平台、司机室、门架等。

(2) 机构部分：包括起升机构、变幅机构、旋转机构、运行机构。

(3) 电气部分：起重机一般通过电缆卷筒或地沟滑线供电，电气部分一般包括电线电缆、中心集电器、电动机、变压器、电阻器、控制柜、操纵台、照明等。

(4) 安全装置部分：包括限位装置、超载限制器、缓冲器、防风抗滑装置等。

2. 门座起重机的特点

(1) 工作机构具有较高的运动速度。起升速度可达 70 米/分，变幅速度可达 55 米/分。

(2) 额定起重能力范围很宽。一般在 5～100 吨，造船用的门座起重机，起重量范围则更大，现已达到 150～250 吨。

(3) 使用效率高。每昼夜可工作 22 小时，台时效率也很高。一般每小时可达 100 吨以上。

(4) 结构是立体的。不多占用码头、货场的面积，具有高大的门架和较长距离的伸臂，因而具有较大的起升高度和工作幅度，能满足港口码头船舶和车辆的机械化装卸、转载以及充分使用场地的要求。

(5) 造价高。需用的钢材多，需要较大的电力供给，一般轮压较大，需要坚固的地基，附属设备也比较多，如变电所、电缆等。

(四) 流动式起重机

流动式起重机一般由上车和下车两部分组成。回转支承以上的部分可以回转，称为上车；回转支承以下部分称为下车。流动式起重机按运行部分的结构不同，可分为汽车起重机、轮胎起重机、全地面起重机、履带起重机等。其中，轮胎起重机、汽车起重机拥有量大，使用普遍。

1. 汽车起重机

汽车起重机是装在普通汽车底盘或特制汽车底盘上的一种起重机，此种起重机一般备有上、下车两个操纵室，在行驶状态和起重作业状态时分别使用不同的驾驶室，如图 4-42 所示。

图 4-42　汽车起重机

其优点是机动性好，转移迅速，到达作业场地后能迅速投入工作，大多数只能在左右两侧和后方作业。缺点是工作时须支腿，不能负荷行驶，也不适合在松软或泥泞的场地上工作，越野性能差，且车身长，转弯半径大，通过性能较差，起重量较小。但因其机动灵活，可快速转移的特点，现已成为我国流动式起重机中使用量最多的起重机。

2. 轮胎起重机

轮胎起重机采用专门设计的轮胎底盘，轮距较宽，稳定性好，可前后左右四面作业，在平坦的地面上可不用支腿负载行驶。在国外，轮胎起重机特别是越野轮胎起重机使用越来越广泛，大有取代汽车起重机的趋势，如图 4 - 43 所示。

图 4 - 43　越野轮胎起重机

轮胎起重机的主要特点是：其行驶驾驶室与起重操纵室合二为一，作业稳定，起重量大，可在特定范围内吊重行走。

3. 全地面起重机

全地面起重机是集汽车起重机和越野轮胎起重机的优点于一体的高性能起重机，如图 4 - 44 所示。全地面起重机的操作和汽车起重机一样，行驶操作在下车的驾驶室里，起重操作在上车的操纵室里。全地面起重机底盘为越野型底盘，悬挂方式为油气悬挂，在不同路面行驶时，悬挂系统均可自动调平车架，并可根据需要升高和降低车架高度，以提高行驶性能和通过能力。底盘还采用多桥驱动和全桥转向，转弯半径小，可蟹形行走，能适应不同工作环境的要求。全地面起重机具有越野性能好、行驶速度高、起重重量范围大等特点，起重量为 8～1 000 吨、底盘的车轴数为 2～10 根，可 360°回转作业，在平坦坚实的地面可不用支腿吊重，能够吊重行驶等，是轮胎式起重机的发展方向，但其价位较高，目前还不被国内大多数用户所接受。

图 4 - 44　全地面起重机

4. 履带起重机

履带起重机是使用履带底盘，靠履带装置行走的起重机，如图 4 - 45 所示。

履带起重机的主要特点是：其行驶驾驶室与起重操纵室合二为一，接地面积大，对地面的平均压力较小，稳定性好，可在松软、泥泞地面作业；牵引系数高、爬坡度大、可在崎岖不平的场地上行驶；但履带起重机行驶速度慢，而且行驶过程要损坏路面，因此转场作业时需要通过平板拖车装运，机动性差。

图 4 - 45　履带起重机

知识拓展

装卸搬运设备配置优化

装卸搬运设备能力的配置直接关系到仓库、配送中心等场所的作业效率和经济效益。以间歇性装卸搬运设备为例，考虑不同装卸搬运设备之间的配套问题，结合仓库、配送中心的作业流程等方面来探讨装卸搬运设备的配置优化问题。

一、装卸搬运设备配置的原则

为保证装卸搬运设备系统的高效、经济，在进行设备配置时应考虑以下原则：

1. 适用性与先进性相结合

装卸搬运作业的类型、作业环境、作业量、搬运距离、货物本身的物理化学性质等决定了装卸搬运设备的类型、额定作业能力和数量。装卸搬运设备的配置，必须以能够适应作业的需求为基本原则。仓库的作业量大、作业频繁时，需要充分掌握作业发生的规律，考虑配备作业能力较高的大型专用机械设备；作业量小、作业不频繁时，只要根据作业量的平均水平，配备构造简单、造价低廉而又能保持相当作业能力的中小型通用机械设备即可。

此外，装卸搬运设备都有一定的经济寿命，因此在配置设备时，还要充分考虑仓库或配送中心未来的发展和技术的进步，使设备能够在其经济寿命周期内保持适当的技术先进性和作业能力空间。

设备配置就是要在设备的适用性和先进性之间寻找一个适当的均衡点，使设备既能满足需求，又不因为配置过高导致投资过大及作业能力的浪费。

2. 经济性原则

经济性是衡量装卸搬运系统的重要指标。装卸搬运是一个不直接产生经济效益的物流作业环节，装卸搬运设备的购置成本和使用及维修保养成本就直接反映了该环节的经济效益。设备配置的目标就是在满足作业需求和合理的技术先进性的前提下，实现设备在整个购置、安装、运行、维修、改造、更新，直至报废的全过程内的总成本最小，即设备的全寿命周期成本（Life Cycle Cost，LCC）最小。

3. 系统化原则

装卸搬运设备的配套，是保证前后作业相互衔接、相互协调，保证装卸搬运工作连续稳定进行的重要条件。因此，在进行设备配置时，还要对整个装卸搬运系统进行流程分析，充分考虑各个作业工序之间的衔接，以使配置的设备相互适应，减少作业等待时间，提高作业效率。在新建仓库和配送中心时，应将搬运设备的配置与仓库的布局、设施的规划设计同时考虑，使装卸搬运设备与场地条件、周边辅助设备相匹配，这样才能够实现仓储作业的整体最优。

二、优化装卸搬运设备配置的步骤

1. 作业流程分析

仓库或配送中心的作业流程分析，是明确作业类型、作业环节之间的衔接关系，进而确定装卸搬运设备类型，明确各装卸搬运设备之间的配比关系的必要环节。在这一步骤中，需要明确仓库的布局、货物的出入库流程和库内作业流程，确定各环节中所需设备的基本类型，如是否需要吊车作业、需要何种类型的叉车、是否需要连续输送设备等。

2. 设备类型分析

在作业流程分析的基础上需要进一步明确各种装卸搬运设备的类型。如需要吊车作业，要明确使用的吊车类型，如塔吊、龙门吊、汽车吊等。各种叉车的类型也需要明确，针对其动力装置，即叉车的结构和用途明确所需叉车的类型，如手动叉车、电动叉车、内燃叉车的选择。

3. 设备品牌选择

设备品牌选择是设备配置优化中的重要环节，通过对各种装卸搬运设备品牌的初步选择，可以大大减少最优配置的搜索范围，提高优化模型的效率。在设备的品牌选择中，需要对供应商的资质、设备的各种技术参数、作业性能等进行综合评价，并可以结合现场操作人员的口碑，对设备品牌和供应商初步进行筛选，确定备选的设备品牌与供应商的范围。

完成以上工作之后，就可以进入设备配置优化的下一步工作——建立优化配置模型。

思考与练习

一、判断题

1. 跨度与幅度都是表示起重机工作范围的参数。（　　）

2. 起重机的工作级别又称工作类型，它是表示起重机及其机构工作繁忙程度和载荷状态的参数。（　　）

3. 轮胎起重机与汽车起重机相比，一个突出特点是轮胎起重机在一定条件下，能带载行走，增加了机动灵活性。（　　）

4. 起重机主要由驱动装置、工作机构、金属结构和安全保护装置组成。（　　）

5. 通用桥式起重机又称“行车”“天车”。（　　）

6. 起重机的工作级别越高，代表它的起重重量越大。（　　）

7. 门式起重机按门框结构可分为全门式和半门式两种。（　　）

8. 通常把跨度大于 35、起重量大于 40 的门式起重机称为装卸桥。（　　）

二、单项选择题

1. 下列不属于装卸搬运设备的是（　　）。

A. 分拣设备　　B. 托盘

C. 起重堆垛设备　　D. 带式输送机

2. 下列不属于装卸搬运技术装备应用特点的是（　　）。

A. 适应性强　　B. 单位成本高

C. 设备能力强　　D. 机动性较差

3. 门式起重机属于（　　）。

A. 轻小型起重机　　B. 桥式起重机

C. 臂架类起重机　　D. 堆垛类起重机

4. 反映起重机械工作繁忙程度和载荷轻重程度的参数是（　　）。

A. 工作级别　　B. 轮压

C. 起重力矩　　D. 起升高度

5. 适合于窄通道作业，有利于装搬条形货物的叉车是（　　）。

A. 内燃式叉车　　B. 电动式叉车

C. 插腿式叉车　　D. 侧面式叉车

三、多项选择题

1. 下列属于臂架类起重机械的有（　　）。

A. 桅杆起重机　　B. 甲板起重机

C. 流动起重机　　D. 门座起重机

E. 浮式起重机

2. 起重机的工作速度有（　　）。

A. 起升速度　　B. 变幅速度

C. 旋转速度　　D. 变频速度

E. 下落速度

3. 属于轻小型起重设备的是（　　）。

A. 卷扬机　　B. 千斤顶

C. 滑车　　D. 手动葫芦

E. 滑车组

4. 起重机械按重量及运动方式分为（　　）三类。

A. 轻小型起重设备　　B. 桥式起重机

C. 臂架类起重机　　D. 门式起重机

E. 门座式起重机

5. 门座式起重机上的四大机构是指（　　）。

A. 提升机构　　B. 变幅机构

C. 旋转机构　　D. 行走机构

E. 变压机构

6. 起重机的取物装置包括（　　）。

A. 吊钩　　B. 抓斗

C. 吸盘　　D. C形卷钢吊具

E. 吸锟

7. 选择起重机机械类型应参考的依据包括（　　）。

A. 装卸搬运场所　　B. 货物种类与特点

C. 作业性质　　D. 作业人员的作业习惯

E. 货物的重量与体积

四、简答题

1. 简述叉车的基本组成及各部分的作用。

2. 如何确定叉车的负载能力和通道宽度？

3. 起重机的主要技术参数有哪些？各表示什么含义？

第五章

集装技术与装备

内容提示：

物流标准化是现代物流的重要特征，集装单元化是物流机械化、自动化的基础。本章主要介绍集装单元化的概念、集装单元化的基本原则、集装单元化的器具；重点介绍托盘、集装箱的类型、特点、应用场合、使用方法；港口集装箱码头的组成、集装箱的装卸搬运机械及装卸搬运工艺。

学习目标：

1. 掌握托盘与集装箱的概念、类别、规格及运用。
2. 理解集装箱装卸搬运专用设备的类型、工作特点。
3. 了解集装箱码头装卸搬运系统的装卸搬运工艺、组成设备与运作特点。

素养目标：

集装单元化就是以集装单元为基础组织的装卸、搬运、储存和运输等物流活动的方式。集装单元化是物流现代化的标志，其实质就是要形成集装单元化系统，即由货物单元、集装器具、物料搬运技术装备设备和输送设备等组成的，为高效、快速地进行物流功能运作的系统；集装单元化技术是物流系统中的一项先进技术，它适合于大批量、长距离输送和机械化大生产，是一种便于采用自动化管理的现代科学技术。它是现代化大生产、大流通中将自动化装置运用于物流活动的产物，它的生命力在于科学技术的发展。通过本单元的学习，培养学生解放思想、求真务实、积极探索、勇于创新的科学精神。

集装单元化是以集装单元为基础组织的装卸、搬运、储存和运输等物流活动的方式。集装单元化系统是由货物单元、集装器具、装卸搬运设备和输送设备等组成的高效、快速进行物流服务的人工系统。

集装单元化技术改变了过去对包装、装卸、储存、运输等各管一段的做法，能大幅度降低物流费用，使传统的包装方法和装卸搬运工具发生了根本变革，是物流现代化的重要标志。

第一节　集装技术概述

一、集装的含义与特点

（一）集装的含义

集装是把若干物品或将零散货物恰当地组合包装，达到适合于装卸、存放、搬运及机械操作的形式。集装既是一种包装形式，又是一种运输或储存形式。集装贯穿了物流的全过程并发挥作用，如图 5-1 所示。

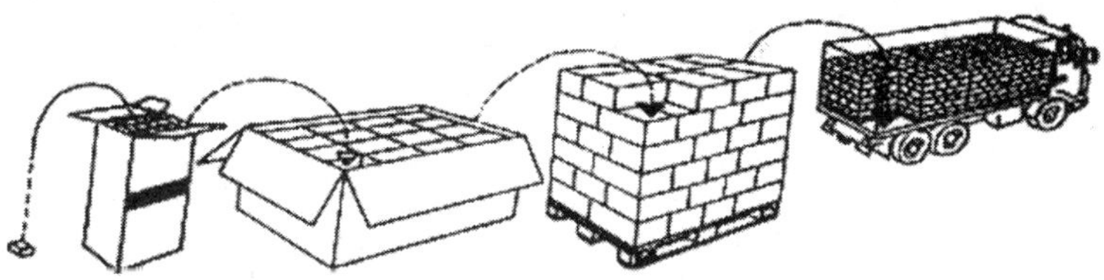

图 5-1　集装

集装单元就是把一定的物料整齐地集结成一个便于储放、搬运和运输的单元。

集装单元化就是以集装单元为基础组织的装卸、搬运、储存和运输等物流活动的方式。

集装单元化技术是物流管理硬技术（物流设备、器具及随属器具等）与软技术（为完成物流作业的系列方法、程序和制度等）的有机结合。采用集装单元化技术，使物流费用大幅降低的同时，也使传统的包装方法和物料搬运技术装备工具发生根本变革。例如，集装箱本身就成为包装物和运输工具，改变了过去那种对包装、装卸、储存、运输等按功能各管一段的做法。集装单元化技术是提高物流合理化，综合规划、改善物流机能的有效技术。

集装系统是以集装方式进行全物流过程各项活动并对此进行综合、全面管理的物流形式，是许多物流活动的总称。集装单元化系统的基本要素包括工具要素、管理要素和集装系统的社会环境支撑要素。集装系统的工具要素主要由各种集装工具及配套工具构成，如集装箱、托盘、网络、集装袋、滑板、散装罐、仓库笼等。这些工具的主要作用是将零杂货物组合成单元货物，并以这些工具为承托物，以单元货物为整体进行物流活动。

（二）集装单元化的特点

（1）通过标准化、通用化、配套化和系统化实现物流功能作业的机械化、自动化。

（2）物品移动简单、重复装卸搬运次数少、作业时间短和效率高。

（3）改善劳动条件、降低劳动强度和提高劳动生产率及物流载体利用率。

（4）物流各功能环节中便于衔接，容易进行物品的数量检验，清点交接简便，减少差错。

（5）货物包装简单，节省包装费用，降低物流功能作业（搬运、存放和运输等）成本。

（6）容易高堆积，减少物品堆码存放的占地面积，能充分灵活地运用空间。

（7）能有效地保护物品，防止物品的破损、污损和丢失。

（8）集装单元化的缺点是作业有间歇，需要宽阔的道路和良好的路面，托盘和集装箱的管理烦琐，设备费一般较高，由于托盘和集装箱自身的体积及重量的原因，物品的有效装载减少。

（三）主要集装单元化器具

集装有若干种方式，在各类方式的交叉领域还有许多非此非彼的集装方式，典型的集装方式和它们之间的变形方式如下：

1. 托盘

最典型的是平托盘，其变形体有柱式托盘、架式托盘（集装架）、笼式托盘（集装笼）、箱式托盘、折叠式托盘、轮式托盘（台车式托盘）、薄板托盘（滑板）等。

2. 集装箱

最典型的是普通集装箱，其变形体有笼式集装箱、罐式集装箱、台架式集装箱、平台集装箱、折叠式集装箱等，许多类集装箱和相应的托盘在形态上区别并不大，但规模相差较大。

3. 集装容器

典型集装容器是集装袋，如图 5-2 所示。其变形体有集装网络、集装罐、集装筒等。

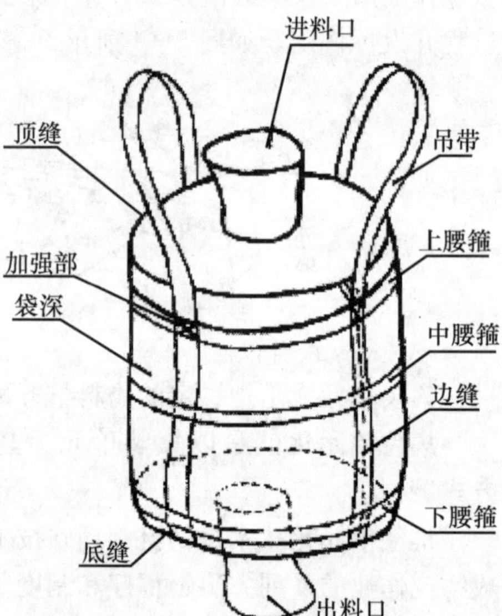

图 5-2　集装袋

4. 集装货捆

集装网络也是货捆的一种变形体。

一般不做特殊解释时，集装主要是指集装箱和托盘。

二、集装单元化的原则和作用

（一）集装单元化的原则

（1）集装单元器具标准化原则。器具标准化是集装单元的基础，能最大限度地减少重复搬运，提高运输效率。器具标准化的内容主要有集装术语的使用和标志方法，集装器具的形式和质量，强度、刚度和耐久性实验方法，等等。集装单元器具标准化有利于提高集装器具的使用性能，节约材料，便于大量生产，有利于维修、管理和更换。

（2）集装单元化的通用化、系统化、配套化原则。

（3）集装单元化的集散化、直达化、装满化原则。

（4）集装单元化的效益化原则。在推广应用集装单元化技术的过程中必须注意集装箱和托盘等集装器具的合理流向及回程货物的合理组织，这样才能充分发挥集装单元化的最大优势。只有随着物流管理技术的不断发展，集装单元化技术才会不断发展和完善，才会实现物流现代化。

（二）集装单元化技术的作用

应用集装单元化技术所带来的效益体现在物流活动中及社会再生产过程中。这里仅以装卸搬运、运输、储存三个方面来说明应用集装单元化技术的效益。

1. 从装卸搬运角度看

（1）物资集装化便于实现装卸搬运机械化，能提高装卸搬运效率。如某港口，一个工班每小时装普通货船大约35吨，采用集装箱装卸则可达400吨，工效能提高11倍以上。

（2）物资集装化能使装卸搬运作业少受或不受气候影响，从而保证车船正常运输。如按常规作业规定，在阴雨天气，一般怕潮湿的货物就要停止装卸，这样就会影响车船的正常运转，打乱车船的调度计划。若采用集装箱运输，在阴雨天气仍可进行装卸搬运作业，从而保证车船正常运转。

2. 从运输角度看

（1）采用集装单元运输能节省包装费用，降低运输成本。如某服装厂出口服装采用挂式集装箱运输，把衣服成套地吊挂在集装箱内，不仅避免了衣服褶皱，而且在三个月内节约包装费用26万元、运输费用23万元。采用集装箱装运电缆、药品、玩具、家具等，可节省包装费用80%。

（2）采用集装单元运输能简化运输手续，减少货损、货差事故，提高货运质量。成件货物在运输过程中，需要经过交付、承运、装卸、到达移交、提运等手续。一节车厢装运的货物少则几件，多则成百上千件，一条海船装载的货物有万件以上。如此多的货物需要很多人进行理货，不但手续繁杂，浪费时间，而且经常发生差错事故。若采用集装箱运货，运输交接不需要逐个清点，只需按集装箱的个数点交即可，交接责任凭铅封移交，这样做既方便，又能节省时间，减少差错，提高货运质量。

（3）采用集装运输能减少散装货物的损失和污染。在货运工作中占很大比重的散装货物，过去采用散装、袋装运输，破损率高，损失污染严重，若采用集装运输便可解决这个问题。

3. 从储存角度看

（1）储存及保管作业采用集装单元化技术便于实现仓库作业的机械化、省力化，从而降低工人的劳动强度。

（2）可实行高层（立体）堆码，提高库容利用率。

（3）便于清点计数和保管，提高保管质量。

（4）能提高货物的活载性指数。

（5）可缓解流转仓库供不应求的矛盾。由于集装箱是个密封容器、雨水不易侵入，货物在箱内存放与在库房存放一样，所以在许多情况下，集装箱还可以代替流转仓库。

三、集装单元化系统简介

（一）集装单元化系统

21世纪的今天，世界各国之间贸易十分频繁，贸易方法也发生了许多改变。伴随着贸易方式的改变，传统物流也发生了重大改变。由以前简单装载运输到现在采购、运输、生产、销售等一系列综合服务；由以前单一运送，到现在全方面服务。作为规模输送的组织形式，集装单元化系统的方法开始被各国所采用。

集装单元化系统是以集装方式进行物流全过程各项活动，并对此进行综合、全面管理的物流形式。集装系统有效地将分散的各项物流活动联结成一个整体，是物流系统化中的核心内容和主要方式。

（二）集装单元化系统的基本要素

1. 工具要素

集装系统的工具主要指各种集装工具及配套工具，如集装箱、托盘、集装网络、集装袋、滑板、散装罐等。这些工具的主要作用是将零杂货物组合成单元货物，并以这些工具为承托物，以单元货物为整体进行物流。这些工具以不同形式进行集装，适用于不同的货物。与这些集装工具配套的还有一些辅助工具，主要有：(1) 装卸辅助工具，如集装的吊具、索具、叉车以及装卸集装的叉车附件属具等；(2) 搬运辅助工具，如在运输设施上移动的托盘移动器等；(3) 包装辅助工具，如集装货载的稳固工具、装箱和出箱工具等。

2. 装置、设施要素

集装系统的装置、设施要素主要有：(1) 集装站、场站、码头。它们是衔接集装运输的节点，如火车集装装运站、集装处理场、集装码头等。在集装站、场站、码头中的活动主要是集装的存放及装卸。(2) 集装装卸装备。主要包括集装箱吊车、托盘叉车、集装箱半挂车、散装管道装卸装备、散装输送传送装备等。(3) 集装运输装备。主要包括集装箱船、集装箱列车、散装罐车等。(4) 集装储存设施。主要包括集装箱堆场、托盘货架、集装货载、立体仓库等设施。

3. 管理要素

集装系统的管理和一般工厂管理、商业管理区别甚大，整个系统也是依靠有效的管理才能形成内在的、有机的联系。由于集装的范畴很广，从地域上来讲，集装货载的运动可能遍及全国甚至全球。因此，管理有很强的特殊性，管理的主要内容有：

(1) 托盘、集装箱的周转管理。托盘、集装箱、集装罐等集装工具一旦发运，如何回收、复用、返空是管理中的一个重大问题。因此，管理上采取集装箱网络、托盘联营等方式，可以比较有效地解决管理问题。

(2) 集装联运经营管理。集装的整个物流过程涉及若干种运输方式、许多部门和站场，因此，必须进行一种有效的协作才能使集装箱联运顺利实现。所以，联运合同、协议、责任等都有其特殊之处。

(3) 集装信息。集装信息是管理中重要的一部分，也是集装系统的独立要素。

4. 支撑要素

集装系统的支撑要素主要包括体制、法律、制度等。

以集装单元化组织的物流形式，可以实现物流的自动化、机械化，从而大大提高物流的作业效率。单元化物流占整个物流供应链中的比例越高，供应链优化的质量也就越好，在提高物流系统运行效率的同时，也大大降低了物流成本，成为物流行业发展的新趋势。

第二节　托　盘

一、叉车托盘的含义与特点

（一）叉车托盘的含义

为了使物品能有效地装卸、运输、保管，将其按一定数量组合放置于一定形状的台面上。这种台面有供叉车从下部插入并将台板托起的叉入口。以这种结构为基本结构的平板台板和所形成的各种集装器具都可统称为托盘。中国国家标准《物流术语》对托盘（pallet）的定义是："在运输、搬运和存储过程中，将物品规整为货物单元时，作为承载面并包括承载面上辅助结构件的装置。"托盘是最基本的物流器具，被物流行业形象地誉为"移动的地面""活动的货台"。

应用于物流领域的叉车托盘简称"托盘"。叉车托盘是一种重要的集装器具，是在物流领域中适应装卸机械化而发展起来的一种集装器具。托盘的发展可以说是与叉车同步的，叉车与托盘的共同使用，形成有效的装卸系统大大地促进了装卸活动的发展，随着装卸机械化水平大幅度提高，长期以来在运输过程中的装卸瓶颈得以解决或改善。所以，托盘的出现也有效地促进了全物流过程水平的提高。

托盘的出现也促进了集装箱和其他集装方式的形成和发展，托盘以其简单、方便的优点在集装领域中颇受青睐。托盘已成为和集装箱一样重要的集装方式，两者形成了集装系统的两大支柱。

（二）叉车托盘的特点

托盘作为一种装卸储运物质的轻便平台，便于利用叉车、搬运车辆或吊车等装卸搬运单元物品或小数量的物品。托盘的主要优点如下：

（1）自重小，用于装卸、运输托盘本身所消耗的劳动较少，无效运输及装卸比运输集装箱少。

（2）返空容易，返空时占用的运力少。由于托盘造价不高，又很容易互相替代，互以对方托盘为抵补，无须像集装箱那样有固定的归属者，也无须像集装箱那样返空，及时返空也比集装箱容易。

（3）装盘容易。装货时不必像集装箱一样深入箱体内部，装盘后可采用捆扎、紧包等技术处理，使用简便。

（4）装载量虽较集装箱小，但也能集中一定数量，比一般包装的组合量大得多。

但是，托盘也有不足之处。托盘的保护性差，对货物的保护性比集装箱差，露天存放困难，需要有仓库等配套设施。

在现代物流系统中，托盘被认为是经济效益较高的运输包装方式之一，它不仅可以简化包装，降低成本，使包装可靠，减少损失，而且易于实现机械化，节省人力，实现高层码垛，充分利用空间。

二、叉车托盘的结构与种类

（一）叉车托盘的结构

托盘是两层面板中间夹以纵梁（或柱脚）或单层面板下设纵梁（垫板或柱脚）组成的一种平闭结构。其结构及各部分名称术语见图 5－3。

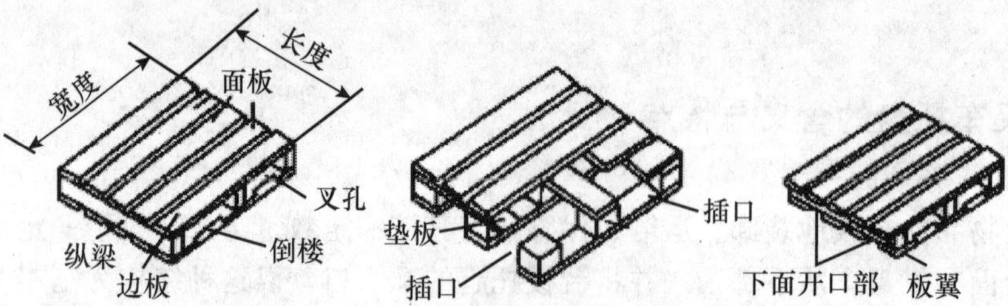

图 5－3　托盘的结构及各部分名称术语

（二）叉车托盘的分类

由于货物的品种繁多，性质不一，规格尺寸多样，形态各异，与之相对应的托盘种类也多种多样。如按托盘材料的不同可分为木托盘、钢托盘、铝托盘、纸托盘、塑料托盘、胶合托盘和复合材料托盘；按结构的不同可分为平托盘、柱式托盘、箱式托盘和轮式托盘等。

1. 平托盘

一般所称托盘，主要指平托盘。平托盘是托盘中使用量最大的一种，是托盘中的通用型托盘，如图 5－4 所示。

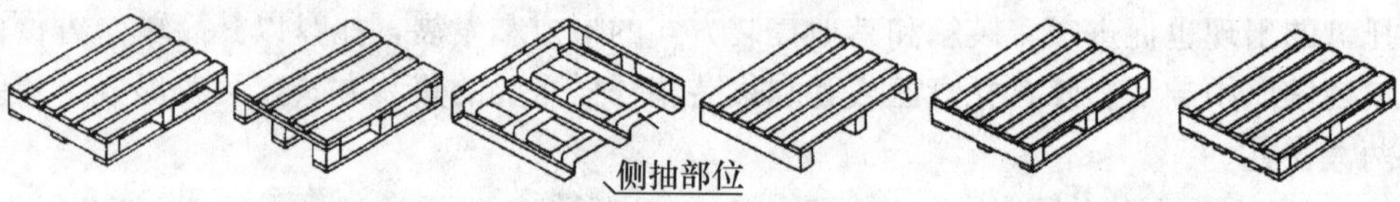

图 5－4　平托盘

（1）按承托货物台面分为单面型、单面使用型和双面使用型、翼型四种。

（2）按叉车叉入方式分为单向叉入型、双向叉入型、四向叉入型三种。四向叉入型，叉车可从四个方向进叉，叉运较为灵活。

（3）按制造材料分类。

①木制平托盘：木制平托盘制造方便，便于维修，本体也较轻，是使用广泛的平托盘，如图 5－5 所示。

②塑料制平托盘：采用塑料模制成平托盘，一般是双面使用型，双向叉入或四向叉入，

如图 5－6 所示。由于塑料强度有限，很少有冀形的平托盘。塑料制平托盘的最主要特点是本体重量轻、平稳美观、整体性好、无味无毒、易冲洗消毒、不腐烂、不助燃、无静电火花、可回收、耐腐蚀性能强、可着各种颜色分类区分，托盘是整体结构、不存在透钉刺破货物的问题。塑料制平托盘是仓储的重要工具，适合周转使用。但塑料承载能力不如钢、木制托盘。

图 5－5　木托盘

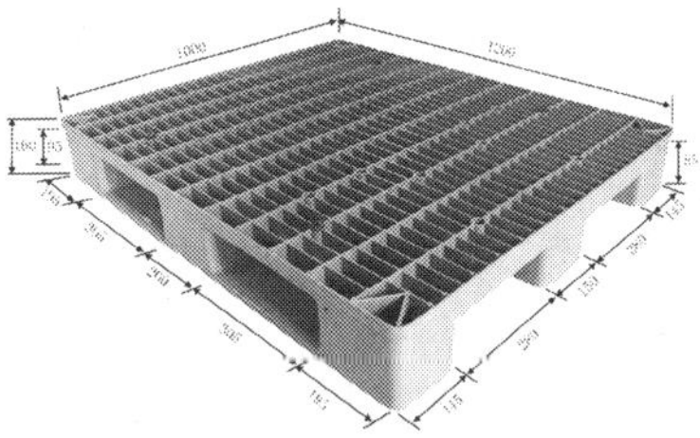

图 5－6　塑料托盘

③钢制平托盘：用角钢等异型钢材焊接制成的平托盘。与木制平托盘一样，也有各种叉入型和单面、双面使用型等各种形式。钢制平托盘自重较重，比木制平托盘重，人力搬运较为困难。随着技术的发展，逐渐开始采用轻钢结构，可使人力方便搬移。钢制平托盘的最大特点是强度高，不易损坏和变形，维修工作量较小。钢制平托盘制成冀形平托盘有优势。这种托盘不但可使用叉车装卸，也可利用两翼套吊具进行吊装作业。钢制托盘如图 5－7 所示。

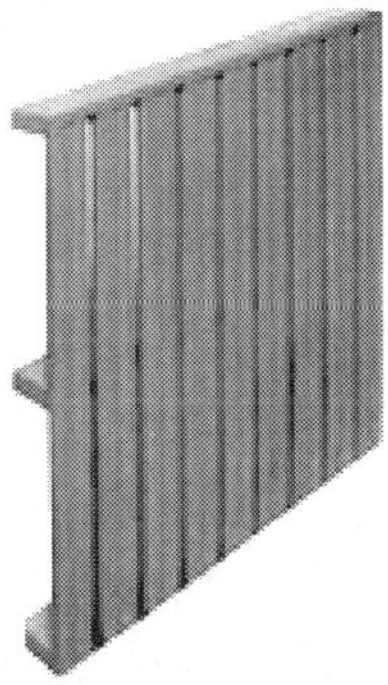

图 5－7　钢制托盘

④蜂窝纸托盘：六边形结构的蜂窝是蜜蜂的杰作，它以最少的材料消耗，构筑成坚固的蜂巢，它的结构具有非凡的科学性。蜂窝纸板就是仿造蜂巢的结构，以纸为基材，用现代化的机电合成技术生产出来的一种蜂窝状的新型材料。它质轻、强度高、刚度好，并具有缓冲、隔振、保温、隔热、隔音等性能。同时它的成本低，适用性广。它广泛应用于包装、储运、建筑业、车船制造业、家具业等，以替代木材、泥土砖、发泡聚苯乙烯（EPS）等。对减少森林砍伐，保护生态环境具有重大意义。蜂窝纸托盘如图 5－8 所示。

⑤高密度合成板托盘（免熏蒸）：用各类废弃物经高温高压，压制而成。再生环保材料具有抗高压、承重性能好、成本低，以及避免传统木托盘的木结、虫蛀、色差、湿度高等特点。它适合各类货物的运输，尤其是重货（化工、金属类等产品）的成批运输，也是替代木托盘的最佳选择。木塑复合材料托盘如图 5－9 所示。

图 5－8　蜂窝纸托盘

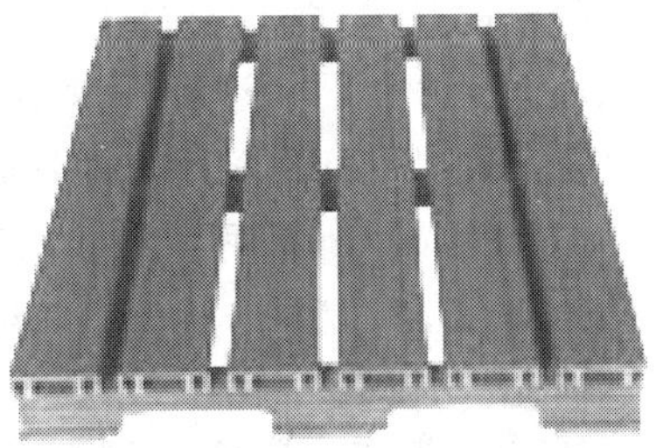

图 5－9　木塑复合材料托盘

2. 柱式托盘

柱式托盘的四个角有固定式或可卸式的柱子，如图 5－10 所示。柱式托盘的柱子部分用钢材制成，按柱子固定与否分为固定柱式和可卸柱式两种。

图 5－10　柱式托盘

柱式托盘的主要作用有两个，一是防止托盘上置货物在运输、装卸等过程中发生塌垛；二是利用柱子支撑承重，可以将托盘货载堆高叠放，而不压坏下托盘上的货物。

3. 箱式托盘

箱式托盘的基本结构是沿托盘四个边由板式、栅式、网式等各种平面组成的箱体，有些箱体有顶板，有些箱体没有顶板，如图 5－11 所示。箱板有固定式、折叠式和可卸式三种。箱式托盘的主要特点：一是防护能力强，可有效防止塌垛，防止货损；二是由于四周护板护栏，托盘装运范围较大，不但能装运可码垛的整齐形状包装货物，也可装运各种异形不能稳定的物品。

图 5－11　箱式托盘

4. 轮式托盘

轮式托盘的基本结构是在柱式、箱式托盘下部装有小型轮子，如图 5－12 所示。这种托盘不但具有一般柱式、箱式托盘的优点，而且可利用轮子做小距离运动实现搬运，还可利用轮子做滚上滚下的装卸，利于货物装放车内、船内。此外，轮式托盘在生产物流系统中，还可以兼做作业车辆。

图 5－12　轮式托盘

5. 特种专用托盘

普通托盘都带有一定通用性，可适装多种中、小件杂、散、包装货物。为了运输某些数量较大的货物，可制出装载效率高、装运方便、适于某种物品、有特殊要求的专用托盘。

（1）航空托盘：航空货运或行李托运用托盘，一般采用铝合金制造，为适应各种飞机货舱及舱门的限制，一般制成平托盘，托盘上所载物品以网络覆罩固定。

（2）玻璃集装托盘：又称平板玻璃集装架，如图5-13所示。这种托盘能支撑和固定立放的平板玻璃，在装运时，平板玻璃顺着运输方向放置以保持托盘货载的稳定性。

图5-13　玻璃集装托盘

（3）油桶专用托盘：专门装运标准油桶的异形平托盘，如图5-14所示。托盘为双面型，两个面皆有稳固油桶的波形表面或侧挡板，油桶互放于托盘上面，由于波形槽或挡板的作用，不会发生滚动位移。同时，还可几层叠垛，解决桶形物难以堆高码放的困难，方便储存。

图5-14　油桶专用托盘

（4）长尺寸物托盘：专门用于装放长尺寸材料的托盘，这种托盘叠高码放后便成了组装式长尺寸货架，如图5-15所示。

（5）轮胎专用托盘：轮胎本身有一定的耐水、耐蚀性，因而在物流过程中无须密闭，且本身很轻，装放于集装箱中能充分发挥集装箱的载重能力。其主要问题是储运时怕压、挤。轮胎专用托盘如图5-16所示。

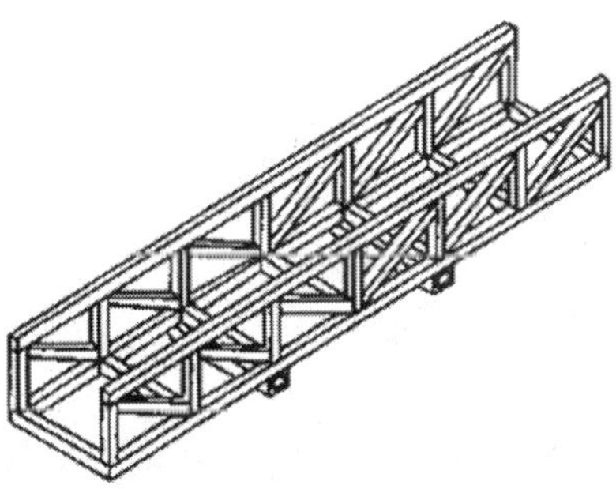

图5-15　长尺寸物托盘

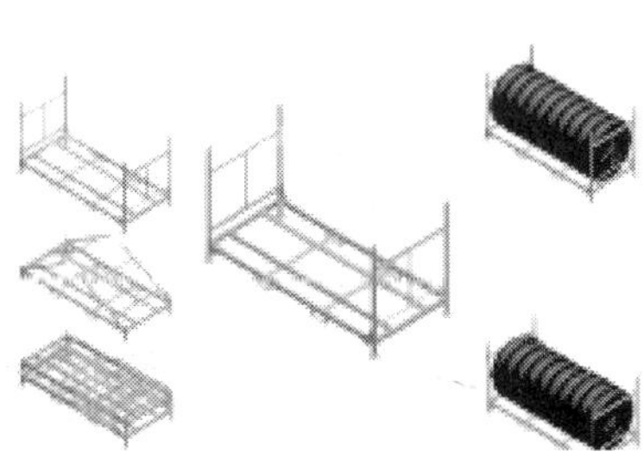

图5-16　轮胎专用托盘

三、托盘的标准化

由于托盘在物流的装卸搬运、仓储、运输和包装等各个环节中都处于中心位置，所以，托盘的规格尺寸是包装尺寸、车厢尺寸、集装单元尺寸的核心。只有以托盘尺寸为标准，决定包装、卡车车厢、火车车厢、集装箱箱体等配套设施设备的规格尺寸，才能体现装卸搬运、仓储、运输和包装作业的合理性和效率性。

托盘的规格尺寸为托盘的长度和宽度。ISO 标准的平托盘尺寸是：800mm×1 200mm、1 016mm×1 219mm、1 140mm×1 140mm、1 000mm×1 200mm。平托盘的高度一般为100～150mm，单面取 140mm，双面取 150mm。一般要求托盘的宽度和长度的制造误差小于 3mm，两对角线误差小于 8mm。平托盘的标准规格尺寸见表 5-1。

表 5-1　平托盘的标准规格尺寸

单位：mm

宽度	长度	宽度	长度
800	1 100	1 200	800
	1 200		1 000
1 000	1 000		1 400
	1 200	1 300	1 000
	1 300		1 100
1 100	800		1 500
	900	1 400	1 100
	1 100		1 200
	1 200	1 440	1 130
	1 300	1 500	1 300
	1 400	1 130	1 440

四、托盘的使用

（一）托盘的基本知识

（1）通用和专用托盘应尽可能采用标准托盘。在制定本企业或本行业的标准时，应该采用国内相应的标准或参照国际标准。在托盘作业普及的基础上逐步实现托盘交换制，进而实现托盘联营制。

（2）通用托盘的种类和尺寸应尽量少，以便于维修和管理。

（3）能用通用托盘装载时，就不用专用托盘。必须使用专用托盘时，应尽可能在全企业通用的标准平托盘、柱式托盘或箱式托盘的基础上，按物料（或工件）的特点和要求决定工件装载形式。

（4）必须考虑物料的性质、尺寸、强度，托盘的搬运方式、使用方式、使用范围，搬运设备、运输工具和装卸机具的规格与性能以及作业场地的具体条件。

（5）在储运过程中，应能适应工艺和生产批量的要求，使托盘既是生产过程中的工位器具又是储运器具。

（6）托盘应保证结构简单、刚性好、质量小和维修方便，必要时可采用异型薄壁型钢。注意实现主要构件标准化，以利于专业厂大量生产。

（7）同托盘配套使用的包装盒的尺寸与托盘尺寸应有模数关系，以利于码盘和使用安全，提高托盘的满载率。

（8）考虑专用托盘的构件（脚、立柱或侧栏板、框架等）标准化，托盘尺寸模数化。支撑结构实现组装化，以减少类型，扩大托盘的使用范围。

（9）随着绿色物流概念的提出，托盘应尽量少使用木材，而使用塑料复合材料或再生材料，最大限度地保护自然环境。

（二）托盘的使用方法

（1）托盘的载重质量：每个托盘的载重质量应小于或等于 2 吨。为了保证运输途中的安全，所载货物的重心高度，不应超过托盘宽度的三分之二。托盘的承载表面积利用率一般应不低于 80%。

（2）托盘货物的码放方式：托盘的码放方式有多层不交错堆码、层间纵横交错堆码、砖砌体堆码和中心留孔堆码等。根据货物的类型、托盘所载货物的质量和托盘的尺寸，合理确定货物在托盘上的码放方式。

对于托盘货物的码放有如下要求：

①木质、纸质和金属容器等硬质直方体货物单层或多层交错码放，拉伸或收缩膜包装。

②纸质或纤维质类货物单层或多层码放，用捆扎带十字封合。

③密封的金属容器等圆柱体货物单层或多层码放，木质盖加固。

④需进行防潮、防水等防护的纸制品、纺织品货物单层或多层交错码放，拉伸或收缩膜包装，增加角支撑、货物盖隔板等加固结构。

⑤易碎类货物单层或多层码放，增加木质支撑隔板结构。

⑥金属瓶类圆柱体容器或货物单层垂直码放，增加货框及板条加固结构。

⑦袋类货物多层交错压实码放。

（三）托盘承载货物的固定方式

托盘承载货物进行固定的方式主要有捆扎、胶合束缚、拉伸包装，并可相互配合使用。托盘承载的货物进行固定后，仍不能满足运输要求的应该根据需要选择防护加固附件。防护加固附件由纸质、木质、塑料、金属或者其他材料制成。各种固定方法和防止货物倒垛的处理方式及说明见表 5-2。

表 5-2　托盘承载货物的固定方法和防止货物倒垛的处理方式及说明

处理方式	说明
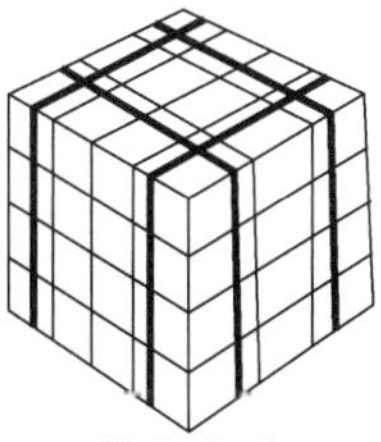 扎带方式	扎带方式在防止箱形货物（瓦楞纸箱、木箱）倒垛时用得较多。这种方式按如何扎带分为水平扎带方式和垂直扎带方式两种。但这种方式存在着扎带部分能防止货物移动，未扎带部分容易发生货物脱出的缺点。且由于保管时多层货物的堆压以及输送中的振动冲击会使带子变松，从而降低了防止散垛的效果，这是需要注意的。
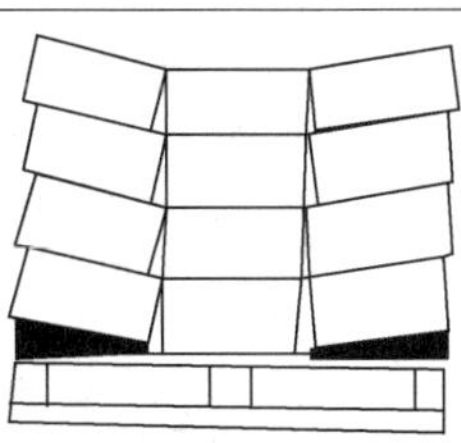 平托盘周边垫高紧固	平托盘周边垫高紧固常用的方法有两种，一是将托盘四周加高，使货物在托盘内倾斜而防止散垛的方式。当托盘装运袋装货物时，由于袋内货物的充填特性，垛下部袋和上部袋比较，有向四周分离的倾向，所以如果将袋装货物的下部靠托盘外侧堆放，会使货物有向内倾斜的趋势。二是在货物间插入止滑板的方式，但箱式包装货物在采用这种方式时，和袋装货物相比，由于在运输中的振动容易使止滑板跳起来，所以效果较差。

续表

处理方式	说明
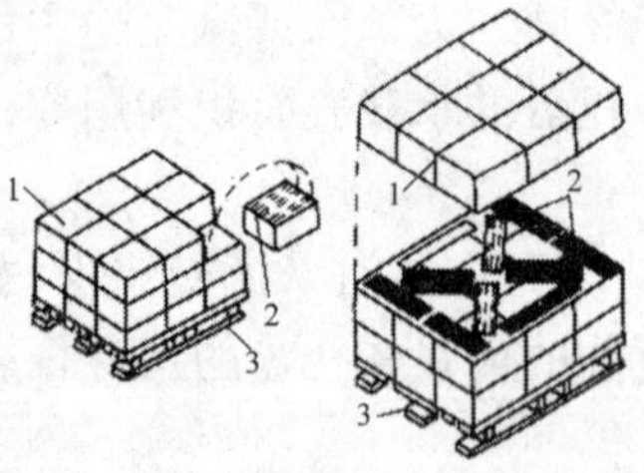 涂胶黏结方式	涂胶黏结方式对水平方向滑动的抵抗能力强，但在分离托盘的货载时，从垂直方向容易分开。这种方式的主要缺点是胶的黏度易随温度变化而发生变化，因此，在使用时应选择适合温度条件的种类（例如，水剂胶在低温下使用时，胶冻结成冰，难于使用）。另外，在使用时必须根据货物的特性（质量、包装形态等）来决定胶的分量和涂胶方法。与这种方式相近的，还有在货物表面涂以耐热树脂，货物间不相互胶结而靠增加摩擦力来防止倒垛。
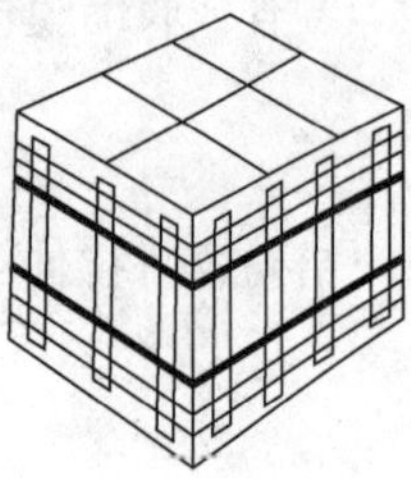 加框架紧固	框架紧固是将墙板式的框架加在托盘货物相对的两面以至顶部，用以增加托盘货物钢性的方法。框架的材料以木板、胶合板、瓦楞纸板、金属板等为主。安装方法有固定式和组装式两种。采用组装式需要打包带紧固，使托盘和货物结合成一体。
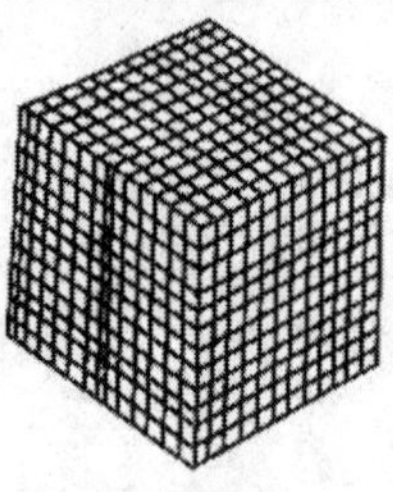 网罩紧固	加网罩或加网罩紧固，主要用于装有同类货物托盘的紧固。多见于航空运输，将航空专用托盘与网罩结合起来，就可以达到紧固的目的。网罩一般由三片组成。将网罩套在托盘货物上，再将网罩下端的金属配件挂在托盘周围的固定金属片上（或将绳网下部缚牢在托盘的边沿上），以防止形状不整齐的货物发生倒垛。为了防水，可在网罩之下用防水层加以覆盖，网罩是用棉绳、布绳和其他纤维绳等材料制成的。它的上下各层之间，可用铆合固定。为了防止各箱左右方向发生散落，可以用金属卡具将其最上层的邻接部位卡住。
 中间夹摩擦材料紧固	中间夹摩擦材料紧固将具有防滑性的纸板、纸片或软性塑料片夹在各层容器之间，以增加摩擦力，防止水平移动（滑动）或冲击时托盘货物各层之间的移位。防滑片除纸板外，还有软质聚氨酯泡沫塑料等片状物。此外，在包装容器表面涂上二氧化硅溶液防滑剂，也有较好的防滑效果。
 收缩薄膜包装	收缩薄膜包装用热收缩塑料薄膜制成一定尺寸的套，套于货物堆积的垛上，然后进行热收缩。经热收缩后的包装件，货物本身与托盘紧固成一体。这种形式属五面封，托盘下部与大气连通。如拉伸薄膜包装是用拉伸塑料薄膜将货物和托盘一起缠绕裹包形成集合包装件，顶部不加塑料薄膜时，形成四面封；顶部加塑料薄膜时，形成五面封。拉伸包装不能完成六面封因此不能防潮。此外，拉伸薄膜比收缩薄膜（厚度为 20～30μm）捆缚力差，只能用于轻量的集合包装。

第三节　集装箱

一、集装箱的含义与特点

（一）集装箱的含义

集装箱（container）又称货柜，是指具有一定强度、刚度和规格专供周转使用的大型装货容器。集装箱箱体上都有一个11位的编号，前四位是字母，后七位是数字，此编号是唯一的，叫箱号。使用集装箱转运货物，可直接从发货人的仓库装货，运到收货人的仓库卸货，中途更换车、船时，无须将货物从箱内取出换装。

集装箱应具备下列条件：

（1）能长期反复使用，具有足够的强度。

（2）途中转运不用移动箱内货物就可以直接换装。

（3）可以进行快速装卸，并可从一种运输工具直接方便地换装到另一种运输工具。

（4）便于货物的装满和卸空。

（5）具有1立方米（即35.32立方英尺）或以上的容积。

满足上述5个条件的大型装货容器才能称为集装箱。

（二）集装箱的特点

集装箱作为一种集合运输包装，有着其他包装形式无法替代的特点，概括如下：

（1）强度高，货损小。由于集装箱的坚固强度，其保护、防护能力强，因而货损小。

（2）集多功能于一体。集装箱本身是一个小型的储存仓库，因此可以不配备仓库、库房。

（3）重叠垛放占地少。集装箱可以重叠垛放，有利于提高单位面积的储存数量。在车站、码头等外运时，其占地较少。

（4）集装货物数量大。在几种集装方式中，尤其在散货、杂货集装方式中，集装箱集装数量较大。

（5）易于标准化作业。集装箱具备标准化装备的一系列优点，如尺寸、大小、形状有一定的规定，便于对装运货物和承运设备作出规划、计划，可统一装卸、运输，简化装卸工艺，通用性、互换性强。

（6）自重大且造价高。由于集装箱自重大，因而无效运输、无效装卸的比重大。物流过程中，许多劳动消耗于箱体本身，增加了货物运费。另外，集装箱本身造价较高。因此每次物流中分摊的成本较高。

二、集装箱的结构与种类

（一）集装箱的结构

通用的干货集装箱是一个六面长方体，它由一个框架结构、两个侧壁、一个端面、一个箱顶、一个箱底和一对箱门组成。集装箱的结构根据箱子种类不同而有差异，但就一般普通箱而言，主要由以下一些部件构成，如图5-17所示。

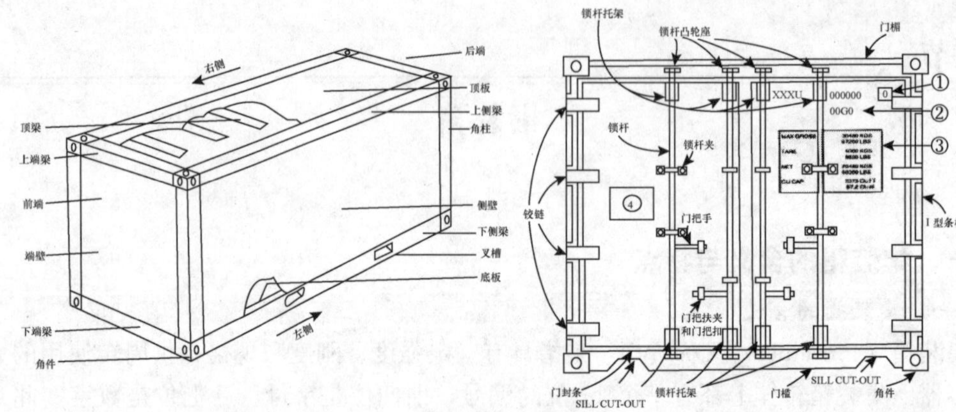

图 5－17　集装箱结构图

①箱主代号及顺序号（包括校验数）；②国家代号及类型代号；
③重量标牌；④综合资料牌的选用位置

（二）集装箱的种类

运输货物用的集装箱种类繁多，从运输家用物品的小型折叠式集装箱到 40 英尺标准集装箱，以及航空集装箱等，不一而足。这里仅介绍在海上运输中常见的国际货运集装箱类型。

1. 按用途和货物的特点分类

（1）通用干货集装箱 D：也称为杂货集装箱，用来运输无须控制温度的杂货，其使用范围极广。这种集装箱通常为封闭式，在一端或侧面设有箱门，如图 5－18 所示。这种集装箱通常用来装运文化用品、化工用品、电子机械、工艺品、医药、日用品、纺织品及仪器零件等。这是平时最常用的集装箱，占集装箱总数的 70％～80％。

图 5－18　通用干货集装箱

（2）保温集装箱 K：这种集装箱主要为了运输需要冷藏或保温的货物。所有箱壁都采用热导率低的材料，隔热而制成，可分为以下三种。

①冷藏集装箱 R。它是以运输冷冻食品为主，能保持所定温度的保温集装箱，如图 5－19所示。它专为运输如鱼、肉、新鲜水果、蔬菜等食品而特殊设计。温度可在－28℃～＋26℃之间调整。

目前国际上采用的冷藏集装箱基本上分两种，一种是集装箱内带有冷冻机的叫机械式冷藏集装箱；另一种箱内没有冷冻机而只有隔热结构，即在集装箱端壁上设有进气孔和出气孔，箱子装在舱中，由船舶的冷冻装置供应冷气，这种叫作离合式冷藏集装箱（又称外置式或夹箍式冷藏集装箱）。

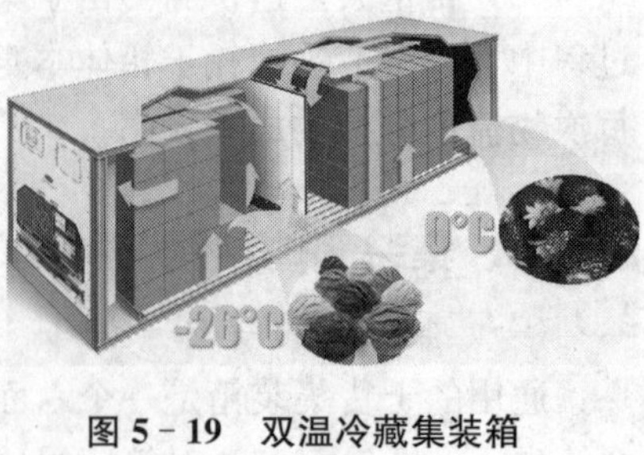

图 5－19　双温冷藏集装箱

②隔热集装箱。它是为载运水果、蔬菜等货物，防止温度上升过大，以保持货物鲜度而具有充分隔热

结构的集装箱。通常用冰作为制冷剂，保温时间为 72 小时左右。

③通风集装箱-V。它是为装运水果、蔬菜等不需要冷冻而具有呼吸作用的货物，在端壁和侧壁上设有通风孔的集装箱，如将通风口关闭，同样可以作为杂货集装箱使用。通风集装箱的通风方式一般采用自然通风，其箱体一般采用双层结构，以便增强通风与排露效果，如图 5－20 所示。

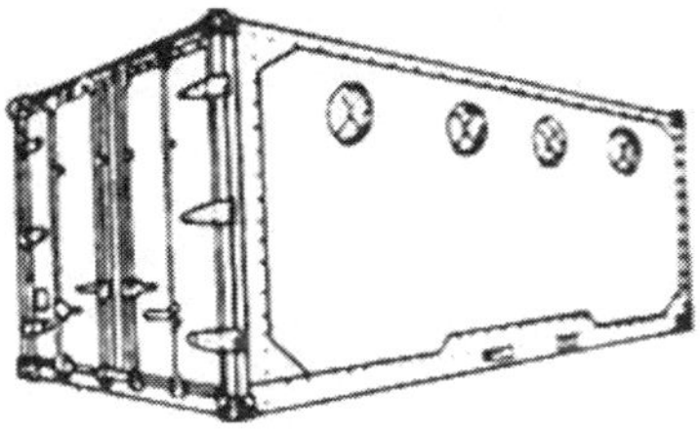

图 5－20　通风集装箱

(3) 罐状集装箱 T：罐状集装箱是专门用于装运油类（如动植物油）、酒类、液体食品及液态化学品的集装箱，还可以装运酒精和其他液体危险品，如图 5－21 所示。罐状集装箱由罐体和箱体框架两部分构成。箱体框架的尺寸符合国际标准集装箱的要求，角柱上也装有国际标准角件，装卸时与国际标准箱相同。

罐体顶部设有装货口（入孔），装货口的盖子必须有水密性，罐底有排出阀。有些液体货物随外界温度的降低黏度会增加，装卸时需要加温，所以在某些罐状集装箱的下部设有加热器。在运输途中为能随时观察罐内货物的温度，罐上一般还装有温度计。需要注意的是，罐体的强度在设计时是以满载为条件的。所以，在运输途中货物如呈半罐状态，可能对罐体有巨大的冲击力，造成危险。因此装货时，应确保货物为满罐。

图 5－21　罐状集装箱

(4) 散货集装箱 B：它是一种密闭式集装箱，有玻璃钢制和钢制两种。前者由于侧壁强度较大，故一般装载麦芽和化学品等相对密度较大的散货，后者则用于装载相对密度较小的谷物。散货集装箱顶部的装货口应设水密性良好的盖，以防雨水侵入箱内，如图 5－22 所示。

图 5－22　散货集装箱

(5) 台架式集装箱 P：它是没有箱顶和侧壁，甚至连端壁也去掉而只有底板和四个角柱的集装箱，如图 5－23 所示。这种集装箱可以从前后、左右及上方进行装卸作业，适合装载长大件和重货件，如重型机械、钢材、钢管、木材、钢锭等。台架式的集装箱没有水密性，怕水湿的货物不能装运，或用帆布遮盖装运。

(6) 平台式集装箱 O：这种集装箱是在台架式集装箱上再简化而只保留底板的一种特殊结构集装箱，如图 5－24 所示。平台的长度与宽度与国际标准集装箱的箱底尺寸相同，可使用与其他集装箱相同的紧固件和起吊装置。这一集装箱的采用打破了过去一直认为集装箱必须具有一定容积的概念。它适宜装超重超长货物，长度可达 6 米以上，宽 4 米以上，高 4.5 米左右，重量可达 40 吨。两台平台集装箱可以联结起来，装 80 吨的货，用这种箱子装运汽车极为方便。

图 5－23　台架式集装箱

(7) 敞顶集装箱 U：这是一种没有刚性箱顶的集装箱，

但有由可折叠式或可折式顶梁支撑的帆布、塑料布或涂塑布制成的顶篷，其他构件与通用集装箱类似，如图 5-25 所示。这种集装箱适于装载大型货物和重货。如钢铁、木材，特别是像玻璃板等易碎的重货，利用吊车从顶部吊入箱内不易损坏，而且也便于在箱内固定。

图 5-24　平台式集装箱

图 5-25　敞顶集装箱

（8）汽车集装箱 S：它是一种运输小型轿车用的专用集装箱，其特点是在简易箱底上装一个钢制框架，通常没有箱壁（包括端壁和侧壁），如图 5-26 所示。这种集装箱分为单层和双层两种。因为小轿车的高度为 1.35～1.45 米，如装在 8 英尺（2.438 米）的标准集装箱内，其容积要浪费 2/5 以上。因而出现了双层集装箱。这种双层集装箱的高度有两种，一种为 10.5 英尺（3.2 米），一种为 8.5 英尺高的 2 倍。因此汽车集装箱一般不是国际标准集装箱。

图 5-26　汽车集装箱

（9）动物集装箱 P：这是一种装运鸡、鸭、鹅等活家禽和牛、马、羊、猪等活家畜用的集装箱，如图 5-27 所示。为了遮蔽太阳，箱顶采用胶合板露盖，侧面和端面都有用铝丝网制成的窗，以求有良好的通风。侧壁下方设有清扫口和排水口，并配有上下移动的拉门，可把垃圾清扫出去，还装有喂食口。动物集装箱在船上一般应装在甲板上，因为甲板上空气流通，便于清扫和照顾。

图 5-27　动物集装箱

（10）服装集装箱：这种集装箱的特点是，在箱内上侧梁上装有许多根横杆，每根横杆上垂下若干条皮带扣、尼龙带扣或绳索，成衣利用衣架上的钩，直接挂在带扣或绳索上。这种服装装载法属于无包装运输，它不仅节约了包装材料和包装费用，而且减少了人工劳动，提高了服装的运输质量。服装集装箱如图 5-28 所示。

图 5-28　服装集装箱

2. 按箱体材料分类

集装箱按其主体材料构成可分为四类。

（1）钢集装箱：钢集装箱的外板用钢板，结构部件也均采用钢材。这种集装箱的最大优点是强度大、结构牢，焊接性和水密性好，而且价格低廉。但其重量大，易腐蚀生锈；由于自重大，降低了装货量；而且每年一般需要进行两次除锈涂漆，使用期限较短，一般为 11～12 年。

（2）铝集装箱：通常说的铝集装箱，并不是纯铝制成的，而是各主要部件使用最适量的各种轻铝合金，故又称铝合金集装箱，一般都采用铝镁合金。这种铝合金集装箱的最大优点是重量轻，铝合金的相对密度约为钢的 1/3，20 英尺的铝集装箱的自重为 1 700kg，比钢集装箱轻 20%～25%，故同一尺寸的铝集装箱可以比钢集装箱能装更多的货物。铝集装箱不生锈，外表美观。铝镁合金在大气中自然形成氧化膜，可以防止腐蚀，但遇海水则易受腐蚀，如采用纯铝包层，就能对海水起很好的防蚀作用，最适合于海上运输。铝合金集装箱的弹性好，加外力后容易变形，外力除去后一般就能复原。因此最适合于在有箱格结构的全集装箱船上使用。此外，铝集装箱加工方便，加工费低，一般外表需要涂其他涂料，维修费用低，使用年限长，一般为 15～16 年。

（3）玻璃钢集装箱：它是用玻璃纤维和合成树脂混合在一起制成薄薄的加强塑料，用黏合剂贴在胶合板的表面上形成玻璃钢板而制成的集装箱。玻璃钢集装箱的特点是强度大、刚性好。玻璃钢的隔热性、防腐性、耐化学性都比较好，能防止箱内产生结露现象，有利于保护箱内货物不遭受湿损。玻璃钢板可以整块制造，防水性好，还容易清洗。此外，这种集装箱还有不生锈、容易着色、维修简单、维修费用低的优点。玻璃钢集装箱的主要缺点是重量较大，与一般钢集装箱相差无几，价格也较高。

（4）不锈钢集装箱：不锈钢是一种新的集装箱材料，其优点是强度大，不生锈，外表美观。在整个使用期内无须进行维修保养，故使用率高，耐蚀性能好。其缺点是价格高，初始投资大；大量制造有困难，目前一般都用作罐式集装箱。

3. 按结构分类

（1）内柱式和外柱式集装箱：这里的“柱”指的是集装箱的端柱和侧柱。内柱式集装箱即侧柱和端柱位于侧壁和端壁之内；反之则是外柱式集装箱。一般玻璃钢集装箱和钢集装箱均没有侧柱和端柱，故内柱式和外柱式集装箱均对铝集装箱而言。内柱式集装箱的优点是外表平滑、美观，受斜向外力不易损坏，印刷标记时比较方便。外板和内衬板之间隔有一定空隙，防热效果较好，能减少货物的湿损。外柱式集装箱的优点是受外力作用时，外力由侧柱或端柱承受，起到了保护外板的作用，使外板不易损坏。由于集装箱内壁面平整，有时也不需要有内衬板。

（2）折叠式和固定式集装箱：折叠式集装箱是侧壁、端壁和箱门等主要部件能很方便地折叠起来，反复使用时可再次撑开的一种集装箱。反之，各部件永久固定地组合在一起的称为固定式集装箱。折叠式集装箱主要用在货源不平衡的航线上，是为了减少回空时的舱容损失而设计的。目前，使用最多的是固定式集装箱。

（3）预制骨架式集装箱和薄壳式集装箱：集装箱的骨架由许多预制件组合起来，并由它承受主要载荷。外板和骨架用铆接或焊接的方式连为一体，称之为预制骨架式集装箱。通常是铝质和钢质的预制骨架式集装箱，外板采用铆接或焊接的方式与骨架连接在一起。而玻璃钢的预制骨架式集装箱，其外板用螺栓与骨架连接。薄壳式集装箱则把所有构件结合成一个刚体，优点是重量轻，受扭力作用时不会引起永久变形。集装箱的结构一般或多或少都采用薄壳理论进行设计。

4. 按外部尺寸分类

目前，国际标准集装箱的宽度均为 8 英尺；高度有 8 英尺、8 英尺 6 英寸和小于 8 英尺三种；长度有 40 英尺、30 英尺、20 英尺和 10 英尺四种。国际海运上集装箱运输应用最广泛的是ⅠAA 型（即 40 英尺）和ⅠC 型（即 20 英尺）。40 英尺的集装箱，箱内容积可达 67.96 立方米，自重一般为 3 800kg，载重为 26.68 吨，总载重量为 30.48 吨；20 英尺的集装箱，箱内容积可达 33.2 立方米，自重一般为 2 317kg，载重为 17.9 吨，总载重量为 23.2 吨。

此外，还有一些国家颁布了各自的集装箱标准，一些集装箱运输的先驱者，主要是美国的海陆公司和麦逊公司，制定使用了自己公司的集装箱标准。

三、集装箱计算单位

集装箱计算单位为 TEU，是英文 Twenty Equivalent Unit 的缩写，又称 20 英尺换算单位，是计算集装箱箱数的换算单位，也称国际标准箱单位。通常用来表示船舶装载集装箱的能力，是集装箱和港口吞吐量的重要统计、换算单位。

目前各国大部分集装箱运输，都采用 20 英尺和 40 英尺长的两种集装箱。为使集装箱箱数计算统一化，把 20 英尺集装箱作为一个计算单位，40 英尺集装箱作为两个计算单位，以利统一计算集装箱的营运量。

在统计集装箱数量时有一个术语——自然箱，也称“实物箱”。自然箱是不进行换算的实物箱，即不论是 40 英尺集装箱，30 英尺集装箱，20 英尺集装箱还是 10 英尺集装箱均作为一个集装箱统计。

第四节 集装箱装卸专用机械

现代集装箱码头无论是岸边装卸，还是水平搬运和堆场堆垛等作业均已全部实现机械化，采用大型先进的集装箱专用机械设备，进行快速、高效、连续地作业。一艘 3 000～4 000TEU 的集装箱船，可以当天到港、当天离港。目前，国际先进的集装箱码头装卸桥的作业效率已达 60TEU/h 左右，随着装卸机械和装卸工艺的不断改进，集装箱码头的装卸效率仍可进一步提高。

集装箱专用码头，堆场大多采用的机械有岸边集装箱装卸桥、轮胎式龙门起重机、轨道式龙门起重机、集装箱半挂列车、跨运车、正面吊运机、叉车、自动搬运车等。装卸搬运作业选用上述机械的不同组合组成了不同的装卸工艺系统。

一、岸边集装箱起重机

岸边集装箱起重机（简称岸桥）是集装箱船与码头前沿之间装卸集装箱的主要设备。个别码头还利用岸桥的大跨距和大后伸距直接进行堆场作业。岸桥的装卸能力和速度直接决定码头作业生产率，因此岸桥是港口集装箱装卸的主力设备。岸桥伴随着集装箱运输船舶大型化的蓬勃发展和技术进步而在不断更新换代，科技含量越来越高，正朝着大型化、高速化、自动化和智能化，以及高可靠性、长寿命、低能耗、环保型方向发展。

（一）岸边集装箱起重机结构组成

图 5-29　岸边集装箱起重机

岸边集装箱起重机由前后两片门框、拉杆构成的门架和支撑在门架上的桥架组成，行走小车沿着桥架上的轨道，用专用吊具吊运集装箱，进行装卸船作业，如图 5-29 所示。门架可沿着与岸线平行的轨道行走，以便调整作业位置和对准箱位。为了便于船舶靠离码头，桥架伸出码头外面的部分可以俯仰。对于高速型岸边集装箱起重机，还装有吊具减摇装置。

岸边集装箱起重机设计时要求在 16m/s 以内的风速下可以正常作业，并要求在 50m/s 的风速下保持稳定。起重量一般为 30～35t，平均装卸效率为 25～35TEU/h，最新研制的双小车岸边集装箱装卸桥效率可以达到 60TEU/h。其主要结构有：门架结构、俯仰悬臂、载重小车、驾驶室、机房、起升装置、横行装置、俯仰装置、换绳装置、行走装置。

目前，世界上岸边集装箱起重机因制造厂、码头的不同而呈现不同样式，但其基本形式差别不大。前大梁、主梁、后大梁由海侧、陆侧门框支撑，并通过梯形架连接的前后拉杆进行悬挂；海侧、陆侧门框由斜撑、门框横梁连接在一起，运行小车通过起升钢丝绳悬挂专用集装箱吊具，沿着安装在前大梁、主梁、后大梁上的轨道前后运行；驱动机构和电气设备一般放置在主梁或后大梁上；为方便司机操作，司机室一般布置在运行小车后下部并随小车运行。

（二）岸边集装箱起重机主要性能参数的确定

（1）起重量 Q：起重量是表示装卸桥负载能力的指标，根据额定起重量和吊具自重确定。集装箱吊具如图 5-30 所示。

计算公式：$Q=Q_e+W$。

式中：Q——集装箱装卸桥的起重量（吨）；

Q_e——额定起重量（吨），是指集装箱吊具所能吊起的最大负荷；

W——吊具自重（吨）。

目前装卸桥的最大起重量为 80 吨。5-31 展示了国内首创一次起吊三个 40 英尺集装箱的情景。

图 5-30　集装箱吊具

图 5-31　国内首创一次起吊三个 40 英尺集装箱

(2) 起升高度 H：起升高度等于轨上高度加轨下高度，如图 5－32 所示。目前，装卸桥轨上高度最大为 40 米、轨下高度最大为 20 米。这一高度主要根据船舶型深、吃水、潮差及集装箱的装载状况而定。一般应保证在满载低水位时，能起吊舱底最下一层集装箱；同时，还应注意到船舶有±1m 的纵倾或 3°的横倾时可能增加的高度。

(3) 净空高度：净空高度是指门架的净空高度，如图 5－32 所示。此高度主要取决于门架下所要通过的流动搬运机械的外形高度，如通过堆码两层的跨运车，其高度要在 8m 以上；如需通过堆码三层的跨运车，则净空高度应在 9m 上。

(4) 外伸距 L：外伸距是指集装箱装卸桥海侧轨道中心线，向外至集装箱吊具垂直中心线之间的最大水平距离，如图 5－32 所示。此参数决定桥吊可能作业的集装箱船舶的宽度。通常外伸距为 35～38m。目前装卸桥最大外伸距为 70m。

(5) 内伸距：内伸距是指集装箱装卸桥陆侧轨道中心线，向内至集装箱吊具垂直中心线之间的最大水平距离，如图 5－32 所示。通常内伸距为 8～16m。目前装卸桥最大内伸距为 18 米。

(6) 轨距：集装箱装卸桥的轨距是指装卸桥两条行走轨道中心线之间的距离，如图 5－32 所示。此参数决定桥吊的稳定性和作业路数。如现在通常用的 16m 轨距，就是考虑了在轨距范围内能设置三股跨运车的通道，目前装卸桥最大轨距为 35 米。

(7) 基距：装卸桥基距是指同一轨道上两主支承柱中心线之间的距离，如图 5－32 所示。此参数决定桥吊的稳性，以及大型舱盖板是否能通过。目前装卸桥最大轨距为 27m。

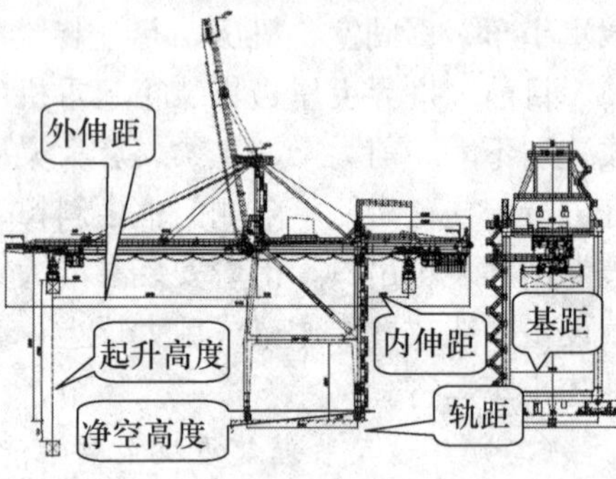

图 5－32　岸边集装箱起重机主要性能参数

(8) 升降速度：升降速度包括起吊额定重量时匀速上升或下降的速度和空载时匀速上升或下降的速度。一般要求空载升降速度应高于满载升降速度的一倍以上，空载升降速度为 110～180m/min；满载时升降速度为 50～90m/min。

(9) 大车运行速度：大车运行速度是指装卸桥起吊额定重量运行时的速度。此速度要求不能过高，通常为 25～45m/min，但要求有较好的调速和制动性能。

(10) 小车运行速度：小车运行速度是指起重小车横向匀速运行时的速度。自行式小车运行速度为150～210m/min，牵引式小车运行速度为 180～240m/min，一般情况下，小车运行时间约占整个工作循环时间的 1/4，因此，如何提高小车运行速度，将是提高装卸效率的重要一环，但小车高速运行时会产生摇摆，目前发明了一种防摇装置，故此运行速度可相对提高。

(11) 最大工作轮压：最大工作轮压是指装卸桥在工作风速为 16m/s 的情况下起吊额定负荷时的轮压。

(三) 岸边集装箱起重机装卸船作业过程

船舶靠泊前，装卸桥移至安全位置，收起前大梁；船舶靠好后，装卸桥开至指定装卸贝位，放下前大梁；卸船顺序为从内档到外档，从上层到下层依次卸箱，将吊具放至要卸的集装箱上，锁头锁紧，进行起吊。采用起升和陆侧运动复合方式，将集装箱放到内卡上。松开锁头，吊具升起，开始下一循环；装船顺序为从外档到内档，从下层到上层依次装箱，一般按每 100 米 1 台装卸桥进行配备。

（四）岸边集装箱起重机的发展趋势

1. 超巴拿马岸桥的含义

巴拿马运河位于中美洲的巴拿马，横穿巴拿马地峡，连接太平洋和大西洋，是重要的航运要道，属于水闸式运河。巴拿马运河全长 81.3km，水深 13～15m，河宽150～304m。整个运河的水位高出两大洋 26m，设有 6 座船闸。可以通过巴拿马运河的船最大尺寸为，长，294.1m；宽，32.3m；吃水，12.0m。巴拿马运河可以通航 76 000 吨级的轮船或载箱量在 4 500～6 000TEU 的全集装箱船。国际船运习惯上把这类船型称为巴拿马型船。把那些比巴拿马型船更大，无法通过巴拿马运河的船只，例如超级油轮（载重量超过 16 万吨）和超大型集装箱船（载箱量超过 6 000TEU）称为超巴拿马型船。

常见的集装箱装卸桥，其主体是用钢材焊接而成的门架，门架 4 条腿上前后装有 6～8 个轮子，装卸桥一般采用液压伸缩式吊具，起重量一般为 30～35t，平均装卸效率为 25～35TEU/h，装卸桥的悬臂延伸长度通常不到 44 米，只能为 16 列以下集装箱船提供装卸服务。该类型的岸边集装箱起重机由于其主要性能参数是以巴拿马型集装箱船设计的，所以称之为巴拿马型岸桥。

近年来，航运公司将运力为 7 000～8 000TEU 甚至更大的现代化特大型集装箱船投入到国际航线中。这些特大型集装箱船甲板和船舱内配载的集装箱超过 20 列，集装箱装卸桥的悬臂从岸边轨道伸向船甲板的距离至少 56 米。如果要装卸 22 列集装箱的船舶，则集装箱装卸桥的悬臂从岸边轨道伸向船甲板的距离至少需要 62 米，这就需要型号相应特别大的集装箱装卸桥设施，以满足船舶大型化对起重机生产率的要求。能满足超巴拿马型集装箱船装卸要求的集装箱装卸桥称为超巴拿马型岸桥。

2. 超巴拿马岸桥的发展趋势

（1）高参数和大型化

①额定起重量成倍增长。吊具下的额定起重量逐步从 30.5t 增大到 61t，最大已达 80t。

②外伸距越来越大。集装箱船舶的大型化，其宽度由载箱量 600～1 000 箱时的 26～28m 增大到现在载货 6 000～8 000 箱的 45m，几乎增大一倍。岸桥的外伸距也由 32m 逐渐增大到了现在的 65m，将来会增加到 70m，以适应 24 排的马六甲型船的需要（用船的吃水深而不是船宽来定义船型）。

③轨上的起升高度越来起高。巴拿马岸桥的轨上起升高度通常为 27m 以下，超巴拿马岸桥在27～36m，而现在要求达到 40m。上海振华港机公司（ZPMC）为阿曼 SaIaIa 港提供了 5 台轨上起升高度为 40m 的岸桥（见图5－33），最大起重量为 65 吨，外伸可达 70 米，是当之无愧的超大起重机。

④自重越来越大。岸桥的自重，已从常规巴拿马型的 600～800t，增大到现在超巴拿马型的1 200～2 000t。

（2）高速化

①起升速度从巴拿马型岸桥的 50/120m/min，增加到现在的 90/200m/min，电动机的功率已经增大到 690kW×2，若为交流电机，则是目前起重用的变频电动机的最大规格。

这也驱使电动机供货商研制开发更大容量的电动机。

②小车速度已从常规巴拿马型的 120m/min 增加到现在的 300m/min，并正在向 350m/min 的速度发展。

③双箱吊具作业。据统计，集装箱船中约 60%以上是 20 英尺的集装箱。双箱作业新型吊具的应用，使每次能同时装卸 2 个 20 英尺的集装箱，效率平均提高 25%以上。

图 5－33　超巴拿马集装箱起重机

④双小车双箱吊具作业。在一台岸桥上除了使用双箱吊具外，沉默近十年的双小车系统的使用也已在德国汉堡港重新提上日程。它是在现代高技术基础上的双小车系统。该系统采用前后两个小车。前一个小车有司机操作，承担船与转接平台之间的集装箱搬运；后小车无司机，完全自动地实现集装箱在转接平台与自动拖运架系统（AGV）之间的搬运，转接平台设在岸桥上距船最近的海侧下横梁上。因此，效率大为提高，理论上可达 55～60 个循环，折合为 80～100TEU/h。

二、轮胎式集装箱龙门起重机（RTG）

（一）轮胎式龙门起重机的功能与结构

轮胎式集装箱龙门起重机是集装箱装卸、堆垛的高效专用机械。其结构是由前后两片门框和底梁组成门架，支撑在橡胶充气轮胎上，以便在货场上行走，而装有集装箱吊具的行走小车沿着门框横梁上的轨道行走，用以装卸底盘车和进行堆码作业，如图 5－34 所示。

轮胎式龙门起重机的起重量是由额定起重量和吊具的重量决定的。主要尺寸参数为跨距和起升高度。跨距的大小取决于起重机下面所需跨越的集装箱的列数和底盘车的通道宽度。通常按跨 6 列集装箱和 1 条底盘车通道考虑，取跨距为 23.5m。起升高度是指吊具底部至地面的垂直距离，它取决于起重机下所堆放的集装箱的层数和高度，一般按堆放 4 层、通过 3 层考虑。因此，目前世界许多国家大都取起升高度为 11～12m。

图 5－34　轮胎式集装箱龙门起重机

该机的主要特点是机动灵活，可从一个堆场转移到另一个堆场作业，可堆 3～4 层集装箱，提高了堆场面积利用率，并易于实现自动化作业。主要缺点是自重大、轮压大、轮胎易磨损、造价也较高，适用于吞吐量较大的集装箱码头。

轮胎式龙门起重机有两种驱动方式：柴油机电动方式，此种方式是柴油机带动直流发电机，直流发电机带动直流电动机，再驱动各个机构；柴油机液压方式，此种方式是由柴油机带动液压泵，由液压泵带动液压电机，以此驱动各个机构。

油机电动方式的特点是，操作性能较好，受气温变化的影响小，维修保养较为方便，但是重量大。柴油机液压方式的特点是，运转平稳，加速性能好，重量较轻；但容易产生漏油等故障，维修保养不太方便，而且操作性能易随气温高低而变化。

（二）国内轮胎式龙门起重机的主要技术参数

由上海振华港机公司（ZPMC）制造的轮胎式集装箱龙门起重机的常用主要技术参数如表5－3所示。

表5－3　轮胎式集装箱龙门起重机的常用主要技术参数

基本参数	堆箱层数		1过4	1过5	1过6	1过7
	起升高度（m）		15.24	18.1	21.0	24
	吊具下额定起重量（t）		40.6～65	40.6～65	40.6～65	40.6～65
速度参数	起升速度（m/min）	满载	20～23	23～25	25～35	25～35
		空载	40～52	46～52	50～70	50～70
	小车速度（m/min）	70	70	70	70	
	大车速度（m/min）	满载	25～50	25～50	25～50	25～50
		空载	100～135	100～135	100～135	100～135

三、轨道式集装箱龙门起重机（RMG）

（一）轨道式龙门起重机的功能与结构

轨道式龙门起重机是集装箱码头和集装箱中转站堆场进行装卸、搬运和堆码集装箱的专用机械。它由两片双悬臂的龙门架组成，两侧门腿用下横梁连接，龙门架通过大车运行机构在地面铺设的轨道上行走，起重小车运行在龙门架的轨道上，小车上有回转机构，它可以做不大于270°的回转运动，在回转盘上安装有起升机构，通过钢丝绳、导向滑轮组和集装箱吊具进行装卸作业。

图5－35　广州港45t/43m轨道式集装箱门式起重机

轨道式龙门起重机跨距大，可跨14列或更多列集装箱，并跨一个车道，可堆4～5层集装箱，对场地面积利用率高，机械结构简单，维修保养容易，作业可靠。机械由电力驱动，节省了能源。机械沿轨道运行，灵活性差，作业范围受限制。该机跨距大，提取集装箱困难，单机效率低。该机适用于堆场面积有限和吞吐量较大的集装箱专用码头，特别适合于在与其他装卸工艺系统相配合的大型集装箱码头专门堆放出口集装箱的堆场上的拆码垛作业。

对于标准集装箱码头，在一个泊位配置2台岸边集装箱装卸桥的情况下，货场一般配置3台跨度为30～60m的轨道式集装箱龙门起重机，其中2台供前方船舶装卸作业，1台供后方进箱或提箱用。

（二）轨道式龙门起重机的主要技术参数

以广州港在2009年投入使用，由无锡华东重型机械股份有限公司生产的45t/43m轨道式集装箱门式起重机（见图5－35）为例，轨道式龙门起重机的主要技术参数如表5－4所示。

表 5－4　45t/43m 轨道式集装箱门式起重机的技术参数

起重量	吊具下起重量	起升高度	轨距	基距	两端悬臂	装机功率	上机电压
45t	35t	18.2m	43m	16m	6.2m/6.2m	396kW	380V 50Hz
最大轮压	起升速度	小车运行	大车运行	形式	速度	幅度	推动力
≤250kN	满载 25m/min 空载 40m/min	80m/min	45m/min	液压推杆	25mm/s	水平±6	6 300kgf

阅读材料 5－1

RMG 与 RTG 的比较

目前，世界港口集装箱堆场龙门起重机主要分为两大类：一是轮胎式集装箱龙门起重机（简称 RTG），具有可灵活转场作业、工程投资少等特点，是集装箱专业化码头堆场的主要设备。二是轨道式集装箱龙门起重机（简称 RMG），其节能效果较好，但不能转场作业，使用不够灵活，总投资较高。

对于 RTG，由于柴油发电机组的功率是按照起吊重箱最大过载能力设计的，使得发电机组在起吊空箱、转场等负荷变轻的情况下，柴油机依然保持全速高速运行，产生的能量不能完全用尽，致使 RTG 大部分时间工作在“大马力拉小车”的状态，其多余能量只能消耗在电阻上，造成浪费。RTG 是集装箱港口耗能大户，能耗约占整个集装箱码头 60%，生产运营费约占 80%，废气排放量占整个码头 90%左右。而 RMG，具有装卸效率高、堆场利用率高（跨度、悬臂等可按用户要求定制）、设备完好率高、维修成本低、使用成本低和易操作等特点。

两种机械设备装卸工艺的特点：

1. 轮胎式集装箱龙门起重机（E-RTG）

利用电驱动轮胎式集装箱龙门起重机装卸的工艺流程为，卸船时，集装箱装卸桥将船上卸下的集装箱装在拖挂车上，运至堆场，再用电驱动轮胎式集装箱龙门起重机进行卸车和码垛作业；装船时，在堆场由轮胎式集装箱龙门起重机将集装箱装上拖挂车，运往码头前沿，等待装卸桥装船。该方案的特点是集装箱拖挂车只做水平运输，轮胎式集装箱龙门起重机担任堆拆垛作业，从而将集装箱拖挂车快速疏运和轮胎式集装箱龙门起重机堆码层数较多的特点结合起来，达到提高集装箱码头装卸效率的目的。

2. 轨道式集装箱龙门起重机（RMG）

利用轨道式集装箱龙门起重机装卸的工艺流程包括两种：一种是卸船时用集装箱装卸桥将集装箱从船上卸到码头前沿的集装箱拖挂车上，然后拖到堆场，采用轨道式集装箱龙门起重机进行堆码；装船时相反，在堆场上用轨道式集装箱龙门起重机将集装箱装到集装箱拖挂车上，然后拖到码头前沿，用装卸桥把集装箱装船。另一种则是在船与堆场之间不使用水平搬运机械，而是由集装箱装卸桥与轨道式集装箱龙门起重机直接转运。轨道式集装箱龙门起重机将悬臂伸至集装箱装卸桥的内伸距的下方，接力式地将集装箱转送至堆场或进行铁路装卸。

由此可见，无论 E-RTG 还是 RMG 目前都有着对方无法替代的优点，在一定的时间内它们都还将凭借各自的优势在适合自己的环境中继续发展。因此在码头堆场或集装箱场站中选取集装箱装卸工具，需要从战略的角度出发，充分考虑到以下几个方面的因素：(1) 码头预期的吞吐量；(2) 码头的投资能力；(3) 堆场现状；(4) 各类装卸机械的配比；(5) 管理系统的先进性；(6) 经济效益和工作效率的评估。

四、集装箱跨运车

（一）集装箱跨运车的特点

跨运车是20世纪60年代中期发展起来的一种专用于集装箱短途搬运和堆码的机械。作业时，以门形车架跨在集装箱上，并由装有集装箱吊具的液压升降系统吊起集装箱进行搬运和堆码。该机的最大特点是机动性好，可一机多用，既可进行码头前沿至堆场的水平运输，又可进行堆场2～3层集装箱堆码和装卸车作业，不仅可以跨越集装箱列还可跨越铁路。由于该机价格昂贵、液压组件较多、可靠性差，在我国很少使用，在欧洲集装箱码头采用较多。

集装箱跨运车与轨道式龙门起重机和轮胎式龙门起重机相比较，具有更大的机动性，既可采用跨运车独立完成码头前沿至堆场的搬运与堆码作业，也可与其他机械（如龙门起重机或底盘车）配合作业。其缺点是结构复杂，维护保养困难，初始投资高，行走稳定性差，堆场利用率较低。

（二）集装箱跨运车的结构

集装箱跨运车由门形跨架、起升机构、运行机构、动力设备及其他辅助设备组成，采用机械或液压传动，如图5－36所示。前者将柴油机的动力通过传动轴传递到各工作机构；后者由柴油机带动液压泵，由液压泵带动液压发动机，再驱动各个工作机构。跨运车水平运输时速度为23km/h，最高可达32km/h，进入箱内后速度为7～10km/h。

图5－36 集装箱跨运车

集装箱跨运车是在搬运长大件物品的跨运车的基础上发展过来的，但在性能和构造上又有其不同之处，比如采用旋锁机构与集装箱连接或脱开；吊具的升降要适应装卸和堆码集装箱的需要；为了对准箱位，吊具具有侧移、倾斜和微动等性能。

（三）集装箱跨运车的选用

在选用集装箱跨运车时，应考虑到以下因素：

1. 通用型和专用型

集装箱跨运车有专用型和通用型两种。通用型是指跨运车既能适应20ft集装箱，又能适应40ft集装箱的装卸；专用型是指只能适应20ft或40ft一种集装箱的装卸。

2. 堆垛能力

跨运车种类很多，有的能堆2层，有的能堆3层，甚至4层。选用时要与整个集装箱码头堆存面积大小和箱量结合起来考虑。堆箱层数多，能提高单位面积堆有量，缩短搬运距离，但层数增多，会增加倒箱率，增加提箱时找集装箱的困难。目前，采用跨运车方式的集装箱码头堆场，通常只堆 2 层，即要求跨运车能吊着集装箱跨越 2 层集装箱。

3. 视野要求

跨运车的视野要求关系到跨运车的安全性、迅速性和机动灵活性。

起重能力：对于标准集装箱码头，集装箱跨运车的额定起重量按 ISOIAA 型 40ft 集装箱的最大总质量为 30.5t 计算。此外，还要考虑货物装卸过程中的偏载。

4. 跨运车的工作周期

不同的工作过程有不同的工作周期。跨运车的工作周期取决于跨运车的搬运距离、行走速度和装卸集装箱的时间。跨运车的行走速度一般为 23km/h。

五、集装箱正面吊

集装箱正面吊是专门为 20 英尺和 40 英尺国际集装箱而设计的，主要用于集装箱的堆叠和码头、堆场内的水平运输，如图 5－37 所示。与叉车相比，它具有机动灵活，操作方便，稳定性好，轮压较低，堆码层数高，堆场利用率高等优点。可进行跨箱作业。特别适用于中小港口、铁路中转站和公路中转站的集装箱装卸，也可在大型集装箱码头作为辅助设备来使用。

图 5－37　集装箱正面吊

（一）集装箱正面吊的结构

集装箱正面吊由工程机械底盘、伸缩臂架、集装箱吊具三部分组成。底盘有发动机、动力换挡变速箱、前桥、后桥、转向系统、驾驶室、车架、配重、车轮等部件；伸缩臂架有伸缩油缸、俯仰油缸、臂架等部件；集装箱吊具有旋转机构、上架、连接架、底架、伸缩架、伸缩油缸、防摇油缸、侧移油缸、旋锁油缸等部件。其结构特点有以下几点。

（1）有可伸缩和左右回转 180°的吊具：悬挂在伸缩臂架上的吊具可绕轴线回转，且可左右移动各 800mm，几乎可以在任何条件下在集装箱堆场进行作业。

（2）有能带载变幅的伸缩臂架：集装箱的升降运动由臂架伸缩和变幅来共同完成，无专门起升机构，伸缩和变幅可同时进行，升降速度大，生产效率高。

（3）作业幅度大，能堆码多层集装箱及跨箱作业：具有集装箱叉式装卸车和跨运车的共同特点，能吊装四到五个箱高，且可跨箱作业。

（4）加装吊钩后，可吊装其他重大件货物：能实现所谓集成吊运，即将集装箱连同公路运输的拖车一同吊装上火车。

（5）具有多种保护装置，能保证作业安全。防倾覆保护，限制各种工作幅度下的起重量允许值；超起重量时臂架不能伸缩、俯仰，吊具不能回转，有红色信号灯警告；旋锁动作保护，旋锁完全进入集装箱角配件孔中，旋锁才动作，或是旋锁不在全开或全闭的状态下，臂架伸缩、俯仰和吊具回转都不能动作，同时也有信号灯指示；高速保护，起吊集装箱后，整机不能用高速挡行驶，否则发动机自行停止运转，变速杆入挡后，发动机不能启动；臂架最大仰角的限位保护，入挡后再拉手制动，发动机即停止。

（二）集装箱正面吊的主要技术参数

1. 起重量

根据额定起重量和吊具的重量来确定。额定起重量一般按所吊运的集装箱最大总重量确定，其吊具重量约为 10t。

2. 起升高度

即堆码高度，一般为四层箱高，起升高度一般为 11m 左右。要求堆五层箱高时，一般为 13m 左右。

3. 工作幅度

通常能跨一排箱作业。一般要求在对第一排箱作业时，前轮外沿离集装箱的距离为 700mm 左右，工作幅度最小应距前轮外沿 2m。在对第二排箱作业时，前轮离第一排集装箱的距离为 500mm 左右，工作幅度最小距离前轮外沿 4.1m。

4. 车身外形尺寸

主要用于货场作业，要求能适应狭小的场地条件，对通过性能要求较高，需要控制车身宽度和长度。一般要求正面吊能在 7.5m 左右的直角通道上转弯，在 9.5m 左右的通道内能 90°转向；要求最小转弯半径在 8.5m 左右，最大轴距为 5.5m 左右，车体带臂架长度为 7.5～8m，车宽一般为 3.5～4m。

5. 行走速度

其运行距离一般在 40～50m 以内较为合理。如距离太远，则应在前沿机械与堆场间用拖挂车进行水平运输。满载时只允许低速行驶，因集装箱正面吊自重较大，如行驶速度过快，则对爬坡、制动、整机稳定性以及发动机功率都有较大影响，故满载时最高速度一般不超过 10km/h。空载时可高速行驶，一般为 25km/h 左右。

六、集装箱叉车

集装箱叉车是集装箱码头和货场常用的一种装卸机械，它可以采用货叉插入集装箱底部叉槽内举升搬运集装箱（见图 5－38），也可在门架上装设一个顶吊架，借助旋锁件与集装箱连接，从顶部起吊。集装箱叉车的性能特点是：

（1）起重量与各种箱型的最大总质量一致。考虑到现有大量的国际集装箱所装运的货物质量都达不到额定载货量，往往根据实际情况选用相应起重量的集装箱叉车。如装卸 40ft 或 20ft 轻载集装箱可分别选用起重量为 25t 或 20t 的集装箱叉车等。

（2）载荷中心距（货叉前壁至货物重心之间的距离）取集装箱宽度的 1/2，即 1 220mm。

（3）起升高度按堆码集装箱的层数来确定。

（4）为改善操作视线，将司机室位置升高，并装设在车体一侧。

（5）为适应装卸集装箱的需要，除采用标准货叉外，还备有顶部起吊或侧部起吊的专用属具。

图 5－38　15～25 吨柴油平衡重叉车

（6）为便于对准箱位和箱底的叉槽，整个货架具有侧移（约 100mm）的性能，货叉也可沿货架左右移动，以调整货叉之间的距离。

集装箱叉车是用于装卸、搬运和堆码集装箱的一种专用机械，它具有机动性强和使用范围广等优点。使用货叉还可装卸搬运其他重件货物。但是，使用集装箱叉车的通道宽度需 14m，占用通道面积大，集装箱只能成两列堆放，影响堆场面积的利用；满载情况下，前轴负荷和轮压较大，对码头前沿和堆场通道面的承载能力要求高；叉车液压部件多，完好率低，维修费用较高；叉车前方视线较差，对集装箱的损坏率较高。因而，集装箱叉车一般只用在集装箱吞吐量不大的普通综合性码头和堆场进行短距离的搬运作业。合理搬运距离为 50m 左右，超过 100m 用集装箱叉车搬运是不经济的。在这种情况下，可采用集装箱拖挂车配合使用。

七、集装箱专用吊具

集装箱吊具是装卸集装箱的专用属具。它通过其端梁四角的旋锁与集装箱的连接来实现起吊集装箱。集装箱吊具是岸边集装箱起重机、集装箱门式起重机、集装箱跨运车和集装箱正面吊等专用机械的重要取物装置。集装箱吊具按其结构，基本上可分为不可伸缩的固定式吊具和伸缩式吊具两大类。

（一）固定式吊具

固定式吊具可分为直接吊装式吊具、可更换式吊具和主从式吊具（又叫子母式吊具），如图 5－39 所示。

（1）直接吊装式吊具：它是起吊 20ft 或 40ft 集装箱的专用吊具，它直接挂在起升钢丝绳上，在吊具上装设的液压装置通过旋锁机构转动旋锁，与集装箱的角配件连接或松脱。这种吊具结构简单，重量最轻，但只适用于起吊一定尺寸的集装箱。为了起吊不同尺寸的集装箱，须更换吊具，不仅要花费较长的时间，而且使用起来也不方便。

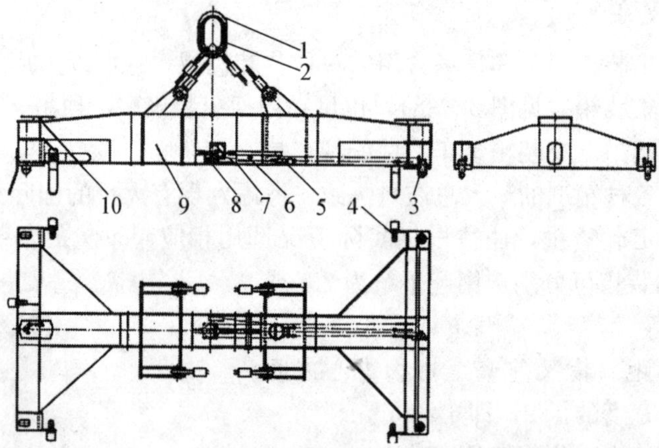

图 5－39　集装箱固定式吊具

1—吊索；2—吊环；3—旋锁箱总成；4—导板装置；5—连杆总成；6—托辊总成；7—牵引系统；8—驱动机构；9—吊架；10—旋锁指示器

（2）可更换式吊具：它是将专门制作的吊梁悬挂在起升钢丝绳上，根据起吊集装箱的需要来更换与吊梁连接的 20ft 或 40ft 集装箱专用吊具，液压装置分别装设在专用吊具上。

这种专用吊具比直接吊装式方便，但增加了重量。

（3）主从式吊具：它是一种由两种不同规格的吊具组合在一起并可快速装拆的组合式吊具。主从吊具的主吊具用于 20ft 集装箱，装有液压装置，通过旋锁机构转动旋锁。当需要起吊 40ft 集装箱时，则通过旋锁机构悬挂在主吊具下面，其旋锁由吊具的液压装置驱动。这种吊具构造较简单，故障少，拆装和维修保养较方便，对于集装箱跨运车等流动装卸机械比较适用。

（二）伸缩式吊具

伸缩式吊具具有伸缩吊架，因而能适应不同规格集装箱的吊运，如图 5－40 所示。该吊具的伸缩在司机室内通过液压机构操纵。变换吊具的时间只需 20s 左右，动作迅速平衡，但结构较复杂，自重也较大，为 10t 左右。伸缩式吊具是目前集装箱起重机采用最为广泛的一种吊具，它特别适用于码头前沿和堆场装卸作业的岸边集装箱起重机和龙门起重机。因这类机械往往需要吊运几种规格的集装箱，为了快装快卸，要求尽可能不更换吊具。虽然伸缩式吊具自重较大，但对大型设备来说，吊具重量的增加不会对作业有很大的影响。

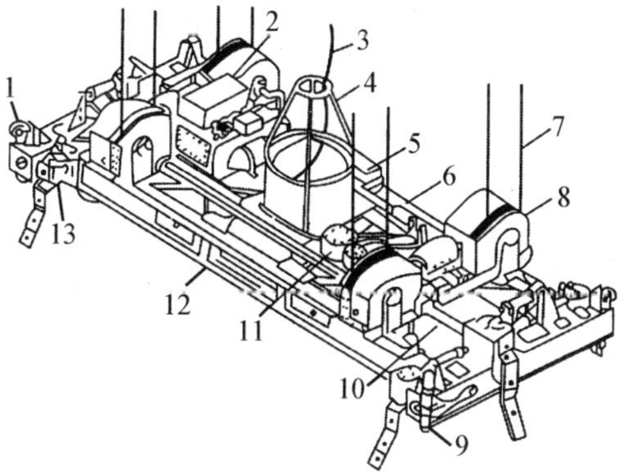

图 5－40　集装箱伸缩式吊具

1—导辊；2—液压装置；3—电缆；4—电缆笼；5—灯座；6—指示灯；7—提升钢丝缆；8—提升滑轮组；9—旋锁；10—伸缩液压缸；11—插座箱；12—吊具框架；13—导板驱动装置

第五节　集装箱码头装卸搬运工艺

一、集装箱码头

集装箱码头是水陆联运的枢纽站，是集装箱货物在转换运输方式时的缓冲地，也是货物的交接点。因此，集装箱码头在整个集装箱运输过程中占有重要地位。集装箱码头的整个装卸作业是采用机械化、大规模生产方式进行的，要求各项作业密切配合，实现装卸工艺系统的高效化。这就要求集装箱码头上各项设施合理布置，并使它们有机地联系起来，形成一个各项作业协调一致、相互配合的有机整体，形成高效率的、完善的流水作业线，以缩短车、船、箱在港口码头的停泊时间，加速车、船、箱的周转，降低运输成本和装卸成本，实现最佳的经济效益。

图 5－41 为吊装式全集装箱船专用码头平面布局简图。对于集装箱专用码头，码头布置主要要求集装箱泊位岸线长为 300m 以上，集装箱码头陆域纵深应能满足各种设施对陆域面积的要求。由于集装箱船舶日趋大型化，载箱量越来越多，因此，陆域纵深一般为 350m 以上，有的集装箱码头已高达 500m；码头前沿宽度一般为 40m 左右，这取决于集装箱装卸工艺系统及集装箱岸边起重机的参数和水平运输的机械类型。一般码头前沿不铺设铁路线，不考虑车船直取的装卸方式，以确保码头前沿船舶装卸效率不因此而受影响。每一集装箱船专用泊位，配置两台岸边集装箱起重机。集装箱堆场是进行集装箱装卸和堆存保管的场所，集装箱堆场的大小，应根据设计船型的装卸能力及到港的船舶密度决定。有关资料表明，岸线长 300m 的泊位，堆场面积达 150 000 平方米，甚至更大，这还与采用的装卸工艺系统和集装箱在港停留时间有关。集装箱货运站（拆装箱库）可布置在集装箱码头，一般布置在大门与堆场之间的地方，也可布置在集装箱码头以外的地方；所有通道的布置应根据装卸工艺与机械要求而定。

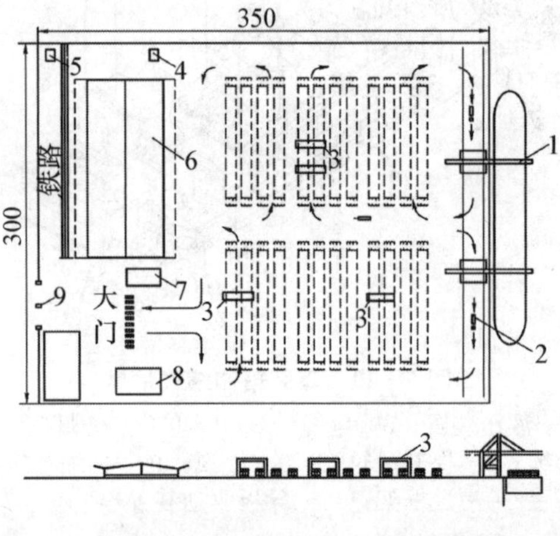

图 5－41　吊装式全集装箱船专用码头平面布局简图

1—岸边集装箱装卸桥；2—拖挂车；3—轮胎式龙门起重机；4—加油站；
5—电力站；6—拆装箱库；7—办公室；8—维修车间；9—门房

二、传统集装箱码头装卸搬运工艺

（一）底盘车装卸工艺方案

底盘车装卸工艺方案，由岸边集装箱装卸桥将集装箱从船上直接卸到底盘车上，由拖车拖到堆场，集装箱仍留在底盘车上，在场内排列存放，如图 5－42 所示。这样存放在堆场上的底盘车可以方便地用牵引车拖走。该作业系统是美国海陆公司首先采用的一种装卸工艺方式，因此也称“海陆方式”。

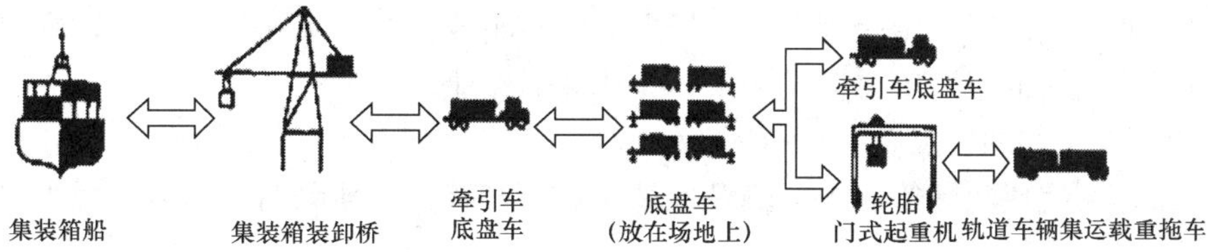

图 5-42　底盘车装卸工艺方案

1. 装卸工艺过程

卸船作业：岸边集装箱装卸桥把集装箱从船上卸下，直接放在岸边的底盘车上，然后由牵引车拖到港区堆场停放。

装船作业：对于出口集装箱，则由牵引车将底盘车上的集装箱一并拖到港区堆场暂时存放，当集装箱船抵港靠泊后，由牵引车将装载有集装箱的底盘车拖到码头前沿，最后由岸边集装箱装卸桥将底盘车上的集装箱吊起装船。

2. 该作业工艺的特点及适用范围

(1) 由于该系统货场作业不需要其他装卸机械，拖挂车既承担水平运输，又承担堆场作业，因此减少了操作次数，提高了装卸效率，减少了集装箱损坏。

(2) 集装箱处于能被随时提取的状态，因此最适宜进行集装箱完全地“门到门”运输。

(3) 底盘车轮压小，对场地承载能力的要求因此而降低。

(4) 工作组织简单，对装卸工人和管理人员的技术水平要求低。

(5) 由于装载有集装箱的底盘车在堆场上仅能一层停放，且又要满足拖挂作业，故需要较大的场地。

(6) 由于每一个集装箱需配一台底盘车，故需要底盘车数量多，初期投资大。

(7) 不容易实现自动化作业。

(8) 码头集装箱吞吐量小，港区堆场面积大。

(9) 这种系统适用于集装箱进出码头完全依靠公路运输的情况。

(二) 集装箱跨运车装卸工艺方案

集装箱跨运车装卸工艺方案，由岸边集装箱装卸桥将集装箱由船上卸到码头前沿，然后跨运车把集装箱搬运到货场堆放，如图 5-43 所示。20 世纪 70 年代初，国际上很多集装箱专业码头都采用这种装卸系统。

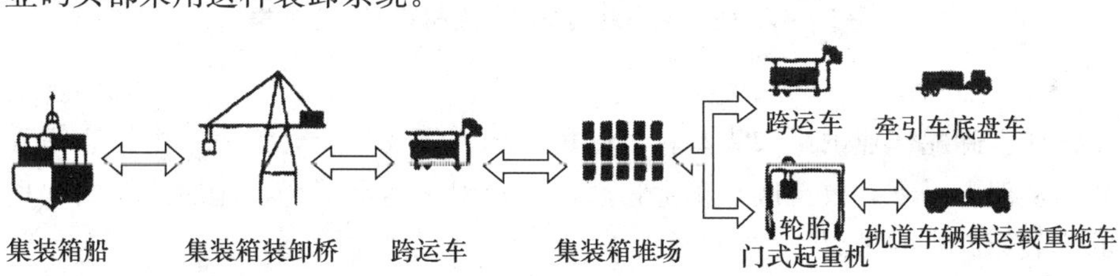

图 5-43　集装箱跨运车装卸工艺方案

1. 装卸工艺过程

卸船作业：集装箱船靠泊后，由岸边集装箱装卸桥将集装箱从船上吊下，堆放于码头前沿，跨运车则将集装箱载运至堆场，并堆 2～3 层停放。

装船作业：装船时，由跨运车将堆场上的集装箱载运至码头前沿，然后，岸边集装箱装卸桥将码头前沿的集装箱吊装至船上，完成装船作业。

2. 该作业工艺的特点及适用范围

(1) 跨运车完成集装箱水平运输及堆场作业，兼有搬运堆码两种功能，减少码头的机种和数量，便于组织管理。

(2) 跨运车机动灵活，对位快，岸边集装箱起重机只需将集装箱从船上卸下后放在码头前沿，无须准确对位，跨运车自行抓取运走，能充分发挥岸边集装箱装卸桥的卸船效率。

(3) 由于可堆 2～3 层集装箱，相对于底盘车系统，所需场地面积小。

(4) 跨运车机械结构复杂，液压部件多，容易漏油，维修保养比较困难。新型跨运车的性能已有了显著的改善。按照维修保养要求，使用跨运车的码头，跨运车的完好率要达到 80%以上。在工业发达国家，跨运车的应用较普遍。

(5) 跨运车装卸作业初始投资较高。一台岸壁集装箱起重机需配 6 台跨运车，其中 4 台跨运车承担集装箱的转载和堆码作业，另需一台承担进出场车辆装卸作业，同时还有一台进行维修。跨运车造价高，致使码头机械投资大；该机轮压较大，场地需要较厚的铺装，造成码头初始投资高。过高的初始投资往往也限制了跨运车系统在发展中国家的应用。

(6) 对司机操作技术水平要求高，司机对位不准易造成集装箱损坏；要求维修人员有较高的技术水平；因货主取箱的随意性，所以堆场常常要进行倒垛，集装箱出场不如底盘车系统那样方便灵活。

(7) 适用于进口重箱量大、出口重箱量小的码头。

（三）轮胎式集装箱龙门起重机装卸工艺方案

轮胎式集装箱龙门起重机装卸工艺方案，由岸边集装箱装卸桥将集装箱从船上卸到拖车上，然后拖到货场，由轮胎式龙门起重机堆存和进行装卸货车作业，如图 5-44 所示。装船过程与之相反。

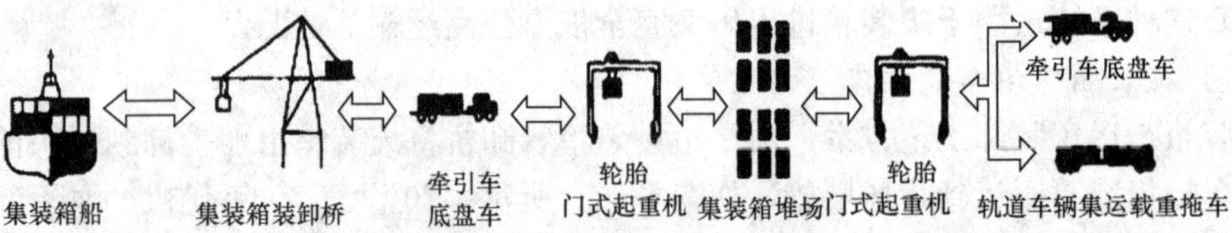

图 5-44 轮胎式集装箱龙门起重机装卸工艺方案

1. 装卸工艺过程

卸船作业：卸船作业由岸边集装箱装卸桥承担。集装箱船靠泊后，由岸边集装箱装卸桥将集装箱从船上吊下，放至底盘车上，然后由牵引车运至堆场，轮胎式龙门起重机将底盘车上的集装箱卸下并堆码。

装船作业：堆场轮胎式龙门起重机则将堆场上的集装箱吊放在底盘车上，集装箱半挂车将堆场的集装箱从货场拖运至码头前沿，而岸边集装箱装卸桥则将拖至码头前沿的集装箱从底盘车上吊装到船上，完成装船作业。

2. 该作业工艺的特点及适用范围

(1) 轮胎式龙门起重机可堆 3～4 层集装箱，每堆放区可码 5～6 列集装箱，且间距小，使堆场堆存能力增加，有效利用了堆场面积。

(2) 堆场除轮胎式龙门起重机通行道路需特殊加强外，其他只需满足集装箱半挂车轮压要求即可，相对跨运车系统，减少了场地建造费用。

(3) 设备操作较简单，对工人只需中等技术水平的训练。

(4) 相对于跨运车系统，对集装箱损坏的机会少。

(5) 采用90°转向和定轴转向，占用通道面积小；与轨道式龙门起重机比较，不受轨道限制，可从一个堆区转移到另一个堆区。

(6) 可对轮胎式龙门起重机行走轨迹进行自动控制，易于实现集装箱装卸作业自动化。

(7) 比跨运车系统机动性差，到另一个堆区需要较长的转移时间。

(8) 轮胎式龙门起重机跨距大，箱位多，堆垛高，随机提取集装箱时必须倒垛。

(9) 轮胎式龙门起重机系统需配备集装箱半挂车承担集装箱水平搬运，增加了作业环节。

(10) 这种系统适用于码头陆域面积较小而水—水中转量较大的码头。这种作业方式在北美应用较为普遍。

(四) 轨道式集装箱龙门起重机装卸工艺方案

轨道式集装箱龙门起重机装卸工艺方案，这种方式下在船与堆场之间可以不用拖挂车，有轨龙门起重机的悬臂伸到岸边集装箱装卸桥臂下，接力式地将箱子直接转运到堆场或进行铁路车辆装卸，如图5-45所示。

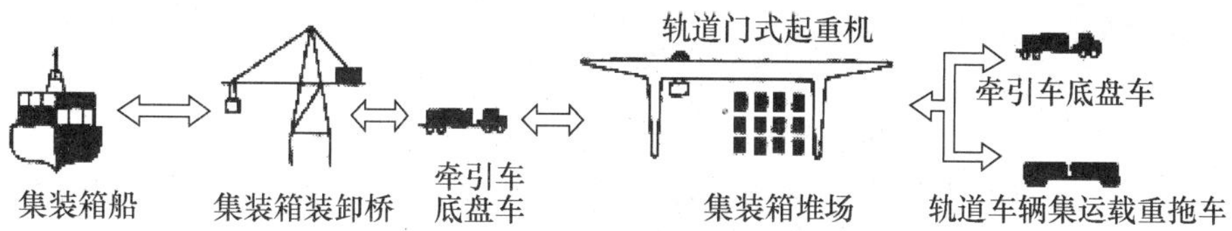

图5-45 轨道式集装箱龙门起重机装卸工艺方案

1. 装卸工艺过程

除了堆场作业采用轨道式龙门起重机外，其余均与轮胎龙门起重机系统相同。

2. 该作业工艺的特点及适用范围

(1) 由于轨道式龙门起重机跨距更大，可跨14列，可堆4～5层集装箱，因而堆场堆存能力最大，堆场面积利用率最高。其结构简单，维修方便，易于实现装卸作业自动化。

(2) 机械为电力驱动，节省能源不污染环境。

(3) 主要缺点是只能沿轨道运行，因而机动性差，作业范围受到限制。

(4) 由于大多堆放4～5层箱，因而提取多层箱垛的底层集装箱时，倒箱困难，影响了装卸效率。

(5) 轨道式龙门起重机系统适用于场地面积有限、集装箱吞吐量较大的水陆联运码头。这种作业方式在欧洲应用较为普遍。

(五) 集装箱叉车装卸工艺方案

集装箱叉车装卸工艺方案，由岸边集装箱起重机将集装箱装卸至码头前沿，其余工作由叉车完成，如图 5-46 所示。这要求有大型的叉车与集装箱匹配。

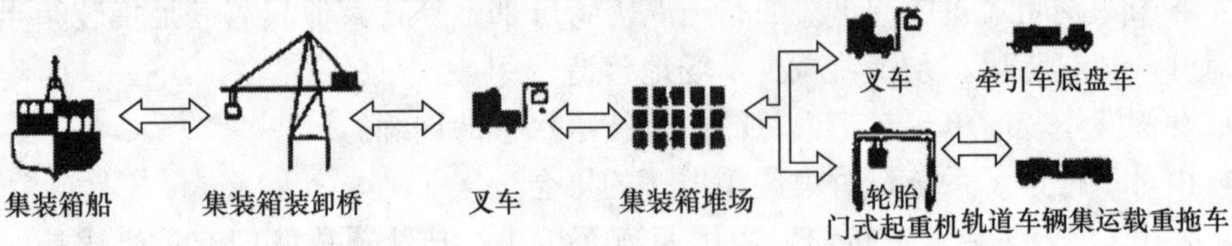

图 5-46　集装箱叉车装卸工艺方案

1. 装卸工艺过程

装卸船作业采用岸边集装箱装卸桥，码头前沿至堆场的水平运输及堆场作业均由叉车承担。

2. 该作业工艺特点及适用范围

（1）叉车通用性强，可以进行装卸、堆码、短途搬运等。换装其他工作属具后，还可以对长大件货物进行装卸作业。

（2）叉车作业可使货物的堆垛高度大大增加（4～5m），与底盘车作业工艺相比，堆场空间利用系数提高 30%～50%。

（3）与大型装卸机械相比，叉车作业具有成本低、投资少的优点。

（4）叉车使用普遍，司机和维修人员熟悉叉车技术，便于维修、使用。

（5）单机效率低，不适用于大吞吐量的集装箱码头。

（6）叉车轮胎载荷不匀，轮压大，对路面磨损严重，增加场地造价。

（7）装卸作业时对准箱位较困难。

（六）集装箱正面吊装卸工艺方案

正面吊是近年来使用日趋普遍的一种集装箱专用装卸机械，在铁路、港口等集装箱货场、堆场得到广泛使用，具有作业机动灵活、适应性好等特点。其工艺系统的主要特点有：

（1）堆场布置形式为每 4 排箱间布置 1 条集卡行驶车道，正面吊作业和运行需要留有不小于 16m 宽的通道，同时在作业通道一侧设置一条宽度为 4m 的集卡行驶道路。场地利用率较低。重载作业时轮压大，对场地的承载要求较高。

（2）具有机动灵活和一机多用的功能，适用于 1CC、1AA 等各种箱型装卸作业。每股装卸线（有效长 1 050m 或 850m）一般配 6～8 台正面吊，作业量大时，可采用群机作业，以减少集装箱班列停留时间，可以实现龙门吊工艺系统无法达到的快速装卸速度；作业量小时，可单机作业。

（3）堆垛最高可达 5 层，而且可越过第一排箱跨箱堆取第二排箱。作业时吊具下起重与臂架的伸缩幅度有关，对堆码层数和箱位布置的要求较高。

（七）集装箱滚装装卸工艺方案

集装箱滚装装卸工艺方案就是采用滚装船运输的港口装卸工艺方案。滚装工艺所采用的船型为滚装船。

集装箱滚装装卸工艺方案中，集装箱拖挂车或其他用于搬运集装箱的搬运机、装载了货物的卡车以及其他车辆通过滚装船船侧或船尾的舷门直接驶入滚装船舱内，停在舱内预定的位置，这种作业方式称为滚装方式，也称为滚上滚下方式或开上开下方式。由于其货物的装卸方式是在水平方向移动，所以又称为水平作业方式。

三、自动化集装箱码头装卸搬运工艺

自动化集装箱码头装卸搬运工艺在不断发展中，特别是随着技术、工具的发展与改进，效率不断提高。大致示意图如图 5-47 所示。

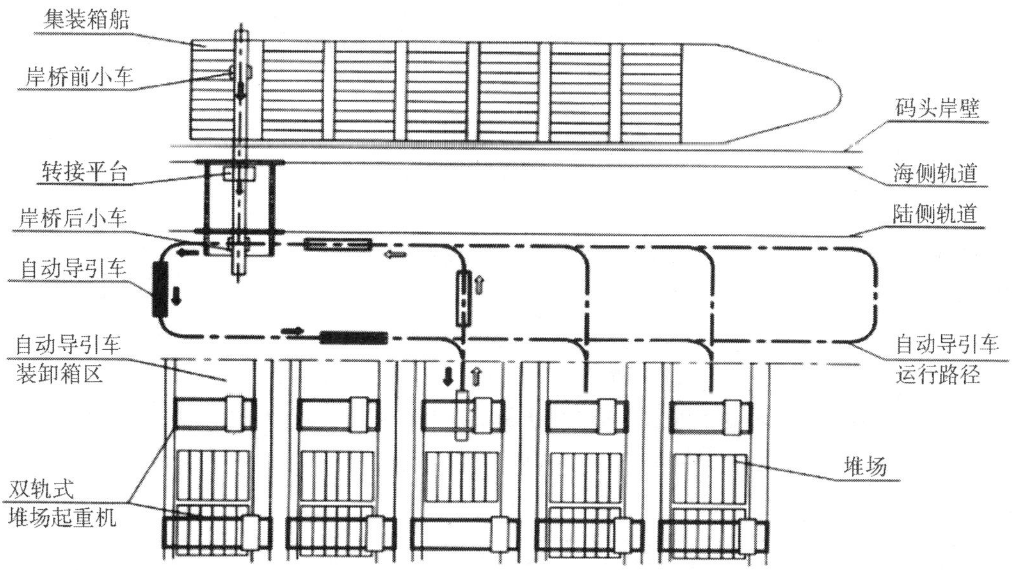

图 5-47 单小车岸桥与 AGV、自动化吊具装卸工艺

（一）单小车 AGV 码头

荷兰鹿特丹港欧洲联合码头（ECT）是世界上第一个自动化集装箱码头，采用单小车岸桥与 AGV、自动化吊具装卸工艺。

单小车 AGV 码头是第一代自动化集装箱码头的典型装卸工艺，岸桥的小车将集装箱从集装箱船上取下后，运到岸桥跨距内自动导引车的停放位置，将集装箱放到相应的自动导引车上面，然后自动导引车按照过程控制系统给定的路线，将集装箱水平运输到堆场靠近岸边一侧装卸箱区，等待全自动堆场起重机来卸集装箱。集装箱被卸下后，自动导引车再进行下一个集装箱的水平运输。堆场沿码头岸线垂直方向布置，在堆场靠近码头岸边一侧，全自动堆场起重机接运由自动导引车运来的集装箱，堆放在堆场的指定箱位，或把堆场上要装船的集装箱装到自动导引车上。而在堆场的另一侧，即靠近陆侧，堆场起重机全自动或通过中控室遥控完成装卸集装箱拖挂车作业。

（二）穿越式 AGV 码头

德国汉堡港 CTA 自动化集装箱码头采用双小车岸桥—AGV—穿越式自动化吊具装卸工艺。这种工艺系统的岸桥为双小车形式，由前小车和后小车构成，岸桥将集装箱的作业分成几个环节，可以同时进行，有效地降低了集装箱交接过程的对位时间。

岸桥的前小车负责集装箱船和岸桥大梁后伸出至转接平台之间的集装箱装卸作业，集装箱在转接平台上进行转锁的固定或脱开操作。前小车不用等待自动导引车来取集装箱，而是直接再进行下一个集装箱的装卸。后小车在起重机后伸距范围内工作，负责预先定位的自动导引车与转接平台之间的集装箱装卸，然后由自动导引车再将集装箱自动运送到堆场靠近岸边一侧。CTA 码头岸桥后伸距范围内布置了 4 条平行的自动导引车车道。堆场沿码头岸线垂直方向布置，在堆场靠近码头岸边一侧，全自动堆场起重机接运由自动导引车运来的集装箱，堆放在堆场的指定箱位，或把堆场上要装船的集装箱装到自动导引车上。堆场内的每个箱垛布置一高一低两台全自动轨道式集装箱门式起重机（ARMG），轨距不同并运行在不同轨道上，可以相互穿越运行，每台全自动轨道式集装箱门式起重机（ARMG）都可以独立完成箱垛任何一部分的装卸作业，极大地提高了装卸效率和灵活性。

（三）双小车 AGV 码头

荷兰鹿特丹港的 Euromax 自动化集装箱码头采用双小车岸桥与 AGV、自动化吊具装卸工艺。这种工艺系统结合了前两种工艺系统的特点，码头前沿采用双小车岸边集装箱起重机，提高了作业效率；后方堆场采用 ECT 已经熟悉了的 ARMG 系统。

岸桥的前小车将集装箱从集装箱船上取下后放在转接平台上，之后前小车不用等待就可以进行下一次取箱。后小车在前小车离开后取出转接平台的集装箱，并运到岸桥跨距内自动导引车的停放位置，将集装箱放到相应的自动导引车上面，然后自动导引车按照过程控制系统给定的路线，将集装箱水平运输到堆场靠近岸边一侧装卸箱区，等待全自动堆场起重机来卸集装箱。集装箱被卸下后，自动导引车再进行下一个集装箱的水平运输。

表 5－5 是三种 AGV 小车的比较。

表 5－5　三种 AGV 小车的比较

	Single RMG	Cross-over RMGs	Twin RMGs
通过能力	最低	较高	最高
机动性	最差	最高	较高
复杂程度	较简单	最复杂	一般
运行成本	较低	最高	一般
建设成本	最低	最高	较高

（四）跨运车型自动化码头

巴塞南欧码头采用“单 40 英尺岸桥＋跨运车＋自动化轨道吊”作业工艺。岸边船舶作业采用单 40 英尺岸桥，其起重能力 61t，起升高度 41m，外伸距 66m。岸桥轨道间为跨运车与岸桥作业交接区；陆侧轨道后布置舱盖板堆放区，其后布置 2 条跨运车高速车道；陆侧轨道距离集装箱堆场边 93m。跨运车起重能力 50t，适于“堆一过二”作业方式。每块堆场配置 2 台起重能力为 40t 的自动化轨道吊，采用全自动化作业方式，不支持双箱作业；堆场有效长度（约 325m）适于直线单层堆放集装箱 50TEU，自动化轨道吊跨距内可堆放 9 排集装箱，堆高为“堆五过一”；陆侧堆场采用集卡倒车工艺方式，陆侧堆场边至自动化轨道吊车挡距离不小于 2 辆集卡的长度。

巴塞南欧码头采用的是人工跨运车的作业方式，而澳大利亚布里斯班码头采用的是自动化人工跨运车的作业方式。

（五）高架桥型自动化码头

这种装卸具体工艺流程为：集装箱由码头前沿配置的双 40 英尺岸桥从船上卸下，可容纳 2 个 40 英尺集装箱的“轨道穿梭车”首先运行至岸桥后伸距下的“卸箱点”进行“接箱”；“接箱”后的“轨道穿梭车”根据堆场“箱管”系统的要求，沿高架轨道运行至堆码箱区对应的“转箱点”，由提前在此等候跨于其上的“自行轨道式转运起重机”将集装箱从“轨道穿梭车”转至“地面进场轨道小车”；“自行轨道式转运起重机”将位于“轨道穿梭车”上的集装箱抓起，在“轨道穿梭车”移出部分空间后，将集装箱降下的同时旋转 90°，卸至地面正下方已经就位的“地面进场轨道小车”上；装载集装箱的“地面进场轨道小车”沿轨道向所在箱区的纵深运行。“地面进场轨道小车”根据“箱管”系统的指令等候 ARMG 将“地面进场轨道小车”上的一个 40 英尺集装箱吊起，ARMG 上小车横向运行并码放至相应箱位上。然后视第 2 个 40 英尺集装箱在这个箱区的箱位情况，“地面进场轨道小车”再移动车位或保持车位由 ARMG 进行第 2 个 40 英尺集装箱的装卸和堆码作业，上述各动作逆行，完成集装箱从堆场到船的装船流程。这种装卸工艺系统要求接送箱集卡不进入堆场箱区，而在堆场一端交接，以利堆场实现完全自动化。

目前采用这种工艺的自动化码头有上海振华长兴岛基地、华电重工等。

（六）岸桥—拖挂车—高架栈桥式自动化码头

新加坡港巴西班让（Pasir Panjang）自动化集装箱码头采用这种装卸工艺。堆场沿与码头岸线平行方向布置。岸桥将集装箱从集装箱船上取下后，转卸到岸桥跨距内的集装箱拖挂车上，集装箱拖挂车需要人工驾驶，它按照控制系统给定的指令行驶到指定堆场位置，等待全自动桥式集装箱起重机来卸载集装箱。集装箱被卸下后，集装箱拖挂车再进行下一个集装箱的水平运输。

案例分析

中小型集装箱码头装卸工艺模式分析

一、项目背景

港口集装箱运输代表着未来航运业的发展方向。近年来，随着港口腹地经济的快速发展，对集装箱的运输需求不断增加。截至 2007 年年底，我国集装箱吞吐量跨越 1 亿 TEU，内地港口集装箱年吞吐量已连续 6 年居世界第一。集装箱运输船舶日益大型化，大型集装箱班轮公司热衷于发展大型集装箱船队，通过规模化运输来降低运营成本。航运市场需求呈现出多样化和多层次特征，中小型集装箱船在运输市场上具有更强的适应性，其发展前景广阔。而且，对于处在经济欠发达地区或经济正在起步发展地区的中小港口来讲，也同样存在着开展集装箱运输的迫切需要，但受到建设专业化集装箱码头所需的货运量、经济实力等条件的制约，建设中小型集装箱码头是较为理想的选择。

二、中小型集装箱码头的特性

运输船舶的发展影响着码头泊位的建设。中小型集装箱船在运输市场上容易直接组织货源，开展直达运输，且满载率高，与干线配套的支线和沿海运输也需要大量的中小型集装箱船。中小型集装箱码头一般具有以下特性：年吞吐量一般在 10 万 TEU 以下；靠泊船型小，船型差异大；载箱量从几百箱到上千箱，不均衡；港口货源不稳定，货物种类和流向变化较大；缺少资金，发展现代化工艺系统困难重重。以上这些特点是建设中小型集装箱码头和研究装卸工艺及设备时必须考虑的。

考虑到建设资金、港口的经济腹地等因素，新建中小型集装箱泊位在起步阶段一般只考虑一个集装箱专用泊位或多用途泊位，码头建成后要达到设计年吞吐量将有较长的过渡期，为充分利用码头资源、提高泊位利用率，码头除装卸集装箱外，有的还兼顾重大件、件杂货和散货。

三、中小型集装箱码头装卸工艺模式

装卸工艺是港口规划建设的重要组成部分。大型海港集装箱装卸工艺经过半个多世纪的发展，已基本形成了码头前沿采用岸边集装箱起重机（简称岸桥），后方采用轮胎式集装箱龙门起重机（简称场桥）或轨道式集装箱龙门起重机，水平搬运采用跨运车、集装箱正面吊以及各种形式的集卡、叉式装卸车、集装箱 AGV 小车等组成的各种不同的工艺系统。随着船舶大型化和科学技术的发展，一些新的现代化、自动化的装卸工艺也在发展中。但对于中小型集装箱码头来说，由于自身的功能定位和特性，其装卸工艺仍是一个需要认真研究的课题。

案例评析：

集装箱运输的快捷、便利、环保的作业方式以及良好的经济效益，被众多的港口所青睐。中小型港口既有集装箱运输的迫切需要，又受到经济发展水平、资金等客观条件的制约，应按照集装箱的运输规模和码头的功能定位，科学合理地选择集装箱装卸工艺模式，以提高装卸效率和设备利用率，降低营运成本。

根据国内中小型集装箱码头的使用经验和集装箱装卸量的多少，中小型集装箱码头装卸工艺模式按照专用集装箱码头、多用途码头和综合性码头进行划分，并结合集装箱装卸设备选型。

思考题：

1. 专用集装箱码头装卸搬运工艺模式有哪些？
2. 多用途码头集装箱装卸搬运工艺模式有哪些？
3. 综合性码头集装箱装卸搬运工艺模式有哪些？

思考与练习

一、判断题

1. 集装作业就是集装箱作业。（　）
2. 国际多式联运是引导国际集装箱标准化的最主要原因。（　）
3. 集装箱能长期反复使用。（　）
4. 集装箱具有储存仓库的功能。（　）
5. 集装箱内不可以拼货。（　）
6. 托盘可以脱离叉车的运用而自行发展。（　）
7. 用托盘装载货物，当各个托盘装载不同货物时，可以堆垛，以提高库容率。（　）
8. 托盘只能托载轻型货物。（　）
9. 我国集装箱的重量系列采用 5t，10t，20t，30t，相应的型号为 5D，10D，1CC，1AA。（　）
10. TEU 称为标准箱，以长为 20ft，高和宽各为 8ft 的集装箱作为标准单位。（　）

二、单项选择题

1. 集装箱减少了（　　）作业。

A. 运输　B. 包装　C. 装卸和运输　D. 储存

2. 集装就是将许多零散货物集中成（　　）进行物流作业。

A. 若干单元　B. 一个单元　C. 集装箱　D. 若干货箱

3. （　　）是集装箱的主体。

A. 标准集装箱　B. 海运集装箱　C. 通用集装箱　D. 专用集装箱

4. 通用集装箱不仅要求装运货物的通用性，也强调（　　）的通用性。

A. 储存与配送　B. 运输与贸易　C. 国内与国际　D. 干货与非干货

5. 能实行国际联运和国内水陆联运的集装箱，不属于（　　）。

A. 专用集装箱　B. 通用集装箱　C. 联运集装箱　D. 多用集装箱

6. 我国铁路集装箱主要有（　　）两种。

A. 1t 和 5t　B. 5t 和 10t　C. 1t 和 1t 以下　D. 10t 和 20t

7. 使用范围最广，占全部集装箱总数的 70%～80%的一类集装箱是（　　）。

A. 杂货集装箱　B. 散货集装箱　C. 冷藏集装箱　D. 罐式集装箱

8. 集装箱龙门起重机专门用于（　　）的堆码和装卸作业。

A. 港口　B. 码头　C. 船舶　D. 集装箱货场

9. 我国港口使用的轮胎式龙门起重机的跨距是（　　）。

A. 11.3m　B. 21.5m　C. 33.9m　D. 不一定

10. 轨道式集装箱起重机与轮胎式比较（　　）。

A. 跨度更小，堆码层数更高，机械结构简单

B. 跨度更大，堆码层数更高，机械结构简单

C. 跨度更大，堆码层数低，机械结构简单

D. 跨度更大，堆码层数低，机械结构复杂

三、多项选择题

1. 常用于国际运输的集装箱的两种规格是（　　）。

A. 1A　B. 1B

C. 1AA　D. 1CC

E. 1BB

2. 在选用集装箱时，应考虑如下问题（　　）。

A. 货物种类与特性　B. 货物包装尺寸

C. 货物重量　D. 集装箱运输过程

E. 难以确定

3. 罐式集装箱适用于装运（　　）货物。

A. 固体　B. 气体

C. 液体　D. 粮食类

E. 部分颗粒状

4. 集装箱的一般构造包括（　　）。

A. 梁板结构　B. 消防装置

C. 端门与端壁　　D. 顶部起吊挂钩
E. 底部固定槽孔

5. 现代集装化应该具备（　　）三个条件。
A. 通用化　　B. 自动化
C. 标准化　　D. 轻小化
E. 系统化

6. 保温集装箱分为（　　）几类。
A. 冷藏集装箱　　B. 低温恒温集装箱
C. 隔热集装箱　　D. 保鲜集装箱
E. 通风集装箱

7. 吊装式集装船的三种类型是（　　）。
A. 专用全集装箱船　　B. 滚装集装箱船
C. 内河集装箱船　　D. 半集装箱船
E. 集装箱杂运两用船

8. 滚装式集装箱是将（　　）一同驶入船上。
A. 集装箱　　B. 托盘
C. 牵引车　　D. 叉车
E. 火车车厢

9. 集装方式分为（　　）四类。
A. 货盘　　B. 集装箱
C. 货箱　　D. 集装容器
E. 集装货捆

10. 集装的特点与效果是（　　）。
A. 运输合理化　　B. 装卸合理化
C. 包装合理化　　D. 便于管理
E. 物流系统合理化

四、简答题

1. 集装单元化的原则是什么？
2. 托盘的选用方法是什么？
3. 简述集装箱的分类方法及集装箱的类型。
4. 从托盘与集装箱的结构、特点、使用管理等方面进行比较分析，谈谈两者的异同。

第六章

散料输送技术与设备

内容提示：

本章分析了散料的含义与特点，重点介绍了散料物流中的散料输送设备，如带式输送机、斗式提升机、螺旋输送机、气力输送机等的工作原理、特点和应用情况。扼要介绍了大型散料码头、堆场的散料装卸专用设备。

学习目标：

1. 掌握散料输送机械的类型与特点。
2. 理解各种散料输送机械的工作原理及结构组成。
3. 了解我国散料物流的基本现状，大型散料码头、堆场散料装卸的专用设备。

素养目标：

近些年来，我国大量进口铁矿石、煤炭等，对我国沿海各码头的装卸能力提出了更高的要求；在现代码头的管理中，有效控制大型散货设备，对提高经济效益、降低环境污染及推动散货设备的发展有着非常重要的意义。所以，我们应当不断加强物料输送领域的技术和设备研究，持续推进其运作效率，将这一工业运作环节提升到一个更高的发展水平。通过对散料装卸搬运设备在物流作业中发挥着重要作用的学习，培养学生自强不息、艰苦奋斗、顽强拼搏的工匠情怀。

散料是指堆积在一起的大量未经包装的块状、粒状、粉状物料，几何尺寸基本属于同一量级的颗粒的集合体，例如各种煤炭、砂、谷物、矿石、水泥和糖块等。为了取得最大的经济效益，国内外如今都提倡对煤、化肥、矿石、粮食等散料物质进行散装、散卸、散储、散运的“四散化”流通方式。因此开发现代化的“四散”流通技术与装备已成为物流业发展的重要趋势。

第一节 散料连续输送机械

一、散料机械的含义与类型

（一）散料机械的含义

散料机械是起重机械的一个部分。散料机械是常用的大宗散状物料装卸与输送机械。散料机械一般由单机或系统组成。

散料机械系统通常由远距离输送、转载、挖取、堆积等设备构成。其中具有一定距离的输送机械主要由带式输送机、螺旋输送机、气力输送机等输送机械构成；转载设备一般为转载漏斗或其他转载设备等。大型的散料机械系统中，散料物料的装载设备通常为装车机、装船机、取料机等；其卸载设备为卸船机、翻车机等。

（二）散料机械的类型

散料机械实现了将散状物料不经过任何包装，直接从一个地方转运到另一个地方。目前常用的散料装卸搬运设备有装船机、装车机、卸船机、卸车机、堆取料机、连续输送机械等，如图 6－1 所示。散料机械应用最多的领域为各大港口、发电厂、冶金钢厂、水泥厂、粮食加工厂等，用于装卸与搬运煤炭、矿石、水泥、粮食等散状物料。

二、连续输送机械

（一）连续输送机械的含义

连续输送机械是在一定的线路上连续输送物料的搬运机械，又称输送机。输送机可进行水平、倾斜和垂直输送，也可组成空间线路输送。输送线路一般是固定的，输送能力大，运距长，还可以在输送过程中完成若干工艺操作，所以应用十分广泛。可以单台输送，也可多台组合，组成水平或倾斜的输送系统，以满足不同布置形式的作业要求。

（二）输送机的主要参数

1. 输送能力

输送机的输送能力是指单位时间内输送的物料量。在输送散状物料时，以每小时输送物料的质量或体积计算。

2. 输送速度

提高输送速度可以提高输送能力。在以输送带作为牵引构件且输送长度较大时，输送速度日趋增大。但高速运转的带式输送机需注意振动、噪声和启动、制动等问题。对于以

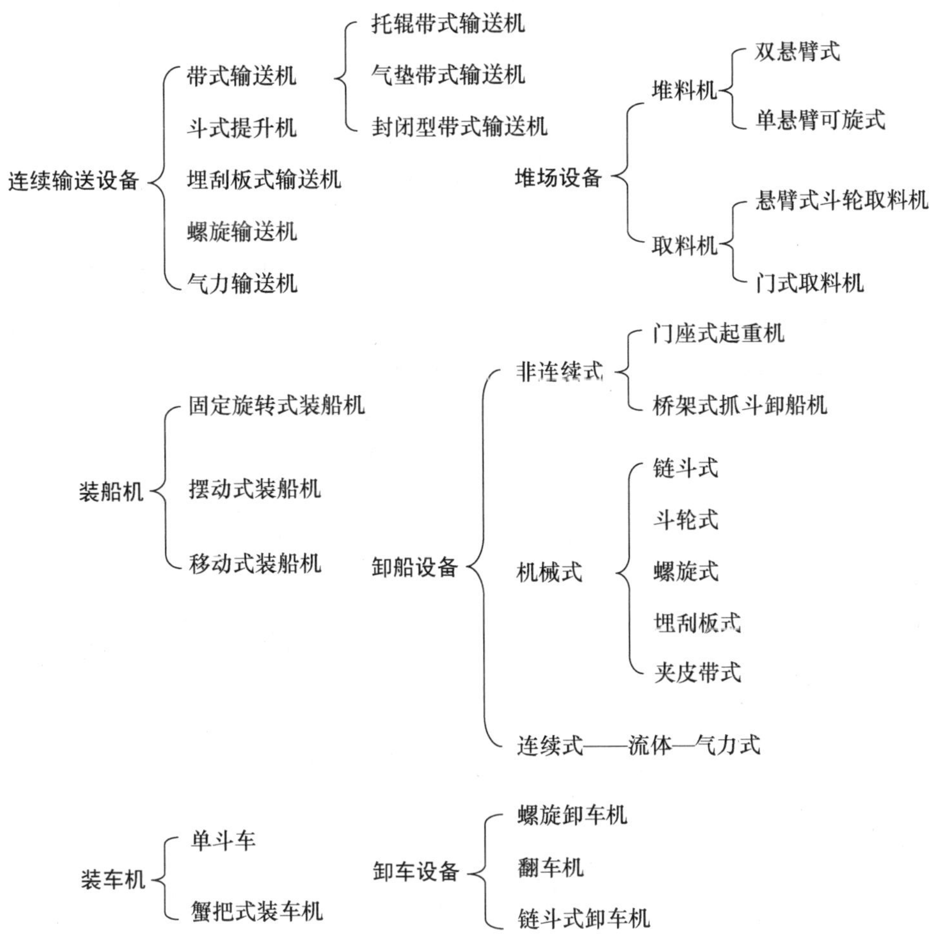

图 6－1　常用散料装卸搬运设备的类型

链条作为牵引构件的输送机，输送速度不宜过大，以防止增大动力载荷。同时进行工艺操作的输送机，输送速度应按生产工艺要求确定。

3. 构件尺寸

输送机的构件尺寸包括输送带宽度、板条宽度、料斗容积、管道直径和容器大小等。这些构件尺寸都直接影响输送机的输送能力。

4. 输送长度和倾角

输送线路长度和倾角大小直接影响输送机的总阻力和所需要的功率。

三、常用的散料输送机械

（一）托辊胶带输送机

托辊胶带输送机由上、下支承托辊作为承载构件，胶带作为输送带（输送带既是承载货物的构件，又是传递牵引力的牵引构件）绕过头、尾滚筒形成闭合环路，借助于驱动滚筒与输送带之间的摩擦来传递动力，实现物料输送。

1. 托辊胶带输送机的结构与工作过程

通用托辊胶带输送机由输送带、托辊、滚筒及驱动装置、制动器、张紧装置、装载、卸载、清扫器等装置组成，如图 6-2 所示。

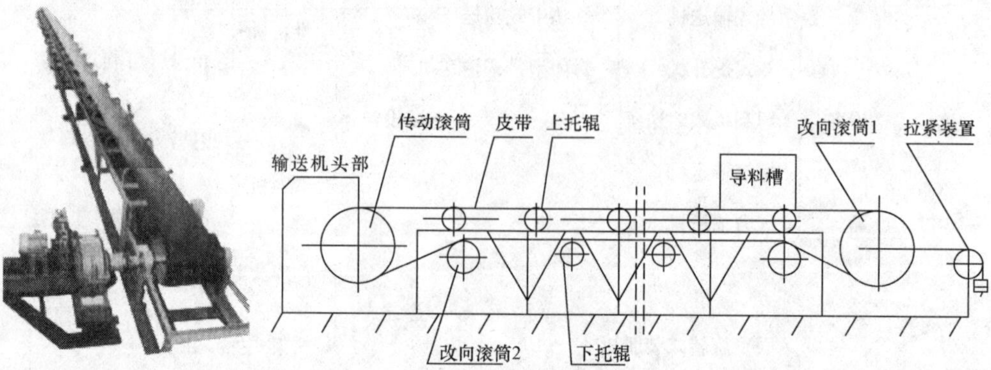

图 6-2　托辊胶带输送机

托辊胶带输送机在驱动轮（前滚筒）与张紧轮（后滚筒）之间环绕着一条橡胶输送带。输送带下面安装有上支承装置（上托辊）和下支承装置（下托辊），用以承托输送带和物料的重量，支承装置均安装在机架上。为了增大驱动轮和输送带之间的包角，增大摩擦力，在驱动轮附近装有导向装置（导向滚筒）。电动机通过减速装置驱使驱动装置（驱动滚筒）转动，通过摩擦力牵引胶带做一定速度的运动。物料由进料装置进入运动着的输送带上，然后被输送到前端卸料装置处卸出，完成物料输送任务。如果要使物料在中间的任何位置卸出，则要另装卸料小车。输送带经清扫装置和下支承装置（下托辊）返回到进料处。

2. 托辊胶带输送机的工作特点

（1）输送距离长、输送能力大。

（2）结构、操作简单，安全可靠，基建投资少，营运费用低，易实现自动控制。

（3）托辊胶带输送机包括固定带式输送机和移动带式输送机（如图 6-3 所示）等。输送线路可以呈水平、倾斜布置或在水平方向、垂直方向弯曲布置，因而受地形条件限制较小。

（4）胶带输送机的牵引力是通过传动滚筒与胶带之间的摩擦力来传递的，因此必须将胶带用拉紧装置拉紧，使胶带在传动滚筒分离处具有一定的初张力。

（5）胶带与货载一起在托辊上运行。胶带既是牵引机构，又是承载机构，货载与胶带之间没有相对运动，消除了运行中胶带与货载的摩擦阻力。由于托辊内装有滚动轴承，胶带与托辊之间是滚动摩擦，因此运行阻力大大减小，从而减少了功率的消耗，增大了运输距离。

图 6-3　移动带式输送机

3. 托辊胶带输送机的应用范围

（1）可广泛用于冶金、煤炭、矿山、港口、电站、化工、石油等部门。可输送堆积密度为每立方米 0.5～2.5 吨的各种散粒状物料。

（2）工作环境温度一般为－25～40℃。对于在特殊环境下工作的带式输送机，应采取相应的保护措施。

（3）输送机允许输送的物料粒度取决于带宽、带速、槽角和倾角，也取决于大块物料出现频率。橡胶带的宽度系列：200、250、300、400、500、650、800、1 000、1 200、1 600mm。

4. 托辊胶带输送机的主要构件

（1）输送带

输送带是输送机上起牵引和承载作用的构件，输送带应具有强度高、质量轻、延伸率小、吸水性小、耐磨性好特点。常用的输送带有橡胶带、纤维编织带、网状钢丝带（如图6－4所示）。工作表面有平向和花纹（如图6－5所示）两种，后者适宜于内摩擦力较小的光滑颗粒物料的输送。

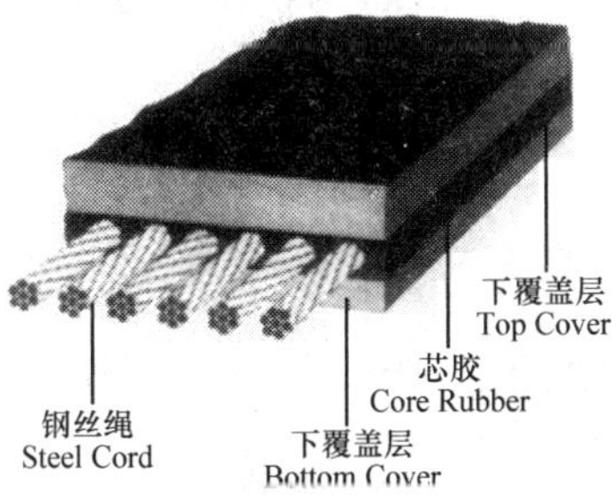

图6－4　钢丝绳芯输送带

图6－5　花纹橡胶带

（2）驱动装置——传动滚筒和改向滚筒

驱动装置包括电动机、减速器、驱动滚筒，如图6－6所示。驱动滚筒是传递动力的主要部件，其长度略大于带宽，呈鼓形结构，即中部直径稍大，用于自动纠正输送带的跑偏。转向滚筒的作用是改向。

（3）电动滚筒

内装式电动滚筒是把电动机、减速齿轮装入滚筒内的一种传动装置。因其结构紧凑、质量小，适用于短距离、小功率的带式输送机。电动滚筒通常用于传动功率在55kW以下，环境温度不超过40℃的场合，如图6－7所示。

图6－6　胶带输送机驱动装置

图6－7　输送机的电动滚筒

固定式输送机多采用滚筒驱动。短距离、小功率输送机采用单滚筒驱动；长距离输送机采用多滚筒。滚筒有光面和胶面两种。环境湿度小且功率不大时采用光面；反之采用胶面滚筒，其表面摩擦系数大，驱动力大。移动式输送机的驱动有两种形式：一是电动机、皮带、链条或一级开式齿轮，结构简单；二是电动滚筒，电动机散热条件差，检修不便。

（4）托辊

托辊用于承托输送带及其上的物料，避免作业时输送带产生过大的挠曲变形。托辊分为上托辊（即载运托辊）和下托辊（即空载托辊）两种。上托辊采用平托辊和凹面托辊；下托辊采用平托辊。托辊间距一般取0.4～0.5m，物料轻时取1～2m。支承托辊及其布置如图6-8所示。

图6-8 支承托辊及其布置

(5) 拉紧装置

为使输送带具有足够的张力，确保输送带与传动滚筒间不打滑，并限制输送带在各托辊间的垂度，以使输送机正常运行，需要采用拉紧装置。拉紧装置通常有螺旋式、重锤车式、垂直重锤式及固定绞车式几种。拉紧装置应尽量布置在输送带张力最小且便于布置和维修的地方，如图6-9所示。

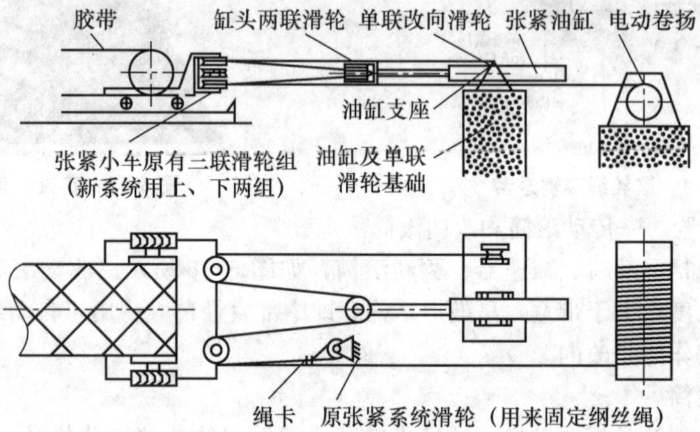

图6-9 输送机的拉紧装置

(二) 气垫带式输送机

普通带式输送机以托辊为支承装置，对于长距离的带式输送机来说，所需支承托辊的滚动轴承数量是相当多的，运转过程中往往容易发生故障。为解决这个问题，近年研制了一种气垫带式输送机，如图6-10所示。它利用托槽支承输送带，并在托槽与输送带之间造成一定厚度的空气层作为滑动摩擦的“润滑剂”，使运动阻力大为减小。

1. 气垫带式输送机的工作过程

气垫带式输送机是将通用带式输送机的托辊用气室代替，通过风机将有压力的空气送入气室，空气经气室盘槽的气孔逸出，在承载带和盘槽之间形成一层很薄的气膜托起承载带和物料。当输送带以一定速度运动时，在气室盘槽与输送带下表面之间，便形成气体摩擦，使拖动输送带的阻力大为降低，拖动功率大为减少。输送带绕过头部驱动滚筒和尾部张紧滚筒，有载分支支承在气室上，无载分支支承在下托辊上，物料从加料装置加到输送带上后随带条一起运动到头部卸出。

图6-10 气垫带式输送机

2. 气垫带式输送机的工作特点

与托辊带式输送机相比，气垫带式输送机有以下主要特点：耗能少、重量轻、寿命长；输送平稳、工作可靠，输送能力高；启动功率低；维修费用低；宜于密封、污染少。

3. 气垫带式输送机的应用范围

气垫带式输送机适用于各种块状、粒状等散装物料的输送，物料度为0～120mm，若其间有10%的粒度为300mm左右的块状也可采用。但对于大部分粒度≥200mm或成件物品面积小、重量大的情况，则不宜选用。对散装物料（如粮食、食盐、化肥）和软包装物品，气垫式输送机也有较好的适应性。

气垫带式输送机在开车以前，必须先启动风机，将气室全长充满空气，待承载带下面形成气膜并被浮起后，才可启动输送机的驱动电机。停车时，应先停输送机的驱动电机，再停风机。风机与输送机的驱动电机应闭锁，当风机因故障而停车时，输送机驱动电机应立即停车，否则可能烧坏电机。气垫带式输送机使用中需保持给料对中，尽可能做到均匀加料。

（三）埋刮板输送机

1. 埋刮板输送机的工作过程

埋刮板输送机是一种具有挠性牵引构件的连续输送设备，如图6-11所示。它是在封闭光滑的矩形或U形截面的料槽内，借助于运动的刮板链条的推力，使物料和刮板链条形成一个连续的整体而被输送。在输送过程中，刮板链条埋没于被输送的物料之中，因此称为“埋刮板输送机”。

图6-11　双中心链式埋刮板输送机

埋刮板输送机不但能单机输送，而且能组合布置，串联输送，能多点加料，也能多点卸料，工艺布置较为灵活。由于壳体封闭，在输送物料时可以显著改善工作条件，防止环境污染。可应用于冶金、化工、机械、轻工、粮食、水电、交通行业的粉状、小颗粒、小块状物料的运输、工艺转接等。

2. 埋刮板输送机的结构

埋刮板输送机的主要结构和组成的部件基本是相同的，它由机头、中间部和机尾部三个部分组成。机头由机头架、电动机、液力耦合器、减速器及链轮等件组成；中间部由过渡槽、中部槽、链条和刮板等件组成；机尾部是供刮板链返回的装置。重型刮板输送机的机尾与机头一样，也设有动力传动装置。按机槽的布置方式和结构，可分为并列式及重叠式两种，按链条数目及布置方式，可分为单链、双边链、双中心链和三链。可用于水平运输，亦可用于倾斜运输。通用的埋刮板输送机由机槽、刮板链条、头尾链轮、进料口、卸料口、驱动装置和张紧装置等件组成，如图6-12所示。

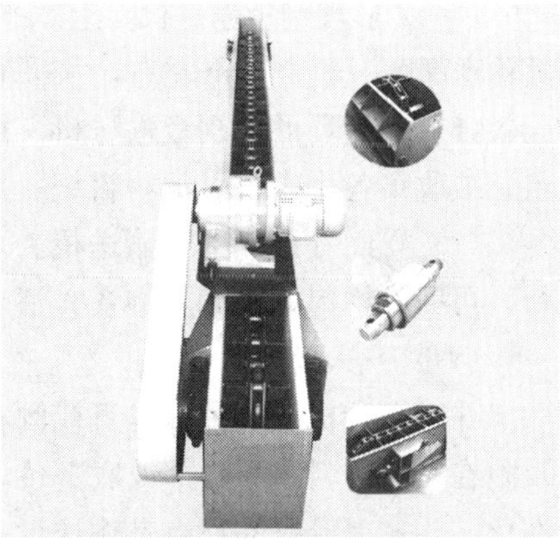

图6-12　埋刮板输送机的结构

3. 埋刮板输送机的常见型号

埋刮板输送机的常见型号及布置形式主要有以下几种，如图 6－13 所示。

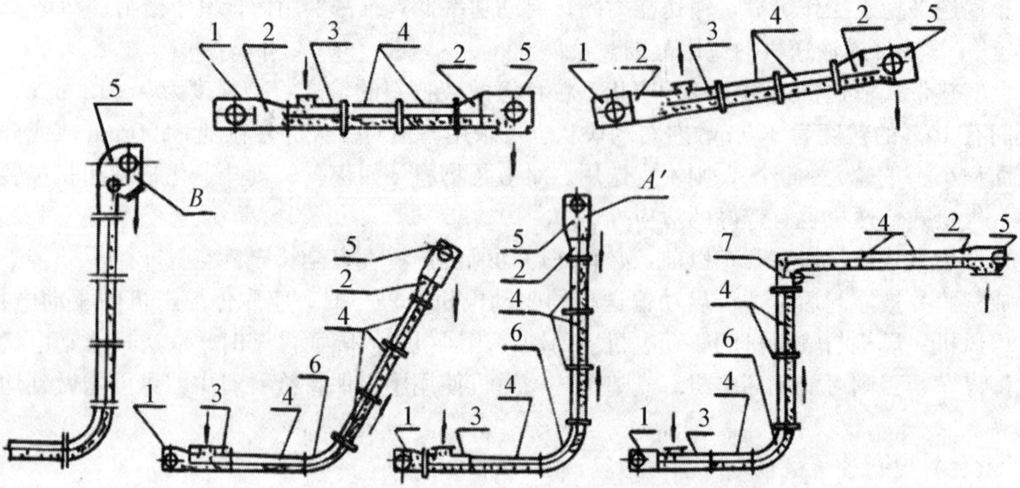

图 6－13　埋刮板输送机常见型号及布置形式

1—尾部；2—过渡段；3—加料段；4—中间段；5—头部；6—弯曲段；7—回料段

（1）水平型埋刮板输送机（MS）。输送长度可达 80～120m，适用于一般性物料的输送，可多点加料或多点卸料。中间有隔板的水平型埋刮板输送机，设有多个进料口，通过计量闸门可任意调整各段物料的配比，适用于混合几种不同的散状物料。

（2）倾斜型埋刮板输送机（MC）。一般安装倾角为 0°～30°。中间有隔板的倾斜型刮板输送机在物料完全充满下槽的情况下运行，即使倾角较大，仍能保证物料连续不断地输送。

（3）垂直型埋刮板输送机（MZ）。倾角可为 30°～90°，提升高度可达 30m，适用于输送一般性的物料。

（4）扣环型埋刮板输送机。可倾斜输送也能垂直输送，它所占空间较小，适用在较狭窄的工作环境中做移动设备用。

（5）Z 形埋刮板输送机。上水平段可根据需要设置任意数量的出料口，做到多点卸料。其输送高度一般为 20m 左右，水平输送距离小于 30m。一般多用于向料仓和向锅炉房上煤。

（6）平面环形埋刮板输送机。可多点进料和多点卸料，适用于将物料分配给各个使用点，或收集各个进料点的物料统一排出。

（7）立面环形埋刮板输送机。可多点进料和多点卸料，适用多个料仓之间的循环运行，可完成物料的装卸及倒仓、清仓作业。

（四）斗式提升机

斗式提升机是一种沿垂直或倾斜路程输送散状物料的输送机，由环形输送带或链条以及附在其上的料斗、头部或底部传动机械、支架和外壳所组成。斗式提升机的制造已经标准化。斗式提升机的特点是输送量大、提升高度高、消耗功率低、运行平稳可靠、使用寿命长。因此，在粮食加工厂、油厂、饲料厂、食品厂、化工厂、建筑材料厂，以及港口、仓库中得到广泛的应用。

1. 斗式提升机的工作过程

斗式提升机可分为带斗式和链斗式（如图 6－14 所示）两类。通常带斗式应用更为普遍。

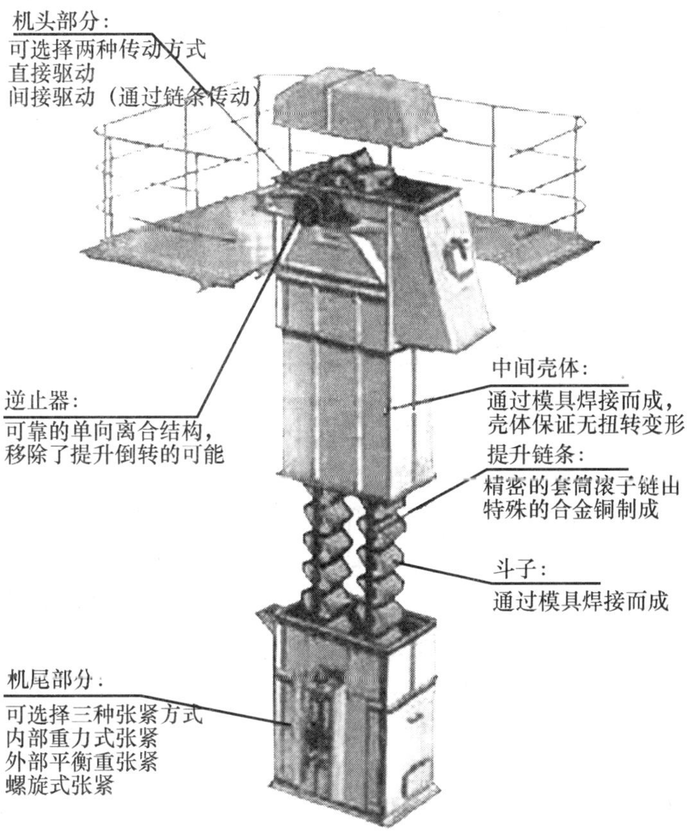

图 6－14 链斗式提升机

斗式提升机主要由连接成环形的橡胶输送带（链）作为提升机的牵引构件，在该构件上均等地安装料斗，组成物料的装载提升部件；提升部件上部套装在驱动滚筒上，驱动滚筒的轴与之相接的联轴节、减速机、电动机组成驱动装置；提升部件的下端套装在张紧滚筒上，通过螺旋式张紧装置使输送带或输送链环保持一定张紧力；在张紧滚筒外做成进料口形状的外壳，料斗可由此壳体中取料；在驱动滚筒外做成卸料口形状的外壳，料斗可从此处卸料；为防止设备运转时的灰尘飞扬或物料散落，一般将整个料斗运动区间用壳体封闭起来。斗式提升机工作时，由驱动滚筒带动环形输送带（链）及带（链）上的料斗上下移动，料斗在沿张紧滚筒转动的同时将进料口的物料铲入斗中，当料斗随环形带上升到驱动滚筒顶部后开始向卸料口卸料，在机器的连续运动中物料从低处提送到高处。

2. 斗式提升机的料斗

斗式提升机的装料方式有挖取式（进料方向与料斗运动方向相同）和装入式（进料方向与料头运动方向相反）两种。

物料的卸料方式有重力式（料斗运行速度 0.4～0.5m/s）、离心式（料斗运行速度 1.0～3m/s）、混合式（料斗运行速度 0.6～1.5m/s）三种。料斗一般用厚度为 2～6mm 钢板焊制成，根据物料的性质和装卸方式不同，料斗有以下三种主要形式，如图 6－15 所示。

（1）有圆弧形底部的深斗。深斗的结构特点是前壁斜度较小而深度较大，斗口与后壁夹

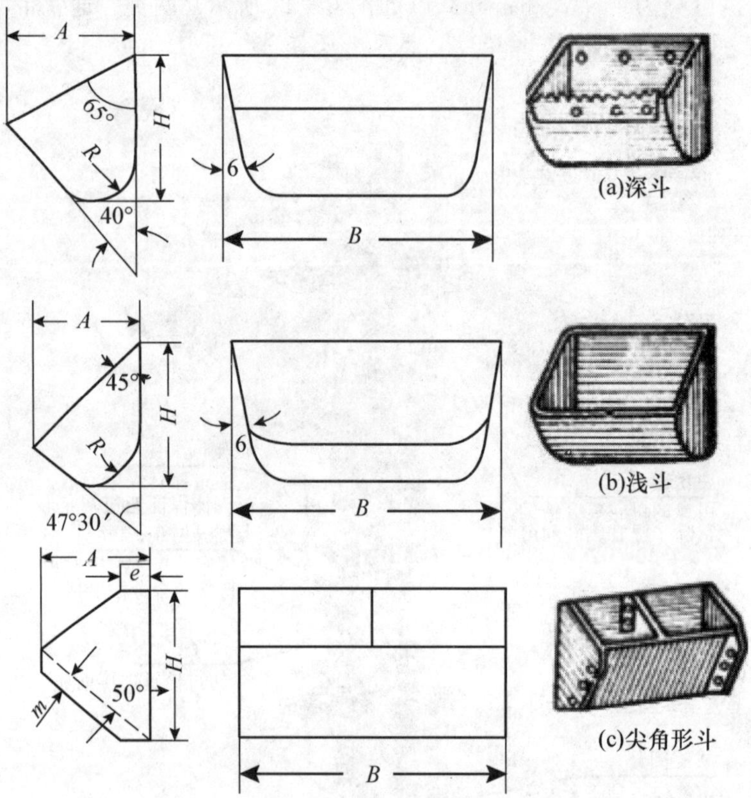

图 6-15　料斗的形式

角较大，一般为 65°。为了减小掏取物料时料斗前壁边唇的磨损，常在边唇外边加焊一条斗边。深斗的容量大，适用于输送干燥的、流动性好的、易卸空的散粒物料，如水泥、干沙、碎煤等。深斗在牵引构件上间断布置，采用离心式或混合式卸料方式卸料。

（2）有圆弧形底部的浅斗。浅斗的特点是前壁斜度较大而深度较小，斗口与后壁的夹角较小，一般为 45°。浅斗的容量较小，适用于输送潮湿的、流动性差的散粒物料，如面粉、湿沙等。浅斗在牵引构件上间断布置，采用离心式或混合式卸料方式卸料。

（3）有导向侧壁的尖角形斗。尖角形斗适用于输送沉重的、块状的、磨损性较强的物料，如矿石、石灰石块、焦炭等。尖角形斗易于制造，磨损便于更换。尖角形斗在牵引构件上密集连续布置，适用于重力式卸料方式。为了使物料能流入卸料管，在料斗的前壁两侧有两条导向板，与前壁形成导向溜槽。

3. 斗式提升机的牵引构件

牵引构件是斗式提升机的重要构件，对提升机的工作性能和运行情况等具有决定性作用。斗式提升机常用的牵引构件有橡胶带、钢丝胶带、锻造环链和板式套筒滚链。斗式提升机的类型常由所采用的牵引构件种类来确定。

（1）TD 型斗式提升机。

TD 型斗式提升机用橡胶带作为牵引构件。TD 型斗式提升机适用于输送粉状、粒状、小块磨损性小的物料，如煤、沙、水泥、碎石等。采用普通橡胶带，物料温度不得超过

60℃；采用耐热橡胶带，物料温度可达150℃。提升高度一般为4～30m，输送量为每小时3.1～66m³，料斗运行速度一般为1～1.26m/s。料斗在胶带上间断布置，采用离心式卸料。采用橡胶带作为牵引构件的主要优点是成本低、自重小、挠性好、运行平稳、磨损小、运行速度和生产率较高；主要缺点是料斗与胶带连接不牢固，容易掉斗。

（2）TH型斗式提升机。

TH型斗式提升机用锻造环链作为牵引构件，如图6-16所示。提升高度一般在4.5～30m范围内，输送量为每小时16～47.2m³，料斗运行速度为1.25～1.4m/s。常用型号有TH300和TH400两种。环链提升机的料斗在环链上间断布置，采用离心式卸料。用环链作为牵引构件的主要优点是结构简单、料斗连接较牢固、便于制造和更换；主要缺点是自重较大、运行不够平稳、磨损快。

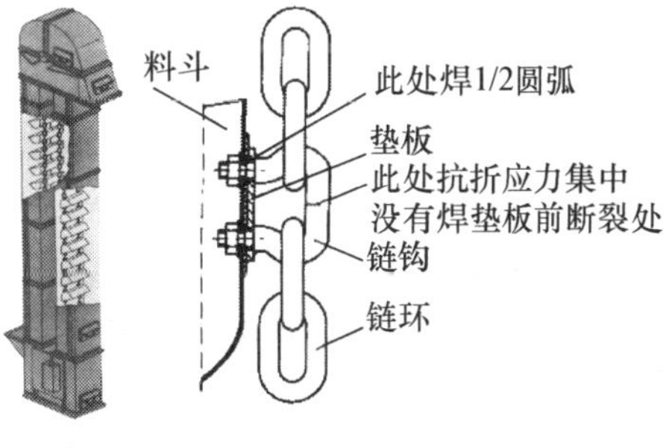

图6-16　TH型斗式提升机

（3）NE型斗式提升机。

NE型斗式提升机用板式套筒滚链作为牵引构件，如图6-17所示。它适用于输送粉状、粒状和容积密度大、磨损性较强的块状物料，如水泥、硬煤、碎石和易碎物料等。物料温度不超过250℃。提升高度一般在5～30m范围内，料斗运行速度为0.4～0.5m/s。料斗在板链上连续布置，采用重力式卸料，料斗与板链的连接形式有后壁连接和两侧连接两种。

（4）TG型斗式提升机。

TG系列斗式提升机采用钢丝胶带作为传动带，其具有更强的传动能力。该系列斗式提升机多应用于粮食输送，为粮食专用斗式提升机。

斗式提升机的规格以料斗宽度表示，目前，国产规格有TD160、TD250、TD350和TD450四种；环链形有TH300和TH400两种；NE型有NE250、NE350和NE450三种。国外有的斗式提升机斗宽已达1 250mm，提升高度达80m，输送量达1 000t/h。

图6-17　NE型斗式提升机

（五）螺旋输送机

斗提机、胶带输送机和埋刮板输送机在结构上有一个共同的特点，即主要结构均由驱动轮、张紧轮和挠性牵引构件组成，因此，通常被称为具有挠性牵引构件的输送设备。螺旋输送机则不同，它是以一刚性的螺旋体作为主要构件而实现物料输送的，通常称它为具有刚性“牵引”构件的输送设备。

螺旋输送机也叫绞龙，如图6-18所示，是一种利用螺旋叶片的旋转运动推动散粒物料沿着料槽运动的输送机械。它可以固定使用，也可以制成移动式；可以水平或倾斜输送，也可以垂直输送物料。螺旋输送机适宜于输送粉状、颗

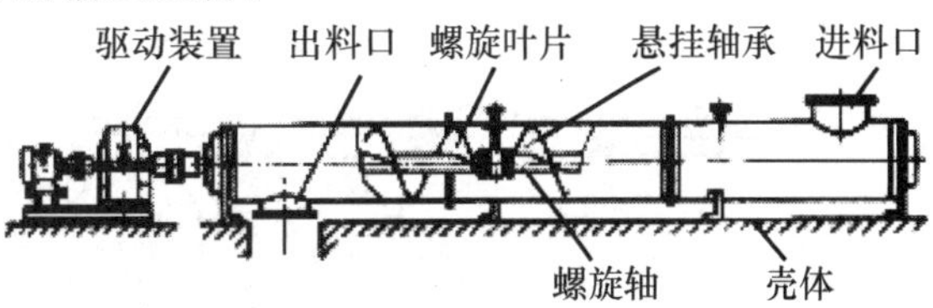

图6-18　螺旋输送机

粒状和小块物料，不宜输送大块的、磨损性很强、易破碎的或易黏结成块的纤维性物料。螺旋输送机的输送量一般为每小时 20～40 立方米，最大可达每小时 100 立方米。常用于长度为 50 米范围内的水平输送，也可用于倾斜方向或高度在 10 米范围内的垂直输送。

螺旋输送机被广泛用于粮食、油脂、饲料、食品、化工、轻工、建筑材料、交通运输等工业部门中，用作输送谷物、豆类、面粉、饲料、化工原料、水泥、黄沙、煤、焦炭、矿石等物料。

1. 螺旋输送机的结构组成

螺旋输送机的一般构造如图 6-18 所示，由驱动装置、螺旋轴、出料口、壳体、悬挂轴承、螺旋叶片、进料口等部件组成。

螺旋输送机是利用螺旋叶片的旋转而推动物料运动的，因此在输送物料时就能起到掺和、搅拌和松散物料的作用。但由于整个螺旋叶片在物料中旋转，因此如输送粗糙物料，螺旋叶片容易磨损；如输送易碎物料，则物料容易被螺旋叶片破碎。由于螺旋叶片在物料中旋转摩擦阻力大，故功率消耗也较大。

2. 螺旋输送机的螺旋体

螺旋体是螺旋输送机实现物料输送的主要构件，它由螺旋叶片和螺旋轴两部分构成。常用的叶片有满面式（实体式）、带式、叶片式和齿式四种形式。按叶片在轴上的盘绕方向不同可分为右旋和左旋两种（逆时针盘绕为左旋，顺时针盘绕为右旋）。螺旋体输送物料方向由叶片旋向和轴的旋转方向决定。具体确定时，先确定叶片旋向，然后按左旋用右手、右旋用左手的原则，四指弯曲方向为轴旋转方向，大拇指伸直方向即为输送物料方向，如图 6-19 所示。同一螺旋体上如有两种旋向的叶片，可同时实现两个不同方向物料的输送。螺旋轴通常采用直径为 30～70mm 的空心钢管。

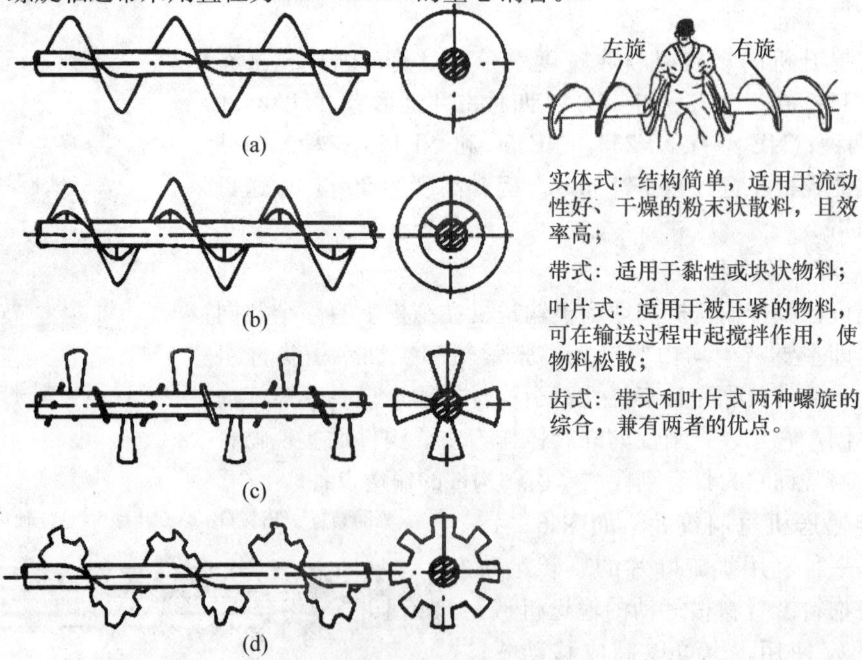

(a) 实体式；(b) 带式；(c) 叶片式；(d) 齿式

图 6-19 螺旋叶片形式

螺旋体的主要规格尺寸为叶片直径 D（mm）、轴直径 d（mm）和螺距 s（mm）。螺旋叶片通常采用简易制造法，即用 1.5～4.0mm 厚的薄钢板冲压或剪切成带缺口的圆环，将圆环拉制成一个螺距的叶片，然后将若干个单独的叶片经焊接或铆接于螺旋轴形成一个完整的螺旋叶片。

3. 螺旋输送机的种类与型号

螺旋输送机按其安装形式可分为固定式和移动式；按输送方向或工作转速可分为水平慢速和垂直快速两种（输送高度不超过 10 米，输送量不超过 50 吨/小时，垂直螺旋输送机如图 6－20 所示）。工程应用中常用的为固定水平慢速螺旋输送机。常用的螺旋输送机有 LS 型、GX 型、WLS 无轴型、DL 多轴型、LC 垂直型螺旋输送机。

图 6－20　垂直螺旋输送机

螺旋输送机的型号由四部分组成，举例如下。

TLSS25 型螺旋输送机：

T——专业代号（粮油机械通用设备）；

LS——品种代号（螺旋输送机）；

S——型号代号（水平式）（立式和移动式螺旋输送机的型号代号分别为 L 和 Y）；

25——规格代号［螺旋叶片直径 D（cm）］

（六）气力输送机

气力输送机也叫气流输送机，如图 6－21 所示。气力输送机设有密闭的输送管道，大量气体流动通过管道，颗粒状物料可随气流沿管道运动，实现物料的输送。气力输送机在输送物料的过程中，可同时完成对物料的加热、冷却、干燥和气流分级等物理操作。

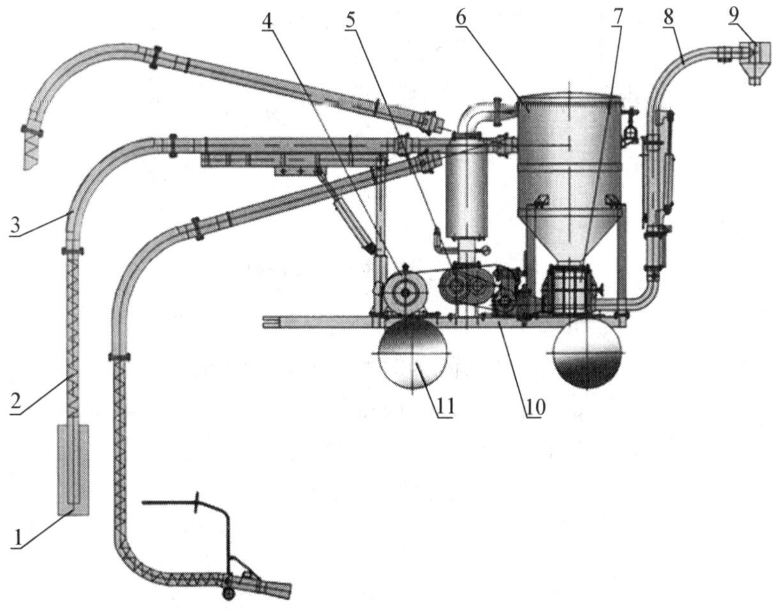

1—吸嘴；2—吸料软管；3—吸料弯管；4—风机电机；5—罗茨鼓风机；6—料仓（分离器）；7—旋转供料器；8—出料弯管；9—分离器；10—底盘；11—车轮

图 6－21　气力输送机

1. 气力输送机的特点

与机械式连续输送装置相比，其特点是：物料在输送过程中完全密闭，受气候和环境的影响小；工人工作条件好，物料不致受潮、污损或混入杂质；设备简单，结构紧凑，布置灵活，占地较小，设备费用低；可同时进行某些工艺（如粉碎、烘干、分级）作业，易于集中控制，可实现自动化，提高输送能力；除易碎、黏附性强、磨削性大、有腐蚀性和易起化学变化的物料需特殊处理外，一般松散物料均可输送。

缺点是能耗较大，对物料的块度、黏性和湿度有一定限制，风机噪声大，输送磨削性物料时，管道易磨损。为克服上述缺点，正在发展一种静压式输送装置。

2. 气力输送机的种类

目前大多数气力输送机是使物料悬浮于气流之中而被输送的，通常称为悬浮气力输送机。其工作原理是利用气流的动能使散粒物料呈悬浮状态随气流沿管道输送。悬浮气力输送机可分为吸送式气力输送机、压送式气力输送机和混合式气力输送机三种。

(1) 吸送式气力输送机。

吸送式气力输送机又叫真空输送机，工作时将管道内的气体抽出、气压降低，物料在管道口受大气压力作用，会自动进入管道内并运动，但卸料必须在负压下进行，因此吸送式气力输送机的输送距离有限，不能负担长距离输送，如图 6-22 所示。

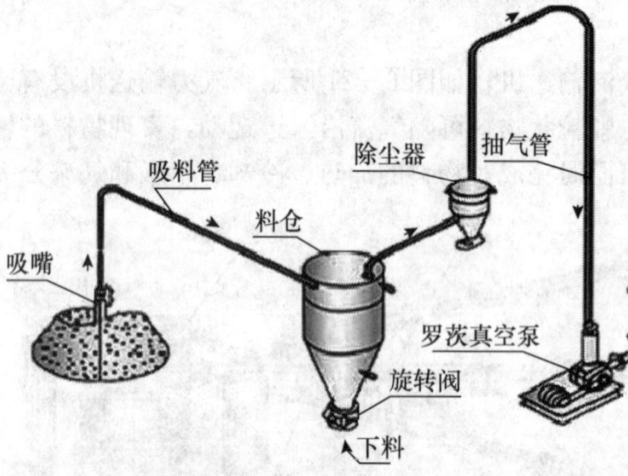

图 6-22 吸送式气力输送机

真空输送的主要问题是动力消耗大，输送距离受到一定的限制。对于被吸送物料的体积、形状、物理性质有一定要求，不宜输送凝聚性和黏着性的物料，忌输入带电粉体，整个系统要气密性好。吸送式气力输送装置的特点是：

①可以从几处同时吸取物料，输送到一处集中。

②适宜于堆积面广，或装在低处、深处物料的输送。

③只要有空气吸入口，就能很容易把管道伸入到一些狭窄的地方（如料斗下部），吸取物料进行输送。

④在输送过程中，没有灰尘飞扬，供料口可以敞开，供料和输送可以连续进行。

⑤由于输送气流的压力低于大气压力，水分容易蒸发，所以对水分较多的物料比压送式容易输送。

（2）压送式气力输送机。

压送式气力输送机，工作时管道内的气体压力高于大气压力，以气流的压力推动物料运动，如图 6－23 所示。卸载在正压下进行，卸料方便，可用于长距离的物料运输。但压送式气力输送机的进料比较复杂，必须配合加料器等设备，将物料送入高压管道内。

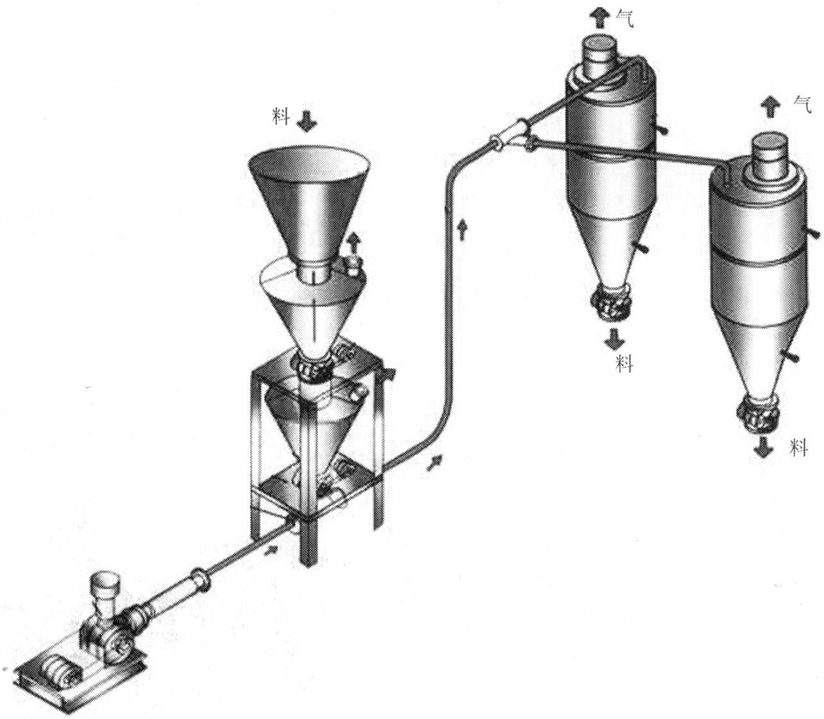

图 6－23　压送式气力输送机

压送式气力输送装置的特点是：

①将输料管分叉并安装切换阀，即可改变输送路线或同时向几个地方输送。

②因为输送空气的压力可以提高到风机额定的最高排气压力，所以即使输送条件有些变化，也能保持一定程度的适应性，适合于高浓度长距离输送。

③整个装置内部处于正压状态，物料易从排料口排出。卸料器和除尘器结构较简单。

④供料器结构较复杂。在输送过程中，灰尘容易飞扬。

（3）混合式气力输送机。

混合式气力输送机由吸送式和压送式两个部分组成。物料从吸嘴进入输料管被吸送至分离器，经下部的卸料器（它又起着压送部分物料的供料器作用）卸出并送入压送部分的输料管，而从分离器中的除尘器出来的空气经风管送至鼓风机压缩后进入输料管，把物料压送至卸料点，物料被再次分离出来，而空气则由分离器上部排出。

混合式气力输送机兼有吸送式和压送式的特点，可从数点吸入物料并压送至若干卸料点，但它的结构较复杂，而且鼓风机的工作条件较差，因此进入鼓风机的空气含尘较多。

第二节 散货船舶装卸设备

随着经济全球化的发展，散货特别是矿石及煤炭的海运量在不断增长。为了提高港口企业的核心竞争力，适应港口散货装卸设备的专业化、大型化、高效化发展趋势，世界各国都在大力研究并应用信息化、自动化和智能化技术来建设和改造散货码头，研制新型散货装卸与输送设备，研究新型散货作业管理与控制系统。本节将介绍大型的、专业的、高效率的专用散货装卸设备。

一、散货装船机

装船机是散料装卸码头的重要设备，由地面皮带机送来的物料经过装船机装船。装船机是一种大型设备，主要由走行装置、门座架、回转装置、塔架、俯仰装置、伸缩悬臂梁、悬臂皮带机、伸缩溜斗等构成，如图 6-24 所示。在使用中为满足船舱的位置要求，可分别调整走行位置、回转位置、俯仰角度、伸缩溜斗的长度。连续散料装船机通常不能独立作业，必须与地面皮带机配合作业。

图 6-24　散货装船机

装船机按货种可分为煤炭装船机、矿石装船机等；按整机特点可分为固定式、移动式和浮式；按机构的性能特点不同又可分为转盘式、弧线摆动式和直线摆动式等不同机型。其中转盘式常固定装设在码头前沿墩座或内河墩柱上，如果港口的水位变化大，也常将转盘式或弧线摆动式装船机安装在趸船上成为浮式装船机。

（一）装船机的基本结构

装船机的主要机构有行走机构、臂架俯仰机构、臂架伸缩机构、臂架皮带机构、溜筒机构、电缆卷取机构等。

(1) 行走机构由行走装置、门架、固锚器、夹轨器等组成。

(2) 塔架结构由塔架、司机室、臂架皮带驱动装置、臂架俯仰驱动装置等组成。

(3) 塔架前面装有一主臂架，主臂架后端由销连接在塔架上（在门架的上部），主臂的前端由钢丝绳支承在塔架的顶部，通过钢丝绳的卷绕，上下俯仰。另外，在主臂的上部和底部装有轮子，共同起到支承伸缩臂架的作用，主臂架的前端还装有伸缩臂架的驱动装置，在伸缩臂架的前端用销连接伸缩溜筒；另一端用液压缸控制溜筒的摆动，在伸缩筒上部设有旋转平台。旋转平台处装有溜筒的旋转驱动装置。

(4) 尾车由支腿、尾车架、漏斗等组成，由连杆和塔架组成。

(二) 常用的装船机

装船机用于输送各种矿石、水泥、煤炭及粮食等散料，适应3千吨级至10万吨级散货船的装船作业，生产能力可达500～8 000t/h。常用装船机的主要形式有回转塔架伸缩俯仰悬臂式、无塔架回转伸缩俯仰悬臂式、固定塔架无回转伸缩俯仰悬臂式、回转塔架不伸缩俯仰悬臂式等。其中前三种用于大型装船机的比较多，后一种主要用于小型装船机。

图6-25 回转塔架伸缩俯仰悬臂式装船机

(1) 回转塔架伸缩俯仰悬臂式装船机，如图6-25所示。它的特点是散货装船时操作比较方便。前溜筒可以伸缩，悬臂可以伸缩、回转、俯仰，大车可以走行。换舱口和调整舱口非常容易。另外，这种装船机普遍悬臂位置较高，特别适合于装载大型船只。俯仰装置的驱动采用钢丝绳卷扬驱动。设备重量相对较重。

图6-26 无塔架回转伸缩俯仰悬臂式装船机

(2) 无塔架回转伸缩俯仰悬臂式装船机，如图6-26所示，它的特点是整机设计简洁，重心位置低。前溜筒可以伸缩，悬臂可以伸缩、回转、俯仰，大车可以走行。俯仰系统采用液压油缸驱动，俯仰过程中相对其他机型重心位置变化较小。它是适用于小船型的装船机。

(3) 固定塔架无回转伸缩俯仰悬臂式装船机。该机构结构简单，前溜筒可以伸缩，悬臂可以伸缩，但悬臂不能回转，悬臂可以俯仰，大车可以走行。由于悬臂不能回转，调整装船舱口的位置就不十分方便。由于取消了回转机构，设备的机构与结构相对简单。俯仰装置采用钢丝绳卷扬驱动。设备重量相对较轻。

二、卸船机

卸船机的种类较多，其中可分为连续卸船机和非连续卸船机。非连续卸船机中主要有抓斗门式起重机、抓斗岸桥等设备；连续卸船机包括链斗式卸船机、螺旋式卸船机、斗轮式卸船机、夹带式卸船机等。

(一) 链斗式卸船机

链斗式卸船机是近年迅速发展起来的一种连续卸船设备。目前我国、德国、日本都在研制生产这种类型的产品。我国已经研制的链斗式卸船机有两种形式。一种是悬链式，如图6-27所示，适用于甲板驳。悬链式链斗卸船机的链斗在取料段没有刚性支架，是悬垂的，落在舱面上作业的料斗在船舶颠簸时，可以随着舱面上下浮动，所以料斗可以紧贴舱面工作，有清舱能力。另一种是L形链斗卸船机，链斗把物料挖出，并提升到顶上，通过螺旋漏斗卸料器，将物料卸在臂架带式输送机上运送到后方，如图6-28所示。L形的取料头可以旋转，臂架可以俯仰及旋转。通过自动控制，可以保证取料头按一定路线移动。

图 6-27　悬链式链斗卸船机

图 6-28　L 形链斗卸船机

悬链式链斗卸船机是一种非张紧型链斗卸船机，最突出的优点是因具有悬链斗取料段，而能完成清舱作业，使驳船的清舱量在 2%以下甚至小于 1%。同时当驳船减载上浮或受风浪影响而摆动时，悬链斗不会与舱底板发生硬性碰撞，因而不损伤舱底。该机卸货能力不受货层厚度影响，平均生产率可达设计生产率的 30%。该机结构简单、自重轻、造价和能耗低、易于操作，适用于卸煤、砂、小块矿石等多种物料。

L 形链斗卸船机作业时，靠 L 形底部水平段链斗爬行取料，直至剩余料层厚度 100mm 左右时靠清舱机配合作业，清舱量小于 5%～10%，卸料的块度允许达 300mm，物料被提升后经上部的螺旋导料槽转载到臂架胶带机，再经中心漏斗和门架胶带机送上岸。L 形链斗卸船机运转平稳，生产率高，自重较轻，装机容量较小。

（二）螺旋式卸船机

螺旋式卸船机，由门架、转台、水平螺旋、垂直螺旋、喂料器等部分组成。关键部分是垂直螺旋及喂料器。喂料器的旋转方向与垂直螺旋的旋转方向相反。喂料器把物料供给垂直螺旋，然后由垂直螺旋提升上去，再经过臂架上的运输设备（水平螺旋或带式输送机）运向后方。螺旋式卸船机卸船作业系统如图 6-29 所示。

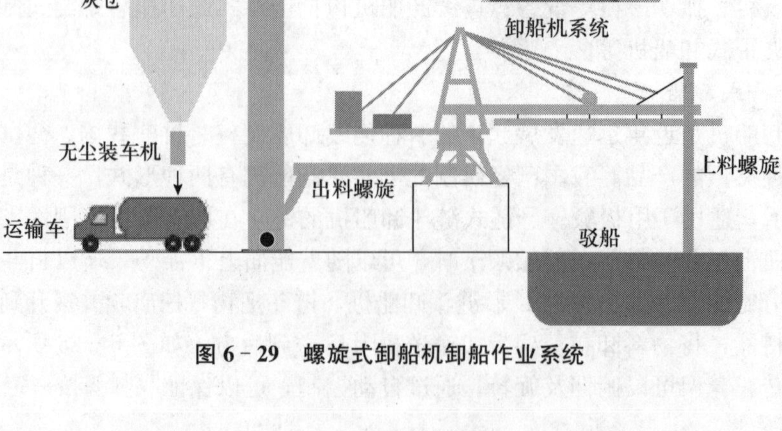

图 6-29　螺旋式卸船机卸船作业系统

它的优点是物料破损小、环境污染小、结构简单，因此自重轻、易损件少、工作可靠、维修保养简单、能源能耗量比气力运送低，与抓斗式起重机相仿。其工作过程是：

（1）舱内物料经相对旋转式进料装置（对转机头）进入垂直螺旋输送机。

（2）物料不断进入垂直螺旋输送机管道而被提升至臂架端部，经卸料口而被转载到臂架螺旋输送机上。

（3）物料沿臂架进入位于旋转塔中心的转载漏斗内。

（4）最后物料经门架上的水平螺旋输送机而被转载到与码头平行的前沿带式输送机上。

目前国内外连续式卸船机采用螺旋式的设备较多，单机效率为 100～2 000t/h，作业船型从 1 000 吨级内河驳船到 15 万吨级海轮，作业货种有谷物、煤炭和化肥等。

（三）斗轮式卸船机

斗轮式卸船机取料装置采用低速旋转的斗轮，由于刚性斗轮具有巨大的挖掘能力，它几乎可用来卸载任何散粒物料，如易结块的或磨削性大的散盐、煤炭和铁矿石等。斗轮式卸船机，如图 6－30 所示，其工作过程如下：

（1）物料由无格式斗轮挖取。

（2）斗轮卸载的物料经过安装在卸料槽内的格栅，将混在物料中的铁块和特大的块料分离出来。

（3）物料经卸料槽卸在一端的喂料皮带机上，该机附设刮尺，能使过量的物料返回船舱。

（4）喂料皮带机将物料转载到波纹挡边带式提升机上。

（5）提升机将物料提升到顶部经卸料管卸出。

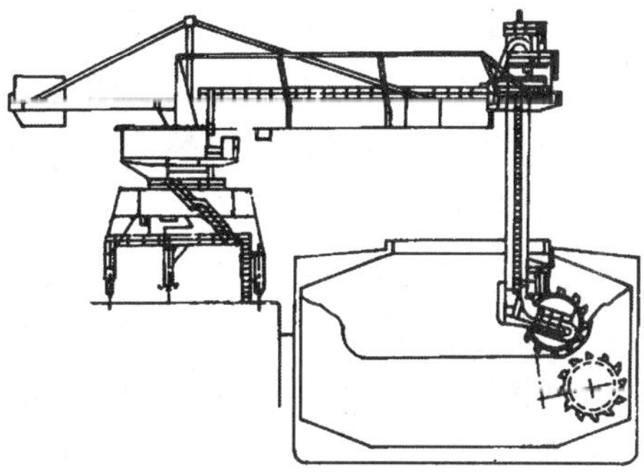

图 6－30　斗轮式卸船机

（6）物料经卸料管落入臂架端部的转载漏斗中。

（7）转载漏斗将物料供给臂架带式输送机，后者沿臂架铺设，连接斗式提升机与卸船机中心。

（8）从臂架带式输送机出来的物料经料槽落入缓冲仓内。

（9）缓冲仓下安装一带式给料机，物料由给料机供给伸缩式带式输送机。

（10）伸缩式带式输送机是可逆的，其作用犹如一个机械式开关，可供给码头敷设的多路带式输送机中的任何一路。

（四）夹带式卸船机

夹带式卸船机也称双带式卸船机，是由英国西蒙-卡维斯（SIMON-CARVES）公司首先研制的，1976 年最早在以色列海法港使用，我国 1984 年由大连港首次引进并安装在大连港东部港务公司二码头 9＃泊位。

图 6－31　夹带式卸船机

夹带式卸船机（见图 6－31）主要由喂料器、水平伸臂、垂直吊臂、门架、防尘装置、驱动机构等组成。喂料器主要有三种形式，分别是螺旋喂料装置、刮板输送机喂料装置和双叶轮喂料装置；水平伸臂由框架、箱形机罩、夹皮带输送机、除尘装置、平衡重块等组成；垂直吊臂由框架、箱形机罩、进料装置和夹带输送机等组成。卸船机的双带包括一条承载带和一条覆盖带，提升段的双带靠压缩空气夹紧，皮带内裹物料提升运送，在臂架输送段则以气垫带式输送机方式工作。卸船作业时，先把垂直吊臂降入待卸的物料中，在两条同步运行胶带的两侧边上均匀施加压力，将物料通过喂料装置送进胶带中间，然后胶带夹裹着物料进行提升输送。

（五）气力式卸船机

气力式卸船机常称为吸粮机，如图 6-32 所示，主要用于散粮卸船作业。在国外已成为现代化散粮专业码头的主要卸船设备。我国也有不少地方使用，如广州新沙、上海、天津、湛江、长沙等沿海及内陆港口。目前，国外吸粮机单机输送量最大达 1 000t/h，在国内规模较大的是广州新沙港所配备的吸粮机，其输送量达到 400t/h。

图 6-32　气力式卸船机

吸粮机的主要构件包括有吸嘴、输送管、分离器、除尘器、卸料器、风机和消声器等，因涉及气力输送，因而对风机的要求较高。

作业时吸粮机将配有软管的吸嘴贴近粮食表层，通过风机的作用，产生足够速度的气流克服粮粒的重力及摩擦力，使进入吸嘴的粮食处于悬浮状态而在垂直和水平输送管道中运动，通过分离器、卸料器及输送机把物料输送到码头的指定地方。

吸粮机的优点是吸粮机结构简单紧凑，操作简单，性能可靠，维修方便，作业时不损伤舱底，对船舶的适应能力强，清舱效果好，作业没有扬尘；缺点是作业噪声大，动力消耗也相对较大，在目前使用的连续卸船机中，同等作业条件下其吨粮能耗最高。另外，吸粮机不宜输送如烘干玉米等易碎、不耐冲击的物料等。

第三节　散货堆场装卸设备

一、堆取料机

斗轮堆取料机是现代化工业大宗散状物料连续装卸的高效设备，目前已经广泛应用于港口、码头、冶金、水泥、钢铁厂、焦化厂、储煤厂、发电厂等散料（矿石、煤、焦炭、砂石）存储料场的堆取作业。

斗轮堆取料机是在斗轮挖掘机的基础上演变而来的，可与卸车（船）机、带式输送机、装船（车）机组成散料储料场运输机械化系统，生产能力每小时可达 1 万多吨。斗轮堆取料机的作业有很强的规律性，易实现自动化。控制方式有手动、半自动和自动等。斗轮堆取料机按结构分为臂架型和桥架型两类。有的设备只具有取料一种功能，称为斗轮取料机。

（一）臂架型斗轮堆取料机

臂架型斗轮堆取料机有堆料和取料两种作业方式。堆料时，由带式输送机运来的散料经尾车卸至臂架上的带式输送机，从臂架前端抛卸至料场。通过整机的运行，臂架的回转、俯仰可使料堆成梯形断面的整齐形状。取料是通过臂架回转和斗轮旋转实现的。物料经卸料板卸至反向运行的臂架带式输送机上，再经机器中心处下面的漏斗卸至料场带式输送机运走。通过整机的运行，臂架的回转、俯仰，可使斗轮将储料堆的物料取尽。

臂架型斗轮堆取料机由斗轮机构、回转机构、带式输送机、尾车、俯仰与运行机构组成，如图 6－33 所示。

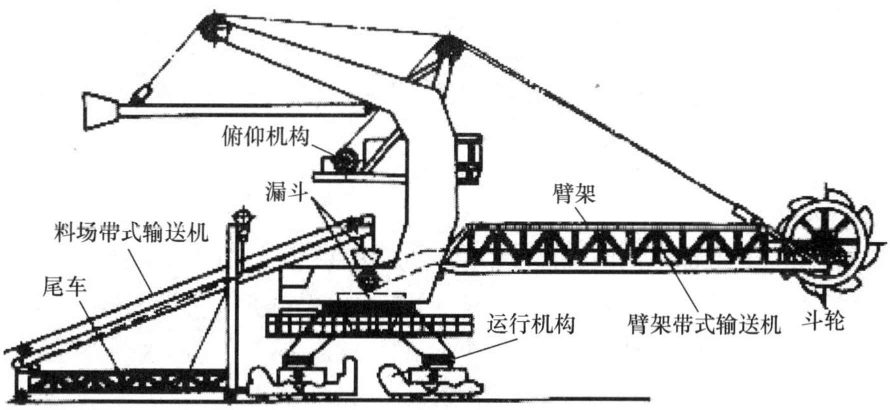

图 6－33　臂架型斗轮堆取料机

1. 斗轮机构

斗轮机构是取料的工作机构，包括斗轮及其驱动装置。斗轮分无格式、半格式和有格式三种，如图 6－34 所示。

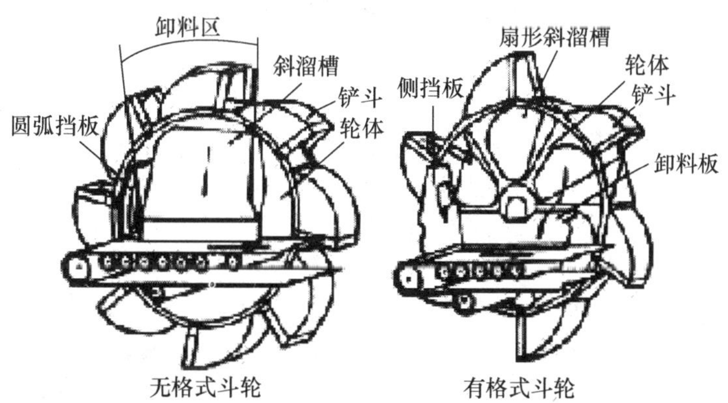

图 6－34　斗轮机构

（1）无格式斗轮的铲斗没有斗底，在非卸料区内用固定在臂架上的圆弧挡板堵住斗中的散料，散料在圆弧挡板上滑移。在卸料区内没有圆弧挡板而有一个固定的斜溜槽。当铲斗随轮体旋转至卸料区时，斗中物料在自重作用下经斜溜槽滑到带式输送机上。它的卸料区间大，因而斗轮转速较高，可提高作业能力，能卸较黏物料。

(2) 半格式斗轮的结构与无格式相似，只是将斗壁向斗轮中心延伸一段，使圆弧挡板与轮体之间的距离加大，以减少在圆弧挡板与轮体间发生卡料的可能性。

(3) 有格式斗轮的每个铲斗的斗底是一个扇形斜溜槽，在非卸料区却有固定不动的侧挡板。当铲斗随轮体旋转至一定高度后，斗中散料开始沿扇形斜溜槽向斗轮中心滑动，铲斗到达卸料区后，由于没有侧挡板阻挡，散料经斜溜槽、卸料板滑到带式输送机上。有格式斗轮卸料慢，需较大的斗轮直径，但不会产生卡料现象，适用于坚硬物料。

三种斗轮中以无格式应用最多。斗轮的传动方式有机械与液压两种，一般不需调速。

2. 回转机构

回转机构基本上与通用起重机相应机构相似。回转支撑装置可采用滚轮式或滚动轴承式。滚轮式的滚道直径可做得较大，使受力情况好些，维修也较方便，但由于密封不好，容易磨损，日常的维护工作量较大。滚动轴承式构造简单，高度尺寸小，密封及润滑条件好，不易磨损，日常维护工作量少，较适用于粉尘较大的堆场，但维修较麻烦。斗轮堆取料机的堆料回转角为左右各约 100°，取料回转角一般为左右各 165°。

3. 变幅机构

为调整取料深度或堆料高度，斗轮堆取料机采用钢丝绳卷筒为变幅机构。变幅平衡梁上设有平衡重，主要是考虑到由于料堆挖取不规则而发生料堆倒塌、斗轮处的卸料溜槽发生物料堵塞等造成异常载荷时，浮动配重就沿着导杆向上浮动，使变幅钢丝绳不发生断裂，保护变幅驱动机构。

4. 尾车架

尾车架通过挂钩机构与堆取料机相连，尾部带式输送机可用液压油缸升降。堆料时，用液压油缸将尾部带式输送机升高，使由带式输送机运来的物料供给悬臂带式输送机堆料。取料时，先将尾车架与堆取料机脱开，并移动堆取料机，让开位置，使尾部带式输送机借助液压油缸降下，当调整到可接收悬臂输送机供料的位置时，再将堆取料机与尾车架重新挂钩衔接，进行斗轮取料作业。

5. 传动方式

斗轮堆取料机可采用液压传动或机械传动。液压传动能较好地适应外载荷的变化和进行无级调速，结构紧凑，质量小，但对制造精度、维修保养技术要求较高。小型斗轮机要求质量小、布置紧凑，对于小型斗轮机或大块矿石以及载荷变化大的情况，采用液压传动较为有利。而对于大型堆取料机和取小粒或粉状料时，采用机械传动比较可靠，且维修保养较简单，臂架受力情况较好。

图 6-35　门式斗轮堆取料机

(二) 桥架式斗轮堆取料机

桥架式斗轮堆取料机按桥架形式又分为门式和桥式两种，分别如图 6-35、图 6-36 所示。

1. 门式斗轮堆取料机

它有一个门形的金属构架和一个可升降的桥架。门架横梁上有一条固定的和一条可移动且可双向运行的堆料带式输送机，在门架一侧

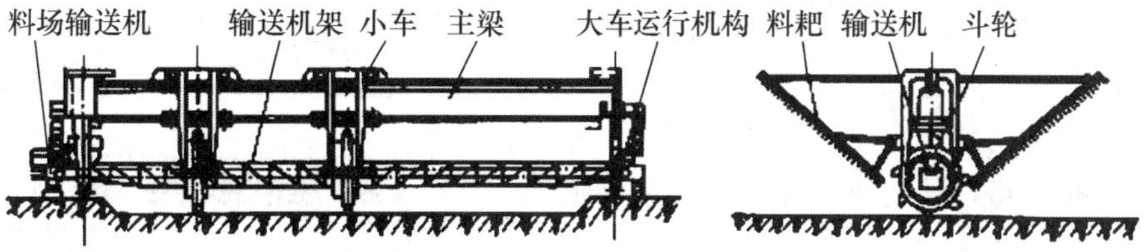

图 6-36 桥架式斗轮堆取料机

的料场带式输送机线上设有随门架运行的尾车。无格式斗轮通过圆形滚道、支承轮、挡轮套装在可沿升降桥架运行的小车上，桥架内装有带式输送机。堆料时，物料经料场带式输送机、尾车转至堆料带式输送机上，最后抛卸至料场。通过门架的移动及其上堆料带式输送机的运行，使物料形成一定形状的料堆。取料时，由横向运行的小车及其上旋转的斗轮连续取料，物料在卸料区卸到桥架带式输送机上，最后转卸到料场带式输送机运走。通过桥架的升降和门架的运行，可将料堆取尽。

2. 桥式斗轮取料机

与门式斗轮堆取料机在结构上的主要区别是：它没有高大的门架，桥架是固定不升降的，而且处于较低位置；没有堆料带式输送机和尾车；在斗轮的前方有固定在小车上的料耙。小车运行时带动料耙沿料堆端面运动，使上面的散料下滑，以便斗轮取料。

二、散货装卸机车

早期，人们一般用各种起重机和输送机来完成装卸工作。随着装卸作业量的不断增大，逐渐出现了能自行取物的装卸机械。19 世纪初，出现了单斗装载机；19 世纪中叶出现了装有履带运行装置的无轨式装卸机械。20 世纪 20 年代出现了翻车机和蟹耙式装载机。

车辆用散料装卸机械装车时，整列的铁路敞车一般使用高架料仓或装车机，非整列的铁路车辆和汽车用单斗装载机和蟹耙式装载机。卸车时，所用的卸车机有多种，但主要有链斗卸车机、螺旋卸车机、翻车机等。

（一）链斗卸车机

链斗卸车机，它跨越载货铁路车辆，在专门铺设的轨道上移动，主要由链斗提升机、带式输送机、链斗起升机构、整车运行机构和金属构架组成，如图 6-37 所示。

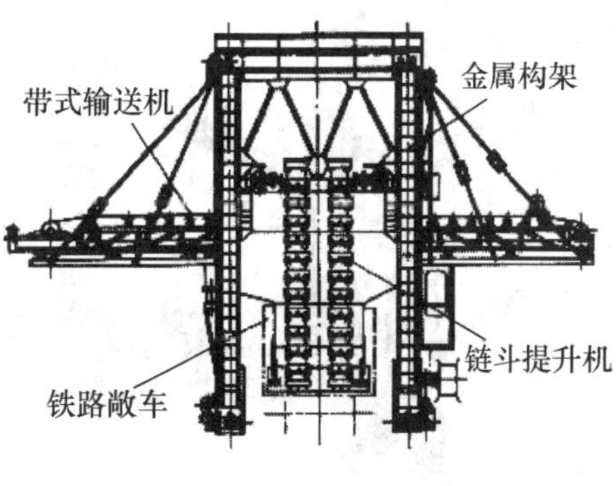

图 6-37 链斗卸车机

链斗从敞车内取料并将物料提升，卸至横置的、可双向运行的带式输送机上，在卸车机轨道的外侧抛落。链斗的起升机构是一套卷筒滑轮组，可使链斗提升机升降，链斗卸车机的作业能力一般在 300t/h 以下。它的缺点是车底常残留物料，卸车时粉尘飞扬。在港口卸车作业中仅做辅助设备用。

（二）螺旋卸车机

螺旋卸车机通常与铁路边的坑道胶带机配合工作，并要求铁路车辆的敞车必须是侧开门的，如图 6-38 所示。卸车时，螺旋卸车机开到待卸敞车端部，打开敞车侧门，放下卸料螺旋，调整好位置，然后开动螺旋装置。同时，开动卸车机的行走机构，使螺旋装置缓慢地从车厢的一端移至另一端，将散货逐层推至车厢侧面卸下。螺旋起升和门架行走机构与链斗卸车机相仿。螺旋摆动机构可使螺旋在车辆的纵向稍作摆动，以便于螺旋在车厢端部卸料。螺旋卸车机的作业能力可达 1 000t/h。

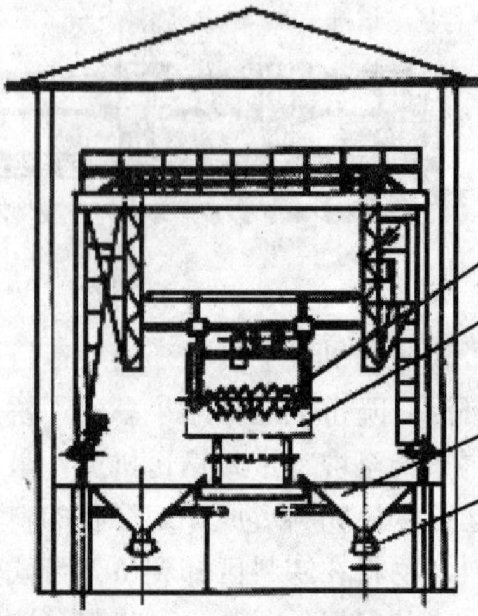

图 6－38　螺旋卸车机

冬季，若散料在敞车内冻结，在使用上述两种卸车机卸料前，应先加热解冻或将冻块打碎。

（三）翻车机

翻车机是一种用来翻卸铁路敞车散料的大型机械设备，可使有轨车辆翻转或倾斜使之卸料的装卸机械，适用于运输量大的港口和冶金、煤炭、热电等工业部门。

其原理是将敞车翻转到 170°～180°，使散料卸到地面皮带上，由地面皮带机将卸下的散料运送到需要的地方。翻车机可以每次翻卸1～4节车皮。

翻车机的形式主要有侧倾式和转子式。侧倾式翻车机主要由一个偏心旋转的平台和压车机构组成，如图 6－39 所示。当车辆被送到平台上以后，压车机构压住车辆，平台旋转，将散货卸到侧面的漏斗里。转子式翻车机，如图 6－40 所示，由一个设置在若干组支撑辊上的转子构成。在车辆被送入转子内的平台上后，压车机构压紧车辆，使之和转子一同旋转，将散货卸出。

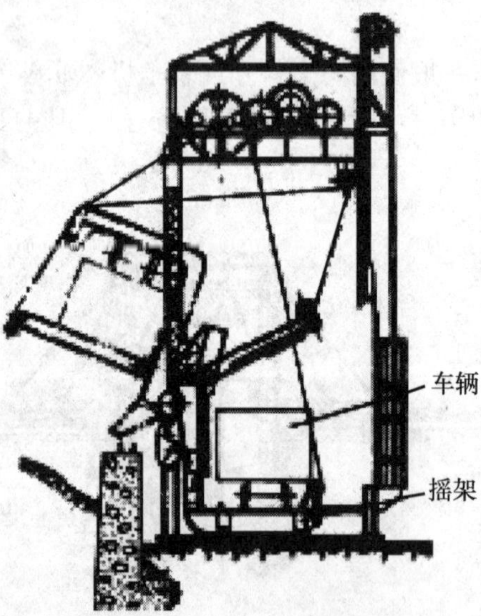

图 6－39　侧倾式翻车机

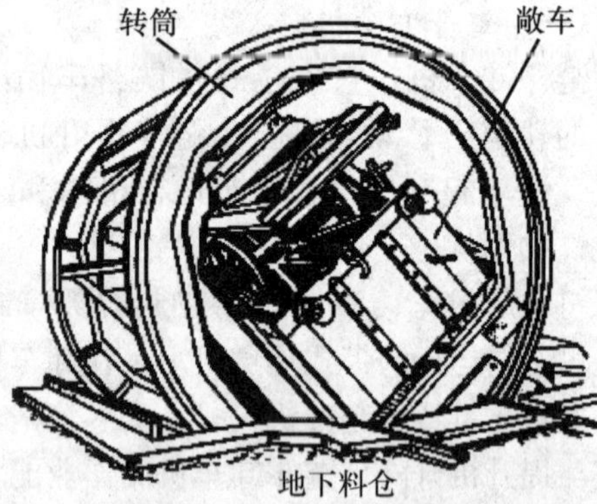

图 6－40　转子式翻车机

翻车机结构庞大，特别是侧倾式翻车机，由于其整机自重大，工作线速度较高，翻车轴线位于敞车的侧上方，对旋转系统重心的配置不利，因而功率消耗很大。转子式翻车机的翻转轴线靠近旋转系统的重心，虽然需要较大的压车力和较深的基础，但因质量较小，耗电较少，生产率较高，故应用比较广泛。

案例阅读

内贸散粮运输集装箱化趋势分析

一、散货运输集装箱化的发展

自从集装箱出现以后，随着其制造、装卸工艺的改进，适箱货物的范围也在不断扩大。粮食以集装箱运输可以有效地避免污染与货损，并为小货主租船提供可能。相比铁矿石与煤炭，粮食是更适于集装箱运输的货种。早在1975年，加拿大开始研究粮食的集装箱运输，近几年加国粮食集装箱运输有了较快的发展，已有5%的粮食通过集装箱海运出口，主要品种是豆类、油菜籽和啤酒大麦等。20世纪90年代，美国也开始采用集装箱运输大豆、油料作物等农产品类干散货。目前集装箱运输已成为一些干散货贸易商首选的外贸运输方式，美国对集装箱运输用的集装袋的需求近年都以两位数的百分比增长。据预测，到2025年，得益于储运条件的不断改善，加国粮食集装箱运输量占粮食总运量的比重将是现在的两倍。

我国散货集装箱化的趋势也不断明显，除粮食之外，煤炭、铁矿石等大宗散货都有集装箱化运输的要求，其中内贸散货集装箱化运输发展势头更旺。在此，以北粮南运的内贸货为例，通过对传统散装船运输与集装箱运输两种模式的比较，分析中国内贸散货集装箱化的趋势。

二、内贸散粮运输集装箱化的原因

（一）货主门到门的全成本

运输成本在物流总成本中的比重最大。以粮食企业为例，除原料的采购成本外，流通成本在其总成本中所占比例越来越大，是成本消耗最大的物流活动，占物流总成本的1/3～2/3，流通成本与粮食种类、装运的规模、距离直接相关。粮食经营者在选择物流方式时重点考虑的就是流通费用。

港口、船公司与货主对粮食物流成本的考虑因素各不相同。港口只计算装卸费用，所以从港口成本来看，集装箱远优于散装船。船公司关注从装卸港到目的港之间的运输成本，包括运距、运量、港口装卸效率等。从货主的角度来看，关心的是门到门的全成本，其中除运输成本之外，还要包括运输途中的货损等。

1. 港口成本——装卸是一个节点的成本

一般认为选择集装箱运输散货是因为单吨装卸成本较低。从货主成本角度来看在港口装卸环节的成本的确如此。

粮食港口装卸费比较（元/吨）

运输方式（接卸港）	散货船运输	集装箱船运输（重去空回）	差额
华南地区某码头	26	15.2	11
东南沿海某码头	26	10.4	16

注：本表列示的为接卸港的港口成本，且未包括堆存等装卸费率之外的成本。粮食集装箱空箱回运。

但从港口企业角度来看，装卸费用则是一个收入项，如若比较哪一种方式下港口回报与资本使用效率更高，还要分析该方式下港口装卸成本及对码头资源占用量和使用效率的情况。简单地说，散货船的装卸、堆存与提供的工艺虽然有多种，但根据码头现在实行的粮食散来散走的原则，在目的港卸船时大体上会涉及门机—粮食漏斗—箱车—粮食筒仓输入设备（装载机）—筒仓（方仓）几个流程；而提货时大体会涉及粮食筒仓（方仓）—筒仓输出设备（装载机）—箱车。而集装箱工艺相对简单，卸船工艺大体上为桥吊—集卡—场桥—堆场；提货工艺为场桥—集卡。在起运港装船的工艺与上述流程大体相反。

2. 船公司成本——海上运输是一个重要的过程成本

港口仅仅作为物流的一个节点，而船公司的成本环节远不止港口一个，更要考虑货物从出发港到目的港之间的成本。一般而言，运输规模越大、运输距离越长，则单位运输成本越低，这就是传统模式所具有的规模经济化效应，由此一般可以得出散船海运运费会远低于集装箱班轮运费，传统散货船运输模式在成本上优于集装箱模式的结论。

船公司粮食运输成本比较（元/吨）

起运港	大连			营口		
到达港	东南沿海某码头	华南地区某码头	南沙	东南沿海某码头	华南地区某码头	南沙
散装船	130	130	130	130	130	130
集装箱	156	152	148	156	156	156

注：运价由大连锦程物流提供。

3. 货主成本——门到门的全成本是选择运输模式的决定因素

船公司成本只体现在海运过程上，而货物在运输途中还存在货损货差、粮食污染、陆路流通环节的费用支出等。即使散货船的海上运输的单位费用低于集装箱船，也不能简单以海上运输的成本来决定哪一种散货运输方式更具有优势，需要从出库到最终运至客户处所用的总流通费用支出（门到门成本）来对比两种物流模式的经济性。

下面以一家粮食企业两种方式的粮食运输成本来进行比较。

现有东北的某粮食生产企业，日产玉米量为250吨，年产量约9万吨，该粮食生产企业产量以及客户需求量都较为稳定，在大连北良港装船运出，运往广州南沙港卸船，假设该粮食生产企业和南方粮食需求企业与码头的陆运距离均为100公里。在散船模式下，粮食生产企业与船东签订了长期租船合同，运力稳定；集装箱化模式下采用沿海班轮运输的方式，装运散粮的集装箱由粮食生产厂商投资购置。另外，散船和集装箱化模式下“门到门”的全程物流费用均由粮食生产商承担。

（1）散船模式物流费用。

费用项目	费率	数量	总价（元）
请车费	24.78元/吨	250吨	6 195
工厂到码头陆运费	6元/车×公里	5车×100公里	3 000
发货港码头筒仓费	1.2元/立方	500立方	600
海运费	130元/吨	250吨	32 500
港口装卸费×2	26元/吨	250吨	13 000
收货码头堆存费	2元/吨	250吨	500
码头到工厂陆运费	0.45元/吨×公里	250吨×100公里	11 250
粮食折损费	10元/吨×2	250吨	5 000

数据来源：大连锦程物流与某华南区域码头。

散船运输模式全程流通总费用为 72 045 元，平均每吨散粮物流费用 288.18 元，其中单吨海运费为 130 元。

(2) 集装箱模式物流费用。

费用项目	单价	数量	总价（元）
集装箱费用	13.3 元/天×箱	11 箱×14 天	2 048.2
集装箱维护成本	1.2 元/天×箱	11 箱×14 天	184.8
海运费	3 400 元/箱	11 箱	37 400
工厂到码头陆运费×2	350 元/箱	11 箱	7 700
港口重箱装卸费（来程）×2	250 元/箱	11 箱	5 500
港口堆存×2	10 元/箱	11 箱	220
港口空箱装卸费（回程）×2	100 元/箱	11 箱	2 200
货损	10 元/吨	250 吨	2 500

注：粮食发运量为 250 吨，以每箱装运 23 吨计算（采用 20 英尺标箱），共需 11 箱，集装箱周转时间为 14 天（其中，海运时间 3 天，两端港口各待港 2 天，来回共 14 天），故用于维持该物流体系所需的周转箱量约为 11×14＝154 箱。

集装箱化物流模式全程流通总费用为 57 753 元，平均每吨散粮物流费用 231 元，其中单吨海运费为 147.8 元。

(3) 两种散货运输模式的比较。

以门到门的全成本比较，尽管单吨海运量仍远高于散货船，但由于货损小、单吨港口费用低等原因，集装箱运输单吨成本略低于散货船。

成本（元/吨）	门到门成本	港口费	海运费	货损
散货船	288	55	130	20
集装箱	231	30	148	10
差额	57	25	－18	10

（二）运输成本之外的原因

1. 货主量小分散，没有租用散货船的能力

每家货主的粮食货种与品质不同，不同货主的货物一般不能混合运输。这样散装船对货主的运输量一般设有最低限量。以大连的锦程物流为例，现行散货船租用的起收量是 1 000吨，一些货主由于量小而无力租用。相比而言，集装箱量小且灵活，可以满足粮食运输批量小、品种杂、质量等级不一的运输要求。这是很多中小货主选择集装箱运输散杂货的最主要原因。

2. 为货主节省资金利息与土地租赁成本

集装箱运输方式的另一个优势是，更适合资金量少、需求小的中小客户；而采用这种方式的大客户也可以节省资金利息的损失。集装箱运输可使货物源源不断地送港交货；而以散货船方式集中到港会占用大量的资金。在土地及仓库租金高的地区，散粮集装箱运输会使部分客户达到零仓储。

3. 集装箱多式联运的其他优势

相比散货船，集装箱运输还具有其他的优势，比如从货主角度必须考虑的货损问题，在集装箱运输中货损较低，且可以有效地避免污染，降低粮食包装及库存的成本，保证粮

食的运输安全；集装箱运输在装卸效率、作业环节、单元化运输以及理货环节具有其他运输方式不可比拟的优势，能够实现多式联运以及“门到门”服务，可以实现“一单到底”的操作流程，使得粮食承运手续得到简化，即使在恶劣气候条件下也可以照常作业，保证了车船作业的正常运转，减少了运输过程中不必要的时间支出，提高了物流效率。

三、结论及建议

（一）散粮集装箱化运输将持续发展

运输是物流成本的大头，货主门到门的运输成本可以认为是决定运输模式的重要因素，因此分析散货时要树立“门到门”货主全成本的概念。一些粮食货主量少且分散的特点和其对门到门“一单到底”的运输偏好，以及集装箱运输灵活资金占用少的特点也决定了集装箱运输散货不是现在部分货主与货代的权宜之策，而是将成为一个趋势。从国际来看，粮食海运的历史悠久，而在世界范围内粮食以集装箱方式运输的历史已有几十年，且有不断增长的趋势。为解决中国出口集装箱重运空回的外贸航运问题，现在有越来越多散粮装箱从北美回运，散粮集装箱化也会是外贸箱的趋势。

（二）散粮集装箱化带动了港口周边的相关产业的发展

由于很多码头现在推行货物散来散走的原则，使得诸如粮食装袋作业成为港口周边新兴的产业；散粮集装箱运输对港口周边的产业推动还可能体现在外包拖车等方面；它也会带动粮食专用集装箱的生产。

（三）港口企业将是推广集装箱化物流模式的重要推手

散粮集装箱化运输发展到相当规模与程度后，需要一个节点调配与指挥粮食集装箱的集散与中转，而建立临港的散粮集装箱中转站应该是一个可以考虑的选择。这需要粮食生产企业、船公司与港口共同努力，不断完善散粮集装箱化的物流模式。而港口可以借用先天优势，从三方的共同利益出发，整合全社会资源，推动该模式的发展。

思考与练习

一、判断题

1. 间歇性输送机主要用于集装单元的装卸搬运，连续性输送机主要用于散货的输送装卸。（　　）

2. 输送机械既应用于生产车间等生产领域，也应用于自动化仓库、配送中心等物流领域。（　　）

3. 连续性输送机的优点之一是通用性较好。（　　）

4. 无挠性牵引构件的输送机械的特点是输送构件具有循环形式。（　　）

5. 气垫式带式输送机将输送带与托辊之间的滚动摩擦变为流体摩擦，摩擦阻力变大。（　　）

6. 埋刮板式输送机结构简单，输送距离大，且可以倾斜输送。（　　）

7. 螺旋式输送机又称绞龙，主要用于粉粒状散货如谷物、化肥、水泥等的输送。（　　）

8. 螺旋式输送机可分为水平螺旋输送机和立式螺旋输送机两种。（　　）

二、单项选择题

1. 按照连续输送机械的结构特点可分为有挠性牵引机构的输送机械和无挠性牵引构件的输送机械，下列哪个是无挠性牵引构件的输送机械（　　）。

A. 带式输送机　　B. 斗式提升机

C. 螺旋输送机　　D. 埋刮板式输送机

2. 下列属于输送机械的是（　　）。

A. 堆料机　　B. 斗式提升机

C. 机船　　D. 翻车机

3. 在散装水泥的装卸作业中应用较多的是（　　）。

A. 吸送式气力输送机　　B. 压送式气力输送机

C. 混合式气力输送机　　D. 不确定

4. 带输送机的倾斜度与输送物品的重量和表面等条件有关，一般输送表面较硬的物品的输送机的倾角较（　　），输送表面较软的物品的输送机的倾角较（　　）。

A. 小；大　　B. 大；小

C. 大；大　　D. 小；小

三、简答题

1. 连续输送设备是如何分类的，有什么特点？

2. 皮带输送机主要由哪些部件组成，各有什么作用？

第七章

流通加工技术与物流包装

内容提示：

本章主要介绍流通加工的概念、种类以及主要的流通加工技术；包装在物流中的作用与功能、各种包装材料与容器以及包装机械组成结构。

学习目标：

1. 掌握流通加工的概念、流通加工的作用，包装的作用和分类，以及常用的包装材料与容器。

2. 理解流通加工的类型、常见的流通加工方法。

3. 了解包装的类型、物流包装机械的组成与作用。

素养目标：

流通加工是为了提高物流速度和物品的利用率，在物品进入流通领域后，按客户的要求进行的加工活动。随着经济增长，国民收入增多，消费者的需求日趋多样化，促使在流通领域开展流通加工。通过本单元的学习，树立“绿色物流”“低碳环保”的理念，培养学生绿色环保的道德情操，增强学生的社会责任感。

流通加工与物流包装是现代物流系统中两个重要的物流活动。物流包装是为了物品或商品在流通过程中保护商品、方便储运、促进销售而进行的；而流通加工却不是通过“保护”流通对象的原有形态而实现其作用的，它是和生产一样，通过改变或完善对象的原有形态来实现促进销售、维护产品质量和提高物流效率。

第一节　流通加工概述

一、流通加工的含义

（一）流通加工的含义

流通加工在现代物流系统中，主要担负的任务是提高物流系统对用户的服务水平。

现代物流实用词典指出，流通加工是指物品在从生产地到使用地的过程中，根据需要施加包装、分割、计量、分拣、刷标志、贴标准、组装等简单作业的总称。流通加工是为了提高物流速度和物品的利用率，在物品进入流通领域后，按客户的要求进行的加工活动，即在物品从生产者向消费者流动的过程中，为了促进销售、维护商品质量和提高物流效率，对物品进行一定程度的加工。

商品流通是以货币为媒介的商品交换，它的重要职能是将生产及消费（或再生产）联系起来，起“桥梁和纽带”作用，完成商品所有权和实物形态的转移。因此，流通与流通对象的关系，一般不是改变其形态而创造价值，而是保持流通对象的已有形态，完成空间的位移，实现其“时间效用”及“场所效用”。流通加工则与此有较大的区别，流通加工通过改变或完善流通对象的形态来实现“桥梁和纽带”的作用。因此流通加工是流通中的一种特殊形式。

（二）流通加工与生产加工的区别

流通加工和一般的生产型加工在加工方法、加工组织、生产管理方面并无显著区别，但在加工对象、加工程度方面差别较大，其差别主要有以下几点：

（1）流通加工的对象是商品，而生产加工对象不是最终产品，而是原材料、零配件、半成品。

（2）流通加工，加工程度大多是简单加工，而不是复杂加工。一般而言，如果必须进行复杂加工才能形成人们所需的商品，那么这种复杂的加工，应设在生产加工过程中，生产过程理应完成产品的大部分加工活动，流动加工只是生产加工的一种辅助及补充。特别指出的是，流通加工绝不是对生产加工的取消或代替。

（3）从价值观点来看，生产加工的目的在于创造价值及使用价值；而流通加工则在于完善其使用价值，并在没有大的改变情况下提高价值。

（4）流通加工的组织者是从事流通工作的人，能密切结合流通的需要进行这种加工活动，从加工单位来看，流通加工由商业或物资流通企业完成，而生产加工则由生产企业完成。

(5) 商品生产是为了交换和消费而进行的。流通加工的一个重要的目的即是使消费（或再生产）能够进行。这一点与商品生产有共同之处。但是，流通加工有时候是以自身流通为目的，纯粹是为流通创造条件。这种为流通所进行的加工与直接为消费进行的加工从目的来讲是有区别的，这又是流通加工不同于一般生产加工的特殊之处。

二、流通加工的种类

（一）为适应多样化需要的流通加工

生产部门为了实现高效率、大批量的生产，其产品往往不能完全满足用户的要求。这样，为了满足用户对产品多样化的需要，同时又要保证高效率的大生产，可将生产出来的单一化、标准化的产品进行多样化的改制加工。例如，对钢材卷板的舒展、剪切加工；平板玻璃按需要的规格，开片加工；木材改制成枕木、板材、方材等加工。

（二）为方便消费、省力的流通加工

根据下游生产的需要，将商品加工成下游生产直接可用的状态。例如，根据需要将钢材定尺、定型，按要求下料；将木材制成可直接投入使用的各种型材；将水泥制成混凝土拌和料，使用时只需稍加搅拌即可使用；等等。

（三）为保护产品所进行的流通加工

在物流过程中，为了保护商品的使用价值，延长商品在生产和使用期间的寿命，防止商品在运输、储存、装卸搬运、包装等过程中遭受损失，可以采取稳固、改装、保鲜、冷冻、涂油等方式。例如，水产品、肉类、蛋类的保鲜和保质的冷冻加工及防腐加工；丝、麻、棉织品的防虫和防霉加工；如为防止金属材料的锈蚀而进行的喷漆、涂防锈油等措施；运用手工、机械或化学方法除锈；木材的防腐朽、防干裂加工；煤炭的防高温自燃加工；水泥的防潮、防湿加工；等等。

（四）为弥补生产领域加工不足的流通加工

由于受到各种因素的限制，许多产品在生产领域的加工只能到一定程度，而不能完全实现终极加工。例如，木材如果在产地完成成材加工或制成木制品的话，就会给运输带来极大的困难，所以，在生产领域只能加工到圆木、板、方材这个程度，进一步的下料、切裁、处理等加工则由流通加工完成；钢铁厂大规模的生产只能按规格生产，以使产品有较强的通用性，从而使生产能有较高的效率，取得较好的效益。

（五）为促进销售的流通加工

流通加工也可以起到促进销售的作用。比如，将过大包装或散装物分装成适合销售的小包装的分装加工；将以保护商品为主的运输包装改换成以促进销售为主的销售包装，以起到吸引消费者、促进销售的作用；将蔬菜、肉类洗净或切块以满足消费者要求；等等。

（六）为提高加工效率的流通加工

许多生产企业的初级加工由于数量有限，加工效率不高。而流通加工以集中加工的形式，解决了单个企业加工效率不高的弊病。以一家流通加工企业的集中加工代替了若干家生产企业的初级加工，促使生产水平有一定的提高。

（七）为提高物流效率、降低物流损失的流通加工

有些商品本身的形态使之难以进行物流操作，而且商品在运输、装卸搬运过程中极易受损，因此需要进行适当的流通加工加以弥补，从而使物流各环节易于操作，提高物流效率，降低物流损失。例如，造纸用的木材磨成木屑的流通加工，可以极大提高运输工具的装载效率；自行车在消费地区的装配加工可以提高运输效率，降低损失；石油气的液化加工，使很难输送的气态物转变为容易输送的液态物，以提高物流效率。

（八）为衔接不同运输方式、使物流更加合理的流通加工

在干线运输和支线运输的节点设置流通加工环节，可以有效解决大批量、低成本、长距离的干线运输与多品种、少批量、多批次的末端运输和集货运输之间的衔接问题。在流通加工点与大生产企业间形成大批量、定点运输的渠道，以流通加工中心为核心，组织对多个用户的配送，也可以在流通加工点将运输包装转换为销售包装，从而有效衔接不同目的的运输方式。比如，散装水泥中转仓库把散装水泥装袋、将大规模散装水泥转化为小规模散装水泥的流通加工，就衔接了水泥厂大批量运输和工地小批量装运的需要。

（九）生产—流通一体化的流通加工

依靠生产企业和流通企业的联合，或者生产企业涉足流通，或者流通企业涉足生产，形成对生产与流通加工进行合理分工、合理规划、合理组织，统筹进行生产与流通加工的安排，这就是生产—流通一体化的流通加工形式。这种形式可以促成产品结构及产业结构的调整，充分发挥企业集团的经济技术优势，是目前流通加工领域的新形式。

（十）为实施配送进行的流通加工

这种流通加工形式是配送中心为了实现配送活动，满足客户的需要而对物资进行的加工。例如，混凝土搅拌车可以根据客户的要求，把沙子、水泥、石子、水等各种不同材料按比例要求装入可旋转的罐中。在配送路途中，汽车边行驶边搅拌，到达施工现场后，混凝土已经均匀搅拌好，可以直接投入使用。

第二节　流通加工技术

流通加工是在流通领域中对生产加工的辅助性加工，是生产本身或生产工艺在流通领域的延续。为避免各种不合理的流通加工现象，对是否设置流通加工环节，在什么地点设置，选择什么类型的加工，采用什么样的技术装置等，都需要做出正确选择。

一、流通加工的合理组织

流通加工合理化的含义是指为实现流通加工的最优配置，在满足社会需求这一前提的同时，合理组织流通加工生产，并综合考虑运输与加工、加工与配送、加工与商流的有机结合，以达到最佳的加工效益。

（一）加工和配送结合

将流通加工设置在配送点中，一方面可以按用户和配送的需要进行加工，另一方面加工又是配送业务流程中分货、拣货、配货之一环，加工后的产品直接投入配货作业，这就无须单独设置一个加工中心环节，使流通加工有别于独立的生产，而是使流通加工与中转流通紧密地结合起来。同时，配送之前有加工，可使配送服务水平大大提高。

（二）加工和配套结合

配套是指对使用上有联系的用品集合成套地供应给用户使用，例如方便食品的配套。当然，配套的主体来自各个生产企业，如方便食品中的方便面，就是由其生产企业配套生产的。但是，有的配套不能由某个生产企业全部完成，如方便食品中的盘菜、汤料等。这样，在物流企业进行适当的流通加工，可以有效地促成配套，大大提高流通作为供需桥梁与纽带的能力。

（三）加工和合理运输结合

流通加工能有效衔接干线运输和支线运输，促进两种运输形式的合理化。利用流通加工，在支线运输转干线运输或干线运输转支线运输等这些必须停顿的环节，不进行一般的支转干或干转支，而是按干线或支线运输合理的要求进行适当加工，从而可大大提高运输及运输转载水平。

（四）加工和商流合理结合

流通加工能起到促进销售的作用，使商流合理化，这也是流通加工合理化的方向之一。加工和配送相结合，通过流通加工，提高了配送水平，促进了销售，使加工与商流合理结合。例如，通过简单地改变包装形式而方便购买；通过组装加工解除用户使用前进行组装、调试的难处；等等。

（五）加工和节约结合

节约能源、节约设备、节约人力、减少耗费是流通加工合理化重要的考虑因素，也是目前我国设置流通加工并考虑其合理化的较普遍形式。

对于流通加工合理化的最终判断，是看其是否能最优化实现社会的和企业本身效益。流通企业更应该树立社会效益第一的观念，以实现产品生产的最终利益为原则，以在流通过程中不断补充、完善产品的使用价值为己任，才有生存的价值。如果只是追求企业的局部效益，甚至与生产企业争利，这就有违流通加工的初衷。

二、典型的流通加工内容与方法

（一）输送水泥的熟料在使用地磨制水泥的流通加工

水泥生产的布局是在矿区建立水泥熟料生产线，在靠近水泥销售市场建立水泥粉磨站，以减少运输成本。如果把熟料生产线建在城市附近，每生产 1 吨熟料，需要 1.6 吨左右的水泥生料，要增加 60%的运输成本。如果把水泥粉磨站和熟料生产线一起建在矿山，由于混合材料大部分是城市产生的废渣，这些混合材料要运到建在矿山附近的水泥厂里，磨成水泥后再运到城市，就增加了运输成本。因此，熟料生产线要建在矿山附近，水泥粉磨要建在市场附近。因此，水泥粉磨是一个具有绿色效益的产业。

水泥粉磨是将水泥生产中的最后成品阶段单独独立出来而形成的水泥成品生产单位。该阶段将水泥熟料加入适量的混合材料进行粉磨，产出成品水泥。水泥的生产，一般可分生料制备、熟料煅烧和水泥制成三个工序。硅酸盐类水泥的生产工艺在水泥生产中具有代表性，它是以石灰石和黏土为主要原料，经破碎、配料、磨细制成生料，然后喂入水泥窑中煅烧成熟料，再将熟料加适量石膏（有时还掺加混合材料或外加剂）磨细而成。水泥粉磨的工艺流程如图 7－1 所示。

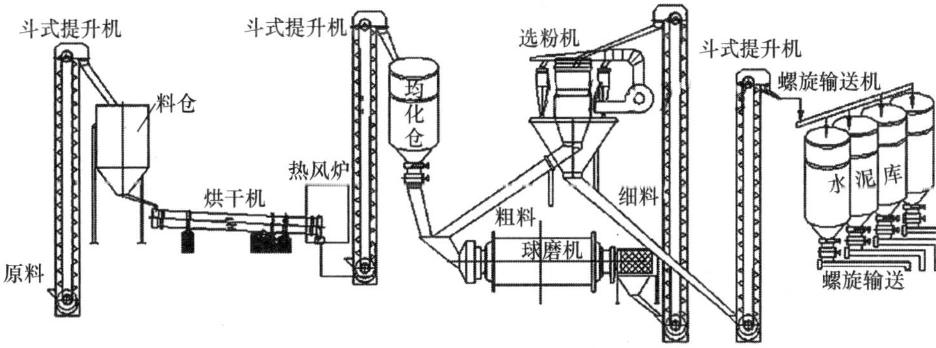

图 7－1　水泥粉磨的工艺流程

以熟料形态流通代替传统的粉状水泥流通的主要优点有：

1. 可以大大降低运费、节省运力

调运普通水泥和矿渣水泥约有 30%以上的运力消耗在运输矿渣及其他各种加入物上。在我国水泥需用量较大的地区，工业基础大都较好，当地又有大量工业废渣，如果在使用地区对熟料进行粉碎，可以根据当地的资源条件选择混合材料的种类，这样就节约了消耗在混合材料上的运力和运费。

2. 可按照当地的实际需要，大量掺加混合材料

生产廉价的低标号水泥，发展低标号水泥的品种，在现有生产能力的基础上，可以更大限度地满足需要。我国大、中型水泥厂生产的水泥，平均标号逐年提高，但是目前我国使用水泥的部门，大量需要较低标号的水泥，而大部分施工部门没有在现场加入混合材料来降低水泥标号的技术力量和设备，因此，不得已使用标号较高的水泥，造成很大的浪费。如果以熟料为长距离输送的形态，在使用地区加工粉碎，就可以按实际需要生产各种标号的水泥，减少水泥长距离输送的数量。

3. 容易以较低的成本实现大批量、高效率的输送

从国家的整体利益来看，在铁路输送中运力利用率比较低的输送方式显然不是发展方向。如果采用输送熟料的流通加工形式，可以充分利用站、场、仓库地现有的装卸设备，又可以利用普通车皮装运，比散装水泥运送方式具有更好的技术经济效果，更适合我国的国情。

4. 可以大大降低水泥的输送损失

水泥的水硬性在充分磨细之后才表现出来，而未磨细的熟料，抗潮湿的稳定性很强。输送熟料，可以基本防止由于受潮而造成的损失。此外，颗粒状熟料不像粉状水泥那样易于散失。

5. 能更好地衔接产需，方便用户

采用长途输送熟料的方式，水泥厂就可以和有限的熟料粉碎工厂之间形成固定的直达渠道，使水泥的物流更加合理，从而实现较优的经济效果。水泥的用户也可以不出本

地区而直接向当地的熟料粉碎工厂订货，因而更容易沟通产需关系，大大方便了用户。

（二）集中搅拌供应商品混凝土

水泥的运输与使用，以往习惯上以粉状水泥供给用户，由用户在建筑工地现制现拌混凝土使用。而现在将粉状水泥输送到使用地区的流通加工据点（集中搅拌混凝土工厂或称生混凝土工厂，如图 7－2 所示），在那里搅拌成生混凝土，然后供给各个工地或小型构件厂使用。这是水泥流通加工的另一种重要方式。由于具有很好的技术经济效果，因此，受到许多工业发达国家的重视。其主要优点有：

图 7－2　生混凝土工厂

(1) 把水泥的使用从小规模的分散形态，改变为大规模的集中加工形态，可充分应用现代化的科学技术，组织现代化的大生产；可以发挥现代设备和现代管理方法的优势，大幅度提高生产效率和混凝土质量。

(2) 集中搅拌可以采取准确的计量手段和最佳的工艺；可以综合考虑添加剂、混合材料的影响，根据不同需要，拌制不同性能的混凝土；能有效控制骨料质量和混凝土的离散程度，可以在提高混凝土质量、节约水泥、提高生产率等方面获益，具有大生产的一切优点。

(3) 在相等的生产能力下，集中搅拌的设备在吨位、设备投资、管理费用、人力及电力消耗等方面相较于分散搅拌，都能大幅度降低。由于生产量大，可以采取措施回收使用废水，防止各分散搅拌点排放洗机废水的污染，有利于环境保护。由于设备固定不动，还可以避免因经常拆建所造成的设备损坏，延长设备的寿命。

(4) 采用集中搅拌的流通加工方式，可以使水泥的物流更加合理。在集中搅拌站（厂）与水泥厂（或水泥库）之间，可以形成固定的供应渠道，这些渠道的数目大大少于分散使用水泥的渠道数目，在这些有限的供应渠道之间，就容易采用高效率、大批量的输送形态，有利于提高水泥的散装率。在集中搅拌场所内，还可以附设熟料粉碎设备，直接使用熟料，实现熟料粉碎及拌制生混凝土两种流通加工形式的结合。

另外，采用集中搅拌混凝土的方式，也有利于新技术的推广应用，大大简化了工地材料的管理，节省施工用地等。

（三）钢板剪板及下料加工

热轧钢板和钢带、热轧厚钢板等板材的最大交货长度通常可达 7～12 米，有的是成卷交货。对于使用钢板的用户来说，大、中型企业由于消耗量大，可设专门的剪板及下料加工设备，按生产需要剪板、下料。但对于使用量不大的企业和多数中、小型企业来讲，单独设置剪板、下料的设备，设备闲置时间长、人员浪费大、不容易采用先进方法。钢板的剪板及下料集中加工可以有效解决上述弊病。剪板加工是在固定地点设置剪板机（如图 7－3所示），下料加工是设置各种切割设备（如图 7－4 所示），将大规格钢板裁小或切裁成毛坯，便于用户使用。

图 7-3 液压摆式剪板机

图 7-4 数控激光切割机

钢板剪板及下料的流通加工有以下几项优点：

（1）由于可以选择加工方式，加工后钢材的晶相组织较少发生变化，可保证原来的交货状态，有利于进行高质量加工。

（2）加工精度高，可减少废料、边角料，也可减少再进行精加工的切削量，既可提高再加工效率，又有利于减少消耗。

（3）由于集中加工可保证批量及生产的连续性，专门研究此项技术并采用先进设备，可以大幅度提高效率和降低成本。

（4）使用户能简化生产环节，提高生产水平。

圆钢、型钢、线材的集中下料和线材冷拉加工与钢板的流通加工类似。为此，国外有专门进行钢材流通加工的钢材流通中心，不仅从事钢材的保管，而且进行大规模的设备投资，使其具备流通加工的能力。中国物资储运企业 20 世纪 80 年代便开始了这项流通加工业务。如汽车、冰箱、冰柜、洗衣机等生产制造企业每天需要大量的钢板，除了大型汽车制造企业外，一般规模的生产企业如若自己单独剪切，难以解决因用料高峰和低谷的差异引起的设备忙闲不均和人员浪费问题，如果委托专业钢板剪切加工企业，则可以解决这个矛盾。专业钢板剪切加工企业能够利用专业剪切设备，按照用户设计的规格尺寸和形状进行套裁加工，精度高、速度快、废料少、成本低。专业钢板剪切加工企业在国外数量很多，大部分由流通企业经营。这种流通加工企业不仅提供剪切加工服务和配送服务，还出售加工原材料和加工后的成品，如图7-5所示。

图 7-5 达 280 万吨的大型钢铁加工中心

（四）木材的流通加工

1. 磨制木屑压缩输送

木材是容重轻的物资，在运输时占有相当大的容积，往往使车船满装但不能满载，同时，装车、捆扎也比较困难。从林区外送的原木中有相当一部分是造纸材，木屑可以制成便于运输的形状，以供进一步加工，这样可以提高原木利用率、出材率，也可以提高运输效率，具有相当可观的经济效益。例如，美国在林木生产地就地将原木磨成木屑，然后压缩使之成为容重较大、容易装运的形状，而后运至靠近消费地的造纸厂，这取得了较好的效果。根据美国的经验，采取这种办法比直接运送原木节约一半的运费。磨制木屑的机械——木屑机，如图 7-6 所示。

2. 集中开木下料

在流通加工点将原木锯裁成各种规格的锯材，同时将碎木、碎屑集中加工成各种规格板，甚至还可进行打眼、凿孔等初级加工。用户直接使用原木，不但加工复杂、加工场地大、设备多，更严重的是资源浪费大，木材平均利用率不到 50%，平均出材率不到 40%。实行集中下料，按用户要求供应规格下料，可以使原木利用率提高到 95%，出材率提高到 72%左右，有相当大的经济效果。图 7-7 是木材加工生产线，可将原木锯裁成各种规格的锯材。

木屑机　　木屑

图 7-6　木屑机

图 7-7　木材加工生产线

（五）煤炭及其他燃料的流通加工

1. 排矸加工

排矸加工是以提高煤炭纯度为目的的加工形式。矸石有一定发热量，煤炭中混入一些矸石是允许的，也是较经济的。但在运力十分紧张的地区，要求充分利用运力，多运“纯物质”，少运矸石，在这种情况下，可以采用排矸加工排除矸石。如图 7-8 所示，是机械驱动动筛跳汰机，该机主要由主机、驱动机构和控制装置三部分组成，可实现自动排矸，洗后的精煤和矸石同时由提升轮脱水排出。

2. 为管道输送煤浆进行的加工

管道运输是五大运输方式之一，浆体管道在世界上已经得到广泛应用。目前，全世界已建成浆体长距离运输管道上百条，运输的物料有煤、铁精矿、铜精矿、磷精矿、石灰石、铝土矿等几十种。美国在 20 世纪 50 年代和 70 年代，先后建设了两条长距离输煤管道，其中黑迈萨输煤管道年运量 5.00Mt/a、运距 432 公里，其运费比铁路运费约低 40%，且一直安全可靠、高效经济地运营到现在。管道输煤是将原煤经过洗选或均质处理，然后经过破碎、研磨制成合适的粒度和浓度的煤浆，通过管道经高压泵接力输送到终端用户，管输煤浆经过终端处理后可以满足不同用户的要求。管道输煤工程建设成本低，与修建同

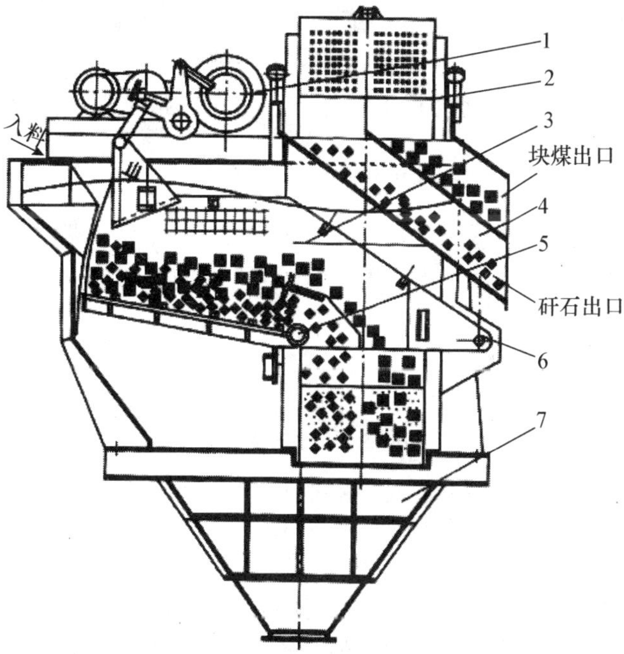

1—驱动机构；2—提升轮；3—动筛；4—溜槽；5—排矸轮；6—锁轴；7—槽体

图 7-8 机械驱动动筛跳汰机

等运力的铁路和公路相比，综合投资只有前者的 1/5～1/3，管道吨公里营运成本约为铁路运费的 36%，成本优势明显，且建设周期短，建设速度快。

3. 配煤加工

配煤加工是一项改善燃煤品质的技术。它可以理解为根据用户对煤炭质量的要求，将若干不同种类、不同性质的煤按照一定比例掺配加工，得到使锅炉燃烧状况最佳的燃料煤。它虽具有单煤的某些特征，但其综合性能已有所改变，可以认为是一种人为加工的“煤种”。由于不同地区煤炭性质、锅炉类型和规格及环境要求等方面的差别，对原煤还可以经筛分、洗选等加工后再相配，同时亦可加入一定量的固硫剂、助燃剂等添加剂以取得理想的综合效果。

配煤加工是以煤化学、煤燃烧学为基础，结合煤质检测、计算机优化控制等新技术的应用，与筛选、加入添加剂等工艺相结合，以实现煤质互补，提高燃煤质量，取得较好经济、社会与环境效益的加工技术。

动力配煤生产线的工艺流程一般包括原料煤的收卸、按品种堆放、分品种化验、计算和优化配比、配煤原料的取料输送、筛分、破碎、加添加剂、混合掺配、抽取检测、成品煤的存贮和外运等。根据配煤的工艺流程，配煤流通加工所需的设备有：

（1）输送设备。输送设备是动力配煤生产线中连接各个生产环节，使生产线能有效运转的重要设备。在动力配煤生产中使用最广泛的运输设备是胶带输送机，它可完成煤炭的水平输送和堆高输送。

（2）取料设备。原料煤从铁路、码头卸车或卸船后，通过胶带输送机在煤场堆高成煤垛，取料时从煤垛取煤，供应配煤生产。根据动力配煤生产规模的大小，为了提高经济效益，提高设备的利用率，一般分为通用型和专用型取料设备。通用型设备有装卸机、挖掘机、推土机、抓斗式取料机等；专用型设备有地龙式刮板机，滚龙取料机和斗轮式取料机等。专用型设备能将煤垛上的煤连续供给胶带输送机，是煤快速运出的高效率专用机械。

(3) 筛分设备。煤炭的筛分是动力配煤生产工艺流程中不可缺少的重要环节。通过筛分设备，优质煤可以筛出优质块煤，弥补优质块煤资源短缺的问题，并为煤场增加一定的经济效益；低质煤可以把大块筛出来，破碎后再送入贮煤斗。在动力配煤生产线上比较常用的筛分设备有滚筒筛和振动筛。

（六）平板玻璃的流通加工

平板玻璃的“集中套裁，开片供应”是重要的流通加工方式。这种方式是在城镇中设立若干个玻璃套裁中心，按用户提供的图纸，统一开片，供应用户成品。在此基础上，可以逐渐形成从工厂到套裁中心的稳定、高效率、大规模的平板玻璃“干线输送”，以及从套裁中心到用户的小批量、多户头的“二次输送”的现代物流模式。这种方式的好处有以下几点。

(1) 平均玻璃的利用率可由不实行套裁时的62%～65%，提高到90%以上。

(2) 可以促进平板玻璃包装方式的改革。从工厂向套裁中心运输平板玻璃，如果形成固定渠道，便可以大规模集装，这样，可以节约大量包装用木材，同时可以防止流通中的大量破损。

(3) 套裁中心按需要裁制，有利于玻璃生产厂简化规格，进行单品种大批量生产。这不但能提高工厂生产率，而且简化了工厂切裁、包装等工序，使工厂集中力量解决生产问题；此外，现场切裁玻璃劳动强度大、废料也难于处理，搞集中套裁，可以广泛采用专用设备进行裁制，废玻璃相对数量少，并且易于集中处理。

图7-9所示为玻璃套裁中心常用的玻璃套裁机械，实现上片、切割、掰片自动化流水生产。整条玻璃切割流水线由全自动玻璃上片台、全自动玻璃切割机、气动掰片台三部分组成，实现自动输送、自动切割及掰片的功能；整条线上片无须人员操作，切割及掰片需要2～3人，节约了生产成本。玻璃上片时间40～60s；玻璃切割速度为120m/min；切割精度为0.2mm。它适用建筑玻璃、中空玻璃、汽车玻璃、工艺玻璃、家具玻璃、太阳能玻璃、厨具卫浴等各种玻璃的全自动切割。

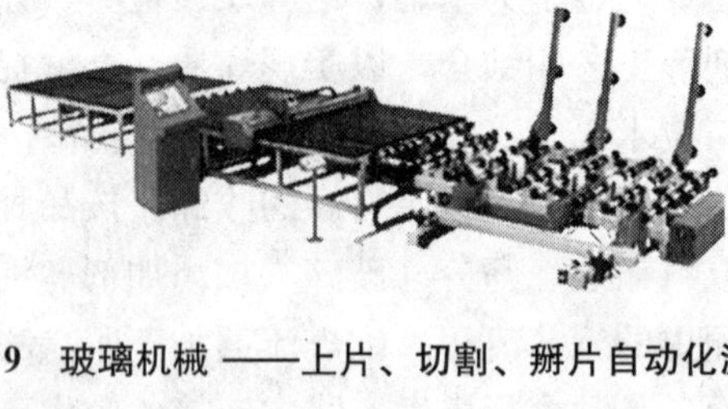

图7-9　玻璃机械——上片、切割、掰片自动化流水线

（七）生鲜食品的流通加工

1. 冷冻加工

为解决鲜肉、鲜鱼在流通中保鲜及搬运装卸的问题，采取低温冻结方式的加工，如图7-10所示。这种方式也用于某些液体商品、药品等。

2. 分选加工

农副产品离散情况较大，为获得一定规格的产品，采取人工或机械分选的方式加工，称为分选加工，如图 7－11 所示，它广泛用于果类、瓜类、谷物、棉毛原料等。

图 7－10　鲜鱼的冷冻加工

图 7－11　水果的机械分选

3. 精制加工

精制加工常用于农、牧、副、渔等产品的加工。精制加工是在产地或销售地设置加工点，去除无用部分，甚至可以进行切分、洗净、分装等的加工。这种加工不但大大方便了购买者，而且，还可对加工的淘汰物进行综合利用。比如，鱼类精制加工所剔除的内脏可以制成某些药物或饲料，鱼鳞可以制成高级黏合剂，头尾可以制鱼粉等；蔬菜的加工剩余物可以制成饲料、肥料等。

4. 分装加工

许多生鲜食品零售起点量较小，而为保证高效输送，出厂包装可较大，也有一些是采用集装运输方式运达销售地区。为了便于销售，在销售地区按所要求的零售起点量进行新的包装，即大包装改小、散装改小包装、运输包装改销售包装，这种方式称为分装加工。

（八）机械产品及零配件的流通加工

1. 组装加工

自行车及机电设备储运困难较大，主要是不易进行包装，如进行防护包装，包装成本过大，并且运输装载困难，装载效率低，流通损失严重。但自行车装配较简单，装配技术要求不高，主要功能已在生产中形成，装配后不需进行复杂检测及调试，所以，为解决储运问题，降低储运费用，以半成品（部件）高容量包装出厂，在消费地拆箱组装。组装一般由流通部门进行，组装之后随即进行销售。这种流通加工方式近年来已在我国广泛采用。

2. 石棉橡胶板的开料成形加工

石棉橡胶板是机械装备、热力装备、化工装备中经常使用的一种密封材料，单张厚度 3 毫米左右，单张尺寸有的达 4 米，在储运过程中极易发生折角等损失。此外，许多用户所需的垫塞圈，规格比较单一，不可能安排不同尺寸垫圈的套裁，利用率也很低。石棉橡胶板开料成形加工，是按用户所需垫塞物尺寸裁制的，不但方便用户使用及储运，而且可以安排套裁，提高利用率，减少边角余料损失，降低成本。这种流通加工套裁的地点，一般设在使用地区，由供应部门组织。

第三节 包装概述

在现代物流观念形成以前，包装被看成是生产的终点，是属于生产领域的活动，包装的设计往往要从生产终结的要求出发，因而常常不能满足流通的要求。现代物流认为，包装与物流的关系较之与生产的关系更加密切，作为物流始点的意义较之作为生产终点的意义更大。因此，包装应纳入物流系统之中，这是现代物流对包装的定位。

一、物流包装的含义与种类

（一）包装的含义

包装在中华人民共和国国家标准《包装术语　第一部分：基础》（GB 4122.1—2008）中定义为："为在流通过程中保护产品，方便储运，促进销售，按一定技术方法而采用的容器、材料及辅助物等的总体名称。也指为了达到上述目的而采用容器、材料和辅助物的过程中施加一定方法等的操作活动。"

（二）包装的种类

按包装在商品流通领域中的作用分类，包装可分为销售包装、运输包装和集合包装三大类。

1. 销售包装

销售包装的特点是与产品组合为一体，包装与产品直接接触。在包装性质、形态、式样等方面，销售包装都要为保护和促销商品着想，即除结构造型要便于流通使用外，还要特别注意图案、文字、色调等装潢因素能吸引消费者注意，能激发消费者的购买欲。销售包装如图 7－12 所示。

2. 运输包装

运输包装是指能盛装并保护商品，抵御在运储过程中的温度、湿度、紫外线、雨雪等气候条件因素侵害的包装，如图 7－13 所示。运输包装能减缓压力、振动、冲击、摩擦等外力对商品的作用；能确保产品安全经历流通中装卸、保管、搬运等各项作业环节；能提高运载工具的载重和容积；能缩短各种作业时间和提高作业效率的包装。

运输包装是物流过程中必不可少的环节之一，但是它又与其他的环节不同，它属于辅助加工过程。一个加工型企业的物流工作流程，从原材料供应、零部件制造和供应，到仓库采购都属于采购过程，而主产品制造是生产企业的核心部分。从主产品制造后转到成品仓库中时需要另加一个辅助加工工序，运输包装加工就属于这一类环节。而后就是物流中的重大核心环节流通与销售过程。总而言之，运输包装从产品生产的末尾开始一直贯穿于物流的全过程，是商品活动中相当重要的中间环节。

3. 集合包装

集合包装是运输包装在重量或体积上进一步的组合，以适应现代化运输的需要。集装箱就是一种典型的集合包装，集装箱的运用与发展，对包装形式的改革以及对运输业产生了巨大的影响。

图 7-12 销售包装

图 7-13 运输包装

二、包装在现代物流中的作用与地位

（一）对产品的防护性

包装最根本的目的就是给产品以保护和防护。产品防护性指的是产品本身的强度、刚度和包装材料的抗损性等。产品防护性可以通过合理的包装来实现。

（二）物流信息管理的合理性和物流网络的控制性

物流信息管理是现代物流标准化的关键和核心，产品的各种信息都会在产品的各种包装上得以反映和体现。所以在不同层次的包装上应该设置哪些标签、标记、代码和其他相关信息，对于物流信息管理、整个物流供应链管理乃至整个物流系统的管理都是至关重要的。信息是物流网络控制的根本依据和决策依据，只有在掌握了物流系统中全面、及时、准确的信息后，才能保证物流网络的可控性。

（三）物流组织管理的有序性

物流组织的管理不是单纯的人事、信息、财务的管理，支撑这些管理内容的是技术管理。更具体地讲，对于物流供应链的技术管理，最主要的内容就是完成在供应链中各类与包装有关的技术管理。只有被包装的基本物质在有序、可控地流动，才能实现整个物流组织管理的有序性。

（四）物流的经济性

由于物流系统中所有的环节均与包装有关，所以包装对于物流成本的控制则显得至关重要。比如，采用纸箱、托盘加集装箱的方式可以改变原始的木箱包装而节省运输成本；采用现代化的叉车搬运而非人工搬运则可以省却单元小包装造成的高人工费和产品损伤；有效地设计包装容器的堆码层高，可以很好地提高仓库的利用率而节省费用；合理的包装减少破损；合理的包装尺寸和规格提高运输容积率；及时、全面、准确的信息，保证了物流供应链的畅通；等等。这些都可以确保包装在各个环节帮助和实现物流成本的有效降低。

（五）物流整体运营的综合效率性

通过包装，将物流链乃至物流系统中的各个环节有机、高效、系统地组合成一个产生综合效率性的整体。同时注意各个物流环节与包装的密切关系，则可以在整体运营中取得先机。对于越来越多的走向国际市场的企业来说，注意与国际物流及包装法规、标准的接轨，是实现国际化运营的根本保证。

第四节 包装材料与包装容器

一、包装材料的含义与性能要求

（一）包装材料的含义

包装材料是指用于制造包装容器、包装装潢、包装印刷、包装运输等满足产品包装要求所使用的材料，它包括金属、塑料、玻璃、陶瓷、纸、竹本、天然纤维、化学纤维、复合材料等；又包括涂料、黏合剂、捆扎带、装潢材料、印刷材料等辅助材料。

（二）包装材料的性能要求

包装材料必须满足以下性能要求：

1. 一定的机械性能

包装材料应能有效地保护产品。因此应具有一定的强度、韧性和弹性等，以适应压力、冲击、振动等静力和动力因素的影响。

2. 阻隔性能

根据对产品包装的不同要求，包装材料应对水分、水蒸气、气体、光线、芳香气、异味、热量等具有一定的阻隔能力。

3. 良好的安全性能

包装材料本身的毒性要小，以免污染产品和影响人体健康；包装材料应无腐蚀性，并具有防虫、防蛀、防鼠、抑制微生物等性能，以保护产品安全。

4. 合适的加工性能

包装材料应宜于加工，易于制成各种包装容器；易于包装作业的机械化、自动化，以适应大规模工业生产；应适于印刷，便于印刷包装标志。

5. 较好的经济性能

包装材料应来源广泛、取材方便、成本低廉，使用后的包装材料和包装容器应易于处理，不污染环境，不会造成公害。

6. 包装材料的适当使用关系到成本和产品运输的安全性能

用适当的包装材料来包装产品可以大量节约支出成本，用更低的成本也可使产品得到最安全的保护。

二、常用的包装材料

（一）纸质包装材料

纸质包装是传统包装材料之一，其原料一般取自木材、稻草、芦苇、麦秸等，资源丰富。纸包装容器具有质轻、易加工、成本低、废弃物易回收处理等特性。因此，纸质包装在现代包装中占有很重要的地位，广泛用于运输包装（如图 7－14 所示）和销售包装，成为现代包装工业的重要组成部分，是现代包装的四大支柱（纸、塑料、金属、玻璃）之一。

纸类包装材料通常有纸和纸板两大类，在包装材料中，纸和纸板起着重要的作用，它占所有包装材料的 40%以上，甚至达到 50%。

图 7－14　纸质运输包装

（二）木材包装材料

木质包装材料是指用于商品支撑、保护或运载材料的木材和人造板产品等木质材料（不包括纸及纸制品）。它包括填料、板条箱、木片、垫料、托盘、木筒和楔子等。木质包装在国际贸易中被广泛使用，但实木包装材料会携带森林病虫害，因而世界上很多国家都对进境货物木质包装采取了更为严格的检验检疫制度。我国森林资源又相对匮乏，森林覆盖率仅为 12.98%。近年来木材供需之间的矛盾也越来越激烈，使得实木在包装工业中的继续发展受到了限制。然而经干燥、热压等深加工工艺生产的包装用人造板，因其在资源、结构和检验检疫方面的优势，近年来发展迅速，具有广阔的应用前景。

木材具有很好的环境性能，作为包装材料使用时具有很多性能优势，如强重比高、抗机械损伤能力强、可承受较大的堆垛载荷、具有一定的缓冲性能、取材广泛、制作比较容易、易于吊装和回收性能好等特点，所以至今仍是机电设备与工业产品的主要运输包装容器，特别是很多笨重、易碎及需要特殊保护的产品的不可或缺的储运器具。木材运输包装如图 7－15 所示。

图 7－15　木材运输包装

（三）塑料包装材料

塑料具有许多优良特性，如气密性好、易于成形和封口、防潮、防渗漏、防挥发、透明度高、化学性能稳定、耐酸、耐碱、耐腐蚀等，因此，塑料已是目前使用很广泛的一种包装材料。下面介绍几种重要的塑料包装材料。

1. 聚乙烯（PE）

聚乙烯有低密度聚乙烯（LDPE）、高密度聚乙烯（HDPE）和中密度聚乙烯（MDPE）三种。

LDPE具有良好的耐水性、防潮性、耐寒性、热封合性和热封强度。因此，它可用于冷冻食品包装；它的复合材料，适用于水果、蔬菜的保鲜包装，也可用于医药品、日用品和金属制品的防潮包装及各种热收缩包装。HDPE的抗拉强度、防潮性、耐热性、耐油性和耐化学药品性等均优于LDPE。MDPE性能介于前二者之间，较坚韧，具有较好的强度，适于加工成包装薄膜和包装容器，如图7－16所示。

图7－16　PE包装盒

2. 聚丙烯（PP）

PP无毒无臭，阻湿和阻气性好，能耐受酸、碱及多种有机物的腐蚀，机械强度高，广泛用于食品、糖果、香烟、茶叶、果汁、牛奶、纺织品、化妆品等包装领域。

包装常用的聚丙烯可分为未拉伸聚丙烯（CPP）和双向拉伸聚丙烯（BOPP）两种。CPP耐寒性差，低温时发脆，不能作冷冻食品包装。BOPP与CPP相比，具有较高的透明度和光泽度，耐寒性好，机械强度高，伸长率、透湿率、透气率有所降低。BOPP由于原料丰富，性能优、用途广，成为比玻璃纸（如PVC）更受欢迎的包装材料，在国外被誉为“包装皇后”；它的制造工艺简单，价格合理，又成为比BOPET、BOPA更为普遍的包装，特别是在复合包装，珠光包装，医药品、纺织品、香烟、食品糖果等包装中占有重要地位。常见的豆浆瓶、优酪乳瓶、果汁饮料瓶、微波炉餐盒（如图7－17所示）就是用这种材料制造的。

图7－17　微波炉餐盒

3. 聚偏二氯乙烯（PVDC）

PVDC在塑料包装中以其综合阻隔性能优良而著称。它是一种阻气、阻湿性能皆优的高阻隔性材料，如图7－18所示。PVDC的阻隔性能是普通包装材料的几倍、几十倍，甚至几百倍。因此用PVDC涂敷膜包装食品对食品的色、香、味、防潮等有优良的保护作用，能使食品保存期提高几倍、几十倍，可以大大减少食品因季节等各种因素变质而造成大量的损失。PVDC不但有优异的高阻隔性能，还有优异的印刷性能、复合性能和透明性。在实际应用中，PVDC涂敷膜对印刷油墨、复合及设备也没有特殊要求，因此不需要变更各工序的工艺，从而可以大大提高生产效率和减少成本。

PVDC制品被大量用于肉类食品、方便食品、奶制品、保鲜食品等食品行业产品和化妆品、日化品、药品等日化制药行业产品以及需防潮、防锈的五金制品、机械零件、军用品等各种需要有隔氧防腐、隔味保香、隔水防潮、隔油防透等阻隔要求的产品的包装。

PVDC包装材料又是一种环保材料。在美国PVDC制品被确定为无毒安全的塑料材料；在德国PVDC包装材料被誉为绿色包装材料，拥有“绿色”标志；日本、韩国目前市场上流通的小包装食品、药品、化工产品、电子产品等，有60%左右采用PVDC制品包装。另外使用 PVDC 比使用普通的 PE 膜、纸、铝箔等材料要节省许多，从而可实现包装材料的减少，达到减少废物源的目的。

图 7-18　PVDC 包装材料

4. 聚苯乙烯（PS）

聚苯乙烯（PS）是坚硬、无色、透明的塑料，强度较高，印刷性较好，无毒，无味，用来制作盛装食品以及酸、碱类的容器。但容易破裂，集聚静电，熔点较低，不能在高温下使用。PS 加入发泡剂可制成聚苯乙烯泡沫塑料，常用作仪器、仪表、家用电器等产品的缓冲包装材料，如图 7-19 所示。

图 7-19　聚苯乙烯泡沫塑料

塑料材料用于包装有其优点，也有其不可忽视的缺点。一是塑料由树脂和添加剂组成，在光、热等外界条件影响下，容易发生变化，分解或溢出微量对人体有害的物质，会污染内装物品。二是塑料一般难以处理，有些难以分解，有些焚烧后会产生有害气体，对环境造成较大的污染。

（四）金属包装材料

金属资源丰富、品种多，包装的可靠性强。目前，金属包装材料在我国、日本和欧洲等国占第三位，在美国占第二位。金属包装材料以其坚固性在包装材料中占有一定地位。各种金属包装容器如图 7-20 所示，金属包装材料主要有以下几种：

图 7-20　各种金属包装容器

1. 低碳薄钢板

金属学中把含碳量小于 0.25%的铁碳合金叫作低碳钢，用低碳钢制作的薄钢板称为低碳薄钢板。我国用于制造金属包装容器的低碳薄钢板有普通碳素结构钢低碳薄钢板和优质碳素结构钢低碳薄钢板。低碳薄钢板可以作为生产镀锡薄钢板和非镀锡薄钢板的原板；也可以直接制造金属包装容器，如集装箱、普通钢桶等；也可用作捆扎材料。用它制成的容器具有更大的强度和刚度，并具有成本低廉、加工性能好等优点。

2. 马口铁

马口铁是电镀锡薄钢板的俗称，英文缩写为 SPTE，是指两面镀有商业纯锡的冷轧低碳薄钢板或钢带，又叫镀锡铁。锡主要起防止腐蚀与生锈的作用。它将钢的强度和成形性与锡的耐蚀性、锡焊性和美观的外表结合于一种材料之中，具有耐腐蚀、无毒、强度高、延展性好的特性。马口铁早期称洋铁（Tin Plate），因为中国第一批洋铁是于清代中叶自澳门进口的，澳门当时音译“马口”，故中国人一般称之为“马口铁”。

马口铁材料容器有金属桶、金属箱、金属听和罐等。马口铁容器的原料比较丰富，还可回收再用，而且回收比较容易，可借助电磁从生活垃圾中分离。金属罐装物品运输方便，不易破损。马口铁金属容器的最大缺点是容易生锈，为了保证内装物不被污染，必须对金属容器采取防锈措施。一般用马口铁包装的商品以高档市场为目标，世界马口铁包装的主要消费市场在欧美。

3. 白铁皮

镀锌薄钢板又称白铁皮，是制桶（罐）的材料之一，主要用于制造工业产品包装容器。它是在酸洗薄钢板后，经过热浸镀锌处理，使钢板表面镀上厚度为 0.02mm 以上的锌保护层。锌的电极电位比铁低，化学性质比较活泼，在空气中能很快生成一层氧化锌薄膜，这层氧化锌薄膜非常致密，保护了里面的锌和钢板不受腐蚀，即使擦破了镀锌层，也会因为锌先发生氧化而保护了铁，这样大大提高了钢板的耐腐蚀性能。用镀锌板制成容器后，就不必再进行表面防腐处理，且强度高、密封性能好，因此，镀锌薄钢板被广泛用来制作金属包装容器，是工业产品包装中应用较多的包装材料。

4. 铝罐

铝罐的优点是质轻，使用及运输方便；材料无氧化作用，内涂料附着力强；保护性能好；可回收再加工，节约原料，降低成本。但是，铝材价格较高，原料也不及马口罐的普遍，而且，铝的强度比马口铁差，所以，相比较而言，在金属容器中仍是马口铁罐占主要地位。

三、包装容器

包装容器一般是指在商品流通过程中，为了保护商品，方便储存，利于运输，促进销售，防止环境污染和预防安全事故，按一定技术规范而用的包装器具、材料及其他辅助物的总称。包装容器是包装材料和造型相结合的产物，包括包装袋、包装盒、包装瓶、包装罐和包装箱等基本形式。

（一）包装袋

包装袋是柔性包装中的重要技术，包装袋材料是挠性材料，有较高的韧性、抗拉强度和耐磨性。一般包装袋结构是筒管状结构，一端预先封死，在包装结束后再封装另一端，包装操作一般采用充填操作。包装袋广泛适用于运输包装、商业包装、内装、外装，因而使用较为广泛。包装袋一般分成以下三种类型。

1. 集装袋

这是一种大容积的运输包装袋，盛装重量在 1 吨以上，适于装运颗粒状、粉状的货物。集装袋一般多用聚丙烯、聚乙烯等聚酯纤维纺织而成。其顶部一般装有金属吊架或吊环等，便于铲车或起重机的吊装、搬运。卸货时可打开袋底的卸货孔，即行卸货，非常方便。集装袋的装卸效率明显提高，近年来发展很快。

2. 一般运输包装袋

这类包装袋的盛装重量是 0.5～100kg，大部分是由植物纤维或合成树脂纤维纺织而成的织物袋，或者是由几层挠性材料构成的多层材料包装袋，例如麻袋、草袋、水泥袋等。一般运输包装袋主要包装粉状、粒状和个体小的货物。

3. 小型包装袋（或称普通包装袋）

这类包装袋盛装重量较少，通常用单层材料或双层材料制成。对某些具有特殊要求的包装袋也有用多层不同材料复合而成的。其包装范围较广，液状、粉状、块状和异型物等都可采用这种包装。

上述几种包装袋中，集装袋适于运输包装，如图 7－21 所示；一般运输包装袋适于外包装及运输包装，如图 7－22 所示；小型包装袋适于内装、个装及商业包装。

图 7－21　集装袋

图 7－22　一般运输包装袋

（二）包装盒

包装盒的包装材料有一定挠性，不易变形，有较高的抗压强度，刚性高于袋装材料。包装结构是规则几何形状的立方体，也可裁制成其他形状，如圆盒状、尖角状，一般容量较小，有开闭装置。包装操作一般采用码入或装填，然后将开闭装置闭合的方式。包装盒整体强度不大，包装量也不大，不适合做运输包装，而适合做商业包装、内包装，适合包装块状及各种异形物品。

（三）包装箱

包装箱的包装材料为刚性或半刚性材料，有较高强度且不易变形。包装结构和包装盒相同，只是容积、外形都大于包装盒，两者通常以 10 升为分界。包装操作主要为码放，然后将开闭装置闭合或将一端固定封死。包装箱整体强度较高，抗变形能力强，包装量也较大，适合做运输包装、外包装，包装范围较广，主要用于固体杂货包装。主要包装箱有以下几种：

1. 瓦楞纸箱

瓦楞纸箱是用瓦楞纸板制成的箱形容器。按瓦楞纸箱的外形结构分类有折叠式瓦楞纸箱（如图 7－23 所示）、固定式瓦楞纸箱和异形瓦楞纸箱三种。按构成瓦楞纸箱体的材料来分类，有瓦楞纸箱和钙塑瓦楞箱。

2. 木箱

木箱是流通领域中常用的一种包装容器，其用量仅次于瓦楞箱。木箱主要有木板箱、框板箱、框架箱三种。木板箱一般用作小型运输包装容器，能装载多种性质不同的物品。木板箱作为运输包装容器具有很多优点，例如有抗拒碰裂、溃散、戳穿的性能，有较大的耐压强度，能承受较大负荷，制作方便等。但木板箱的箱体较重，体积也较大，其本身没有防水性；框板箱是先由条木与人造板材制成箱框板，再经钉合装配而成。框架箱，如图 7－24 所示，由一定截面的条木构成箱体的骨架，根据需要也可在骨架外面加木板覆盖。

框架箱有两种形式，无木板覆盖的称为敞开式框架箱，有木板覆盖的称为覆盖式框架箱。框架箱由于有坚固的骨架结构，因此具有较好的抗震和抗扭力，有较大的耐压能力，而且其装载量大。

3. 塑料箱

一般用作小型运输包装容器，其优点是，自重轻，耐蚀性好、可装载多种商品，整体性强，强度和耐用性能满足反复使用的要求，可制成多种色彩以对装载物分类，手握搬运方便，没有木刺，不易伤手。如图 7-25 所示。

图 7-23　瓦楞纸箱

图 7-24　框架箱

图 7-25　塑料箱

4. 集装箱

由钢材或铝材制成的大容积物流装运设备，从包装角度看，也属一种大型包装箱，可归属于运输包装的类别之中，也是大型反复使用的周转型包装。

（四）包装瓶

包装瓶是瓶颈尺寸有较大差别的小型容器，是刚性包装中的一种，包装材料有较高的抗变形能力，刚性、韧性要求一般也较高，个别包装瓶介于刚性与柔性材料之间，瓶的形状在受外力时虽可发生一定程度变形，外力一旦撤除，仍可恢复原来瓶形。包装瓶结构是瓶颈口径远小于瓶身，且在瓶颈顶部开口；包装操作是填灌操作，然后将瓶口用瓶盖封闭。包装瓶包装量一般不大，适合美化装潢，主要作商业包装、内包装使用，主要包装液体、粉状货。包装瓶按外形可分为圆瓶、方瓶、高瓶、矮瓶、异形瓶等若干种。瓶口与瓶盖的封盖方式有螺纹式、凸耳式、齿冠式、包封式等。

（五）包装罐（筒）

包装罐是罐身各处横截面形状大致相同，罐颈短，罐颈内径比罐身内颈稍小或无罐颈的一种包装容器，是刚性包装的一种。包装材料强度较高，罐体抗变形能力强。包装操作是装填操作，然后将罐口封闭，可做运输包装、外包装，也可做商业包装、内包装用。包装罐（筒）主要有三种：

1. 小型包装罐

这是典型的罐体，可用金属材料或非金属材料制造，容量不大，一般做销售包装、内包装，罐体可采用各种方式装潢美化。

2. 中型包装罐

外形也是典型罐体，容量较大，一般作化工原材料、土特产的外包装，起运输包装作用。

3. 集装罐

这是一种大型罐体，外形有圆柱形、圆球形、椭球形等，卧式、立式都有。集装罐往往是罐体大而罐颈小，采取灌填式作业，灌填作业和排出作业往往不在同一罐口进行，另设卸货出口。集装罐是典型的运输包装，适合包装液状、粉状及颗粒状货物。

第五节　包装机械

一、包装机械的含义与特点

（一）包装机械的含义

包装机械是指完成全部或部分包装过程的一类机器。包装过程包括充填、裹包、封口等主要包装工序，以及与其相关的前后工序，例如：清洗、干燥、杀菌、计量、成形、标记、紧固、多件集合、储装组装、拆卸及其他辅助工序。

从广义而言，现代包装机械的含义和领域很广，包括各种自动化和半自动化的包装机、运输包装机械、包装容器的加工机械、装潢印刷机械等。这些相互密切联系的机械组成了现代化的包装机械体系。

（二）包装机械的特点

(1) 包装机械一般结构复杂、运动速度快、动作精度高。为满足性能要求，对零部件的刚度和表面质量等都有较高的要求。

(2) 包装机械一般设计成自动包装机，形成连续自动进行的包装。

(3) 包装机械应在标准卫生条件下工作，不能有任何污染产品的现象。用于食品和药品的包装机要便于清洗，与食品和药品接触的部位要用不锈钢或经化学处理的无机材料制成。

(4) 进行包装作业时所需要的力较小，所以电动机的功率一般都比较小，实际工作中的包装机械以机械传动为主要形式。

(5) 包装机械一般都采用无级变速装置，以便灵活调整包装速度、调节包装机的生产能力。

(6) 包装机械是特殊类型的专业机械，种类繁多，生产数量有限。为便于制造与维修，减少设备投资，一般具有通用性与多功能性。

二、包装机械的结构与功能

（一）包装机械的结构

包装机械属于自动机械范畴，它的种类繁多，结构复杂，新型包装机械不断涌现，很难将它们的组成分类。但通过对大量包装机械的工作原理和结构性能的分析，可找出其组成的共同点。包装机械由动力系统、传动系统、执行系统和控制系统组成，如图 7-26 所示。

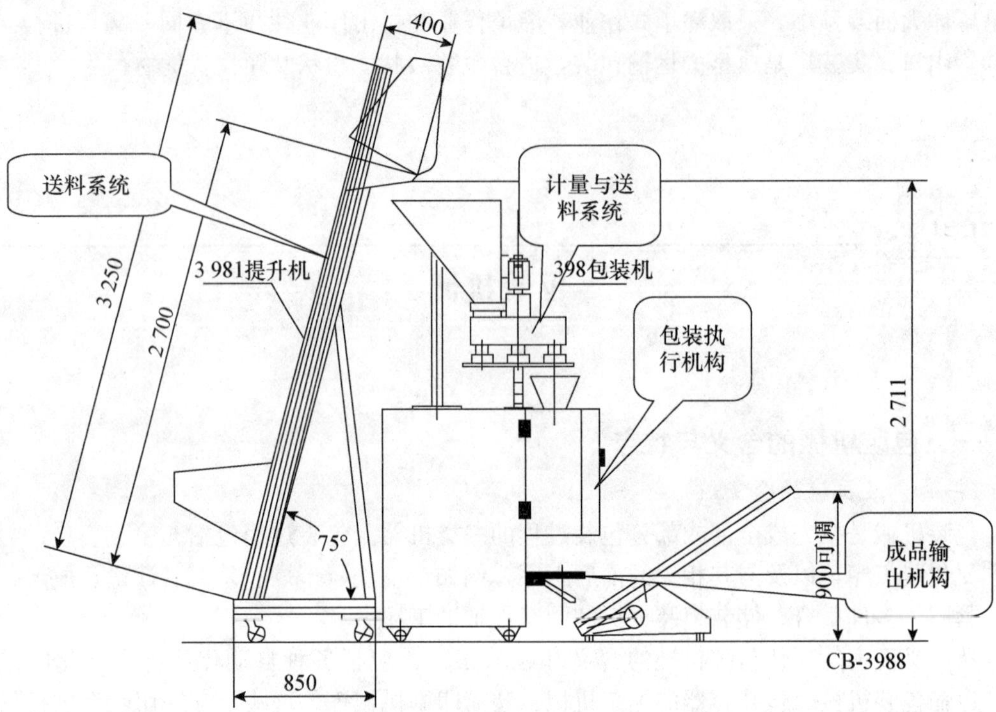

图 7－26　包装机械的组成

1. 包装材料的整理与供送系统

该系统是将包装材料进行定长切断或整理排列，并逐个输送到预定工位的系统，如糖果包装机中包装纸的供送、切断机构。有的系统在供送过程中还能完成制袋或包装容器的竖起、定形、定位等工作，有的封灌机的供送系统还可以完成罐盖的定向、供送等工作。

2. 被包装物品的计量与供送系统

该系统是将被包装物品进行计量、整理、排列，并输送到预定工位的系统。有的还可完成被包装物品的定型、分割，如饮料灌装机的计量和液料供送系统；饼干包装机的饼干整理、排列和供送系统。

3. 主传送系统

该系统是将包装材料和被包装物品由一个工位顺序传送到下一个包装工位的系统。单工位包装机没有传送系统。

4. 包装执行机构

该机构是直接完成包装操作的机构，即完成裹包、灌装、封口、贴标、捆扎等操作的机构。如糖果裹包机的前后推糖板、抄纸板、糖钳手和扭结手等组成的机构。

5. 成品输出机构

该机构是把包装好的产品从包装机上卸下、定向排列并输出的机构。有的包装机械的成品输出是由主传送机构完成的或是靠包装产品的自重卸下的。

6. 动力机与传动系统

动力机是机械工作的原动力，在现代工业生产中通常为电动机。传动系统是指将动力机的动力与运动传给执行机构和控制系统，使其实现预定动作的装置。通常由传动零件，如带轮、齿轮、链轮、凸轮、蜗轮、蜗杆等组成，或由机、电、液、气等多种形式的传动组成。

7. 控制系统

控制系统由各种手动、自动装置组成。在包装机中动力的输出、传动机构的运转、包装执行机构的动作及相互配合以及包装产品的输出，都是由控制系统指令操作的。它包括包装过程、包装质量、故障与安全的控制。

8. 机身

机身用于安装、固定、支承包装机所有的零部件，满足其相互运动和相互位置的要求。

（二）包装机械的功能

包装机械和其他自动机械一样，其功能主要体现在以下方面：

1. 实现包装机械化和自动化，从而大大提高生产效率

例如，一条洗衣粉包装自动线，几个人操作可以替代几百人的工作；某公司生产的啤酒灌装机的生产率高达 36 000 瓶/h（640mL），这是手工灌装无法比拟的。

2. 提高包装质量，增强保护内装物的可靠性

传统的手工包装无法使成千上万件包装和内装物保持在同一个包装质量水平，采用机械包装，就可以根据设计要求，按照需要的式样、大小，做到规格化、标准化包装，从而保证包装质量符合国家标准。由于计量准确，物品包装外观整齐、封口严密，提高了物品的包装质量并可延长物品的保质期，增强市场销售的竞争力。

3. 可以降低包装成本，节省原材料，节约总投资费用

例如，棉花、烟草等的松散物品，当采用压缩包装机打包，可以大大缩小体积，节省包装材料，还可以节省仓库容积，增大储存量，减少保管费用，运输时还可以多装，从而节省运输费用。采用包装机械包装液体、粉状物品时，可减少液体物品外涌、粉尘物品飞扬等，这样既能防止物品的散失又能保护环境且节约原材料，降低成本。

4. 可以改善工作环境，减轻工人劳动强度，加强劳动保护，防止环境污染

例如，粉尘或有毒物品，采用人工包装，难免影响环境及包装工人的身体健康，采用机械包装，不仅速度快、质量好、效率高，而且可以减少或防止污染。

5. 可以节约基建投资

用包装机械来包装物品，物品、包装材料与包装容器的供给都比较集中，包装工序可以安排得比较紧凑，充分利用高度空间，减少人工包装物品所需的占地面积，这样可以节约基建投资。

6. 可以促进包装工业的发展

包装作业的机械化，可以促进包装材料、容器等领域有新的发展，从而使包装工业得到更快的发展。

三、包装机械的种类

包装机械按自动化程度分类可分为全自动包装机和半自动包装机。全自动包装机是自动供送包装材料和内装物，并能自动完成其他包装工序的机器。半自动包装机是由人工供送包装材料和内装物，但能自动完成其他包装工序的机器。

按包装产品的类型分为专用包装机、多用包装机和通用包装机。专用包装机是专门用于包装某一种产品的机器。多用包装机是通过调整或更换有关工作部件，可以包装两种或

两种以上产品的机器。通用包装机是在指定范围内适用于两种或两种以上产品的机器。

包装机械按功能可分为充填机、灌装机、封口机、裹包机、清洗设备、干燥设备、杀菌设备、标签机、集装和拆卸设备、辅助包装设备、多功能包装机等。

多功能包装机主要包含充填—封口机、灌装—封口机、箱成形—充填—封口机、制袋—充填—封口机、热成形—充填—封口机、开箱—充填—封口机、开袋—充填—封口机、真空包装机、泡罩包装机等。生产多功能包装机械的厂家一般都生产制袋—充填—封口机、热成形—充填—封口机等多种形式的包装机械。物流包装常用的包装机械如图 7－27 所示。

图 7－27　物流包装常用的包装机械

四、包装生产线简介

包装生产线是一个系统的总称，一般的生产厂家都拥有一条自己的包装生产线，包装生产线一般都由几种不同的包装机以及传输带组成。完成加工的产品被运送到包装生产线上进行包装加工，包装完成后被送出，成了完整的便于运输的产品。

包装生产线的包装过程包括充填、裹包、封口等主要工序。所以包装机也分为充填机、封口机、裹包机、多功能包装机等；包装生产线也分为成形—充填—封口包装生产线，装盒、装箱包装生产线，液体灌装机及其流水线，等等。

如图 7－28 所示为纸箱自动包装生产线，该自动包装流水线集自动开箱、自动封箱、自动打包等功能于一体，是新一代的自动包装线。占地面积小、操作简单、性能稳定、应用范围广。可大大减少劳动力，提高生产效率，降低生产成本。可进行包装过程中的空纸箱配送、纸箱成形、物品整列输送、机械手装箱、自动折盖上下封箱、工字角边封箱、批号打印、纸箱捆扎、直角转向、纸箱井字捆扎、输送、机器人码垛、空托盘配送、实托盘输送、实托盘顶捆、实托盘水平捆扎、托盘缠绕、实托盘输出等作业。该纸箱自动包装生产线具有生产速度高、包装质量好、兼容性好、性能稳定等优点，是一种机、电、仪、气、机器人一体化的高科技产品，适用于各种规格物品的纸箱包装。

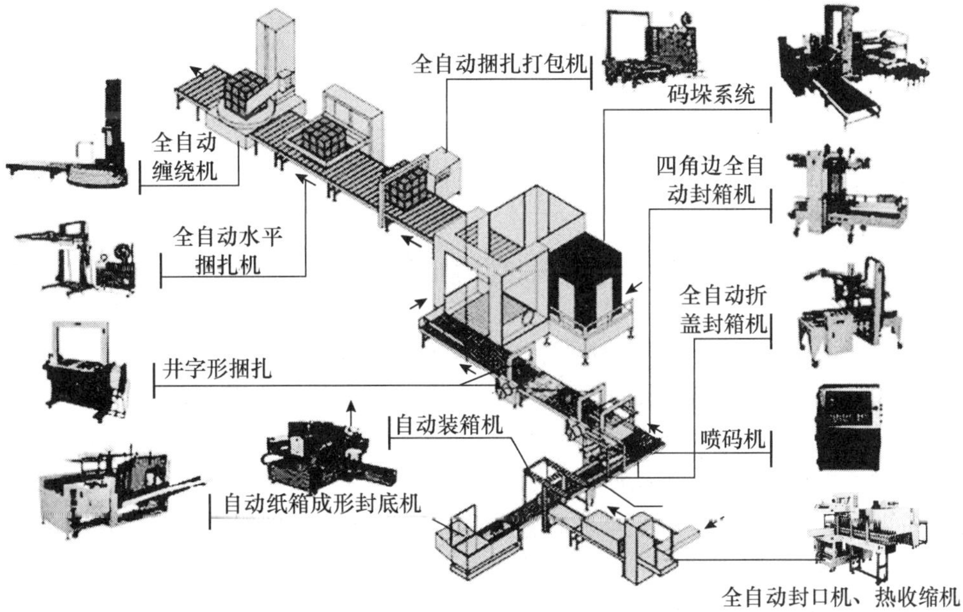

图 7-28　纸箱自动包装生产线

案例分析

物流中的包装问题

案情介绍：

某烟草公司为了某次促销活动，专门订购了一批烛台。无论是烛台的设计、生产还有运输都很顺利，促销人员从仓库里把烛台调出库，打开包装才发现有很多破损。公司总部指示采购部一定要把事情调查清楚，找出根本原因。

经分析发生事故的原因有三种可能：

一是烛台设计问题。之前也曾经发生过类似情况，大多是因为设计问题造成玻璃制品的受压不均匀，但这次烛台玻璃材质较厚，又经过出厂前的破碎检验，正常情况下应该是没有问题的。

二是运输过程中的重物压迫或者野蛮装卸造成的。但从外包装上看，没有任何明显的变形、破损，也没有挤压的痕迹，应该也不是主要因素。

三是包装问题。最终经过一番调研，才发现是包装问题，原来是制造商由于赶生产时间，来不及采用国际通用包装标准（即每个烛台使用一个气泡袋，用 5 层厚的外包装箱包装），最终导致大量的烛台在正常运输中产生破碎。

案例评析：

包装是生产的终点，也是物流的起点，在货物起运前，应到现场检查一下包装情况，大多数情况下的包装都能符合长途运输的需要，但也有的承运人或发货人，为了降低运输成本，而降低包装规格。这里的风险变化还是很大的，如啤酒类商品加隔板问题，一个小小的隔板就能大大降低运输风险。可见包装在物流中的重要性。

根据上述案例和本章学习的内容，试分析：包装与运输、包装与搬运、包装与仓储之间存在怎样的关系？

思考与练习

一、单项选择题

1.（　　）加工是为了提高物流速度和物品的利用率，在物品进入流通领域后，按要求进行的加工活动。

A. 物流　　B. 装卸搬运　　C. 客户　　D. 流通

2. 实践中，有的流通加工通过（　　）改变，使商品档次升级而充分实现其价值；有的流通加工可将产品利用率大幅提高 30%，甚至更多。

A. 商品包装　　B. 商品形态　　C. 商品的原材料　　D. 商品的加工方法

3. 将钢板进行剪板、切裁；钢筋或圆钢裁制成毛坯；木材加工成各种长度及大小的板、方等属于物流流动的（　　）功能。

A. 装卸搬运　　B. 流通加工　　C. 储存　　D. 运输

4. 下列哪个形式不属于流通加工的合理组织形式？（　　）

A. 加工和配送结合　　B. 加工和配套结合

C. 加工和合理运输结合　　D. 加工与实现利润结合

5. 下列哪个不属于我国现代物流包装管理发展的新趋势？（　　）

A. 绿色设计趋势　　B. 运用第三方物流包装趋势

C. 包装设计网络化趋势　　D. 包装简单化趋势

二、简答题

1. 简述流通加工与生产加工的区别。
2. 简述流通加工的主要类型。
3. 简述包装在现代物流中的地位与作用。

第八章

现代物流信息技术

内容提示：

信息技术对物流发展具有重要作用。本章主要介绍物流活动过程中常用的信息技术及其应用情况。

学习目标：

1. 掌握条码技术在物流作业中的应用、条码的选用原则、射频识别技术的组成及其在物流作业中的具体应用。

2. 理解物流作业中常用的信息技术及其使用的电子设备的作用和特点。

3. 了解 EDI、GIS、GPS 等设备的工作特点和在物流中的应用。

素养目标：

物流信息技术是物流现代化的重要标志。物流信息技术主要由通信、软件、面向行业的业务管理系统三大部分组成，包括移动通信、GPS、GIS、条形码、射频技术等现代化科技。通过组合这些技术，形成以移动通信、资源管理、监控调度、业务管理甚至财务处理等多种信息技术集成的一体化物流管理体系。通过本单元的学习，培养学生树立远大理想的信念，弘扬中国精神，实现中国梦。

物流信息化是指物流企业运用现代信息技术对物流过程中产生的全部或部分信息进行采集、分类、传递、汇总、识别、跟踪、查询等一系列处理活动，以实现对货物流动过程的控制，从而降低成本、提高效益。物流信息化是现代物流的灵魂，是现代物流发展的必然要求和基石；信息化是新时代的特征，将信息技术应用于物流领域，通过信息在物流系统中快速、准确和实时地流动，不仅可以促进物流企业快速发展，也有利于物流、商流、信息流、资金流的良性循环发展。

第一节 物流信息技术概述

一、物流信息技术的含义与组成

（一）物流信息技术的含义

物流信息技术是指现代信息技术在物流各个作业环节中的应用，是物流现代化的重要标志，也是物流技术中发展最快的领域，尤其是飞速发展的计算机网络技术的应用，使物流信息技术达到新的水平。同时，随着物流信息技术的不断发展，产生了一系列新的物流理念和新的物流经营方式，推进了物流的变革。

（二）物流信息技术的组成

从构成要素上看，物流信息技术作为现代信息技术的重要组成部分，本质上属于信息技术范畴，只是因为信息技术应用于物流领域而使其在表现形式和具体内容上存在一些特性，但其基本要素仍然同现代信息技术一样，可以分为四个层次。

1. 物流信息基础技术

即有关元件、器件的制造技术，它是整个信息技术的基础。例如微电子技术、光子技术、光电子技术、分子电子技术等。

2. 物流信息系统技术

即有关物流信息的获取、传输、处理、控制的设备和系统的技术，它是建立在信息基础技术之上的，是整个信息技术的核心。其内容主要包括物流信息获取技术、物流信息传输技术、物流信息处理技术及物流信息控制技术。

3. 物流信息应用技术

即基于管理信息系统（MIS）技术、优化技术和计算机集成制造系统（CIMS）技术而设计出的各种物流自动化设备和物流信息管理系统，例如自动化分拣与传输设备、自动导引车（AGV）、集装箱自动装卸设备、仓储管理系统（WMS）、运输管理系统（TMS）、配送优化系统、全球定位系统（GPS）、地理信息系统（GIS）等。

4. 物流信息安全技术

即确保物流信息安全的技术，主要包括密码技术、防火墙技术、病毒防治技术、身份鉴别技术、访问控制技术、备份与恢复技术和数据库安全技术等。

这些技术最主要的作用体现在提高效率和规范管理方面，帮助物流相关企业进一步实现低成本、高效率、高质量、标准化，推进物流行业的发展，迈入现代信息化潮流，并通过搭建物流信息系统平台，实现资源共享、信息共用，从而为用户提供多功能、一体化的综合性服务。

二、物流信息技术在国内的应用现状

在国内，各种物流信息应用技术已经广泛应用于物流活动的各个环节，对企业的物流活动产生了深远的影响。

（一）物流自动化设备技术的应用

物流自动化设备技术的集成和应用的热门企业是配送中心，配送中心每天需要拣选的物品品种多、批次多、数量大。因此，在超市、医药、邮包等行业的配送中心物流自动化拣选设备得以应用和推广。例如，北京市医药总公司的配送中心，其拣选货架（盘）上配有可视的分拣提示设备，这种分拣货架与物流管理信息系统相连，动态地提示被拣选的物品和数量，指导着工作人员的拣选操作，提高了货物拣选的准确性和速度。

立体仓库和与之配合的巷道堆垛机在国内发展迅速，在机械制造、汽车、纺织、铁路、卷烟等行业都有应用。例如，昆船集团生产的巷道堆垛机在红河卷烟厂等多家企业应用了多年。近年来，国产堆垛机在行走速度、噪声、定位精度等技术指标上有了很大的改进，运行也比较稳定。但是与国外著名厂家相比，堆垛机的一些精细指标，如最低货位极限高度、高速（80 米/秒以上）运行时的噪声、电机减速性能等方面还存在不小的差距。

（二）物流设备跟踪和控制技术的应用

目前，物流设备跟踪主要是指对物流的运输载体及物流活动中所涉及的物品所在地进行跟踪。物流设备跟踪的手段有多种，可以用传统的通信手段如电话等进行被动跟踪，也可以用射频识别技术手段进行阶段性的跟踪。但是，目前国内用得最多的还是利用 GPS 技术跟踪。利用 GPS 物流监控管理系统，跟踪货运车辆与货物的运输情况，可使货主及车主随时了解车辆与货物的位置与状态，保障整个物流过程的有效监控与快速运转。

（三）物流动态信息采集技术的应用

企业竞争的全球化发展、产品生命周期的缩短和用户交货期的缩短等都对物流服务的可得性与可控性提出了更高的要求，实时物流理念也由此诞生。如何保证对物流过程的完全掌控，物流动态信息采集应用技术是必需的要素。动态的货物或移动载体本身具有很多有用的信息，例如，货物的名称、数量、重量、质量、出产地，或者移动载体（如车辆、轮船等）的名称、牌号、位置、状态等一系列信息。这些信息可能在物流中反复使用。因此，正确、快速读取动态货物或载体的信息并加以利用可以明显提高物流的效率。国内目前流行的物流动态信息采集技术中，一、二维条码技术应用范围最广，其次还有磁条（卡）、语音识别、便携式数据终端、射频识别等技术。

三、物流信息技术的发展趋势

（一）射频识别技术将成为未来物流领域的关键技术

专家分析认为，射频识别技术应用于物流行业，可大幅提高物流管理与运作效率，降低物流成本。另外，从全球发展趋势来看，随着射频识别相关技术的不断完善和成熟，射频识别技术产业将成为一个新兴的高技术产业群。射频识别技术有望成为推动现代物流加速发展的新品润滑剂。

（二）物流动态信息采集技术将成为物流发展的突破点

在全球供应链管理趋势下，及时掌握货物的动态信息和品质信息已成为企业盈利的关键因素。但是由于受到自然、天气、通信、技术、法规等方面的影响，物流动态信息采集技术的发展一直受到很大制约，远远不能满足现代物流发展的需求。借助新的科技手段，完善物流动态信息采集技术，成为物流领域下一个技术突破点。

（三）物流信息安全技术将日益被重视

借助网络技术发展起来的物流信息技术，在享受网络飞速发展带来巨大好处的同时，也饱受着潜在的安全危机。例如，网络黑客无孔不入地恶意攻击、病毒的肆虐、信息的泄密等。应用安全防范技术，保障企业的物流信息系统或平台安全、稳定地运行，是企业长期面临的一项重大挑战。

（四）物流日益呈现出智能化、标准化

从世界范围看，现代物流日益呈现出智能化、标准化的发展趋势。物流智能化是利用集成智能化技术，使物流系统能模仿人的智能，具有感知、学习、推理判断和自行解决物流中某些问题的能力，是物流自动化、信息化的一种高层次应用。随着信息技术快速发展，智能物流的发展会更加突出“以顾客为中心”的理念，促进区域经济的发展和世界物流资源优化配置，实现物流技术信息化。提高物流智能化水平，要大力发展物流专家系统、物流预测系统、库存水平系统、运输路径选择系统、作业控制系统、自动分拣机运行系统、物流配送中心管理决策系统等物流智能化应用技术。

第二节 条码技术

条码技术是实现销售时点信息系统（POS 系统）、电子数据交换技术（EDI）、电子商务、供应链管理的技术基础，是物流管理现代化的重要技术手段。条码技术包括条码的编码技术，条码标识符号的设计、快速识别技术和计算机管理技术。它是实现计算机管理和电子数据交换不可缺少的前端采集技术。

一、条码的含义与种类

（一）条码的含义

条码是由一组按一定编码规则排列的条、空符号，用以表示一定的字符、数字及符号组成的信息。条码系统是由条码符号设计、制作及扫描阅读组成的自动识别系统。条码卡分为一维码和二维码两种。一维码比较常用，如日常商品外包装上的条码就是一维码。它的信息存储量小，仅能存储一个代号，使用时通过这个代号调取计算机网络中的数据。二维码是近几年发展起来的，它能在有限的空间内存储更多的信息，包括文字、图像、指纹、签名等，并可脱离计算机使用。

（二）条码的种类

条码种类很多，常见的大概有二十多种码制，其中包括：Code39 码（标准 39 码）、Codabar 码（库德巴码）、Code25 码（标准 25 码）、ITF25 码（交叉 25 码）、Matrix25 码（矩阵 25 码）、UPC-A 码、UPC-E 码、EAN-13 码（EAN-13 国际商品条码）、EAN-8 码（EAN-8 国际商品条码）、中国邮政码（矩阵 25 码的一种变体）、Code-B 码、MSI 码、Code11 码、Code93 码、ISBN 码、ISSN 码、Code128 码（包括 EAN128 码）、Code39EMS（EMS 专用的 39 码）等一维条码和 PDF417 等二维条码。

二、常用条码简介

目前现存的条码码制多种多样，但国际上通用和公认的物流条码码制只有三种，ITF-14 条码、UCC/EAN-128 条码及 EAN-13 条码。选用条码时，要根据货物的不同和商品包装的不同，采用不同的条码码制。单个大件商品，如电视机、电冰箱、洗衣机等商品的包装箱往往采用 EAN-13 条码。储运包装箱常常采用 ITF-14 条码或 UCC/EAN-128 条码，包装箱内可以是单一商品，也可以是不同的商品或多件头商品小包装。

（一）一维条码

1. EAN 码

EAN 码是国际物品编码协会（简称 EAN）制定的一种商品用条码，通用于全世界。EAN 码有标准版（EAN-13）和缩短版（EAN-8）两种，我国的通用商品条码与其等效，日常购买的商品包装上所印的条码一般就是 EAN 码，如图 8－1 所示。

图 8－1　EAN-13 码结构

EAN-13 码由 13 位数字组成。根据 EAN 规范，这 13 位数字分别代表不同的含义。厂商识别代码由 7～9 位数字组成，用于对厂商的唯一标识。厂商代码是各国的 EAN 编码组织在 EAN 分配的成员前缀码（X13，X12，X11）的基础上分配给厂商的代码。前缀码是标识 EAN 所属成员的代码，由 EAN 统一管理和分配，以确保前缀码在国际范围内的唯一性。商品项目代码由 3～5 位数字组成，是用以标识商品的代码。商品项目代码由厂商自行编码。在 EAN 码中一个模块的宽度为 0.33mm。

中国（不包括我国台湾、香港、澳门地区）于 1991 年加入了国际物品编码协会（EAN），EAN 分配给中国大陆地区的前缀码是 690～692。以 690、691 为前缀码的 EAN-13 码只能分别对10 000 个制造厂商进行编码（因为制造厂商代码只有 4 位，制造厂商代码只能从 0000～9999 这 1 万个数字中进行分配）。每一个制造厂商可以对自己生产的 10 万种商品进行编码（因为产品代码为 5 位，可以从 00000～99999 这 10 万个数字中进行分配）。

在这种结构的代码中，厂商识别代码由 7 位调整为 8 位，相应地制造厂商识别代码的容量就由 1 万家扩大到 10 万家；商品项目的识别代码由 5 位调整为 4 位，每个厂商就只能对自己生产的1万种商品进行编码。

EAN-8码是EAN-13码的压缩版，由8位数字组成，用于包装面积较小的商品。与EAN-13码相比，EAN-8码没有制造厂商代码，仅有前缀码、商品项目代码和校验码。在中国，凡需使用EAN-8码的商品生产厂家，需将本企业欲使用EAN-8码的商品目录及其外包装（或设计稿）报至中国物品编码中心或其分支机构，由中国物品编码中心统一赋码。

2. UPC码

UPC码是美国统一代码委员会制定的一种商品用条码，主要用于美国和加拿大地区。UPC码是一种长度固定、连续性的条码。由于其应用范围广泛，故又被称为万用条码。

UPC码仅可用来表示数字，故其字码集为数字0～9。UPC码共有A、B、C、D、E五种版本，各版本的UPC码格式与应用对象，如表8－1所示。常用的是UPC标准码（UPC-A码）和UPC缩短码（UPC-E码）。

表8－1　　UPC码的各种版本

版本	应用对象	格 式
UPC-A	通用商品	SXXXXX XXXXXC
UPC-B	医药卫生	SXXXXX XXXXXC
UPC-C	产业部门	XSXXXXX XXXXXCX
UPC-D	仓库批发	SXXXXX XXXXXCXX
UPC-E	商品短码	XXXXXX

注：S—系统码；X—资料码；C—检查码。

UPC-A码供人识读的数字代码只有12位，它的代码结构由厂商识别代码（6位）（包括系统字符1位）、商品项目代码（5位）和校验码（1位）共三部分组成，如图8－2所示。UPC-A码的代码结构中没有前缀码，它的系统字符为一位数字，用以标识商品类别。带有规则包装的商品，其系统字符一般为“0，6或7”；UPC-E码是UPC-A码的缩短版，是UPC-A码系统字符为0时，通过一定规则将0压缩而得到的，其结构如图8－3所示。

图8－2　UPC-A码结构

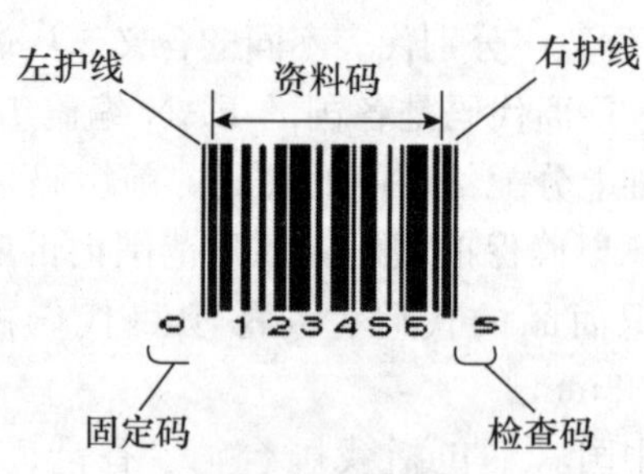

图8－3　UPC-E码结构

3. ITF-14条码

ITF条码是一种连续型、定长、具有自校验功能，并且条、空都表示信息的双向条码。ITF-14条码的条码字符集、条码字符的组成与交叉二五码相同。它由矩形保护框、左侧空白区、条码字符、右侧空白区组成，如图8－4所示。

ITF-14条码只用于标识非零售的商品。ITF-14条码对印刷精度要求不高，比较适合直接印制（热转印或喷墨）在表面不够光滑、受力后尺寸易变形的包装材料上。因为这种条码符号较适合直接印在瓦楞纸包装箱上，所以也称“箱码”。ITF-14 条码符号位置示例如图 8-5 所示。关于 ITF-14 条码的说明，请查阅 GB/T 16830—2008《商品条码　储运包装商品编码与条码表示》。

图 8-4　ITF-14 条码结构

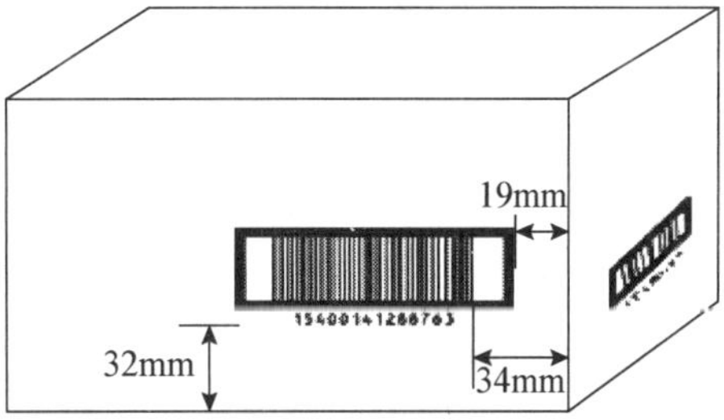

图 8-5　ITF-14 条码符号位置示例

4. UCC/EAN-128 条码

UCC/EAN-128 条码由国际物品编码协会（EAN）、美国统一代码委员会（UCC）和自动识别制造商协会（AIM）共同设计而成。它是一种连续型、非定长、有含义的高密度、高可靠性、具有两种独立校验方式的代码。UCC/EAN-128 条码是唯一能够表示应用标识的条码符号。UCC/EAN-128 可编码的信息范围广泛，包括项目标识、计量、数量、日期、交易参考信息、位置等。

UCC/EAN-128 条码，如图 8-6 所示。UCC/EAN-128 应用标识条码是使信息伴随货物流动的全面、系统、通用的重要商业手段，关于 UCC/EAN-128 条码的说明，请查阅 GB/T 15425—2002《EAN · UCC 系统　128 条码》及 GB/T 16986—2009《商品条码　应用标识符》等国家标准。

图 8-6　UCC/EAN-128 条码

（二）二维条码

1. PDF417 二维条码

PDF417 二维条码，又称便携式数据文件，是 20 世纪 90 年代初由美国讯宝（symbol）公司发明的一种信息存储、传递及自动识别的技术。为实现证件及单据等大容量、高可靠性信息自动存储及机器自动识读提供了理想的解决方案。

PDF417 是一种堆叠式二维条码。组成条码的每一个条码字符由 4 个条和 4 个空共 17 个模块构成，故称为 PDF417 条码，如图 8-7 所示。PDF417 条码的信息量大，每平方英寸可容纳 250～1 100 个字符，比普通一维条码信息容量大几十倍。其编码范围很广，对所有可数字化的信息均可进行编码。

PDF417 二维条码以其高密度、高信息容量、纠错能力强、成本低等特点，广泛应用于国际贸易、物流、工业、商业等领域。其码制公开已形成国际标准，目前采用 PDF417 二维条码技术的国家和地区已近 100 个。在香港回归之后，特区政府向香港居民发放的特区护照上就采用了 PDF417 二维条码技术。目前，我国有关部门正在制定具体实施方案，使其尽快进行试点及推广。

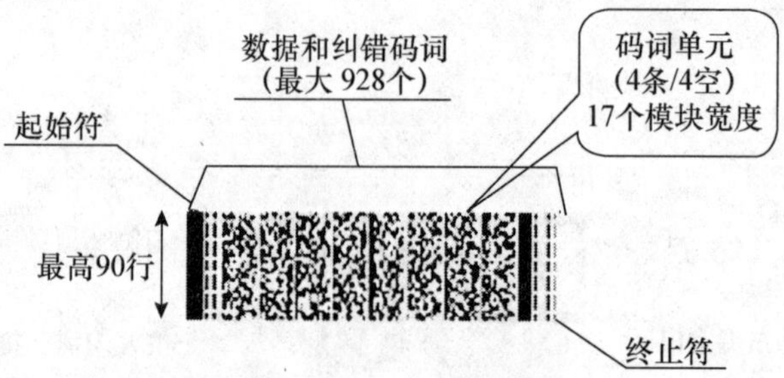

图 8-7　PDF417 字码的组成

2. QR Code 二维条码

QR Code 二维条码的结构，如图 8-8 所示，是由日本丹索（Denso）公司于 1994 年 9 月研制的一种矩阵二维码符号。它除了具有一维条码及其他二维条码所具有的信息容量大、可靠性高、可表示汉字及图像等多种文字信息、保密防伪性强等优点外，还具有以下特点：

图 8-8　QR Code 二维条码的结构

普通的一维条码只能在横向位置表示大约 20 个字母或数字信息，无纠错功能，使用时需要后台数据库的支持；而 QR 二维条码横向、纵向都存有信息，可以放入字母、数字、汉字、照片、指纹等大量信息，相当于一个可移动的数据库。如果用一维条码与二维条码表示同样的信息，QR 二维码占用的空间只是一维条码占用面积的 1/11。

QR 二维码与其他二维码相比，具有识读速度快、数据密度大、占用空间小的优势。QR 码的三个角上有三个寻像图形，使用 CCD 识读设备来探测码的位置、大小、倾斜角度，并加以解码，实现 360°高速识读。每秒可以识读 30 个含有 100 个字符的 QR 码。

QR 码容量密度大，可以放入 1 817 个汉字、7 089 个数字、4 200 个英文字母。QR 码用数据压缩方式表示汉字，仅用 13bit 即可表示一个汉字，比其他二维条码表示汉字的效率提高了 20%。

QR 码具有 4 个等级的纠错功能，即使破损也能够正确识读。QR 码抗弯曲的性能强，即使将 QR 码贴在弯曲的物品上也能够快速识读。

QR 码可以分割成 16 个 QR 码，可以一次性识读数个分割码，适用于印刷面积有限及细长空间。此外，微型 QR 码可以在 1 厘米的空间内放入 35 个数字或 9 个汉字或 21 个英文字母，适合于小型电路板对 ID 号码进行采集。

三、条码的识别及制作

（一）条码的识别

要将按照一定规则编译出来的条码转换成有意义的信息，需要经历扫描和译码两个过程。物体的颜色是由其反射光的类型决定的，白色物体能反射各种波长的可见光，黑色物体则吸收各种波长的可见光，所以当条码扫描器光源发出的光在条码上反射后，反射光照射到条码扫描器内部的光电转换器上，光电转换器根据强弱不同的反射光信号，转换成相应的电信号，如图 8－9 所示。根据原理的差异，扫描器可以分为光笔、CCD、激光三种。电信号输出到条码扫描器的放大电路增强信号之后，再送到整形电路将模拟信号转换成数字信号。白条、黑条的宽度不同，相应的电信号持续时间长短也不同。然后译码器通过测量脉冲数字电信号 0，1 的数目来判别条和空的数目。通过测量 0，1 信号持续的时间来判别条和空的宽度。此时所得到的数据仍然是杂乱无章的，要知道条码所包含的信息，则需根据对应的编码规则（例如 EAN-8 码），将条码符号换成相应的数字、字符信息。最后，由计算机系统进行数据处理与管理，物品的详细信息便被识别。

图 8－9 扫描器识读条码图

（二）条码的制作

1. 使用条码打印机打印

条码打印机打印是一种传统的条码打印方式。条码打印机是一种专用设备，有热敏型和热转印型，使用专用的标签纸和碳带。条码打印机打印速度快，可打印特殊材料（PVC 等），可外接切刀等进行功能扩展。但其价格昂贵，使用维护较复杂，适合于需大量制作标签的专业用户使用。目前常用的品牌有 DATAMAX（见图 8－10）、ZEBRA、CLEVER 等。

图 8－10 DATAMAX 条码打印机

条码打印机的打印以热为基础，以碳带为打印介质（或直接使用热敏纸）完成打印，配合不同材质的碳带可以实现高质量的打印效果和在无人看管的情况下实现连续高速打印。

2. 使用条码标签设计打印软件与激光打印机打印

应用普通的打印机配合专门的条码标签设计打印软件是制作条码标签的另一种方式。该方式可实现一机多用，且激光打印机精度高，图形表现能力强，可打印彩色标签。但其打印速度较慢，可打印材料较少。主要的条码打印软件有 Label matrix CODESOFT、BARONE、京成标签软件（JCDL）等。

上面所述的两种打印方式各有优缺点，分别适用于不同的场合。在需大量打印标签的地方，特别是工厂需要在短时间内大量打印以及需要特殊标签（如 PVC 材料、防水材料）、需要即用即打（如售票处等）的地方，应选择条码打印机。在标签打印量较少，且多为一次性打印的地方（如图书馆），应选择激光打印方式。在一些小型商场、小型工厂等地方，两种方式都可选择。

四、条码在物流中的应用

随着现代物流的发展，信息流在物流管理中日益发挥着越来越大的作用，因此，物流信息采集的数字化、自动化显得越来越重要，不同物流运作系统间信息无缝对接和交换也显得越来越重要。具体来看，作为物流管理的工具，条码的应用主要集中在以下环节。

（一）物料管理

（1）通过对物料编码，并且打印条码标签，不仅便于物料跟踪管理，而且也有助于做到合理的物料库存准备，提高生产效率，便于企业资金的合理运用。对采购的生产物料按照行业及企业规则建立统一的物料编码，可杜绝因物料无序而导致的损失和混乱。

（2）对需要进行标识的物料打印其条码标，以便于在生产管理中对物料的单件进行跟踪，从而建立完整的产品档案。

（3）利用条码技术对仓库进行基本的进、销、存管理，可有效地降低库存成本。

（4）通过产品编码，建立物料质量检验档案，产生质量检验报告，与采购订单挂钩建立对供应商的评价。

（二）生产线物流管理

条码生产线物流管理是产品条码应用的基础，它建立产品识别码。在生产中可应用产品识别码监控生产，采集生产测试数据，采集生产质量检查数据，进行产品完工检查，建立产品识别码和产品档案，有序地安排生产计划，监控生产及流向，提高产品下线合格率。

（1）制定产品识别码格式。根据企业规则和行业规则确定产品识别码的编码规则，保证产品规则化、唯一标识。

（2）建立产品档案。通过产品标识条码在生产线上对产品生产进行跟踪，并采集生产产品的部件、检验等数据作为产品信息，当生产批次计划审核后建立产品档案。

（3）通过生产线上的信息采集点来控制生产的信息。

（4）通过产品标识码条码在生产线上采集质量检测数据，以产品质量标准为准绳判定产品是否合格，从而控制产品在生产线上的流向以及是否建立产品档案，打印合格证。

（三）分拣运输

铁路运输、航空运输、邮政通信等许多行业都存在货物的分、拣、搬运问题，大批量的货物需要在很短的时间内准确无误地装到指定的车厢或航班。解决这些问题的办法就是应用物流标识技术，使包裹或产品自动分拣到不同的运输机上。我们所要做的只是将预先打印好的条码标签贴在发送的物品上，并在每个分拣点装一台条码扫描器。

（四）仓储保管

在仓库管理中引入条码技术，对仓库的到货检验、入库、出库、调拨、移库移位、库存盘点等各个作业环节的数据进行自动化数据采集，保证仓库管理各个作业环节数据输入的效率和准确性，确保企业及时准确地掌握库存的真实数据，合理保持和控制企业库存。通过科学的编码，还可方便地进行物品的批次、保质期等管理。

（五）机场通道

当机场的规模达到一个终端要在 2 小时内处理 10 个以上的航班时，就必须实现自动化，否则会因为来不及处理行李而导致误机。在自动化系统中，物流标识技术的优势充分体现出来。人们将条码标签按需要打印出来，系在行李的手把上。根据国际航空运输协会（IAIA）标准的要求，条码应包含航班号和目的地等信息。当运输系统把行李从登记处运到分拣系统时，一组通道式扫描器（通常由 8 个扫描器组成）包围了运输机的各个侧面（上、下、前、后、左、右）。扫描器对准每一个可能放标签的位置，甚至是行李的底部。当扫描器读到条码时，会将数据传输到分拣控制器中，然后根据对照表，行李被自动分拣到航班的传送带上。

（六）货物通道

和机场的通道一样，货物通道也由一组扫描器组成。全方位扫描器能够从所有的方向上识读条码。这些扫描器可以识读任意方向、任意面上的条码，无论包裹有多大，无论运输机的速度有多快，无论包裹间的距离有多小，所有制式的扫描器一起动作，决定当前哪些条码需要识读，然后把一个个信息传送给主计算机或控制系统。

（七）运动中称量

运动中称量与条码自动识别相结合，把电子秤放在输送机上可以得到包裹的重量而不需中断运输作业或人工处理，使系统能保持很高的通过能力，同时实时提供重量信息，计算净重，检验重量误差，验证重量范围。在高效的物料搬运系统中，运动中称量可以与其他自动化过程，如条码扫描、标签打印及粘贴、包裹分拣、码托盘、库存管理、发运和其他功能集成在一起。

第三节　射频识别技术

一、无线射频识别技术的含义与特点

（一）无线射频识别技术的含义

无线射频识别技术（Radio Frequency Identification，RFID，即射频识别，俗称电子标签）是一种自动识别技术，它利用射频信号通过空间耦合（交变磁场或电磁场）实现无接触信息传递并通过所传递的信息达到识别目的的技术。

（二）RFID 的特点

（1）非接触识别：非接触识别是无线射频技术的最大亮点。

（2）高信赖性和耐环境性：即使在标签上染上灰尘、油污（水）等外部恶劣环境下也不影响读写数据。

（3）可改写信息：条码录入的数据不可更改，电子标签不同于条码，根据业务的需求，可进行数据加写或改写。但是，也有不能加写或改写数据的，要根据使用的用途来决定。

（4）信息容量大：标签信息容量可根据需求来决定，一般有 96bit 或 128bit 的信息量。现行的JAN/EAN/UPC条码，其容量不过几十个字符，容量最大的二维条码最多也只能存储千个数字，容量有限。未来物品所需储存的信息量大，RFID的容量完全可以满足。用一个形象的比喻，RFID能为全球每一粒大米附一个码，它能容纳2^{96}个码。

（5）可一次性识别处理多个标签：现行的条码只能逐一读取信息，电子标签能防止标签之间出现数据干扰，因此，读写器可一次性识别处理多个标签。

（6）重复使用性：由于标签为电子数据，可以反复被覆写，进行通信。因此，可以将回收的标签重复使用，如果是被动式标签，不需要电池就可以使用，不需要维护和保养。

二、RFID系统的组成与工作过程

（一）RFID系统的组成

射频识别系统至少应包括两个部分，读写器与电子标签或称射频卡、应答器等。另外还应包括天线、主机等。RFID系统在具体的应用过程中，根据不同的应用目的和应用环境，系统的组成会有所不同，但从RFID系统的工作原理来看，系统一般都由信号发射机、信号接收机、发射接收天线几部分组成，如图8-11所示。

1. 信号发射机

在RFID系统中，信号发射机为了不同的应用目的，会以不同的形式存在，典型的形式是标签（TAG）其结构，如图8-12所示。标签相当于条码技术中的条码符号，用来存储需要识别传输的信息。与条码不同的是，标签必须能够自动或在外力的作用下，把存储的信息主动发射出去。

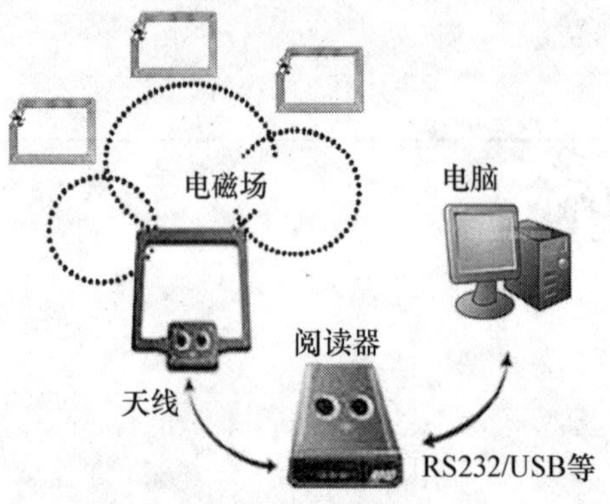

图8-11 RFID系统的组成

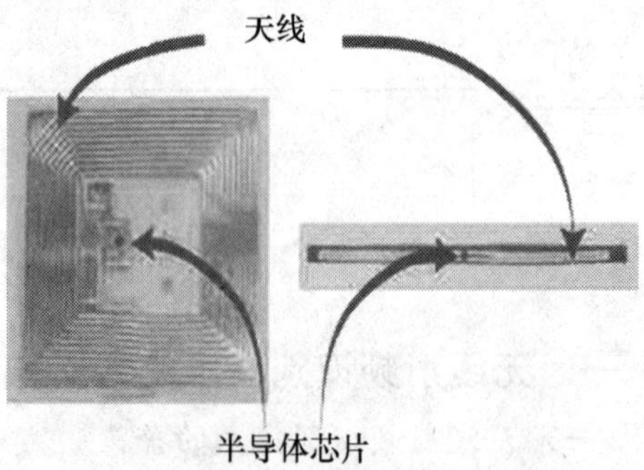

图8-12 标签结构

按照RFID标签的能量供给方式，RFID标签可分为有源标签和无源标签；按照RFID工作时使用的无线电频率，RFID系统可分为低频、高频、超高频和微频。有源的标签通过标签内置电池的能量主动发送信息。电波识别距离较长，可达几十米或百米，内附高性能的传感器（Sensor），使用寿命有限且价格较高，每个标签在10～15美元，由于内置电池，体积较大，不适合制作类似于身份证、交通卡等卡片标签。无源的标签是标签内没有电池，利用读取器发射电波通过磁场能量的耦合作用被动地发送信息。电波识别距离较短，可识别范围为几厘米到几米，由于标签内不含电池，对读取装置要求较高，需要较大功率的读取装置，使用寿命长且价格上比有源型便宜，每个标签在0.5～5美元，体积小，重量轻，适合制作各种各样的卡片标签以及在防伪、食品安全等方面上使用。

2. 信号接收机

在 RFID 系统中，信号接收机一般叫作阅读器或读写器，如图 8－13 所示。根据支持的标签类型不同与完成的功能不同，阅读器的复杂程度是显著不同的。阅读器基本的功能就是提供与标签进行数据传输的途径。另外，阅读器还提供相当复杂的信号状态控制、奇偶错误校验与更正功能等。标签中除了存储需要传输的信息外，还必须含有一定的附加信息，如错误校验信息等。识别数据信息和附加信息按照一定的结构编制在一起，并按照特定的顺序向外发送。阅读器通过接收到的附加信息来控制数据流的发送。一旦到达阅读器的信息被正确地接收和译解后，阅读器通过特定的算法决定是否需要发射机对发送的信号重发一次，或者指挥发射器停止发信号，这就是“命令响应协议”。使用这种协议，即便在很短的时间、很小的空间阅读多个标签，也可以有效地防止“欺骗问题”的产生。阅读距离，也称为作用距离，是射频识别系统的一个主要性能指标。它表示在最远为多远的距离上，读写器能够可靠地与电子标签交换信息，即阅读器能读取标签中的数据。实际系统这一指标相差很大，取决于标签及读写器系统的设计、成本的要求、应用的需求等，范围为 0～100m。

固定式读写器 ID-70　　固定式读写器 ID-125　　分体式读写器 ID-180

图 8－13　低频远距离感应系统的读写器

3. 编程器

只有可读可写标签系统才需要编程器。编程器是向标签写入数据的装置。编程器写入数据一般来说是离线（OFF-LINE）完成的，也就是预先在标签中写入数据，等到开始应用时直接把标签黏附在被标识项目上。也有一些 RFID 应用系统，写数据是在线（ON-LINE）完成的，尤其是在生产环境中作为交互式便携数据文件来处理时。

4. 天线

天线是标签与阅读器之间传输数据的发射、接收装置。在实际应用中，除了系统功率，天线的形状和相对位置也会影响数据的发射和接收。需要专业人员对系统的天线进行设计、安装。

RFID 主要有线圈型、微带贴片型、偶极子型三种基本形式的天线。其中，小于 1m 的近距离应用系统一般采用工艺简单、成本低的线圈型 RFID 天线，它们主要工作在中低频段。而 1m 以上远距离的应用系统需要采用微带贴片型或偶极子型的 RFID 天线，它们工作在高频及微波频段。

（二）RFID 技术的工作过程

RFID 技术的基本工作原理并不复杂，标签进入磁场后，接收解读器发出的射频信号，凭借感应电流所获得的能量发送出存储在芯片中的产品信息（Passive Tag，无源标签或被动标签），或者主动发送某一频率的信号（Active Tag，有源标签或主动标签）；解读器读取信息并解码后，送至中央信息系统进行有关数据处理，如图 8－14 所示。

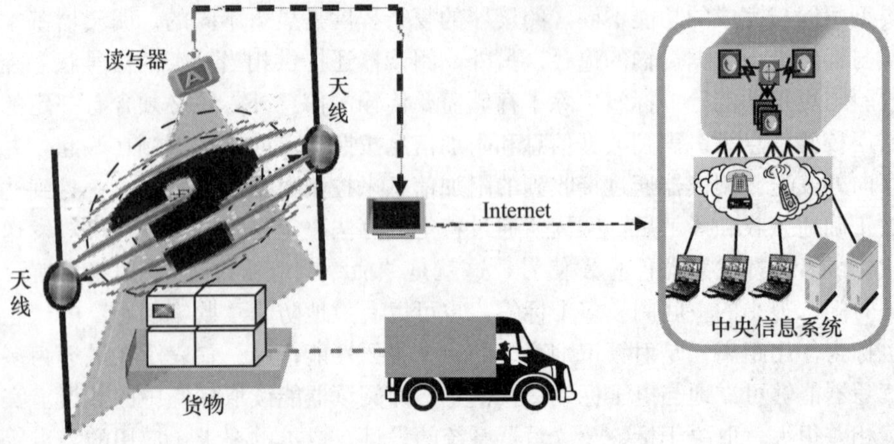

图 8－14　RFID 技术的基本工作原理

以 RFID 卡片阅读器及电子标签之间的通信及能量感应方式来看，大致上可以分成感应耦合及后向散射耦合两种，一般低频的 RFID 大都采用第一种方式，而较高频大多采用第二种方式。

阅读器根据使用的结构和技术不同可以是读或读/写装置，是 RFID 系统的信息控制和处理中心。阅读器通常由耦合模块、收发模块、控制模块和接口单元组成。阅读器和应答器之间一般采用半双工通信方式进行信息交换，同时阅读器通过耦合给无源应答器提供能量和时序。应用中，可进一步通过 Ethernet 或 WLAN 等实现对物体识别信息的采集、处理及远程传送等管理功能。应答器是 RFID 系统的信息载体，应答器大多由耦合原件（线圈、微带天线等）和微芯片组成无源单元。

三、RFID 的工作频率

射频标签的工作频率不仅决定着射频识别系统的工作原理（电感耦合还是电磁耦合）、识别距离，还决定着射频标签及读写器实现的难易程度和设备的成本。

工作在不同频段或频点上的射频标签具有不同的特点。射频识别应用占据的频段或频点在国际上有公认的划分，即位于 ISM 波段之中。典型的工作频率有：125kHz，133kHz，13.56MHz，27.12MHz，433MHz，902～928MHz，2.45GHz，5.8GHz，等等。

（一）低频段射频标签

低频段射频标签简称为低频标签，其工作频率范围为 30～300kHz。典型工作频率有 125kHz、133kHz。低频标签一般为无源标签，其工作能量通过电感耦合方式从阅读器耦合线圈的辐射近场中获得。低频标签与阅读器之间传送数据时，低频标签需位于阅读器天线辐射的近场区内。低频标签的阅读距离一般小于 1 米。

低频标签的典型应用有：动物识别、容器识别、工具识别、电子闭锁防盗（带有内置应答器的汽车钥匙）等。低频标签有多种外观形式，其中应用于动物识别的有项圈式、耳牌式、注射式、药丸式等。

低频标签的主要优势体现在，标签芯片一般采用普通的CMOS工艺，具有省电、廉价的特点，工作频率不受无线电频率管制约束，可以穿透水、有机组织、木材等，非常适合近距离的、低速度的、数据量要求较少的应用。

低频标签的劣势主要体现在，标签存储数据量较少，只能适合低速、近距离识别应用，与高频标签相比，标签天线匝数更多，成本更高一些。

（二）中高频段射频标签

中高频段射频标签的工作频率一般为3～30MHz，典型工作频率为13.56MHz。

中频标签一般也采用无源设计，其工作能量同低频标签一样，也是通过电感（磁）耦合方式从阅读器耦合线圈的辐射近场中获得。标签与阅读器进行数据交换时，标签必须位于阅读器天线辐射的近场区内。中频标签的阅读距离一般也小于1米。

中频标准的基本特点与低频标准相似，由于其工作频率的提高，可以选用较高的数据传输速率。射频标签天线设计相对简单，标签一般制成标准卡片形状，典型应用包括：电子车票、电子身份证、电子闭锁防盗（电子遥控门锁控制器）等。

（三）超高频与微波标签

超高频与微波频段的射频标签，简称为微波射频标签，其典型工作频率为433.92MHz，862（902）～928MHz，2.45GHz，5.8GHz。微波射频标签可分为有源标签与无源标签两类。工作时，射频标签位于阅读器天线辐射场的远区场内，标签与阅读器之间的耦合方式为电磁耦合方式。阅读器天线辐射场为无源标签提供射频能量，将有源标签唤醒。相应的射频识别系统阅读距离一般大于1m，典型情况为4～6m，最大可达10m以上。阅读器天线一般均为定向天线，只有在阅读器天线定向波束范围内的射频标签可被读/写。

微波射频标签的典型应用包括：移动车辆识别、电子身份证、仓储物流应用、电子闭锁防盗（电子遥控门锁控制器）等。

四、现代智能化物流管理

无论是传统的管理方式还是现代更强调智能化的管理方式，物流管理的最终目标都是在商品流通过程当中，向不同的对象提供产品或服务以换取利润。因此，商品从生产、储存、运输到流通这一完整的物流管理的流程里面，RFID智能射频识别技术的应用能帮助我们在其中不同的范围或领域内改进业务的效率和提高效益，这具体表现在以下几个方面。

（一）生产领域

RFID技术应用在生产流水线上，可以实现生产过程的自动控制、监视，提高生产率、改进生产方式、节约生产成本。如汽车装配流水线，在装配流水线上应用智能标签有利于大量地生产用户定制的汽车。定制汽车是基于用户提出的式样要求而生产的，用户可以从上万种内部和外部选项中选定自己所需汽车的颜色、引擎型号、轮胎式样等，实现客户DIY。这样一来，汽车装配流水线上就得装配上百种式样的汽车，如果没有一个高度组织的控制系统是很难完成这样复杂的任务的。宝马公司就在其装配流水线上配有RFID系统，它们使用可重复使用的智能标签，该智能标签上带有详细的对特定汽车的所有要求，在每个工作点处都有读写器，这样可以保证汽车在各个流水线位置处均能毫无差错地完成装配任务。

（二）物流运输领域

在商品出货运输的过程中，RFID 系统可以指导和跟踪货物运输到分类的地点，通过实时收集的货物信息，调度和分配运输工具。此外，它还能帮助我们完成诸如集装箱检视、集装箱分舱、内装货物的核对和确认以及发货单打印等工作。

在该领域内 RFID 的广泛应用，使得货物运输过程中人为参与的因素大量减少。借此获取更准确的货物信息，实现货物有效的在途控制。管理者可以随时地监控全局，更好地调整资源和劳动力的配置。

（三）零售领域

无论是一包糖果还是一台冰箱或者电视机，在外包装上加印规范的条码，已经是绝大多数企业生产过程中一个常规的步骤。在商品流通企业，例如大型超市，店员通过扫描条码来结账和统计库存也是一个普遍场景。

然而，这一场景可能很快要成为历史，产品包装上的条码可能将要消失，而被加贴或者隐藏在包装内的智能识别标签（RFID）取代。RFID 的应用将使企业的产品和商品信息统计在无形中自动完成，大大提高运营效率，如图 8-15 所示。

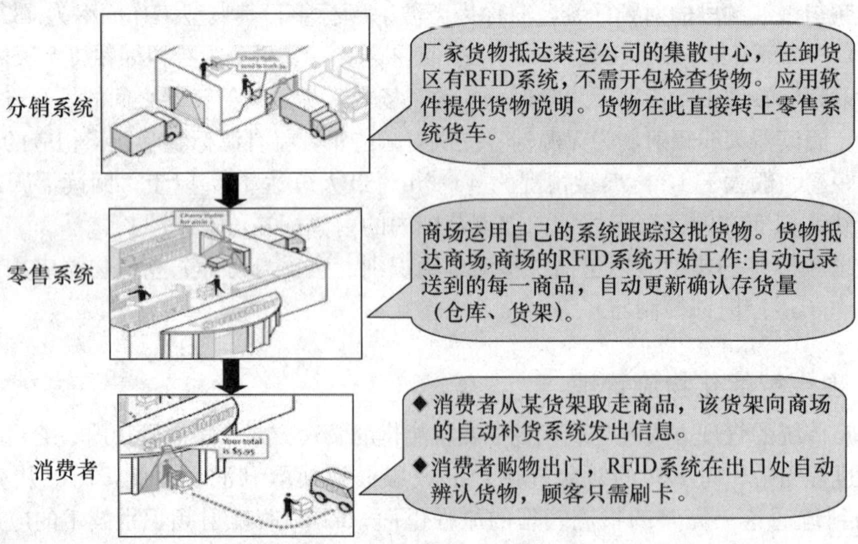

图 8-15　RFID 在零售系统中的应用

（四）商品库存领域

智能化的库存管理能够帮助我们精确地监控产品的流动情况，实现库存状况的实时控制，从而提高生产透明度和生产效率。RFID 在商品库存领域的应用如图 8-16 所示。

RFID 技术的运用，能使我们通过无线射频信息的收集而直接完成商品的入库工作。货物的实时位置和运动信息，都直接由 RFID 系统进行实时跟踪，仓库工作人员只需借助 RFID 的收发天线和读写器的帮助，即可把货物的信息记录入库。同时，RFID 系统还可以根据货物标签中所记录的有关数量和体积等的信息，指示出最合适的仓储位置，以达到仓储空间的最优化利用。而在货物清点的过程当中，也可以通过自动跟踪 RFID 标签，极大地提高清点工作的透明度和效率。

人类历史上曾经有过两个大量提供利润的领域，第一个是资源领域，第二个是人力领域。在这两个利润源潜力越来越小，利润开拓越来越困难的情况下，物流领域的潜力越来

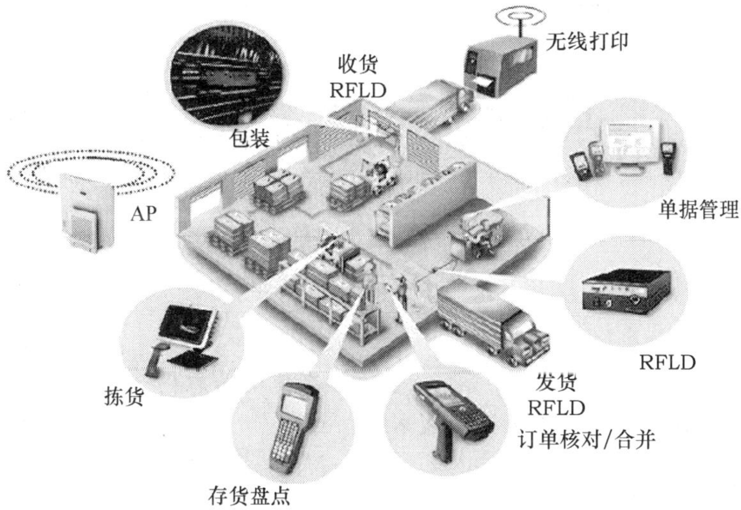

图 8-16 RFID 在商品库存领域的应用

越受到人们的重视，也正日益成为企业经营管理研究的热点问题。现代的物流管理正成为企业从流通渠道中追逐利润的主要手段，而应用先进的 RFID 技术解决智能化物流管理问题必将成为企业经营当中的“第三利润源泉”。

第四节 电子数据交换技术

一、电子数据交换技术的含义与特点

电子数据交换（Electronic Date Interchange，EDI）技术，根据联合国标准化组织的定义，是指将商业或行政事务处理按照一个公认的标准，形成结构化的事务处理或报文数据格式，从计算机到计算机的电子传输方法。

电子数据交换技术自问世以来，因其技术先进，可大大减少贸易文件及文件处理成本，因而受到世界各国普遍重视，发展迅速。现在，EDI 用户根据国际通用的标准格式编制电文，以机器可读的方式将结构化的信息（如发票、海关申报单、进出口许可证等“经济信息”）按照协议经过通信网络传送。报文接受方按国际统一规定的语法规则对报文进行处理，通过相应的管理信息系统，完成综合的自动交换和处理。EDI 遵循一定的国际标准或行业规则，自动地进行数据发送、传送及处理，而不需人工介入，从而实现事务处理或贸易自动化。EDI 系统模型如图 8-17 所示。

联合国欧洲经济理事会（UN/ECE）经过多年来的大量工作，于 1987 年公布了一套 EDI 国际标准，命名为 UN/EDIFACT，而国际标准化组织 ISO 为该标准制定了一套语法规则（SYNTAX RULES，ISO9735），其中 UN/EDIFACT 是联合国推荐的用于行政、商业和运输业的电子交换标准报文格式。EDI 技术发展的重点任务之一是统一报文格式。目

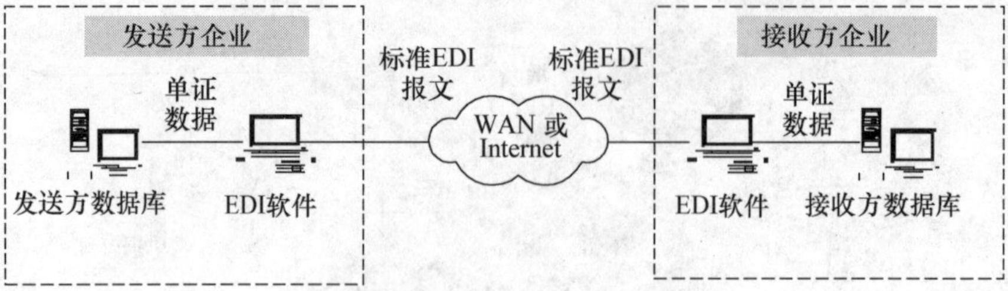

图 8－17　EDI 系统模型

前，UN/EDIFACT 标准已占据全球 EDI 标准的主导地位。

物流 EDI 的优点在于供应链组成各方基于标准化的信息格式和处理方法通过 EDI 共同分享信息、提高流通效率、降低物流成本。

二、EDI 系统的组成

数据标准、EDI 软件及硬件、通信网络是构成 EDI 系统的三要素。

（一）数据标准

EDI 标准是由各企业、各地区代表共同讨论、制定的电子数据交换共同标准，通过共同标准，各组织之间不同格式的文件，彼此之间可以进行交换。

从现实的情况来说，一个企业要求自己所有的合作伙伴都修改各自的应用软件来便于和其他贸易伙伴互相通信，这是非常不现实的，所以，贸易伙伴之间就需要商定一个共同的标准用于所表示的数据。世界各国都把 UN/EDIFACT 作为本国用于交换数据的标准。

（二）EDI 软件及硬件

实现 EDI，需要配备相应的 EDI 软件和硬件。EDI 软件将用户数据库系统中的信息译成 EDI 的标准格式，并具有传输交换的能力。一般来说，每个公司的信息系统都有自己规定的信息格式。因此，当需要发送 EDI 电文时，必须有相应的软件从公司的专有数据库中提取信息，并把它翻译成 EDI 标准格式，进行传输，这就需要 EDI 相关软件的帮助。

1. EDI 软件

EDI 软件的主要功能有格式转换、翻译和通信。

（1）转换软件

从发送方来说，转换软件可以帮助发送方将原有计算机系统的文件，转换成翻译软件能够理解的平面文件；从接收方来说，将从翻译软件接收来的平面文件，转换成接收方计算机系统中的文件。

（2）翻译软件

从发送方来说，将平面文件翻译成 EDI 标准格式；从接收方来说，将接收到的 EDI 标准格式翻译成平面文件。

（3）通信软件

从发送方来说，将 EDI 标准格式的文件外层加上通信信封，再送到 EDI 系统交换中心的对方邮箱中；从接收方来说，由 EDI 系统交换中心，将接收到的文件取回。

EDI 软件能将用户数据库系统中的信息，翻译成 EDI 的标准格式，以供传输交换。其软件结构包括用户接口模块、内部接口模块、报文生成及处理模块、格式转换模块、通信模块。EDI 的工作过程如图 8－18 所示。

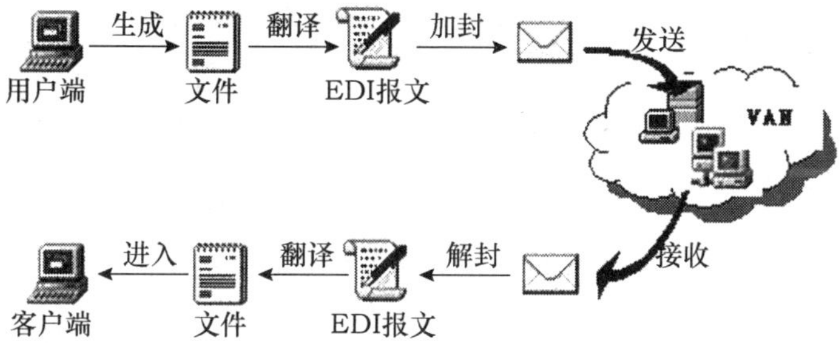

图 8－18　EDI 的工作过程

2. EDI 硬件

EDI 应用系统硬件环境大致有以下几种形式：

（1）主机 EDI 系统。

（2）客户机/服务器处理系统。

（3）分部式处理系统和客户机/服务器＋Internet 处理系统。

（4）设备有计算机、调制解调器（Modem）及电话线。

（5）通信线路。一般最常用的是电话线路，如果在传输时效及资料传输量上有较高要求，可以考虑租用专线（Leased Line）。

（三）通信网络

通信网络是实现 EDI 的手段。EDI 的通信方式有多种，如图 8－19 所示。

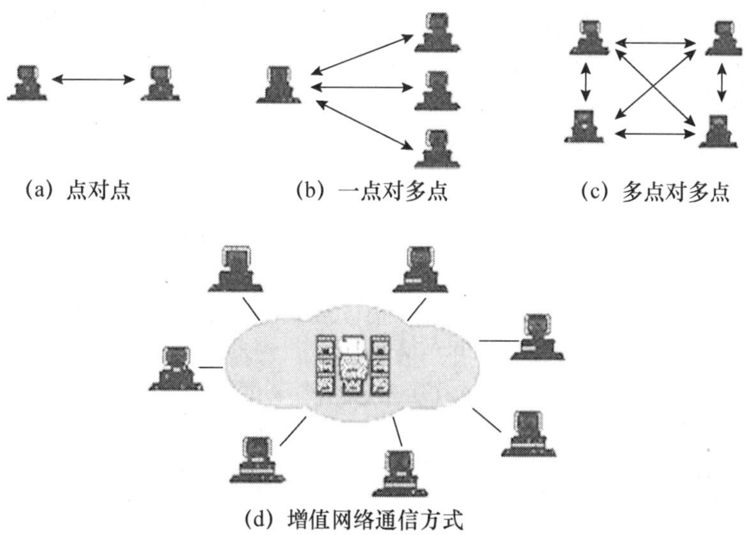

图 8－19　EDI 的通信方式

图 8－19（a），（b），（c）所示方式只有在贸易伙伴数量较少的情况下使用。采用这些方式通信时，双方的设备必须在连通的情况下才能进行。随着贸易伙伴数目的增多，当多家企业直接通过电脑通信时，会出现由于计算机设备、通信协议以及工作时间相异等问题，造成较大的困难。为了解决前三种方式存在的问题，公司逐渐采用第三方网络与贸易伙伴进行通信，即增值网络（VAN）方式。通过 EDI 服务中心进行通信，这就是图 8－19（d）所示方式。

EDI 服务中心，为发送者与接收者维护邮箱，并提供存储转送、记忆保管、通信协议转换、格式转换、安全管制等功能。因此，通过增值网络传送 EDI 文件，可以大幅度降低相互传送资料的复杂度和困难度，大大提高 EDI 的效率。

三、EDI 技术在物流中的应用

EDI 最初由美国企业应用在企业间的订货业务活动中，其后 EDI 的应用范围从订货业务向其他的业务扩展，如 POS 销售信息传送业务、库存管理业务、发货送货信息和支付信息的传送业务等。近年 EDI 在物流中应用广泛，被称为物流 EDI。

所谓物流 EDI 是指货主、承运业主以及其他相关的单位之间，通过 EDI 系统进行物流数据交换，并以此为基础实施物流作业活动的方法。物流 EDI 参与单位有货主（如生产厂家、贸易商、批发商、零售商等）、承运业主（如独立的物流承运企业等）、实际运送货物的交通运输企业（铁路企业、水运企业、航空企业、公路运输企业等）、协助单位（政府有关部门、金融企业等）和其他的物流相关单位（如仓库业者、专业报送业者等）。

下面是一个应用物流 EDI 系统的实例，一个由发送货物业主、物流运输业主和接收货物业主组成的物流模型。这个物流模型的动作步骤如下。

第一，发送货物业主（如生产厂家）在接到订货后制订货物运送计划，并把运送货物的清单及运送时间安排等信息通过 EDI 发送给物流运输业主和接收货物业主（如零售商），以便物流运输业主预先制订车辆调配计划和接收货物业主制订货物接收计划。

第二，发送货物业主依据顾客订货的要求和货物运送计划下达发货指令、分拣配货、打印出物流条码的货物标签（即 SCM 标签，Shipping Carton Marking）并贴在货物包装箱上，同时把运送货物品种、数量、包装等信息通过 EDI 发送给物流运输业主和接收货物业主，依据请示下达车辆调配指令。

第三，物流运输业主在向发送货物业主取运货物时，利用车载扫描读数仪读取货物标签的物流条码，并与先前收到的货物运输数据进行核对，确认运送货物。

第四，物流运输业主在物流中心对货物进行整理、集装，做成送货清单并通过 EDI 向收货业主发送发货信息。在货物运送的同时进行货物跟踪管理，并在货物交纳给收货业主之后，通过 EDI 向发货货物业主发送完成运送业务信息和运费请示信息。

第五，收货业主在货物到达时，利用扫描读数仪读取货物标签的物流条码，并与先前收到的货物运输数据进行核对确认，开出收货发票，货物入库。同时，通过 EDI 向物流运输业主和发送货物业主发送收货确认信息。

应用传统的 EDI 成本较高，一是因为通过 VAN 进行通信的成本高，二是制定和满足 EDI 标准较为困难。因此，过去仅仅大企业得益于规模经济能从利用 EDI 中得到利益。近年来，互联网的迅速普及，为物流信息活动提供了快速、简便、廉价的通信方式，从这个意义上说互联网将为企业进行有效的物流活动提供坚实的基础。

第五节　地理信息系统

一、地理信息系统的含义

地理信息系统（GIS）有时又称为“地学信息系统”或“资源与环境信息系统”。它是一种十分重要的特定空间信息系统。它在计算机硬、软件系统支持下，对整个或部分地球表层（包括大气层）空间中的有关地理分布数据进行采集、储存、管理、运算、分析、显示和描述的技术系统。

地理信息系统处理、管理的对象是多种地理空间实体数据及其关系，包括空间定位数据、图形数据、遥感图像数据、属性数据等，如图 8-20 所示。GIS 用于分析和处理在一定地理区域内分布的各种现象和过程，解决复杂的规划、决策和管理问题。

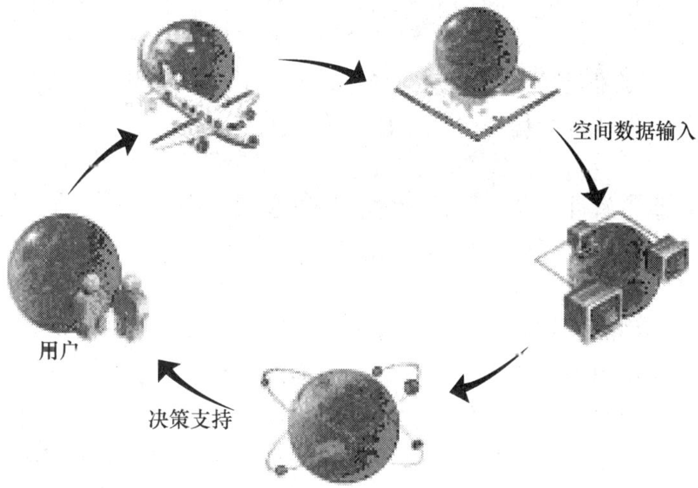

图 8-20　地理信息系统处理、管理的对象

地理信息系统，经过了 40 多年的发展，到今天已经逐渐成为一门相当成熟的技术，且得到了广泛的应用。近年来，GIS 更以其强大的地理信息空间分析功能，在 GPS 及路径优化中发挥着越来越重要的作用。GIS 地理信息系统是以地理空间数据库为基础，在计算机软硬件的支持下，运用系统工程和信息科学的理论，科学管理和综合分析具有空间内涵的地理数据，以提供管理、决策等所需信息的技术系统。简单地说，地理信息系统就是综合处理和分析地理空间数据的一种技术系统。

二、GIS 的构成

从应用的角度，地理信息系统由硬件、软件、数据、人员和方法五部分组成，如图 8-21所示。硬件和软件为地理信息系统建设提供环境；数据是 GIS 的重要内容；方法为

GIS 建设提供解决方案；人员是系统建设中的关键和能动性因素，直接影响和协调其他几个组成部分。

图 8－21　GIS 的构成

（一）计算机硬件系统

计算机硬件是计算机系统中的实际物理装置的总称，可以是电子的、电的、磁的、机械的、光的元件或装置，是 GIS 的物理外壳。系统的规模、精度、速度、功能、形式、使用方法甚至软件都与硬件有极大的关系，受硬件指标的支持或制约。GIS 由于其任务的复杂性和特殊性，必须由计算机设备支持。GIS 硬件配置一般包括四个部分。

（1）计算机主机。

（2）数据输入设备：数字化仪、图像扫描仪、手写笔、光笔、键盘、通信端口等。

（3）数据存储设备：光盘刻录机、磁带机、光盘塔、活动硬盘、磁盘阵列等。

（4）数据输出设备：笔式绘图仪、喷墨绘图仪（打印机）、激光打印机等。

（二）计算机软件系统

计算机软件系统是指 GIS 运行所必需的各种程序，如图 8－22 所示，通常包括：

（1）计算机系统软件。由计算机厂家提供的、为用户开发和使用计算机提供方便的程序系统，通常包括操作系统、汇编程序、编译程序、诊断程序、库程序以及各种维护使用手册、程序说明等。

（2）地理信息系统软件和其他支撑软件。可以是通用的 GIS 软件，也可以包括数据库管理软件、计算机图形软件包、CAD、图像处理软件等。

图 8－22　GIS 软件

（三）地理空间数据

地理空间数据是指以地球表面空间位置为参照的自然、社会和人文景观数据，可以是图形、图像、文字、表格和数字等，由系统的建立者通过数字化仪、扫描仪、键盘、磁带机或其他通信系统输入 GIS，是系统程序作用的对象，是 GIS 所表达的现实世界经过模型抽象的实质性内容。不同用途的 GIS 其地理空间数据的种类、精度都是不同的。

（四）系统开发、管理和使用人员

人是 GIS 中的重要构成因素。地理信息系统从其设计、建立、运行到维护的整个生命周期，处处都离不开人的作用。仅有系统软硬件和数据还构不成完整的地理信息系统，需要人进行系统组织、管理、维护和数据更新、系统扩充完善、应用程序开发，并灵活采用地理分析模型提取多种信息，为研究和决策服务。

三、GIS 的基本功能

（1）数据采集与编辑功能：包括图形数据采集与编辑和属性数据编辑与分析。

（2）地理数据库管理系统的基本功能：数据库定义、数据库的建立与维护、数据库操作、通信功能等。

(3) 制图功能：根据 GIS 的数据结构及绘图仪的类型，用户可获得矢量地图或栅格地图。地理信息系统不仅可以为用户输出全要素地图，而且可以根据用户需要分层输出各种专题地图，如行政区划图、土壤利用图、道路交通图、等高域图等；还可以通过空间分析得到一些特殊的地学分析用图，如坡度图、坡向图、剖面图等，如图 8-23 所示。

(4) 空间查询与空间分析功能：包括拓扑空间查询、缓冲区分析、叠置分析、空间集合分析、地学分析。

图 8-23　GIS 分层图形技术

(5) 地形分析功能：包括数字高程模型的建立、地形分析。

四、GIS 在物流中的应用

我们可以利用 GIS 强大的空间数据处理能力，统一资源管理平台，管理和维护好多源信息，如图 8-24 所示。利用 GIS 提供的可视结果，可提高物流业的决策效率。作为一个基于数据库分析和管理空间对象的工具，GIS 能够很好地弥补物流系统时间和空间上的不足。

图 8-24　资源配置

GIS 能在运输路线的优化和车辆调度方面解决大量信息的查询、分析与处理问题，并在运输管理决策层面提供分析问题、建立模型、模拟决策过程的环境。因此，加大 GIS 在物流运输管理信息系统中的应用，对物流企业实现智能管理，降低服务成本，提高作业效率至关重要。GIS 在物流运输管理信息系统中的应用如图 8-25 所示。

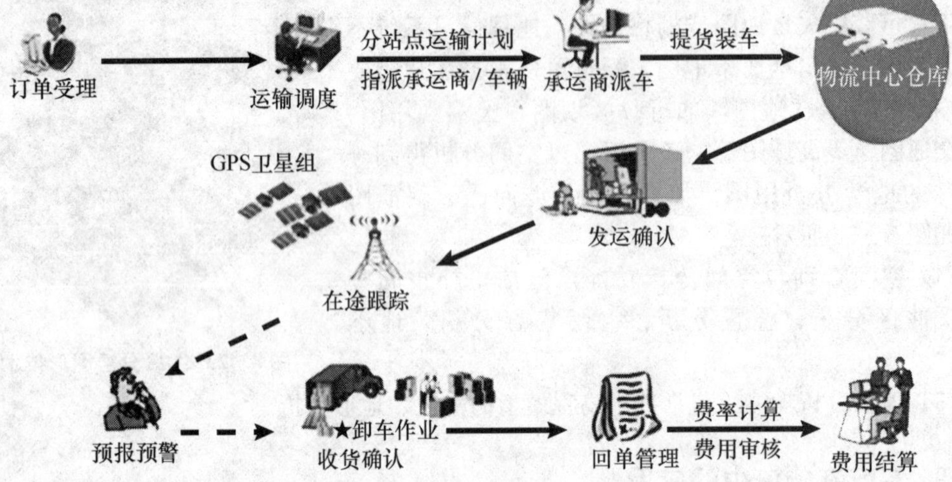

图 8-25　GIS 在物流运输管理信息系统中的应用

（一）实时监控

经过 GSM 网络的数字通道，将信号输送到车辆监控中心，监控中心通过差分技术换算位置信息，然后通过 GIS 将位置信号用地图语言显示出来，货主、物流企业可以随时了解车辆的运行状况、任务执行和安排情况，使得不同地方的流动运输设备变得透明而且可控。另外还可以通过远程操作，断电锁车、超速报警、偏移路线预警、疲劳驾驶预警、危险路段提示、紧急情况报警、求助信息发送等安全管理。

（二）定位跟踪

GIS 结合 GPS 技术，实现实时快速的定位。在主控中心的电子地图上选定跟踪车辆，将其运行位置在地图画面上保存，精确定位车辆的具体位置、行驶方向、瞬间时速，形成直观的运行轨迹。并可任意放大、缩小、还原、换图，随目标移动，使目标始终保持在屏幕上，利用该功能可对车辆和货物进行实时定位、跟踪，满足掌握车辆基本信息、对车辆进行远程管理的需要。另外轨迹回放功能也是 GIS 和 GPS 相结合的产物，可以作为车辆跟踪功能的一个重要补充。

（三）指挥调度

客户经常会因突发性的变故而在车队出发后要求改变原定计划；有时公司在车辆回程期间临时得到了新的货源信息；有时几个不同的物流项目要交叉调车。在上述情况下，监控中心借助于 GIS 就可以根据车辆信息、位置、道路交通状况向车辆发出实时调度指令，实施车载配货等。用系统的观念运作企业业务，达到充分调度货物及车辆的目的，降低空载率，提高车辆运作效率。

（四）规划车辆路径

目前主流的 GIS 应用开发平台大多集成了路径分析模块。运输企业可以根据送货车辆的装载量、客户分布、配送订单、送货线路、交通状况等因素设定计算条件，利用该模块的功能，结合真实环境中所采集到的空间数据，分析客、货流量的变化情况，对公司的运输线路进行优化处理，可以便利地实现以费用最小或路径最短等目标为出发点的运输路径规划。

（五）信息的查询

货物发出以后，受控车辆所有的移动信息均被存储在控制中心计算机中，可方便查询。客户可以通过网络实时查询车辆运输途中的运行情况和所处的位置，了解货物在途中是否安全，是否快速有效到达。接货方只需要通过发货方提供的相关资料和权限，就可通过网络实时查看车辆和货物的相关信息，掌握货物在途中的情况以及大概到达的时间，以此来提前安排货物的接收、存放以及销售等环节，使货物的销售链可提前完成，提高了准确度，起到了很好的协调作用。

（六）辅助决策分析

在物流管理中，GIS会提供历史的、现在的、空间的、属性的等全方位信息，并集成各种信息进行销售分析、市场分析、选址分析以及潜在客户分析等空间分析。另外，GIS与GPS的有效结合，再辅以车辆路线模型、最短路径模型、网络物流模型、分配集合模型和设施定位模型等，可构建高度自动化、实时化和智能化的物流管理信息系统，这种系统不仅能够分析和运用数据，而且能为各种应用提供科学的决策依据，使物流变得实时并且成本最优。

第六节 全球定位系统

一、全球定位系统的含义与特点

全球定位系统，即GPS（Global Positioning System）是美国国防部20世纪70年代初在“子午仪卫星导航定位”技术上发展起来的具有全球性、全能性（陆地、海洋、航空与航天）、全天候优势的导航定位、定时、测速系统。GPS的问世标志着电子导航技术发展到了一个更加辉煌的时代，目前已广泛应用于军事和民用等众多领域。与其他导航系统相比，GPS系统的主要特点是：

（1）全球地面连续覆盖。由于GPS卫星数目较多且分布合理，在地球上任何地点均可连续同步观测到至少4颗卫星，保障了全球、全天候连续实时导航与定位的需要。

（2）功能多、精度高。GPS可为各类用户连续地提供高精度的三维位置、三维速度和时间信息。

（3）实时定位速度快。目前GPS接收机的一次定位和测速工作在一秒甚至更少的时间内便可完成，这对高动态用户来讲尤其重要。

（4）抗干扰性能好、保密性强。由于GPS系统采用了伪码扩频技术，因而GPS卫星所发送的信号具有良好的抗干扰性和保密性。

二、全球定位系统的组成

GPS卫星共有24颗，其中有3颗为备用卫星，平均呈55°斜角分布在6个轨道面，每个轨道面上有 4 个卫星，轨道平均分隔赤道面，每颗卫星每天以相同轨迹绕地球两周，这种设计使系统以 4 颗环绕地球运行的工作卫星为定位基点，如图 8－26 所示。通过对观测点和各卫星基点之间的距离测量，实时计算出观测点精确的地理位置、标准时间、速度信息。

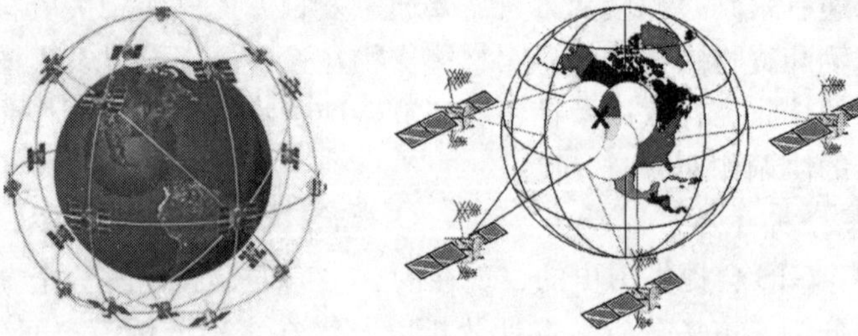

图 8－26　GPS 卫星

GPS 系统主要包括三大组成部分，即空间部分——GPS 卫星星座；地面控制部分——地面监控系统；用户设备部分——GPS 信号接收机。

（一）GPS 卫星星座

GPS 卫星星座由 21 颗工作卫星和 3 颗在轨备用卫星组成，记作（21＋3）GPS 星座。24 颗卫星均匀分布在 6 个轨道平面内，轨道倾角为 55°，各个轨道平面之间相距 60°。每个轨道平面内各颗卫星之间的升交角距相差 90°，一轨道平面上的卫星比西边相邻轨道平面上的相应卫星超前 30°。

在两万公里高空的 GPS 卫星，当地球对恒星自转 1 周时，它们绕地球运行 2 周，即绕地球 1 周的时间为 12 恒星时。这样，对于地面观测者来说，每天将提前 4 分钟见到同一颗 GPS 卫星。位于地平线以上的卫星颗数随着时间和地点的不同而不同，最少可见到 4 颗，最多可见到 11 颗。在用 GPS 信号导航定位时，为了结算观测站的三维坐标，必须观测 4 颗 GPS 卫星，称为定位星座。这 4 颗卫星在观测过程中的几何位置分布对定位精度有一定的影响。对于某地某时不能测得精确的点位坐标，这种时间段叫作“间隙段”。但这种时间间隙段是很短暂的，并不影响全球绝大多数地方的全天候、高精度、连续实时性。

（二）GPS 的地面监控系统

GPS 的地面监控系统目前主要由分布在全球的 5 个地面站组成，其中包括卫星检测站、主控站和信息注入站。地面控制部分是整个系统的中枢，它由分布在全球的一个主控站、三个信息注入站和五个监测站组成。对于导航定位来说，GPS 卫星是一动态已知点。卫星的位置是依据卫星发射的星历（描述卫星运动及其轨道的参数）算得的。每颗 GPS 卫星所播发的星历，由地面监控系统提供。卫星上的各种设备是否正常工作，以及卫星是否一直沿着预定轨道运行，都要由地面设备进行监测和控制。地面监控系统的另一重要作用是保持各颗卫星处于同一时间标准——GPS 时间系统。这就需要地面站监测各颗卫星的时间，求出时钟差，然后由地面注入站发给卫星，卫星再由导航电文发给用户设备。

GPS 的空间部分和地面监控部分是用户广泛应用该系统进行导航和定位的基础，均为美国所控制。

（三）GPS信号接收机

GPS信号接收机的任务是能够捕获到按一定卫星高度截止角所选择的待测卫星的信号，并跟踪这些卫星运行，对所接收到的GPS信号进行变换、放大和处理，以便测量出GPS信号从卫星到接收机天线的传播时间，解译出GPS卫星所发送的导航电文，实时地计算出测站的三维位置，甚至三维速度和时间。如图8-27所示，是国外新款手持GPS设备。

图8-27 国外新款手持GPS设备

静态定位中，GPS接收机在捕获和跟踪GPS卫星的过程中固定不变，接收机高精度地测量GPS信号的传播时间，利用GPS卫星在轨的已知位置，解算出接收机天线所在位置的三维坐标，如图8-28所示。而动态定位则是用GPS接收机测定一个运动物体的运行轨迹，如图8-29所示。GPS信号接收机所位于的运动物体叫作载体（如航行中的船舰、空中的飞机、行走的车辆等）。载体上的GPS接收机天线在跟踪GPS卫星的过程中相对地球而运动，接收机用GPS信号实时地测得运动载体的状态参数（瞬间三维位置和三维速度）。

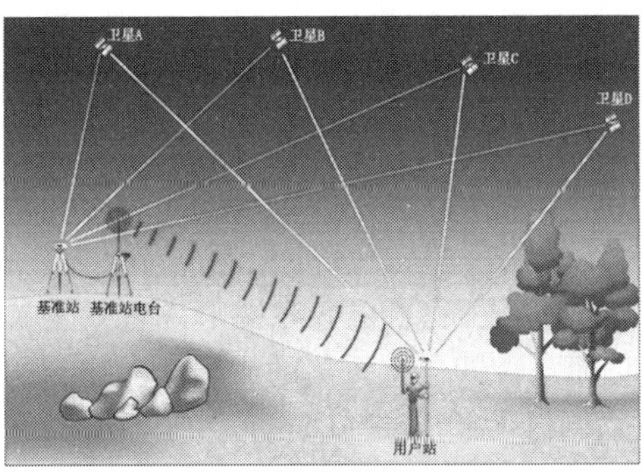

图8-28 GPS的静态定位

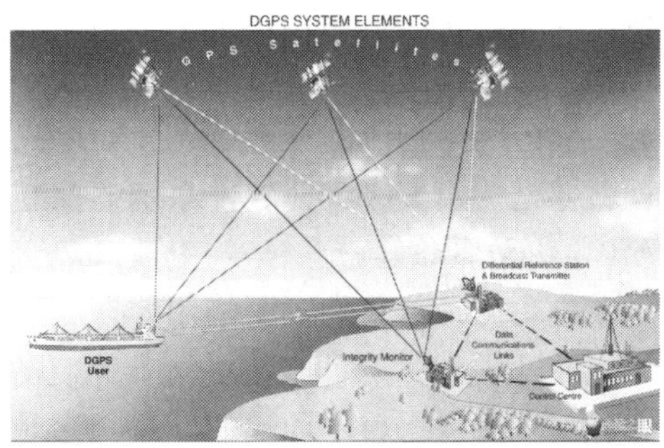

图8-29 GPS的动态定位

接收机硬件和机内软件以及GPS数据的后处理软件包，构成完整的GPS用户设备。GPS接收机的结构分为天线单元和接收单元两大部分。对于测地型接收机来说，两个单元一般分成两个独立的部件，观测时将天线单元安置在测站上，接收单元置于测站附近的适当地方，用电缆线将两者连接成一个整机。也有的将天线单元和接收单元制作成一个整体，观测时将其安置在测站点上。

三、GPS在物流领域的应用

（一）物流GPS系统配置

把GPS产品（系统）应用到物流领域，利用现代的微控制技术，以及电源管理技术，将GPS模块和Flash存储相结合，可以记录移动轨迹。让物流公司人员或车辆携带GPS，用作企业的管理工具，可大大提高生产力，规范管理，前景广阔。

1. 手持终端

手持终端内置卫星定位模块、GSM短信通信模块，通过电池供电，如图8-30所示。

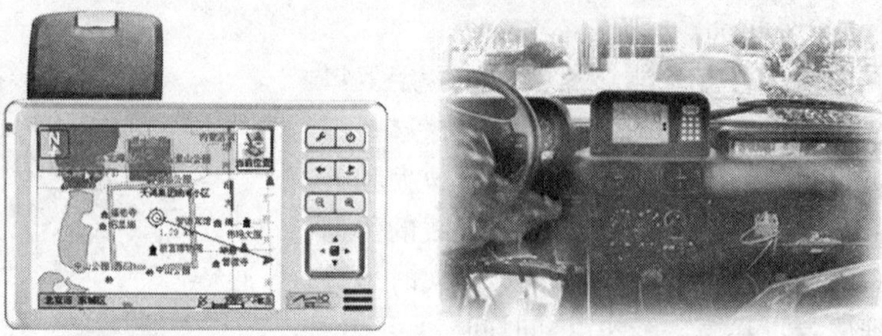

图 8-30　手持终端

2. 控制中心

控制中心包括全球移动通信系统（GSM）无线调制解调器（接收短消息）、大屏幕显示器（可用显示器代替）、高性能计算机和管理软件。

3. 管理软件

管理软件具有电子地图、图形显示技术，有绘图、连线、放大、缩小功能，能设置终端编号、显示人员具体位置和历史轨迹回显。

由于物流信息能够即时甚至提前于物流过程在相关环节中传递，使得系统可以收集到足够的信息，提前测算并模拟出最佳的物流线路，指导实际的物流过程，使得货物的实际输送过程变得相对自动化，甚至精确，消除了无效物流和冗余物流，缩短了等待时间，加上自动化的操作水平和即时的响应速度，使得"按需生产、零库存、短在途时间、无间隙传送"成为网络物流的理想状态。如果我们将物流系统比喻成一条生产线的话，每个物流过程就像是一道工序，在软件系统的控制之下工作。

（二）GPS 信息接收终端

就应用而言，我们主要使用的是 GPS 信息接收终端，而就 GPS 终端来说它只是具备采集经纬度、GPS 时间与终端运行速度的功能设备而已，即信息采集的终端。在物流的程序中，信息流占据着主导地位，是很多物流企业的制胜关键。就现在的 GPS 系统与终端所具备的功能来讲，主要有以下几点：

1. 车辆分布

通过 GPS 应用系统可以查看自己用户名上所有车辆的分布情况，了解所有车辆在各区域分布的具体位置、行驶状况。可以获取在某个地域内哪些车辆可供使用的信息，也可以了解公司所有在途运输车辆的分布情况以及可供使用的车辆依据。

2. 历史轨迹

通过对历史轨迹的查询，可以看出车辆在行驶过程中的状态、路线，从而规定行驶线路、中途停车。根据该车的行驶轨迹，公司与客户都可对货物在途的运输过程有相应的了解，并可将此作为考评依据。

3. 当前位置

通过即时位置的查询可以看出车辆当前准确的位置、运行的方向和运行速度。一般这个功能只有在意外或特殊情况发生时才会用到。如，有报警信息发生需进行救援、急于查看车辆的具体位置进行实时调度等。

4. 连续监控

可根据实际情况设置对车辆进行监控的时间段和位置点上发生的条件。如，在车辆出发前预先设置行驶的时间、对车辆进行监控的条件及时间，这样可达到对车辆进行全程监控的目的，以便有据可查。

5. 区域看车

可根据车辆预计行驶的范围或路线在电子地图上定一个或多个报警区域，当车辆驶出和驶入该区域时终端就会向系统发出报警信息，报警信息会以手机中文短信的方式发送到指定的手机上，告诉手机的持有者是何时、何地、何车因何原因发生了报警。这样接货方只需要通过发货方所提供的相关资料和权限，就可在互联网实时查看到货物信息，掌握货物在途的情况和大概的运输时间，以此来提前安排货物的接收、停放以及销售等环节，使货物的销售链可提前完成。

（三）GPS 在物流中的三方应用

GPS 在物流中普及应用后，通过互联网进行信息共享，实现三方应用。车辆使用方、运输公司、接货方对物流中车与货的位置及运行情况等都能了如指掌，透明准确，利用三方协调好的商务关系，从而获得最佳的物流流程方案，取得最大的经济效益。

1. 车辆使用方（生产厂家等用车单位）

运输公司将自己的车辆信息开放给指定合作客户，让客户自己能实时查看车与货的相关信息，能较为直观地在网上看到车辆的分布和运行情况，找到适合自己使用的车辆，从而省去不必要的交涉环节，加快车辆的使用频率，缩短运输配货的时间，减少相应的工作量。在货物发出之后，发货方可随时通过互联网来查询车辆在运输中的运行情况和所到达的位置，实时掌握货物在途的信息，确保货物运输时效。

2. 运输公司

运输公司通过互联网实现对车辆的动态监控式管理和货物的及时合理配载，以便加强对车辆的管理，减少资源浪费，节省费用开销。同时将有关车辆的信息开放给客户后，既可方便客户的使用，减少不必要的环节，又可提高公司的知名度与可信度，拓展公司的业务面，获取更好的经济效益与社会效益。

3. 接货方

接货方只需要通过发货方所提供的相关资料和权限，就可在互联网实时查看到货物信息，掌握货物在途的情况和大概的运输时间，以此来提前安排货物的接收、停放以及销售等环节，使货物的销售链提前完成。

案例阅读

物流信息化成功案例

时至今日，一家不具备先进 IT 信息化系统的物流企业很可能会没有业务可做。

由于历史和环境的原因，中国远洋物流公司的客户和合作伙伴在信息化建设领域都已取得了非凡的成就。如今，数据交换、网上信息查询、7×24 小时不间断服务以及信息化合作解决方案已经成为企业选择物流或代理服务提供商的前提条件。在这种条件下，没有良好的信息化系统支持，物流企业很难获得订单。要实现高效的物流管理，必须建立有效的信息化机制。

而国内物流企业的信息化还有太长的路要走，物流行业的信息化究竟怎么推进，还需要得到进一步探索。

1. 随客户而动

中国远洋物流公司是在中国外轮代理公司和中远国际货运有限公司的基础上成立的一家全资子公司。如今，中远物流已经能够为其国内外客户提供现代物流、国际船舶代理、国际多式联运、公共货运代理、空运代理、集装箱场站管理、仓储、拼箱代理、项目开发与管理以及租船等多项服务；同时，中远物流公司在国内下设大连、北京、青岛、上海等八个分公司，建立了300多个业务网点，并与国外40多家货运代理企业签订了长期合作协议。

目前，中远物流的业务涉及国际船舶代理和货运代理的传统物流以及现代物流三个版块。其中，国际船舶代理业务的规模目前在国内排名第一，货运代理业务也名列前茅，而现代物流业务涵盖了汽车物流、家电物流、工程项目物流和展运物流等领域。上海别克、海尔、长江三峡水电站等知名企业也因此先后成为中远物流的客户。如此广泛的经营区域和如此巨大的业务规模，对中远物流而言，无疑是个不小的挑战。一个很简单的原因是，货主对物流的及时性要求越来越高，特别是随着企业客户大力引入信息技术、建立信息系统的进程加快，市场要求物流业者的信息技术应用水平也要不断提高，与客户同步成长。

除此之外，船代与货代的业务界限越来越模糊，现代物流要求各个领域应用系统间都要有极高的数据关联程度。因此，对信息系统内部的运行管理而言，系统间的集成化压力空前紧迫。

2. 自主开发

由于客户信息化系统的复杂性，中远物流公司的信息系统建设选择了走自主开发的道路，并在今天形成了船代、货代和现代物流三个主要的业务系统。国内物流企业面临的情况异常复杂，所以采用自主开发的方法十分必要。另一方面，客户的信息化系统变得越来越先进，为了适应这些系统，物流企业的信息管理系统也必须进行某些改进。而要做到这些，必须靠自主开发。

然而，对于物流企业的IT人员来说，具备自主开发能力实际上是个不小的挑战。在许多企业中，IT人员的工作性质往往被人误解。绝大多数IT人员所做的核心工作是研究业务流程，然后制定出相应的解决方案，并向业务人员讲解相关方案的使用方法；另一方面，厂商提供的往往只是设备，而其给出的解决方案也往往只是一些行业用户的经验或者是设备的最优组合。因此，这种解决方案只能在技术架构方面满足企业的要求，但对企业来说，最重要的却是应用。事实上，企业中的IT人员往往并不只是在从事技术工作，而是需要从事很多的技术管理工作。如EDI技术，在一般人看来，用户只需将厂商提供的产品调试一下就可以直接使用了，事实上，这中间还有着大量的工作有待完成。把这些因素汇总在一起，在无形中就提高了对IT人员的要求。因此，一个不具备咨询能力的IT部门所起的作用将是非常有限的。

开发能力和系统集成能力是搞好系统的基础。对于中远物流公司来说，传统业务领域对其应用系统提出了很高的可靠性、稳定性和高效性要求。这使它们在选择系统时异常谨慎。经过一番权衡，中远物流公司将船代系统和货代系统架构在了IBM eServer i 系列平台上。IBM eServer i 系列以应用集成为核心的特性，最大限度地整合了基于UNIX、Linux、Windows等不同操作系统开发的多种应用，帮助它们简化了系统基础架构，实现了简单的统一管理，同时降低了企业从系统投资、管理到维护的成本。

3. “1” 不能代替 “N”

虽然中远物流公司的现代物流业务也涵盖了汽车物流、家电物流、工程项目物流和展运物流等业务范畴，但是不同种类的物流业务必须采用不同形式的信息系统。

一个家电集团可能在西安、辽宁、天津设有制造工厂，分别生产空调、彩电和小家电。因此，这个家电集团需要专业的物流公司帮助它们将从生产线上下来的产品送到最终用户手中。这时，与之合作的物流企业不但需要考虑如何使自己的库存周转量最大、货物积压最小，还要想尽办法减少库存空间。如果某个城市同时需要空调、彩电和小家电时，还存在一个资源配置问题。这样，物流公司很可能需要在全国建立几个大型仓库，而且这些大型仓库的布局问题也将成为它们不得不考虑的问题之一。所有这些因素综合在一起，就要求物流企业最大限度地降低物流成本。而汽车物流的情况则与此完全不同。汽车的某些配件需要进口，在进口途中还存在储运问题，在进厂时还要实现 JIT，物流公司必须随时清楚哪些配件目前缺货，如何保证这些配件进库以及使它们在指定的时间到达工位。当新车从生产线上下来之后，如何将它们最经济地运到专卖店也是一个重要问题。由以上可见，家电物流和汽车物流不可能共用一套系统。而工程物流还可能会涉及面向多个国家的采购问题，这与家电物流和汽车物流更是有很大的不同。

目前货主对物流的及时性要求越来越高，特别是随着企业客户大力引入信息技术、建立信息系统的进程加快，市场要求物流业者的信息技术应用水平也要不断提高，且与客户同步成长。

思考与练习

一、判断题

1. 在物流技术中应用最广泛的自动识别技术是条码技术和射频识别技术。（　）

2. 二维条码主要用于对物品的标识，一维条码用于对物品的描述。（　）

3. RFID 与条码相比，其最大的优势是可以同时识别多个标签。（　）

4. 现今的条码印刷上去之后就无法更改，RFID 标签则可以重复地新增、修改、删除 RFID 卷标内储存的数据，方便信息的更新。（　）

5. 在 RFID 系统的工作频率划分中，低频系统应用于需要较长的读写距离和较高的读写速度的场合。（　）

6. GPS 地面监控部分的主要功能是对空间的卫星系统进行检测、控制，并向每颗卫星注入更新的导航电文。（　）

7. 在用 GPS 信号导航定位时，为了计算 GPS 用户的三维坐标，必须观测 4 颗 GPS 卫星的位置。（　）

8. EDI 就像我们今天使用电话一样，成为未来人们工作中不可缺少的重要工具。（　）

二、多项选择题

1. 目前物流行业中所使用的关键信息技术包括（　）等。

A. EDI　　B. GPS

C. GIS　　D. RFID

E. 托盘

2. 物流条码中码制标准主要有三种类型，即（　　）。

A. 通用商品条码　　B. 交叉二五码

C. 位置码　　D. 贸易单元 128 条码

E. 反码

3. 自动识别是指对字符、影像、条码、声音等记录数据的载体进行机器自动识别并转化为数据的技术，包括（　　）等。

A. 条码技术　　B. EDI 技术

C. 磁卡技术　　D. RFID 技术

E. 指纹识别技术

4. 射频识别技术最突出的特点是（　　）等。

A. 接触识读　　B. 识别高速运动物体

C. 抗恶劣环境能力强　　D. 保密性差

E. 同时识别多个对象

5. 国际物品编码协会分配给中国的前缀码为（　　）。

A. 689　　B. 690

C. 691　　D. 692

E. 693

6. 地理信息系统主要由四个部分组成，即（　　）。

A. 计算机硬件系统　　B. 计算机软件系统

C. 地理空间数据　　D. 人员

E. 卫星

7. 现代物流中的 GIS 主要应用在（　　）等方面。

A. 运输路线的选择　　B. 仓库位置的选择

C. 仓库的库存量控制　　D. 合理装卸策略

E. 运输车辆的调度

8. 全球定位系统具有全能性、全球性、全天候、连续性和实时性的（　　）等功能。

A. 导航　　B. 定位

C. 定时　　D. 报时

E. 运输

9. GPS 卫星的地理监控部分目前主要由分布在全球的若干个跟踪站所组成的监控系统构成。根据其作用的不同，这些跟踪站又被分为（　　）。

A. 主控站　　B. 次控站

C. 监控站　　D. 注入站

E. 输出站

三、简答题

1. 物流信息技术的构成要素是什么？

2. 条码在物流中有什么应用？

3. RFID 技术的基本工作原理是什么？

4. GPS 物流监控管理系统的主要功用是什么？

参考文献

专业网站：

1. 中国物流与采购网：http://www. chinawuliu. com. cn.
2. 中国国际电子商务网：http://www. ec. com. cn
3. 中国物品编码中心网：http://www. ancc. org. cn.
4. 中国物流软件网：http://www. soft808. com.
5. 全国起重机械网：http://www. chinacrane. net.
6. 中国仓储自动化网：http://www. auto808. com.
7. 中国电子政务网：http://www. e-gov. org. cn.
8. 中国机械设备网：http://www. machine. com. cn.

参考书目：

1. 刘廷新．物流设施与设备．北京：高等教育出版社，2003.
2. 刘远伟，何民爱．物流机械．北京：机械工业出版社，2006.
3. 何民爱．物流装备与运用．南京：东南大学出版社，2008.
4. 陈敢泽．现代起重机管理与实用技术．北京：科学出版社，2000.
5. 中国物品编码中心．条码技术与应用．北京：清华大学出版社，2003.
6. 程国全等．物流设施规划与设计．北京：中国物资出版社，2003.
7. 鲁晓春．现代物流基础设施与设备．北京：中国物资出版社，2006.
8. 鲁晓春，吴志强．物流设施与设备．北京：清华大学出版社，2005.
9. 刘昌祺．物流配送中心设施及设备设计．北京：机械工业出版社，2004.
10. 于英，杨扬，孙丽琴．物流技术与装备．北京：北京大学出版社，2010.
11. 程国全，王转，张庆华．物流技术与装备．北京：高等教育出版社，2008.
12. 李玉民等．物流技术与装备．上海：上海财经大学出版社，2008.
13. 周全申．现代物流技术与装备．北京：中国物资出版社，2007.
14. 唐四元．现代物流技术与装备．北京：清华大学出版社，2008.
15. 李文斐，张娟．现代物流装备与技术实务．北京：人民邮电出版社，2006.
16. 梁金萍．物流设施设备．北京：中国劳动社会保障出版社，2005.
17. 潘安定．物流技术与装备．广州：华南理工大学出版社，2005.

18. 王国华等．现代物流技术与装备．北京：机械工业出版社，2002.
19. 杨霞芳．现代物流技术．上海：上海财经大学出版社，2004.
20. 刘源，李庆民．现代物流技术与装备．北京：中国物资出版社，2009.
21. 江少文．运输实务与管理．上海：上海交通大学出版社，2009.